语言研究中的哲学问题

主　编／陶秀璈　姚小平
执行主编／王立志

PHILOSOPHICAL PROBLEMS
IN THE STUDY OF LANGUAGE

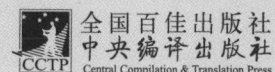

全国百佳出版社
中央编译出版社
Central Compilation & Translation Press

图书在版编目(CIP)数据

语言研究中的哲学问题/陶秀璈,姚小平主编.
—北京:中央编译出版社,2010.8
ISBN 978 – 7 – 5117 – 0504 – 4

Ⅰ.①语…

Ⅱ.①陶… ②姚…

Ⅲ.①语言哲学 – 研究

Ⅳ.①H0

中国版本图书馆 CIP 数据核字(2010)第 151588 号

语言研究中的哲学问题

出 版 人	和 龑
策划编辑	蒙 木
责任编辑	高立志
编辑信箱	momofofo@ sina. com
责任印制	尹 珺
出版发行	中央编译出版社
地 址	北京西单西斜街 36 号(100032)
电 话	(010)66509360(总编室) (010)66509246(编辑室)
	(010)66161011(团购部) (010)66130345(网络销售)
	(010)66509364(发行部) (010)66509618(读者服务部)
网 址	www. cctpbook. com
经 销	全国新华书店
印 刷	北京瑞哲印刷厂
开 本	787 毫米×1092 毫米 1/16
字 数	365 千字
印 张	23
版 次	2010 年 9 月第 1 版第 1 次印刷
定 价	58.00 元

本社常年法律顾问:北京大成律师事务所首席顾问律师 鲁哈达
凡有印装质量问题,本社负责调换。电话:(010)66509618

目 录

如何从哲学的视角研究语言（代序）·················· 江　怡 1

第一篇　结构主义的语言观

为什么是索绪尔？································ 张妮妮 3
德里达的"解构"之路······························ 赵　铮 15
知识考古学和话语自主性理论························ 陶秀璈 24
从方法论视角看列维‐斯特劳斯的"结构"·············· 王立志 72

第二篇　分析学派的语言观

Bickerton 的进化主义语言本质观···················· 董方峰 85
生物理性主义——继承与发展························ 程　芳 96
认知语言学的体验哲学观···························· 张　莎 112
乔姆斯基生成语法的发展及理论特征·················· 王欣春 120
论蒯因的翻译不确定性论题·························· 杨志红 128

家族相似性、语言游戏说与语言学···贾冬梅 137
结构的重复：拉康解读《被窃的信》···刘立平 142

第三篇　拉康的语言观

拉康和索绪尔的渊源···齐冬冬 151
拉康的隐喻观与认知隐喻观··徐莲，祝信 158
分裂的堂吉诃德···张　凯 167
对拉康"无意识是他者话语"的重新解析······································王洁卿 175

第四篇　文化视角中的语言研究

海德格尔的"语言转向"··杨佑文 187
斯温伯恩的宗教语言观··胡自信 196
语篇研究在柬埔寨语教学中的应用···梁　鹏 206
阿拉伯语篇章连贯性的实现与理解···邹冬心 217
从阿拉伯语对外来词的借入看阿拉伯伊斯兰文化的特点····················张睿亮 268
曲艺"包袱儿"中的哲学意蕴··桂　靖 279
洪堡特语言理论的文化哲学解读··高　莉 287
文化是存在者的创造···姚小平 295
公孙龙认知语言学思想的理性主义倾向···刘利民 302
浅析先秦正名学说中的符号学思想···杨　文 313
道·言·人——老庄"道言"问题的一种阐释································李　勇 323

如何从哲学的视角研究语言(代序)

江 怡

语言现象是人类社会最为普遍的现象,甚至被一些人看做是人类区别于其他动物的重要区别之一。虽然语言现象非常普遍,也很重要,但人们对语言现象本身却往往熟视无睹,甚至不以为然。人们最初对语言的理解,更多地是把它看作并非完善的表达思想的工具,或者是从事社会交流的手段。虽然也有人强调了语言的形式功能(如亚里士多德),还有人论述了语言的观念作用(如洛克),但他们都没有从语言现象本身入手。其实,语言从性质上说是一种活动,语言活动构成了我们人类社会生活的重要部分。

正是由于语言活动对人类的这种重要性,所以,人类不断地从不同的角度和方面探索语言现象,试图揭示语言活动背后的奥秘。语言是如何形成的?人类的语言与动物的语言之间究竟有什么不同?为什么说语言活动构成了人类生活的重要部分?对这些问题的探讨构成了社会语言学的重要内容;人类语言的发音与人类用语言表达的意义之间究竟是什么关系?语言的不同形式是否影响了人类的思想表达?对这些问题的思考推动了语义学和语形学的发展;语言表达与人类的思维活动之间究竟是什么关系?能否从对语言表达的研究中得到对人类心理活动规律的认识?这些问题又构成了心理语言学的重要部分。总之,人类对语言现象的各种形式的考察和研究,是人类对自我认识的基础内容,也是人类文明形成和发展的核心内容。但是在以上所见的各种语言研究中,最为重要的问题却是如何理解语言的性质,如何理解人类语言与人类思想之间的关系。应当说,在人类不同的历史时期,正是由于对语言性质的不同理解，人们才会提出各种不同的语言理论。

历史地看，人类对语言性质的反思从古希腊就开始了，亚里士多德对语言形式的研究正是他的逻辑学的出发点。他把人类的理性能力归结为语言能力，并从人类的语言活动中归纳出一套完整的推理规则，由此确认语言活动为人类思想表达的主要形式。在他看来，人类的语言活动并没有我们想象的那样简单，而是极为复杂的智力游戏：当我们用语言表达思想时首先面临的问题就是如何理解语词的意义，因此对意义的解释就构成了语言理解的第一步。但很明显的是，亚里士多德并不认为语言表达决定了我们的思想，相反，他坚持认为，思想的真理性存在于我们用语言描述的事实之中。在这种意义上，语言表达不过是我们的思想得以呈现的有力工具。这样，亚里士多德就把语言的性质理解为一种思想表达的工具。而且，这个观点一直延续到近代西方哲学，乃至到了洛克、休谟等人那里，一些错误观念的产生就被看做是由于语言混乱的结果。对语言性质的这种理解始终占据着西方近代哲学的主流，哲学家们对语言问题的讨论和解决也主要是在澄清思想表达和理解观念意义的层面上展开的。

然而，进入现代之后，情况发生了很大的变化。随着现代逻辑的形成和发展，哲学家们对语言性质的理解发生了变化：语言问题不再是思想表达的工具，而是知识研究的唯一途径；对语言的逻辑分析不再是辅助性的哲学工作，而是哲学研究工作的主要内容。弗雷格首次提出，要把近代哲学对知识内容的研究转向对知识表达的研究，这就意味着作为知识表达形式的语言成为哲学研究的主要对象，对思想内容的研究变成了对思想形式的研究。罗素强调了逻辑是哲学的本质，这就把逻辑分析活动看做真正解决传统哲学问题的法宝，也是彻底解决哲学上的语言问题的主要方式。维特根斯坦则把对世界的逻辑构造看做哲学可以完成的唯一工作，把澄清命题的意义看做哲学活动的唯一内容。维也纳学派更是从认清逻辑的本质出发，强调了语言分析在哲学上的重要意义，由此确立了语言研究的哲学地位。总之，几乎所有的现代哲学家都把语言研究看做哲学研究的重要内容，而这种认识转变的根源则在于对语言的性质有了重新理解。

关于语言性质的讨论，从18世纪开始就成为学者们关心的重要话题。洪堡、康德等人在同时代人更加关注语言起源问题的时候，就提出了对语言性质的理解。洪堡把语言看做是人类精神活动的灵魂，认为语言表达活动反映的是人类的精神活动。由于人类各种语言之间可以互相交流，因此人类精神活动之间一定就有一种共同的东西，决定了我们的精神结构和语言结构。应当说，这个思想与莱布尼茨的普遍语法思想之间有着逻辑关联，因为莱布尼茨的出发点就是要找到这样一个结构，使得使用不同语言的人们可以在共同的平台上得到交流。康德则明确地把语言的性质解释为人类理性能力的知性形式，通过对理性能力的批判确定语言在思想表达中的作用。可以说，近代哲学家们对语言性质的讨论更多地带有理性主义的色彩。但在现代哲学中，哲学家们则更多地强调语言的经验特征，试图通过具体的语言活动理解语言，通过对语言形式和使用的具体分析解释语言的性质。这就明显体现在以语言分析为主要任务的分析哲学家的工作中。在分析哲学家看来，由于我们对语言的理解是建立在语言分析的基础之上，因此，只有在对语言形式和用法的充分分析的基础上才能把握语言。语言分析的目的是为了澄清语言的意义，是为了让我们更好地理解语言，而只有达到了对语言意义的理解和把握，我们才能得到对语言性质的理解。这样，理解和解释语言的意义就成为哲学家们讨论语言性质的关键所在。

应当说，正是围绕对语言意义问题的讨论和思考，来自不同哲学传统的哲学家们才把语言问题作为哲学研究的主要对象，或者说，正是由于哲学家们对语言的意义有不同的理解，他们才会把对语言问题的讨论看做解决哲学问题的关键所在。无论是英美哲学家还是欧洲大陆的哲学家，他们不约而同地把揭示语言意义的奥秘看做从哲学上讨论语言问题的主要任务，由此确定了语言哲学的基本内容，即通过对语言意义的理解和解释，更清楚地认识我们所面对的世界。这样，语言哲学就成为从哲学的视角研究语言问题的专门领域。

如果从弗雷格《概念文字》（1879）的发表算起，现代西方哲学家的语言哲学研究已经走过了百余年的历程，但如果从洪堡的时代算起，西方哲学家对语言问题的研究则经历了两个世纪。从哲学家们的语言研究中，我们可以看出，与语言学家的思路相比，哲学家们的研究视角的确有很大的不同。

首先，在语言学家看来，语言研究是对人类行为研究的一部分，或者是对人类心理活动研究的一部分，因此，研究语言就是研究人类行为或心理活动的另一种方式。但是，在哲学家看来，语言研究应当是揭示人类理性活动的一个重要方面，由于语言本身包含了概念的运用以及推理的构成等，所以，研究语言就是研究人类理性活动的内容和形式，无论是从唯理论的角度出发还是从经验论的角度出发。洛克是经验论者中对语言问题给予最多关注的哲学家。他在《人类理解论》第三卷中专门讨论了"语词"，从观念的起源和基本形式入手，分析了语词与观念之间的密切关系，同时指出了语词本身的缺陷以及人们对语词的滥用。他认为，观念是私人的，人们要交流思想，就必须用语词作为观念的记号，同时，语词也只有作为观念的标记或代表了观念，才能具有意义。洛克还认为，事物都是特殊的，不存在所谓的普遍性。所谓的共相概念可以用于特殊的事物，但它们本身不过是普遍观念的标记而已，是我们的理智发明的产物。休谟则认为，语言是我们在社会生活中约定俗成的产物，但我们对这种约定并没有形成某种许诺。这样，我们对语言的使用就是任意的，完全根据我们需要表达的观念性质加以确定。他把人类心灵中的一切知觉分为印象和观念，虽然简单的和复杂的观念都来自简单的印象，但我们必须用一个明确的概念才能固定心灵的印象，这个概念就是抽象观念。但这种抽象观念并不是与特殊观念相等的观念，而只是把一个特殊观念附加在一个普通名词上形成的，通过这种附加，这个名词就由于习惯的联系而对其他许多的特殊观念具有了一种关系，而且很容易把这些观念唤回到想象中来。在唯理论阵营中，莱布尼茨在《人类理智新论》中对语词问题给予了专门讨论，指出了观念与外在事物之间的非对称性以及语言的派生性，而且由于他提出了一种关于"普遍语言"的设想，这是一种建立在数学演算基础上的形式语言。根据他的设想，我们一旦拥有了这样一种语言，人们在发生争论时，就可以拿出纸和笔，根据明确的演算规则做出推算就可以了，由此就可以解决我们在思维活动中的一切争端。

由此可见，哲学家们是把语言看做人类理性活动的外在形式，对语言的研究就是对人类理性活动的研究。这里有两个值得注意的地方。其一，哲学家们不太关注现实的语言活动，不会去讨论我们日常生活中的语言使用，而是把日常的语言活动看作更为抽象的理性活动的外在表现，因而看做是一些具体实例，并没有试图深入讨论这些具体语言活动本身。这样，哲学家心目中的语言就不是我们日常使用的语言，而更多的是我们用语言表达的观念或概念；哲学家们谈到语言的时候并不是要讨论语言的具体用法，而是关心我们用语言完成的理智行为。虽然当代哲学家们也关心语言的具体使用，但他们对语言用法的讨论仍然是为了解释语言活动背后的理智动机。其二，哲学家们对语言的讨论总是与世界的存在联系在一起。虽然语言学家也把与外部事实的存在相关联的语言意义看做语言研究的核心，但他们更关注的是语言本身。而在哲学家那里，世界的存在才是语言研究的动力所在，语言的意义在于人类对外部世界的理解。当哲学家们把意义问题看做语言哲学的核心时，他们不是在讨论意义何以可能的问题，而是关心我们以什么样的方式可以建构语言的意义。

其次，语言学家们更多地从微观的角度关注语言使用的具体情况，希望能够从个别案例分析中得到关于语言使用的一般规律；但哲学家们则更多地从宏观的角度考察语言的基本性质、一般形式以及语言活动与人类生活之间的普遍联系，企图通过语言分析达到理解语言意义并发现人类的理智生活与世界存在之间的普遍联系。无论是分析哲学家对语言的逻辑分析，还是欧洲大陆哲学家对语言的思想考察，都充分体现了哲学家们研究语言问题的这种独特视角。例如，赖尔和奥斯丁等人的工作，使哲学家们开始关注在日常语言的用法中隐藏着我们尚未发现的或被误解了的意义；而斯特劳森的工作更是使得用逻辑的方法分析日常语言用法成为可能。这些工作的一个卓有成效的结果是带来了一门新的学科即"哲学逻辑"。哲学逻辑不是以逻辑为对象，而是采用逻辑的方法研究语言中的哲学问题，研究哲学家们传统地感兴趣的那些概念和概念结构，研究那些与语言和思想的性质、语言结构和世界结构的关系等等相关哲学问题，如定义、命题、指称、意义、分析性、同一性、可能世界、存在和真理等等。而在欧洲大陆的哲学传统中，从洪堡、索绪尔到海德格尔、德里达、伽达默尔，再到拉康和福柯等人，几乎所有的哲学家都把语言图式看作人类思想图式的最直接表现，都试图从概念和命题内容入手把握语言活动核心。洪堡认为，人与人之间要交换复杂的思想必须通过共同的语言，这也是科学发展的动力和媒体。他明确指出，理解不是不可分割的点与点之间的接触，而是不同人的思想圈之间的部分重迭。这样才会有人类的思想进步，每个思想的扩展可以进入到另一个人的思想圈内，而同时又不会束缚另一个的思想。对思想的束缚只会导致反感。这是思想扩展的必须条件。洪堡还最先提出了"语言左右思想"的观点，这对后来哲学家们的语言研究具有重大影响。在海德格尔看来，语言作为显现在世存在的重要方式，承担着使存在者通过言谈而解蔽真理的重要使命，同时又使得世界的存在本身在语言中得以显示。拉康则从语言学的角度分析了弗洛伊德的心理学，把人类在语言活动中形成的认识图式称为"镜像"。拉康把他的理论归结为"无意识是有语言的结构"和"无意识是他者的话语"，即无意识有一种语言的结构，有时候以移位和压缩的形式表现出来，人们可以通过其表现考察内在的无意识结构。这种无意识的结构包括自我与他人、他物之间的关系。

从这些哲学家的思想中我们可以清楚地看出，哲学家们考虑语言问题的出发点与语言学家的确有着很大的差别：语言学家是从小处着手，处处关心语言研究可以给我们的语言知识增加更多的新内容；但哲学家则从大处着眼，更为重视我们对语言的意义理解和思想把握。如果我们试图关心语言的具体用法，意图更多地了解关于语言的知识，语言学家们的工作就可以满足这样的要求。然而，如果我们想要深入地理解语言的性质，把握语言与世界的关系，那么，我们就必须知道哲学家们在语言研究中提出的重要思想。

最后，语言学家们的工作可以使我们更多地了解各种不同语言的构成规则及其使用方式，在增加知识的意义上改进我们对语言的理解。但是，如果语言学家们试图从他们得到的关于具体语言研究的成果中得到关于语言性质的一般理解，那么，他们的想法显然就超出了语言学研究的范围，而进入了哲学研究的领域。有趣的是，事实上，几乎每一位语言学家似乎都有这样的哲学抱负，而且，被誉为伟大的语言学家的主要特征，正是由于他们在语言学研究中的哲学贡献。这也正符合了历史上的真实情况，即语言学的每一次进步，其实也都是哲学上的一次进步。应当说，语言学的每一发展都是由于其背后的哲学推动力，或者说，正是由于语言学家能够从哲学的视角看待语言，处理语言问题，他们的语言学理论才真正具有了更为普遍的价值和深远的影响力，这无论是对洪堡、索绪尔还是对布龙菲尔德、乔姆斯基都是如此。洪堡在语言学史上的重要地位正是由于他对语言与人类精神之间关系的深刻思想；索绪尔对语言与言语、能指与所指等的区分不仅开启了语言学研究的新纪元，更重要的是使我们更加清楚了语言的根本性质；比较语言学的研究从更为广泛的范围考察了语言的性质和作用，为哲学理性主义观念的确立提供了有力的语言基础;而乔姆斯基的工作更是从语言与心灵的关系入手,明确建立了语言与思想之间的转换结构。所有这些都清楚地表明,语言学研究的进步必须从哲学的视角出发才有可能。

当然,我们这样评价语言学与哲学之间的关系,丝毫没有贬低语言学研究之意;相反,我们认为,对语言的哲学研究也只有在大量的语言学研究成果的基础上才有可能。更为恰当地说,语言哲学中的任何研究都要以对语言的充分了解为基础,而语言学研究中取得的任何成果也只有赋予了哲学上的意义才能获得更大的价值。

第一篇 ◇ 结构主义的语言观

为什么是索绪尔？

张妮妮

作为结构主义语言学的开创者，索绪尔（Ferdinand De Saussure）的贡献是与他的《普通语言学教程》联系在一起的。1907 至 1911 年间，索绪尔在日内瓦大学三度开设普通语言学课程，在这期间，他提出了具有符号学性质的现代普通语言学理论。然而索绪尔没有完整的讲稿，没有写过相关的著作。直到去世之后，他的学生巴利（Charles Bally）和薛施蔼（Albert Sechehaye）等根据同学们的笔记和索绪尔的一些手稿及其他材料编辑整理成了《普通语言学教程》一书。《教程》"以第三度讲课为基础，但利用我们［编纂者］手头的全部资料，包括德·索绪尔个人的札记"，进行"重新组织"、"综合"和"再创造"①，于 1916 年在法国巴黎首次出版。《教程》的编撰与出版，为索绪尔思想的公之于世创造了条件。

不过，1916 年并不是索绪尔进入结构主义思潮视野的时间，甚至他的语言学理论也还没有被视为"结构主义的"。事实上，是后来社会文化研究领域中的结构主义者发现了索绪尔。

首先是列维-斯特劳斯。19 世纪 30 年代，在孔德、涂尔干社会整体论的背景下，斯特劳斯进入了人类学的经验研究。之后，他受到马克思的影响，认为表层现实并不是最重要的，研究者必须建构一个模型，以超越物质表象，

---

① 索绪尔：《普通语言学教程》，商务印书馆，1985，第 13 页。

深入现实的根基。1939年,因为德军入侵,斯特劳斯被迫离开法国去美国避难,来到纽约的社会研究新校(New School For Social Research),鲍阿斯的人类学研究对他产生了很大的影响,"一到纽约,列维-斯特劳斯就立刻找出了弗朗茨·鲍阿斯的著作,"① 他对斯特劳斯的影响,就在于从文化现象的无意识本质中发现了语言法则的核心作用。后来,也是在纽约新校,斯特劳斯与雅各布森相识,这是一次历史性的邂逅。从此,斯特劳斯开始自觉地以语言学中的结构主义思想为指导来进行人类学的研究。他在回忆当时的情景时说:"那个时候,我只是一个朴素的结构主义者。我正在搞结构主义,但对其一无所知。雅各布森向我展示了蕴含着某种学说的工作,这种学说已经融入语言学中,而我却从来没有研究过它。对于我来说,这是一次启蒙。"② 敦促斯特劳斯撰写论著的,也是雅各布森。1948年,斯特劳斯发表了他的代表性著作《血族关系的基本结构》。正是在这本书中,结构主义人类学的原则得到了根本的体现。他多次提及索绪尔对能指和所指的区分以及符号的任意性原则,并用于研究血族关系,血族关系系统是一种语言。通过雅各布森,斯特劳斯把索绪尔的革命转化成了人类学的革命,把索绪尔的语言学提升到了带头学科的高度。

再来看罗兰·巴特,1953年,他的《写作的零度》出版,这本书反响很大,预示了某种崭新的文学观念的形成。即他不再把写作承担的义务置于内容之中,而是置于形式之上。写作即风格,纯洁的写作不存在也不可能存在,绝没有和意识形态无关的诸如"精确"、"明晰"这样的超历史的、具有普遍意义的风格模式或条件。语言成了最终因素,它与重获自由是完全一致的。在此之前,巴特因无法在传统大学中寻求安身立命之地,于1948年离开法国来到罗马尼亚,1949年又去埃及。在埃及,他遇到了格雷马斯,一个推崇索绪尔思想的语言学家。格雷马斯建议巴特读一读索绪尔和叶姆斯列夫的著作,而巴特让格雷马斯阅读他的作品。在卡尔韦的《罗兰·巴特》中记录了格雷马斯对巴特的评论:"'很好,不过你应该读一读索绪尔的著作。''索绪尔是

---

① 弗朗索瓦·多斯《从结构到解构:法国20世纪思想主潮》,中央编译出版社,2005,第21页。
② 列维-斯特劳斯,《近在眼前与远在天边》,第63页。转引自弗朗索瓦·多斯《从结构到解构:法国20世纪思想主潮》,第30页。

谁?'巴特问。'可不能不知道索绪尔是谁。'格雷马斯回答道,好像一点商量的余地都没有。"① 而格雷马斯认为,叶姆斯列夫是索绪尔的真正传人,只有他明白索绪尔的意图,并最终清晰明确地把它概括出来。巴特显然接受了格雷马斯的建议,也知道了叶姆斯列夫和雅各布森是什么人。索绪尔的语言学思想带着巴特起飞了,伴随着他的《神话学》和《符号学原理》,使他在20世纪五六十年代真正成了有创造性的文学结构主义者。

从索绪尔的《普通语言学教程》的流传来看,1916—1960年间,它只有5种译本;1960—1980年间,它有12种译本。随着梅洛-庞蒂、列维-斯特劳斯、巴特以及拉康的不断援引,《普通语言学教程》最终成为结构主义的经典。

为什么是索绪尔?为什么是语言学?这是值得我们反思的问题。索绪尔在《普通语言学教程》中从未用过"结构主义"一词,只是138次用了"系统"一词;该书发表于1916年,却在四五十年之后走红;该书是地道的语言学著作,却在语言学之外得到了广泛的认可。这究竟是为什么。

固然有不少偶然的因素,比如:第二次世界大战造成的知识分子在世界范围内流动和思想碰撞、有人把索绪尔的讲课笔记整理出来、出版并在国际语言学大会上引用他的思想、社会运动造成的在不同学科之间所共同关心的问题等等,但一系列的巧合应该可以引起我们对索绪尔语言系统思想在更大范围内得到解读的兴趣。

显然,语言学成了方法论,成了领航学科。这个道理可以在另一件类似的事情上得到印证:英国的哲学也在20世纪最初的十几年内转向了语言学。这是从发现语言的新逻辑开始的。由弗雷格创立的符号逻辑使人们意识到,对语言意义的逻辑分析可以从根本上避免人们对语言意义的曲解,进而重新认识人类知识的本质、重新看待我们认识的世界。经过罗素和维特根斯坦的工作,在欧洲大陆之外的英美哲学开始了分析哲学的历程,分析哲学家通过庞大而专业的逻辑分析及语义分析,把一种新的哲学观带到了哲学研究的领域。

---

① 路易-让·卡尔韦《罗兰·巴特》,Flammarion,1990,第124页。转引自弗朗索瓦·多斯《从结构到解构:法国20世纪思想主潮》,第91页。

语言学的视阈昭示了哲学和文化研究中一个不争的事实：即对意义问题的重视。我们对20世纪以来哲学研究领域中术语的变化作一个浏览就会发现，有两套相当不同的术语系统：

（1）实体、人性、主体、客体、理性、本质、自在之物、先验、上帝、神、世界的本来面貌、物质、精神、必然性、因果关系、规律、绝对……

（2）语言、语义、意识现象、意志、事实、图式、范型、经验现象、人化自然、功能、结构、语境、游戏、规则、意义、符号、话语、文本、解释、实践、行为……

第二套术语系统反映了现代哲学和文化研究中对"本体"和"本质"的排斥。形而上学的基础主义和还原主义不再是人们看好的方法论理论，转而趋于人的行为和行动原则成为大家接受的方向。于是，哲学和文化研究进入了一个特殊的层面，即意义和价值的层面。这一层面既不属于纯粹物质层面、也不属于纯粹精神层面，借用波普尔的话叫做"世界3"。实际上，世界3属于物化的人类活动层面，其中有人类智力情感的元素，也有非人类的对象世界的元素。这是一个意义和价值的世界。而语言学研究因其直接讨论意义问题，此时必将承担起领航学科的重任。当然，究竟偏向对言语还是语言进行研究，恰好表明在物化的人类活动层面是偏向于承认个人的意志行为还是集体的无意识行为。有意思的是，英美分析哲学中有过人工语言学派和日常语言学派的分歧，前者强调语言的普遍逻辑，后者则强调说话者个体的言语；而欧洲大陆哲学中的结构主义是继存在主义者强调个人意志行为之后，转而强调超个人的结构作用的，结构正是某种在历史中沉淀下来的集体的无意识。索绪尔的语言系统的思想在这个节点上起作用了：作为一种语言学理论，它具备了在哲学和社会文化研究中引领人们探讨意义层面问题的条件；作为一种语言系统观的思想，它适应了人们在社会文化研究中对超个人因素作用的诉求，集体的无意识在结构中体现出来。在物化的人类活动层面上，处处都可以看到结构的存在。

在索绪尔的《普通语言学教程》中，有一些观点是至关重要的，比如，他强调语言的形式性、空间性、共时性和任意性。在此，我将对其语言符号的任意性原则做一个详细的分析，由此说明在索绪尔那里，语言系统的思想是如何建立起来的。这一思想又是如何导致符号学的一般原理的。

符号任意性原则是在批评语言学史上命名主义①的基础上提出的。索绪尔在《普通语言学教程》第一编开头谈到语言符号时指出，在有些人看来，语言，归结到它的基本原则，不外是一种分类命名集，即一份跟同样多的事物相当的名词术语表。他认为，这种观点有三个错误之处：第一，假定有现成的、先于词而存在的概念；第二，没告诉我们名称按本质来说是声音还是心理的；第三，会使人想到名称和事物的联系是一种非常简单的作业。因此，他主张在语言符号问题上，不能采取命名主义的方法，符号的能指和所指间的关系是任意的。

对命名主义的理解，是我们理解符号任意性原则的关键。命名主义并不是语言史上的特定流派，它只是对语言符号认识中的一种倾向，其主要内容有两条，一是承认语言符号的双重要素，二是把事物和名称当作这二重要素，并认为它们的关系是一一对应的。对于如何形成这种对应关系的问题，命名主义可以有两种相反的看法，一种是约定论，另一种是自然本质论，它们分别以古希腊的亚里士多德和柏拉图为代表。约定论尽管在语词的起源上取约定俗成的观点，但对语词代表事物的这种本质关系是不容反顾的。这种约定论与索绪尔的符号任意性原则有很大的距离。一个重要的依据是，这种约定论不能形成符号间必然的、必不可少的联系，它决不能自然地导入语言系统的观点，而索绪尔的符号任意性原则是其语言系统或结构观念的前提。这一点我们后面还要说到。

索绪尔在一个意义上承认命名主义的真理性，他说，命名主义"这种天真的看法却可以使我们接近真理，它向我们表明语言单位是一种由两项要素联合构成的双重的东西。"② 但他不赞成语言符号的双重要素是事物和名称，不赞成它们的对应关系。那么，什么是命名主义所说的"事物"和"名称"，它们之间的关系又为什么是对应的呢？对于这些问题，我们仅仅从语言学内部是无法完全理解的。如果我们引进一些哲学史上的概念和思想，问题就要好办得多。事实上，在19世纪之前，语言学尚未取得独立的地位，它总是依

---

① 索绪尔本人没有用"命名主义"这个词，他用的是"语言命名集"思想，在 Harris 的上面那本书中，他直接把索绪尔批评的对象称作"命名主义"。本文所用的"命名主义"概念就是从 Harris 那里来的。

② 索绪尔《普通语言学教程》，商务印书馆，1985，第100页。

附于哲学而存在。18世纪的唯理语法就是最典型的代表。从传统哲学和传统认识论入手来理解命名主义的"事物"和"名称",是一条切实可行的道路。

传统哲学认识论从形而上学的意义上来理解"事物"。这种理解起源于古希腊的亚里士多德。亚里士多德在《范畴篇》中把存在分成十大类：实体、数量、性质、关系、地点、时间、姿态、状态、施动、受动。在这十类存在中,实体是最重要的,只有它才能够独立存在,而其他的都必须依附于实体而存在。个体及其种和属,就其独立存在的意义上说,是实体的存在。从亚里士多德以后,人们接受了这样一个观念,即事物的存在首先是实体的存在,这个观念一直流传下来,成为人们理解外部世界的常识,以至于当人们说起事物的存在时,不假思索地就以实体说为依据,把事物当作固定不变的世界单位,进而当作了我们经验的对象。毫无疑问,事物的存在是要以同一性为前提的,如果没有同一性,世界上就只是没有秩序的感觉杂多。然而我们怎样去把握这种同一性呢?怎样去把握实体的存在?试想一下,如果把事物中的数量、性质等因素抽掉,剩下的还有什么呢?因此,把实体当作事物各因素联络到一起的同一性的说法只是一种世界底子的传说,就像印度人传说世界建立在大象之上,大象又在乌龟之上一样。17世纪经验论哲学家洛克已经看到了这个问题,他赋予实体的概念以名义本质和实在本质两大含义。名义本质是说,实体观念是由一组简单观念组成的复杂观念,它只是一组简单观念,而实在本质是指在一组简单观念背后必须有假设一个底子,作为这一组简单观念的依托,但实体的实在本质终究是不能为人所知的。洛克从近代经验论角度给了实体以最好的解释,即古代实体的概念不是经验领域的对象,但它是理性的对象。后来康德直接把"实体性"当作其十二个知性范畴之一,明确认为实体是人先天所有的用来对感觉杂多进行加工的先天知性范畴,它是经验对象呈现为事物的理性依据。因此,在西方哲学史上,当人们尚未反思认识过程的时候,事物是实体的事物。而西方哲学自近代起开始反思自己的认识活动以后,他们又继承和修改了古代的思路,把实体当作了对事物的合理性解释。

传统哲学对"事物"的这种合理性的解释,直接影响到人们对语词(尤其是关于事物的名称)的意义的理解。当人们以名称来代表事物时,或者说,当人们寻求名称的意义时,不知不觉地就去附和事物的那个合理性的观念。既然人的认识与外在世界是合理对应的,那么,名称和事物也应该是合理的、对应的。结果,哲学家们用语言符号中事物和名称两要素合理对应的关系来指导人们从语言的表达去研究事物,而语言学界又想从合理性方面去解释词义。虽然他们的方式各种各样,理论细节也有差异,但对名称和事物之合理对应关系的看法都是一样的。

  这种命名主义通过两条途径成为人们批判的对象,第一,哲学认识论的革命,人们不再以实体的概念解释事物了。这时,命名主义不攻自破。第二,命名主义解释不了词义现象。前一条是哲学中走的道路,后一条是语言学的道路。索绪尔是语言学领域变革传统的先驱。索绪尔认为,语言符号包含的不是事物和名称的关系,而是概念和音响形象的关系,他意图要打破的就是这种名称和事物间的合理性关系。在他那儿,问题不仅仅在于约定主义所说的用怎样的一个声音去代表某一个事物,而且也在于某一语言中的一个声音实际表达了怎样的观念。必定是关于一个事物的固定不变的概念吗?多年的语言学研究告诉他,并不是我们了解的所有语言现象都能够包摄在传统的语言学框架中的,命名主义的观点也不能解释一切语言问题。这样的想法在《普通语言学教程》中虽没有作系统的阐述,但对它的说明去随处可见。集中到一点上说,索绪尔否认语言现实中存在着意义统一不变的独立的词,否认语言现实中存在着命名主义所谓的逾事物对应的名称。从语言实际出发,名称和事物并不是一一对应的。他举了很多例子来说明这一点。比如,一个名词的单数和复数,它们是一个词还是两个词呢?就它们的合理性的对象来说指的都是同一样东西,只是同一个名词的两个形式,然而事实上,一个名词的单数和复数,它们在意义和声音方面都是截然不同的两回事。另外,同时一个词,它们的意义在不同的句子和短语中的意义又不相同。

  索绪尔还以不同民族的语言差别来说明名称和事物不可能是合理对应的。他的思路大概是这样的:既然名称和事物是合理对应的,那么,相应于某一对象,每个民族都应有一个名称,各民族语言所拥有的关于某一对象的名称虽然发音不同,但它们所指称的应该是同一样东西,但事实并非如此。索绪尔说:"如果词的任务是在表现预先规定的概念,那么,不管在哪种语言里,每个词都会有完全相对等的意义,可是情况并不是这样,法语对'租入'和'租出'都说 louer (unemaison '租房子'),没有什么分别,而德语却用 mieten'租入'和 vermieten'租出'两个要素，可见它们没有完全对等的价值。德语 schatze'估价'和 urteilen'判断'这两个动词的意义总的跟法语 estimer'估价'和 juger'判断'相当，但是在好些点上又不相当。"① 作为一个语言学家，索绪尔的上述想法是相当深刻的。从表面上看，他只是在探讨语言现象中有没有与事物合理对应的词，但实际上，其中思想的触角延伸到了语言学之外，不同民族对事物的表达是以他们各自对事物的理解为基础的，他们对于同一事物的理解不同，指称这一事物的名称的意义就有所差别。结果是，由于并不存在着对某一事物的传统意义上的合理性解释，人们对于外界事物的认识总是相对的，人们关于该事物的名称的意义也就不能是绝对的，一一对应是不可能的。当然索绪尔本人没有说的这样明确，他没有专注于这类问题。

符号任意性原则的主要目的是消除语言符号双重要素之间的合理性的、固定的、一一对应的关系。索绪尔说："能指和所指的联系是任意的，或者，因为我们所说的符号是指能指和所指相联结产生的整体，我们可以更简单地说：语言符号是任意的。"② 因此，符号任意性原则的基本内容是能指和所指之间的任意的、不可论证的关系③（也有的研究者把"不可论证"译成"非理据性"，而本文前一部分中经常出现的"合理性"一词与"可论证"、"理据性"都是一个意思）。

但是，语言学这场变革的关键并不在于语言单位要素之间的关系由理据性的变成非理据性的，或者说，由合理性的变成非合理性的。关键还在于双重要素本身的改变。如果仍旧在事物和名称的双重要素中谈任意性，至多只能达到约定主义，而约定主义的思想与符号的任意性原则是有很大距离的，它只是在语言的起源上谈某一概念由某一词语来表达是约定俗成的，它无法让人去理解任意性原则中非理据性的真正含义。离开了起源问题，约定主义同样可以是命名主义的，因而它也不能到达语言结构、语言系统的观点。另外，纯粹约定主义还容易给人造成对语言符号为所欲为的感觉，而索绪尔为

---

① 索绪尔《普通语言学教程》，第163页。
② 同上，第102页。
③ 同上，第104页。

了避免人们对其任意性的这种理解，专门谈到共时语言系统中的语言是任意的，但又是不变的。这种不变来源于已经构成的语言的正常的、有规律的生命，而任意性也是在这个现成的结构中说的。① 可见符号任意性原则不等于约定主义。以约定主义去解释任意性原则纯粹是一种误解。关于这一点，索绪尔作过一个恰如其分的分析和评论，他说："人们什么时候把名称分派给事物，就在概念和音响形象之间订立了一种契约——这种行为是可以设想的，但是从来没有得到证实。我们对符号的任意性有一种非常敏锐的感觉，这使我们想到事情可能是这样。"② 然而"语言起源的问题并不像人们一般认为的那么重要。它甚至不是一个值得提出的问题"③。索绪尔关注的是作为人类遗产的现成的语言，是已经构成的语言的正常的、有规律的生命。

对语言符号的理解是建立在对符号要素理解的基础上的，命名主义在传统哲学认识论基础上去理解语词的意义，把它看做合于理性理解的事物，由此他们把语言符号也看成了固定不变、从来如此的东西。要改变这种不合实际的语言学理论，就必须从符号的要素入手，弄清楚符号的要素究竟是什么，从而找出符号语言自身特点的规律。我认为，索绪尔在《普通语言学教程》中三个地方的论述与这个问题有关。

第一，在第一编第一章第一节讨论"符号、所指、能指"时，他从心理主义的角度探讨了语言符号的两要素，指出："语言符号连结的不是事物和名称，而是概念和音响形象。"④ 后来他又用所指和能指两个术语来代替概念和音响形象。在这里，索绪尔对双重要素改造的直接考虑是想用语言符号的心理特征来克服语言学中的物理主义倾向，但联系索绪尔的一贯思想看，他也反对把逻辑的、认识的东西纳入到语言符号中来。"语言符号所包含的两项要素都是心理的"，"语言符号是一种两面的心理实体。"⑤ 索绪尔试图通过对语言符号两要素的心理主义改造，来阐明语言符号自身的特点，它不单纯是声音，而是表达意思的声音，是带有心理印迹的声音或声音形象。因此，

---

① 索绪尔《普通语言学教程》，第 104 页。
② 同上，第 108 页。
③ 同上。
④ 同上，第 101 页。
⑤ 同上，第 100 页。

语言学不同于生理学和物理学。从语言符号的另一个要素看，它并不是对事物的合理性的理解，并不是传统哲学认识论中的那个关于事物的合理性的概念。声音形象是表达"概念"的，这个概念只能是"意识事实"① 否则，概念就是在先的了，而在索绪尔看来，概念作为所指，是与能指联系在一起的，它只是能指代表的意识事实，是被能指表达的所指。从语言内部看，概念无所谓在先在后的问题，它就是语言符号的一个方面，有了它和能指，就有了符号。索绪尔的思想方法是要竭力把语言与言语中的其他非语言因素区别开来，概念作为语言符号的一个要素，是在与能指相结合的一刹那才获得自己的身份的，这样的情形对能指也适用。因此，先于语言存在的（换句话说，在语言之外存在的）关于事物的概念不能作为语言符号的一个要素，它们只是传达认识论中的对事物的合理性的理解。他说："语言是形式而不是实质。人们对这个真理钻研得很不够，因为我们的术语中的一切错误，我们表示语言事实的一切不正确的方式，都是由认为语言现象中有实质这个不自觉地假设引起的。"② 所有的意思都是说，作为语言符号要素之一的"概念"与传统认识论中的关于事物的合理性的概念是不一样的，语言学不等于认识论和逻辑学。既然语言符号的要素已经发生了变化，原先关于符号的理论也就不再适应，符号两要素的合理对应的说法就不再有效，代之而起的将是概念和声音形象之间的非理据性的、任意的关系。

第二，在"共时语言学"的第二章中，索绪尔讨论了确定语言单位的方法。这个问题的实质就是：每一个具体的语言符号是如何确立起来的，所指和能指的关系是如何确立起来的，是由语言之外的先于语言的关于事物的概念决定的，还是由语言本身的结构确立起来的。在确定语言单位的问题上，索绪尔反对的仍是命名主义对语言符号两要素的理解以及两要素之间的合理性关系。命名主义由于把名称和事物当作语言符号的两个要素，并且在他们不自觉的意识下，又从传统哲学的合理性角度去理解"事物"，而名称只是去表达这个"事物"。因此，在他们看来，"事物"的多少就决定了名称的多少，事物的独立存在就决定了名称（或者宽泛地说，词）的独立性。语言符

---

① 索绪尔《普通语言学教程》，第32页。
② 同上，第169页。

号的独立性、语言符号的独立单位取决于其中的一个要素，为的是这个要素先于它而在，独立的词能够作为语言单位。但正如索绪尔考察的，事实上，名称在使用过程中的意义并不就是事物的那个合理概念，其意义是多层次的、多方面的。把词作为语言单位的想法因此失去根据。现在，对语言符号两要素有了新的理解，不再是名称和事物，而是概念和音响形象了。概念和音响形象地连结绝不像名称和事物的联系那样简单绝对。在已经构成的活生生的语言中，一个语言符号的出现并不是在任何场合下都整齐划一的。划分语言的单位、确定符号的能指与所指间的联系不能依靠该语言符号本身，而要与它出现的各种场合联系起来看。这样一来，语言的单位就受制于语言的结构，或者说，受制于该单位所处的上下文关系，它是在与别的语言符号的对立中确立起来的，不存在抽象的语言单位。总之，语言符号两要素的改变破除了语言单位的合理性的基础。从对两要素的新理解出发，又导致了单位受制于结构，是在结构中确立起来的单位的思想。语言符号（单位）的能指和所指间的任意关系，也只有在结构中才能得到理解。

第三，索绪尔还从语言的价值来考虑语言的单位，他说："价值的概念就包含单位、具体实体和现实性的概念。"[①] 他用价值的概念来分析语言现象，进一步加深了语言符号的对立、区别特点，从而进一步明确了符号任意性的含义。在索绪尔看来，价值这个概念包括两方面的含义，第一，一种能与价值有待确定的物交换的不同的物；第二，一些能与价值有待确定的物相比的类似的物。把这两个含义用在语言符号上，则一个语言符号可以跟某种不同的东西即概念交换，也可以跟某种同性质的东西即另一个语言符号相比较。这是语言符号有价值的两个标准。索绪尔认为，命名主义从语言符号的名称和事物两要素出发，只能看到两要素间的交换，却没有看到价值的第二方面的意义。我们说事实上，从事物和名称关系出发的命名主义思想根本就不需要这第二种含义，因为在他们那里，语言符号本身就可以决定自身的价值，而他们把关于事物的合理性概念当作所指的做法，决定了他们永远是在语言之外寻求交换的一方，于是，看上去两要素的交换也决不可能是等价的。看来语言价值的概念对命名主义来说显得有些多余。索绪尔似乎没有太看清

[①] 索绪尔《普通语言学教程》，第 169 页。

这一点。但他的意思还是明白的，他想说明，虽然语言符号是由两种要素构成的，它们之间可以交换，但这一点不能否定，否则就等于否定了语言符号是有双重要素的。但还必须提出另一个更重要的概念——价值。从价值的两个含义上看待语言符号。在索绪尔这儿，价值的概念比意义的概念更加重要。

确认价值的两种含义并强调后一种，并不意味着索绪尔要做的工作只是补充，用价值的第二种含义去补充第一种含义，用他的语言学思想去补充命名主义的理论。事实上，价值的两方面含义是相互关联着的。只有改变命名主义度双重要素的看法，才能在语言学中建立起真正的价值系统。正因为如此，索绪尔专门从所指和能指两个方面来谈概念的价值和声音形象的价值，由此得出语言符号中的能指和所指都是由系统发出的价值，它们都只表示差别，它们不是由它们的内容、而是消极地由它们跟系统中其他要素的关系确定的。它们的最确切的特征是：它们不是别的东西。因此，由于所指不是预先规定的概念，能指也不是单纯的声音，而都是在与别的能指和所指的关系中各自表现出来的差别，那么，从整体看，语言符号也就无实质可言，它不再是什么合理性的东西了。语言符号从差别的意义上说，它是与其他语言符号的对立和区别，而从同一的意义上说，又是构成系统和结构、构成对立和区别的分子，语言符号就是这样一个在对立中存在，在差别中获得同一的语言单位。由这种任意性的符号构成的语言只能呈现为系统和结构，这种系统和结构也就是一个价值系统。反过来说，符号的任意性原则也只有在懂得了价值系统中的差别以后才能更准确地理解。

索绪尔的符号任意性原则是直接针对传统语言学中的命名主义思想提出来的，而提出这个原则的基础还在于对语言符号双重要素论的改造。只有在正视语言现实的前提下，把语言符号的双重要素也看做是任意的，而不是在先的，合于理性的，双重要素之间的关系才可能是任意的。索绪尔的符号任意性原则与他的语言系统思想是融贯的，准确地说，是其语言系统思想的一个重要构成部分。这个思想的表述只要稍加变化，就可以形成符号学的原理，进而对一般的社会研究和文化研究构成指导意义。

德里达的"解构"之路

赵 铮

德里达（1930-2004），出生于法国犹太人家庭，是解构主义（Deconstructivism）的倡导者，后现代主义（Postmodernism）的主要代表人物之一。与斯特劳斯、福柯这种游走于哲学、社会科学之间的思想家相比，德里达（特别是前期德里达）是一个比较纯粹的哲学家，他的主要工作是对传统哲学经典的解读，其成果则是富有启发性和激动人心的。今天，许多人已将他看做西方哲学史上继海德格尔和维特根斯坦之后最具原创精神的哲学家。

德里达在哲学上的主要贡献是突破了结构主义单纯研究同时性结构的方法论局限，而把对结构的同时性研究与历时性研究结合在了一起，并由此出发，开始了对西方传统哲学的批判。

虽然德里达的"解构主义"具有强烈的反叛特征，被很多人看做"后现代主义"的代表性哲学。但在另一方面，"解构主义"也并非游离于西方哲学传统之外，而是直接脱胎于20世纪西方两大理性主义哲学流派——现象学和结构主义。因此，如果不能深刻理解这两大流派的思想和精神，对"解构主义"的理解就必定是肤浅的。

一、德里达解构主义的思想来源

现象学和结构主义是战后法国哲学界的两大主要流派，也是德里达结构主义的两个主要的思想来源。现象学、结构主义和解构主义三者之间的关系是：现象学研究的是现象和逻各斯，结构主义专注于作为结构的逻各斯的研究，而解构主义则致力于消解作为结构的逻各斯，将它还原到作为本原体验的现象之中。在这个意义上，德里达的解构主义乃是对现象学和结构主义的一种延续与发展，给人的感觉是以新的形式回到了尼采。

1. 德里达与现象学

尽管德里达以解构主义的创始人的身份闻名于学术界，但他首先是作为传统哲学——特别是胡塞尔哲学——的出色研究者和批判者而在学术界崭露头角的。1961年，德里达为完成他申报教授资格的副论文而撰写了《胡塞尔〈几何学的起源〉引论》一文，该书于1962年出版，并于1964年获得J. 卡瓦耶奖；1967年，德里达又发表了自己最为得意的《声音与现象：胡塞尔现象学中的符号问题导论》一文。这两部书对胡塞尔思想的阐释是十分出色的，在读者中也大受欢迎，然而解构主义的思想锋芒已暗含于其中。可见，德里达的确是一位善于发现以往哲学家"思想裂痕"的敏锐思想家，具有很高的哲学史修养以及很强的哲学思考力与原创力。

在《声音与现象》一书中，德里达对胡塞尔现象学的结构主要针对胡塞尔对"现象"的理解。在胡塞尔那里，"现象"作为"在直观中被给予者"是构成对象的本原或原初材料。德里达指出，由于"现象"的原初性，我们根本不可能把握这种本原性的"现象"，而只能把握作为它的"延异"（Differance）的"充替"（Supplement）。有关"延异"和"充替"的思想实际上贯穿了德里达的整个解构主义哲学。

2. 德里达与结构主义

德里达与20世纪法国另一主要哲学流派结构主义的关系更堪玩味。他也曾经是一个结构主义者，20世纪50年代末，他与福科、拉康、巴尔特等人厌倦了萨特和梅洛-庞蒂的存在哲学和人道主义，转而追随斯特劳斯的结构主义，并一同迎来了结构主义在思想界的鼎盛时期。然而正当人们为结构主义在知识界的传播与拓展而欢欣鼓舞的时候，1967年，德里达一举推出《书写与差异》、《论文字学》和《声音与现象》这三部书与正统结构主义大异其趣的著作。这三部书的发表标志着解构主义的诞生,同时也宣布了结构主义已经走向没落。

德里达从结构主义转向解构主义的弯子显然是过于急了一些,许多学者都因德里达的这种突然而剧烈的理论偏转而感到思想上的失重,进而怨声四起。德里达的著作文风不羁,本来就有"拒绝理解"的恶名,加之他的思想批判和颠覆了西方传统哲学中某些既有成见,所以自然在思想界引来了颇多的争议,其大哲学家的地位也是几经反复,最终才得以确立下来。

在一定意义上,德里达的解构主义是对结构主义的翻转与颠覆:结构主义把永恒在场的结构看做决定性的中心,而德里达却将不在场者同样看做决定性的力量。通过对结构主义的解构,德里达进而对作为西方哲学一般形式的"逻各斯中心主义"也开始了解构。

二、解构的主题与方法

1. 德里达哲学的目的——解构逻各斯中心主义

如果借用佛教哲学的概念,德里达哲学就是以论证"三法印"中的第一法印——诸行无常——为目的。论证这一命题的关键在于破解西方哲学传统的"逻各斯中心主义",因为西方哲学习惯上将"逻各斯"看做永恒不变的在场者。

与维特根斯坦相似,德里达的哲学思考也紧紧地围绕着语言问题。在这个意义上,他的解构主义在本质上也首先是一种语言哲学[①]。不过,他的语言哲学的主要工作是为了破除西方哲学的一种传统成见——"逻各斯中心主义"。他将这一工作称为"解构"(Deconstruction)。

德里达将西方哲学传统归结为"逻各斯中心主义"(logocentricism)。所

[①] 德里达:"思想是通过语言进行的,哲学就与某种语言或某种语族相联。所以解构哲学,自然就是对某种语言指定某种思想这种局限性的关切。"——德里达:《书写与差异》,张宁译,三联书店,2001,第23页。

谓"逻各斯中心主义"是指西方哲学中的这样一种传统，即认为语言或逻各斯（"先验的能指"）是真理（"先验的所指"）的载体，哲学的目的就是要寻找那些真理性的语言，并以之作为我们全部生活经验的根基。德里达认为，西方哲学中的许多概念，如上帝、理念、绝对精神、自我等，其实都是这种逻各斯中心主义的特殊表现；结构主义在本质上也是一种逻各斯中心主义，因为它同样将语言的结构理解为一种确定的、不变的中心。

德里达认为，逻各斯中心主义主要有两方面的表现：一方面，它表现为以当下在场为中心的在场的形而上学（Metaphysics of presence），另一方面，它又表现为贬低书写（writing）而推崇话语（speech）的声音中心论（phonocentricism）。这样为了反驳逻各斯中心主义，就必须批判逻各斯中心主义的上述主张。

2. 德里达哲学的思路

套用大乘佛教中观派的概念，可以非常清晰地说明德里达哲学的思路：万法（一切对象）皆从本源中延异（缘起）；这种延异是通过差异、延迟和假名（概念）的充替完成的；假名（概念）本身并无自性（性空），其本身也在延异的过程中。西方哲学的"逻各斯中心主义"就是没有看到概念的空性，把其当成实有的了。

在胡塞尔的现象学中，实际上存在作为"逻各斯"的先验自我与作为"现象"的"被给予者"之间的对立，这实际上是笛卡儿开创的二元论的一种特殊体现。在一定意义上，德里达哲学（特别是其前期哲学）的主旨就是要解释"逻各斯"是如何从现象"延异"而生的。通过解构"逻各斯"的中心地位，德里达哲学将重建现象的一元论。

三、"延异"与"充替"——德里达解构工作的主要思想工具

承袭尼采对世界在本质上是一个"奔腾泛滥的力量海洋"的理解，德里

达哲学运思的重点是要解释"逻各斯"是如何从这个"海洋"中生成,以及它的本质。对前一个问题,德里达的回答是"延异",对后一个问题,德里达的回答是"充替"。可以说"延异"和"充替"乃是德里达哲学的两个核心概念。

1. 延 异

德里达认为,逻各斯在本质上乃是本原的"延异"。

有关"延异"的思想是德里达进行解构工作的主要思想工具。"延异"(Differance)是德里达自造的一个概念,它来源于差异(Difference)一词,但德里达用字母 a 换掉了该词第二个字母 e。由于换过字母后的词在法语发音中与原来的词完全一样,因此只有通过书写才能显示出二者之间的区别。因为这个词在德里达那里有"差异"(to differ)和"延迟"(to defer)这两层涵义[①],所以在中文中一般将它译成"延异"或"分延"。

德里达提出"延异"这一概念的主要目的是为了解构西方哲学传统中的"同一性"思想。他对同一性的解构主要包括两个方面:一是对现象与概念之间的同一性的解构,二是对概念自身意义同一性的解构。如果套用现象学的术语,德里达解构主义的总体思路无非是:逻各斯是现象的延异,而逻各斯本身也在进行自我延异;因此,一切都在延异之中,不仅概念与现象之间的同一性是没有的,概念自身的同一性也是没有的。

传统西方哲学认为,相对于特定的直观材料(这种直观材料在本质上就是生活的原初体验),对它的描述可以与它建立起一种同一关系,真理在本质上就奠基于这种描述与直观材料之间的同一关系上。而德里达认为,对直观材料的任何描述相对于直观材料而言一方面是一种延迟,另一方面又是一种差异,因此对直观材料的描述只能被理解为直观材料的"替补"或"踪迹"。换句话说,传统哲学所理解的现象与描述之间的"同一性"在本质上是一种建立在"延异"基础上的替补关系。

主张语言、概念具有固定的、同一的意义也是西方哲学的传统成见之一,

---

① 约翰·斯特罗克:《结构主义以来:从列维-斯特劳斯到德里达》,辽宁教育出版社,1998,第 195 页。

"延异"这一概念的提出也有利于颠覆这一传统成见。

一般地,德里达赞同结构主义语言学的观点,也认为语言的意义就存在于语言系统中普遍的差异中,所"语言保持差别,差别保持语言"。但是,德里达反对结构主义语言学单纯将语言理解为一个静态的系统,他认为,语言并非自我一个封闭的东西,而是一个永远开放的系统,因此,语言的差别不仅体现在同时态的结构系统中,也体现在历时态的发展过程中,而由于差别而形成的语言的意义因此也就只能是一种永远延展性的东西。德里达也将语言意义的这种不确定性与变化性称为"延异"(Differance)。由于延异,概念的同一性被不断地解构,确定的意义被无限期地延缓出现。显然,德里达有关"延异"的思想相对于结构主义语言学"意义在于符号之间的差异"的理论,其突破性在于将历时性的发展引入到语言的结构系统当中,在静态的差异之上又加上了时间性的差异,从而颠覆了结构主义及整个西方传统哲学中"概念具有同一性",以及"语言具有确定意义"等理论假设。

值得一提的是,尽管德里达有关"延异"的思想首先是关于语言或文本的,但是由于任何对象在德里达看来都可以被看做一个文本,在这个意义上,任何对象在被理解的过程中都必定具有"延异"性,亦即具有意义的不确定性与变化性。这样,德里达有关"延异"的思想便就具有了普遍的哲学意义。利奥塔曾把后现代状况描述为"对元叙事的不信任",我们看到,德里达对语言"延异"性的揭示正好颠覆了"元叙事"的稳定性。因为相对于某种直接经验,任何叙述都已经处于"延异"之中了。

2. 充　替

在德里达看来,人们对本源以及一切不在场者的描述都只能是对本源的"充替"(Supplement),而不是本源自身。担当"充替"的是在场者,被充替的则是被描述的不在场者。这种"充替"在认识过程中是十分普遍的现象。例如,对象是对物自体的充替,观念(想象的对象)是对物质(感知的对象)的充替,概念是对观念的充替,文字是对语言的充替等。概而言之,符号的基本功能就是"充替"。

从德里达有关"充替"的思想看,任何对象在本质上都不具有实在性,但它们作为"在场者",可以充当不在场的本原——这是真正的实在——的充替。当一个对象被看做实在的时候,就是说,它被允许作为物自体的充替;当一个对象不被看做实在的时候,就是说,它不被允许作为物自体的充替。

四、德里达对"逻各斯中心主义"的解构

与维特根斯坦相似,德里达的哲学思考也紧紧地围绕着语言问题。在这个意义上,他的解构主义在本质上也首先是一种语言哲学。不过,他的语言哲学的主要工作是为了破除西方哲学的一种传统成见——"逻各斯中心主义"。他将这一工作称为"解构"(Deconstruction)。

德里达将西方哲学传统归结为"逻各斯中心主义"(logocentrism)。所谓"逻各斯中心主义"是指西方哲学中的这样一种传统,即认为语言或逻各斯("先验的能指")是真理("先验的所指")的载体,哲学的目的就是要寻找那些真理性的语言,并以之作为我们全部生活经验的根基。德里达认为,西方哲学中的许多概念,如上帝、理念、绝对精神、自我等,其实都是这种逻各斯中心主义的特殊表现;结构主义在本质上也是一种逻各斯中心主义,因为它同样将语言的结构理解为一种确定的、不变的中心。

德里达认为,逻各斯中心主义主要有两方面的表现:一方面,它表现为以当下在场为中心的在场的形而上学(Metaphysics of presence),另一方面,它又表现为贬低书写(writing)而推崇话语(speech)的语音中心主义(phonocentrism)。这样为了反驳逻各斯中心主义,就必须批判逻各斯中心主义的上述主张。

那么,什么又是德里达所理解的"解构"呢?与一般将"解构"理解为对传统的摧毁相反,德里达所理解的解构主要地是对传统的追溯。"解构的责任首先正是尽可能地去重建这种霸权的谱系:它从哪儿来的,而为什么是它获得了今日的霸权地位?"[①] 在解构的话语中,被解构的东西并不完全无效,而是变得流动起来。显然,解构是为形而上学思维方式所看不到的一种

---

① 德里达:《书写与差异》,张宁译,三联书店,2001,第15页。

姿态。

德里达首先通过分析在场者与不在场者的关系来批判"在场的形而上学"。他认为，传统西方哲学正是建立在一系列一正一反的二元对立的基础之上，如：真理与谬误、精神与物质、灵魂与肉体、男人与女人、语言与言语等。这些二元对立并非是一种平等的关系，而是作为永恒的在场者的前一个支配作为不在场者的后一个，从而占有决定和统治的地位。但是，正如索绪尔的结构主义语言学所揭示的那样，语言的意义总是在差异系统中才能存在，因此"那些被视为在场和既定的东西，都只有在从未在场的差异和关系的基础上，才获得了自己的同一性。"① 这说明，不在场者与在场者具有同样的重要性，因而，逻各斯中心主义所主张的那种在场者对不在场者的统治与压迫是显然不合理的。

德里达又从说话与书写的关系来批判"语音中心主义"。自柏拉图以来，西方哲学家们反复强调说话与书写之间的区别，他们认为说话是思想的直接表达（因为说话意味着说话者的"在场"），而书写只是思想的间接表达（因为书写语言意味着书写者的"缺席"），由于前者比后者距离思想的源泉更近，因此被误解的可能性就更小，也更可靠。德里达认为这种重视说话而轻视书写的观点是一种"语音中心主义"，它在本质上是"逻各斯中心主义"的一种反映；甚至反过来说，"逻各斯中心主义也不过是一种语音中心主义：它主张语音与存在绝对贴近，语音与存在的意义绝对贴近，语音与意义的理想性绝对贴近。"②

为了克服这种"语音中心主义"，德里达将索绪尔所主张的语言系统的任意性和差异性贯彻到底，他认为语言仅仅是一个任意的差别系统，与任何物质形态都没有必然的联系，因此不能将书写看做话语的补充；在某些情况下，由于书写比说话更能反映语言的差别性，更能体现语言是一个差别系统，因此，书写比话语更能准确地表达意义，那种认为话语优越于书写的成见不过是一种"在场的神话"（Myth of presence）。

---

① 约翰·斯特罗克：《结构主义以来：从列维-斯特劳斯到德里达》，第193页。
② 德里达：《论文字学》，汪堂家译，上海译文出版社，1999，第15页。

五、对德里达"解构主义"的简评

德里达的解构主义既是对结构主义的继承，也是对结构主义的深化。从前一个方面来讲，解构主义继承了结构主义在语言哲学上的整体主义与相对主义，也认为概念、文本的意义只能从语言系统的差别关系中获得，而不能孤立地从能指－所指的关系中获得，这种思想与以胡塞尔为代表的"逻各斯中心主义"划清了界限。从后一个方面讲，解构主义突破了结构主义只对语言进行静态（同时态）分析的方法，将动态（历时态）分析也引入了语言哲学当中，这使语言能够被理解为一个不断发展的系统，而概念、文本除了要从语言系统的静态差别关系中获得意义之外，还要因语言系统的动态发展而获得意义的"延异"，这无疑是对解构主义整体主义和相对主义的一种理论上的深化，其理论意义是不容低估的。

就德里达对"在场的形而上学"的解构而言，他的分析是深刻和成功的，但他未必不是以一种类似"否定神学"的方法以"不在场的形而上学"来取代"在场的形而上学"。因此，要说德里达从根本上颠覆了西方哲学传统中的形而上学，此言未必恰当。

再有，德里达根据文本意义的"延异"性而主张任何性质的阐释都只是自由随意的活动，因此没有什么绝对的权威，这显然是忽视了概念、文本意义的相对稳定性，将意义的不确定性片面化和绝对化。这在理论上势必导致真理与谬误的混淆，导致一种坏的相对主义，无疑又是不足取的。

从哲学史的发展来看，语言哲学之所以在20世纪大为流行的一个主要原因是许多哲学家认为凭借语言、符号的客观性，哲学有可能克服相对主义。但后结构主义哲学家，特别是德里达的研究却表明，语言的意义是不确定的、延异（differance）的。这足见克服恶的相对主义的方法归根到底只能在历史性中寻求。

知识考古学和话语自主性理论

陶秀璈

一、知识考古学的主题

对于福柯的考古学和其语言理论，国内外学术界的研究不多（至少就我掌握的材料而言），而在有关的研究文献中，似乎还处于初步的研究阶段。为此，我们需要提出这样的问题，福柯的知识考古学和其语言理论的提出，有着怎样的哲学意义？它要解决的是什么问题？这些问题把我们引向了福柯思想的主旨：即批判自康德以来的理性主体主义哲学，并且以语言来取代"人"的位置。福柯指出："从《依纪杜尔》开始，与尼采同时代的马拉美的经验就充分显示了语言本身自主的活动是如何准确定位到人刚刚消亡的那个地方。自此，我们可以说文学就是人不停地消亡并让位给语言的那个场所。在'语言说话'的地方，人就不再存在。"①

为了论证以语言取代人这一主旨，福柯与康德哲学针锋相对，康德提出：先天综合判断如何可能，即科学知识的可能性条件是什么？康德的回答是：这个原始的，先验的条件不是别的，就是先验自我。福柯则同样提出：人文科学的考古学，"它旨在重新发现在何种基础上，知识和理论才是可能的"，②

---

① 杜小真编选《福柯集》，上海远东出版社，2003，第82页。
② 米歇尔·福柯《词与物—人文科学考古学》，莫伟民译，上海三联书店，2001，第10页。

福柯的回答则是：这个原始的，先验条件决不是先验自我，而是"认识型"（L'épistémè）。整个《词与物》一书，相当于康德的先验演绎，即说明某种类型的认识型使某个时代的知识成为可能，正如康德在先天直观形式的演绎中说明时间和空间的先天直观使数学知识成为可能，范畴的先验演绎使物理学知识成为可能，而福柯的"先验演绎"则指出相似性的认识型使文艺复兴时代的释义学和符号学知识成为可能，而表象的认识型使古典时代的自然史，货币和价值理论和普通语法的知识成为可能，而现代认识型则使人文科学知识成为可能。但是，正如康德的时间、空间和范畴的先天形式需要一个形而上学的阐明一样，福柯的"认识型"也需要一个与其说是形而上的，不如说是形而下的阐明。因此，如果说，福柯提出的首要问题：人文科学知识如何可能，回答是"认识型"，那么紧接着的第二个问题就是：认识型如何可能。这个问题恰恰就是福柯的知识考古学的主题，问题首先是，什么是认识型，所谓认识型，就是一种把话语组织起来的秩序和规则，简言之，就是话语秩序，那么，话语秩序如何可能，这就是《知识考古学》一书所需要解决的问题。

二、话语领域的开拓

什么是话语？它存在于什么领域之中？可以说，话语是福柯所开拓出来的一种语言领域。福柯在《词与物》一书的开篇中说明这个发掘的过程。而这一发掘的区域正是人类文化的区域。他指出，在文化的领域中，存在着两个明显的区域，一是日常生活的文化区域，又称为"文化的基本代码"。他说："文化的基本代码（那些控制了语言、知觉框架、交流、技艺、价值、实践等级的代码），从一开始，就为每个人确定了经验秩序。"另一个区域是科学理论的区域，"而在思想的另一端，则存在着科学理论或哲学阐释"，就在这两个距离遥远的区域中间，存在一个中间地区，这就是第三区域，是把以上两个区域连续起来的中介区域"但是在这两个如此遥远的区域间，还存在一个区域，虽然它的作用主要是中介，但它仍是一个基本的区域：它较为模糊，暗淡，并且可能不易分析。"①

福柯虽然在文化领域中为我们找到了把日常生活文化和科学理论知识文化连结起来的中介区域，即话语秩序的区域，但在《词与物》中，福柯没有对这一区域作过多的描述和分析。实际上，列维—斯特劳斯在对"话语"这一区域的发掘起着先驱的作用。索绪尔是法国结构主义语言学的奠基者，他首先把语言（Langue）和言语（parole）区分开来，语言是社会的，主要的，是一种社会制度，一种同质的符号系统，言语则是个人的，从属的和异质的活动。当列维－斯特劳斯把结构主义语言学用于神话分析时，一种超越语言和言语的第三区域便发掘出来。列维－斯特劳特发现了一种神话的语言结构——神话素，它是一种这样的句子，既不能把它归于语言的形式系统，也不能把它归于个人的言语活动，但同时它又具有语言的形式结构，同时又是一种实践着的言语活动，既有语言的共时性，又有言语的历时性，因此列维－斯特劳斯指出：

（1）与语言现象一样，神话是由构成单位形式的；（2）这些单位意味着正常进入语言结构的那些因素的存在，即音素、词素和义素。……由于这个原因，我们可以称在神话（和最复杂的形式中）发现的因素为大的构成单位（或神话素）。②

因此，神话是一种双重结构，"这种双重结构，同时既是历史的又是非历史的结构，说明了神话何以能同时产生于言语的领域（并可以作为言语来分析），又能产生于语言的领域（而且在语言中得以系统表述），与此同时，又能在第三个层面展示绝对客体的特点，这第三个层面也具有语言性质，但却有别于另两个层面。"③

于是，一个新的语言领域被开拓出来，这就是话语（discourse）的领域。列维－斯特劳斯指出："神话可以定义为话语模式"。④

列维－斯特劳斯把神话规定为话语模式，在某种意义上也规定了话语的内涵：话语是一种包含着文化内容的语言，是一种活生生的、实践着的文化

---

① 米歇尔·福柯《词与物》，莫伟民译，上海三联书店，2001，第8页。
② 引自汪民安等编《福柯的面孔》，文化艺术出版社，2001，第88—89页。
③ 同上，第88页。
④ 同上，第90页。

语言，一种集体观念的言语活动，它同时又规定了文化内容和集体观念的一种秩序和原则。福柯正是把话语的这一内涵进一步发挥出来，并把它引用于知识文化的领域。福柯因而指出：

"当文化一方面从语言的，认知的和实践的网格中解放出来时，文化似乎为这些网格强加了第二个中立化的网格，这第二个网格通过复制第一个而促使它们出现，同时又排斥它们，同时发现自身正面对着秩序的原材料。……正是以这个被视为肥沃土壤的秩序为理由，关于事物秩序的一般理论以及这些理论所要求的解释才得以发展。因此，在已经编码的认知与反射性知识之间，有一个中间区域，它通过自身的存在而生成秩序。"①

这样，话语领域便在知识文化领域中开拓出来，同时我们也看到了话语的一些内涵，它不是一种语言的形式系统，也不纯粹是个人的言语活动。正如康德的先天范畴是与对象相关的先天形式，福柯的话语是与知识文化的内容相关的语言活动。

三、知识考古学的诞生

对话语领域的开拓和发掘，意味着知识考古学的诞生，因为话语的开拓正是知识考古学方法的运用。那么，知识考古学诞生的前提和条件是什么？上文已指出，话语领域涉及文化的领域，更准确地说，涉及文化史这个历史领域，这样，如何看待历史，如何考察历史的问题便涉及知识考古学的可能性条件。按照传统的观点，历史发展的性质在于它的连续性。根据这一历史连续性的观点，知识考古学便是不可能。

因为历史的连续性恰恰是理性主义和主体主义得以可能的条件，历史的连续性表明了历史的进步，表明了文化史的同质性，也表明了历史发展的必然性和目的性，从而表明了理性，因为理性就是必然性和目的性，而理性无非就是主体的本性，因此，历史的连续性表明了理性主体的自在自为的发展过程，这正是黑格尔的历史观和历史方法。福柯从三方面来分析连续性的历

---

① 引自汪民安等编《福柯的面孔》，文化艺术出版社，2001，第92页。

史观的方法论和观点。

第一，自从历史这样学科诞生以来，人们便开始使用文献，或不如说，历史正是借助于文献而诞生，文献是历史这门学科成立的依据。历史的首要任务不是解释文献，确定其真伪及表述的价值，而是研究文献的内涵和制订文献，历史对文献进行组织和安排，从不合理的因素中提炼出合理的因素，描述各种关系，划分层次，建立起体系。"历史试图通过它重建前人的所作所为，重建过去所发生而如今留下印迹的事情，历史力图在文献自身的构成中确定某些单位、某些整体、某些体系和某些关联……历史正以此证明自己是一门人类学：历史是上千年的和集体的记忆的明证，这种记忆依据于物质的文献以重新获得对自己的过去事情的新鲜感。"①

第二，建立一个全面的历史。全面历史旨在重建某一文明的整体形式，某一社会的——物质的和精神的——原则，某一时期全部现象所共有的意义，涉及这些现象的内聚力的规律——人们常比喻作某一时代的"面貌"。② 为了实现这一计划，全面的历史提出了三个假设。一，假设各个特定的时空的事件之间，人们所发现的印迹的各种现象之间能够建立某种同质的关系系统，即因果关系网络。二、假设历史性的唯一的同一形式，这个同一形式包含经济结构、社会稳定性、心理惰性、技术习惯、政治行为，把它们归置于同一类型的转换中。三、假设历史可以由一些大单位联结起来，这些大单位即"阶段"或"时期"，这些大单位具有内聚力原则。

第三，全面历史否定差异，把全部差异都归结到单一的形式，某种世界观的结构，某一价值系统的建立和某种文明的一致的类型。因此，它十分注重起源的研究，对溯本求源，无限追寻先源线，恢复传统，追踪发展曲线，设想各种目的论和把历史比喻为生命的发展的这种方法视为常规，"这个主题以起源基础的研究来反对尼采的系谱学造成的偏移，这种研究把合理性变成人类的目的，并把整个思想史同维护这种合理性联结起来，同维护这种目的论以及必须始终回到起源的基础联系起来"。③

---

① 福柯《知识考古学》，谢强、马月译，三联书店，1998，第6—7页。
② 同上。
③ 同上。

这种连续的历史观，归根到底是为理性主体的确立奠定基础，是一种理性主体的历史观。"连续的历史是一个关联体，它对于主体的奠基功能是必不可少的：这个主体保证把历史遗漏掉的一切归还给历史……将历史分析变成连续的话语，把人类的意识变成每一变化和每一种实践的原主体，这是同一思想系统的两个方面。"①

但是，历史研究在近几十年来发生了根本的变化。"过去一向作为研究对象的线性连续已被一种在深层上脱离连续的手法所取代"。② 分析层次已变得多种多样，每一个层次都有自己独特的断裂，层次越深入断裂也就越大。于是，传统的历史问题研究已经被另一类型的问题所替代：应当如何区分各个层次，应当建立何种类型的体系。与此同时，文化史，包括观念史、科学史、哲学史、思想史、还有文学史的学科中，"人们的注意力却已经从原来描绘'时代'或者'世纪'的广阔单位转向断裂现象"。③ 法国哲学家巴什拉对认识论的条条框与界线的描述，法国哲学家和科学家冈奎莱姆对概念的位移和转换的分析，数学家塞尔提出的理论，盖罗特对系统的构造单位的分析，阿尔都塞所提出的理论转换，都表明把影响、传统、文化连续性作为描述单位的不妥当。"总而言之，思想、知识、哲学、文学的历史似乎是在增加断裂，并且寻找不连续的所有现象。"④

正是历史的断裂性观点使得知识考古学成为可能。因为，过去传统的方式是把过去的重大遗迹变为文献，而在今天，历史则将文献转变成重大遗迹，在那些人们曾辨别前人遗留人印迹之处，历史展示了大量素材以供人们区分、组合、寻找合理性，建立联系，构成整体。"曾经有段时期，考古学作为一门探究无声的古迹，无生气的遗迹，无前后关联的物品和过去遗留事物的学科，与历史十分相似，它只有重建某一历史话语才具有意义……历史而今都与考古学十分相似—它对历史重大遗迹作本质的描述。"⑤ 过去是考古学向历

---

① 福柯《知识考古学》，谢强、马月译，三联书店，第11页、第16页、第15页、第1页、第2页。
② 同上。
③ 同上。
④ 同上，第5页、第7—8页、第31—32页、第36页、第55页。
⑤ 同上。

史靠拢，现在是历史向考古学靠拢，它甚至变成为考古学，因为，把历史视为不连续性产生了这样一些后果。第一是在观念史中断裂的增加和在确切意义上所说的历史中出现的长时段，因此今后的问题是建立体系，确定每一体系的各自成分，规定它的界限，揭示它特有的关系类型，找出它的规律，并且更多地是描述不同体系之间的关系。这意味历史普遍的线性模式，意识的进步，理性目的论的瓦解和崩溃，历史出现了一些短暂的，互不相同的历史类型。第二个后果是，不连续的概念在历史学科中占据了显要位置。不连续性曾经是历史学派极力努力克服和消除的东西，而现在它取代了连续性，它不仅成为历史学家进行历史分析的指导思想，而且还是历史学家描述的结果，更是研究工作的方法论。第三个后果是全面历史的主题和可能性开始消失，总体历史的东西已初步形成。总体历史不是旨在重建某一文明的整体形式，不是围绕着一个中心把所有的现象集中起来——原则、意义、精神、世界观、整体形式，相反，总体历史展开的是某一扩散的空间，它的任务是确定什么样的关系形式可以在不同的体系之间得到合乎情理的描述，这些体系能形成什么样的垂直系统；这些体系之间的关联和支配关系是怎样的，差距，不同的时间性和多种记忆暂留可能产生什么后果；在哪些不同的整体中，一些成分会同时出现。第四个后果就是新的方法论的产生。它由具体研究中的具体方法所构成而成为新的方法论体系。如，文献的一致和同质的资料体的构成；选择原则的建立；对分析层次和适合分析层次的成分的确定，某些有关事件、机构、实践的参照；被使用的词及其使用规则和这词的语义场，句子的形式结构，联结它们的连贯类型；对某种分析方法的说明；对那些联结研究材料的整体和子整体的确定；对那些可以标志某一整体的关系的确定。

　　由历史的不连续所产生了四种后果概括了知识考古学的特征，即观念史的断层，不连续性成为历史学科的主导思想，总体历史观的形成和新的历史方法论。这同时也表明了历史的不连续性的观点导致了知识考古学的诞生。知识考古学作为一种新的文化的考察方法，首先导致了以往历史研究的概念和单位，传统的概念，发展和演进的概念，心态和精神这些概念应该从历史中驱逐出去。于是，文化史研究的单位不再是书的单位和作品的单位，于是，一个新的领域被打开了。"连续性的这些形式一旦被束之高阁，使打开了整个领域。这是一个宽广的，然而又是一个可确定的领域，即，它是由实际陈述（口头的和书面的）的整体在它们的散落和在各自特有的层次上构成的。……我们要探讨的原始中性材料，便是一般话语空间中的事件群体。这样，便出现了描述话语事件的计划，作为在此中形成的单位的研究范围。"①这样，知识考古学对文化史所考察的单位，就是话语事件，一个陈述的整体。知识考古学就是对话语事件的描述。

对话语事件的描述不同于语言分析，后者研究语言系统的规律，而前者的范围是有限的语义段所限定的整体；后者提出的问题是，某一陈述是根据什么规律形成的？前者提出的问题是，这些陈述是怎么出现，为什么是这些陈述而不是其他陈述。这种话语的描述是与思想史相对立的，后者以话语重建思想系统，寻求说话主体的意图。前者则把握陈述的特殊性。

为什么知识考古学把话语事件的描述作为它的单位或作为它的研究对象呢？理由有三，第一，话语事件的描述可以使陈述重建事件的特殊性，指出不连续性是所有构成历史地质上断层的重大事件之一。第二，把陈述行为这个层面孤立出来，能够保证不把话语归于纯粹心理综合的操作者手中，不归于作者，即不归于主体。第三，它使话语整体的建构成为可能，从而说明，不是主体在建构话语，而是相反，是话语建构了主体。"这样，我赋予这些话语的特权便得到了解释，关于这些话语我们可以简要地说，它们确定着'人类的科学'"。②

四、话语的自我形成

按照福柯的观点，历史是不连续的，文化史是断层的，每个层面则是由话语事件来描述的，那么，话语就不是存在着一个起源问题，而是存在着这样的问题：每个文化断层的话语是如何形成的？这个问题成为知识考古学的首要问题和具有根本性的问题。我们已经知道，话语既区别于语言，又不同

---

① 福柯《知识考古学》，谢强、马月译，三联书店，1998，第5页、第7—8页、第31—32页、第36页、第55页。

② 同上。

于言语,而是包涵文化内容的语言,话语本身存在着一种知识文化的内在元素和结构。它包含有四种知识文化的元素,即知识文化的对象,陈述的方式,统一的概念群和文化的主题。由此,产生了话语形成的四种假设。第一种假设是,分散在时间中不同形式的陈述是由于参照同一的对象而形成了一个话语整体。第二个假设是,陈述的方式把各种陈述组织起来而成为话语整体。第三种假设是,一种统一的概念群建立了一种陈述群。第四种假设是,主题的同一性和持久性使陈述得以重新组合。

让我们先考察一个假设,即陈述由于参照同一对象而形成一个话语整体。例如,精神病理学的陈述似乎是由"精神病"这个对象集合起来的。对此,福柯作出了反驳,第一,精神病这个对象的单位不能使陈述整体个体化,也不能在陈述之间建立某种既可描述又实在的关系。第二,这个话语整体并非只同唯一的一成不变的对象相关,精神病的对象是多种多样的,17或18世纪的医学陈述中的精神病对象,与出现在法庭判决或治安措施中的对象不是同一个对象,精神病理学的所有对象在不同的精神病专家那里不是同一种疾病,所提到精神病患者也不是同样的,对象的多样性表明关于精神病话语不可能是构成陈述整体的有效单位。福柯指出,关于精神病的话语单位并非建立在"精神病"这个对象存在的基础上,恰恰相反,正是话语的规则使这个对象在既定时期的出现成为可能。那么,这个使对象的形成成为可能的"形成规则"是怎样的呢?首先要考察对象出现的表层,指出这个个体的差异会出现在什么地方,以便加以确定和分析。这些表现出现在不同社会,不同时代和不同话语形式而有所不同。拿19世纪的精神病理学而言,有可能出现的表层是家庭,接近的社会群体,工作地点,宗教团体中出现的精神错乱,怪癖、痴呆、神经官能症、精神病、变性等状况,还有新出现的表层,如艺术、性欲、刑罚。在这些初步分化的范围中,在表现在其中的距离,不连续性和界限中,精神病话语找到了界限它的领域,赋予这些东西以对象的地位。其次是界限的审定,如医学、司法,宗教权威和文学和艺术批判的审定,最后是规格的格局,即根据规格的系统对精神病话语对象的各种互不相同的精神病进行的分离、对此,联合、组合,分类和派生,但这仍然不是以说明完整地构成和装备的对象,也没有说明各个层面之间的关系,问题在于,在出现的层面、界限和规格的审定之间建立起关系的整体。例如,精神病话语的知识对象体系的形成在于这样一个关系整体的建立：规格的层面如刑罚的种类和责任感减少和心理特征化；医学诊断审定与法律裁决审定之间的关系；由司法审讯、警方情报调查以及整个司法信息机构组成的网络与由医疗询问，临床检查，病史研究以及个人病历构成的医学网络之间的关系；个人行为的家庭标准，性标准和刑罚标准与病理征兆和这些征兆预示的疾病图像之间的关系；在医疗机构中的治疗限定和在监狱中惩罚限定之间的关系，正是这些关系形成了话语的关系总体，而这个关系总体又促成了各种各样对象整体的形成。"概言之，标志着19世纪精神病话语的不是什么特别对象，而是这个话语借以形成神它的对象——十分分散的对象——的那种方式。在出现，界限和规格审定之间建立起的关系总体使这个形成得到保证。因此……一种话语的形成得以确定了。（至少对它的对象而言。）"①

由此产生了几点值得注意之处，一是这些使话语对象出现的条件既繁杂又苛刻。二是这些关系建立在机制、经济和社会过程，行为的形式，标准的体系，技术，分类的类型和特征化的方式之间，而不是出现在对象中，这些关系并非确定对象的内部构成，而是确定使对象得以出现的条件。三是这些关系不同于独立于任何话语的存在于机构、技术、社会形式等之间被描述的"初级的"关系。也区别于在话语本身提出来的次要关系，这些关系是"原始的或真实的关系体系，间接的或自身的关系体系或人们可以干脆称作话语的关系体系"。② 四是话语的关系并不内在于话语中，并不是在自身中把概念词语联系起来的结构，也不是外在于话语关系，限定着话语并强加给它某些形式，强迫它陈述某些事情。"这些关系所标志的不是话语使用的语言，不是话语在其中展开的景况，它的标志的是作为实践的话语本身"。③

这就表明，不是对象的同一性使陈述得以集合为整体，而是相反，是某种话语关系体系，或实践的话语本身使话语对象成为可能。

第二假设是陈述的方式和风格使话语体系得到连贯性和稳定性。例如，医学话语由一个同样的认识体构成，这个认识体对事物有同样的观察，同样

---

① 福柯《知识考古学》，谢强、马月译，三联书店，1998，第5页、第7—8页、第31—32页、第36页、第55页。
② 同上，第57页、第58页、第67页、第68—69页、第78页。
③ 同上。

的感觉范围，同样的分析，同样的记录体系，总之，医学话语的组成如同一系列描写陈述。但是，这种描述处于不断的变动之中，例如，从毕沙到细胞病理学人们已经变动了它们的范围和对它们的测定；从视诊、听诊、触诊到显微镜、生物检验的使用，信息系统已经发生变化；从简单临床的对应关系到病理生理学过程的细致分析，符号的词汇和它们的读识已彻底重建，在医生之外已建立起大量的资料，对应关系的手段和分析的技术，这一切都在改变着医生作为观察主体的经置。这一切表明，想用某种陈述行为作为标准的，规范化的体系来确定话语体系是不可能的，反之，我们应该做的是找到各不相同的陈述过程的规律和它们的来源。首要的问题是，谁在说话？拿医学话语来说，医生的身份包含着能力和知识的标准、机制、系统、教育规范，是确保知识实践和试验的合法条件，医生的身份在文明社会中具有特殊的地位，但是自十九世纪以来，医生的地位在西方文明中发生了深刻的变化。医生使用他的话语的所在地点首先是医院，但也可以是私人诊所，还可以是化验室，最后还有图书馆或资料库这些地方。主体的位置同样也由于对象的各种不同群体有可能占据的处境所确定：从提问界限来看，它是提问的主体；从某种信息程序来看，它是听的主体；从典型特征的一览表来看，它是看的主体；从描述典型看，它是记录的主体。如果说在临床话语中，医生成为这各种主体，这是因为整个关系网络在起作用：感知的整套技术之间的关系；编码群体之间的关系；直接观察范围与已经获得信息的范围之间的关系；作为医治者的医生角色、他的教育家角色、他在医学知识传播中的接力队员角色，以及他在社会空间中公众身体健康负责人的角色之间的关系。这些关系是医学话语中一些不同成分关系的建立，在这些成分中，一部分涉及医生的结构，一部分涉及医生说话的机构和技术的场所，还有一部分涉及医生作为感觉、观察、描述和教育主体的位置等，"这个不同成分关系的建立，是由临床话语实现的，因为作为实践，是它在这些成分中建立一个完整的关系系统。"[①]由此可以得出结论说："陈述过程的各种不同形态不归结于某个主体的综合或统一的功能，而表现了主体的扩散。……确定主体的陈述制度不应借助于

---

① 福柯《知识考古学》，谢强、马月译，三联书店，1998，第57页、第58页、第67页、第68—69页、第78页。

超验主体,也不应该借助于心理主观性"。因为,"如果这些领域是由一个关系体系联结起来,建立这个关系不是由与自身同一,对任何言语都是保持沉默和在先的意识的综合活动所确定,而是由话语实践的特殊性所确定。"①

第三个假设是,某种持久而一致的概念系统建立起陈述群。例如,古典主义作家的作品中,对话语和语法事实的分析正是建立在这样一些概念上:判断这个概念被确定为每个句子的普遍的标准形式,主语和表语这两个概念被归纳在名词类别,动词这个概念被当作逻辑系词相等同,词的概念被确定为表达的符号。根据这些概念,我们便可以重建古典主义语法概念的结构。但是,这些概念不足于描述保尔—罗瓦雅尔派作者们的所作的分析。我们会发现,新概念的不断产生,这些概念往往是异质的,甚至是不相容的。与保尔—罗瓦雅尔派的语法概念系统相容的一套概念,与朗斯洛或杜克洛所使用的概念整体根本不相容。在此情况下,只能承认,所谓一致性的概念群所组建的话语整体只是一个虚假单位,我们只能在这些不相容的概念中寻找话语的单位。与其把这些概念置于潜在的演绎结构中,不如描述它们在其出现和流动的陈述范围的组织。首先,这种组织包含着连续的形式,这些连续的形式中有陈述系统的各种不同的排列;陈述的从属关系的各种不同的类型;我们借以组合陈述群的各种不同的修辞模式。例如,对于博物学来说,是陈述的总体布局和系统支配着概念的出现,重复和改变的用法。其次,陈述范围的外形包括一些共存形式。这些形式勾画出一个在场的范围,其中被建立起来的关于可能属于试验的实证,逻辑有效性,单纯的重复,经过传统和权威证实的承认、评论、隐意的研究、错误分析的范围。此外还可描述一个与在场范围不同的伴随范围,即涉及有关对象完全不同的范围并属于截然不同的话语类型的陈述。林内和布封时代的博物学的伴随范围就是宇宙学,地球史、哲学、神学、圣经和圣经注释、数学的关联确定的。最后,陈述的范围还包括记忆领域不再被接受,或不再引起争议的陈述。再次,这种组织包含对合理用于陈述的涉入程序的确定。它包含重写的技术,多少被形式化和人工化的语言对那些陈述的记录方法;在质量和有相互关联的表达中对数的陈述的

---

① 福柯《知识考古学》,谢强、马月译,三联书店,1998,第 57 页、第 58 页、第 67 页、第 68—69 页、第 78 页。

翻译方式；用于增加陈述近似性并寻求其精神性的方法；用于重新界限陈述有效性的方法；用来把某一应用范围的陈述类型转给另一陈述类型的方法；命题的分类方法，新系统总体中的陈述方法。这个陈述组织的成分是各不相同的，有一些构成形式结构的规律，另一些构成修辞的习惯，一些确定文体的内形等等，但是，对于形成特殊的概念群的话语形成，就是这些不同成分用以相互关联的方法，比如，描述或叙事布局的方法用以与重写技术联系的方法；记忆范围与支配某一本文的陈述等级和从属关系形式联系的方法；近似性和陈述发展模式同已被提出的陈述的批评、评论、解释模式联系的方法等等。正是这个关系网络构成概念形成的体系。

对这个体系的描述不能等同于对概念本身直接而近似的描述，而是在前概念层次上分析概念在其中可以共存的范围和这一范围遵循的规律，也就是确定陈述根据什么模式可以在某一话语类型中相互联系，测定陈述的循环成分如何得以再次出现、分解、重新组合，获取外延或规定性，在新的逻辑结构内部被使用，又反过来获得新的语义内涵，并在它们之间构成部分结构，这种前概念分析不是描述概念内部构成的规律，不是人在精神中的进行和个体的起源，而是它们在作品中的匿名扩散。为了说明前概念的分析，福柯以古典时期的普通语法特征的四种理论模式，即赋予、联结、指定、派生理论为例，在这些表面对立的不同体系中分析它们的深刻的相容性。由此我们可以得出结论：概念的形成，不应归结为理想性的范围，也不归结为观念的经验性发展，而是在于"前概念"中，也就是说："在我们提出的这种分析中，形成的规律不存在于'思想'或个体意识中，而存在于语话本身。"

第四个假设是主题的同一性使陈述得以组合，这看起来是合情合理的，例如从布封到达尔文以进化论作为主题，从而构成了话语单位。然而，福柯指出，同一主题却可以有两种概念游戏，两种分析类型，两个截然不同的对象范围，以进化论为例，18世纪的进化论思想确定在物种的亲缘关系上，物种的亲缘关系形成了规定的连续体，但是19世纪的进化论主题很少涉及连续图表的构成，而更多地涉及到描述不连续群，有机体与环境相互作用的方式。价值分析的主题虽是一个，却有两种解释价值形成的方式，一是根据交换确定商品价值，一是根据工作日报酬进行价值分析。因此，不可能根据主题来寻找某个话语的个体化原则。福柯把这种主题和理论形式称为"策略"并考察策略的形成规律。首先要确定理论话语的可能衍射点。它们标志着不相容点：不同的对象，不同的陈述类型和不同的概念可出现在同一话语的形成中。同时它们也标志着相等点：互不相容的两个成分按同一方式和相同的规律组合。它们还标志着某种分类的联结点，即在这些既相等又不相容的成分的基础上，派生出对象，陈述形式，概念的一致系统。它们形成了话语的此总体，成为理论和主题的话语总体的直接单位和原始材料。其次，对于本来可能实现的理译选择中已实现的选择，应对决定的特殊要求进行描述。首先描述所研究的话语相对于与它同时的，在它周围的话语所起的作用，这个理论话语可以起着一种形式体系的作用，其他话语只是这个体系在不同的语义场的应用。另一方面，它作为一种具体模式，可带到其他更高一级的抽象层次的话语。被研究的理论话语还可能同其他一些理论话语处于类比、对立或补充关系中。我们可以在数种理论话语之间描述相互限制的关系，整个关系的作用构成了规定原则。再次，对实际进行的理论选择的规定还属于实践要求，这种要求首先标志着被研究话语在某一非话语实践的范围中应行使的功能，即理论在经济、政治的实践中发挥作用，这种要求还包括话语的适应制度和过程。但是，理论话语同欲望之间的关系，这一关系的适应程，或理论话语在非话语实践中所起的作用都不超出话语的形成规律。"如果我们能够确定在话语形成中展开的不同策略的形成体系，换句话说，如果我们能够指出这些策略如何从同一种关系游戏中派生出来，话语的形成将得以个体化。"[1]

以上分析得到的结论是，对象的形成不能归于词与物，陈述的形成不能归结于认识的纯粹形式和心理主体，概念的形成不能归结于理想性结构和思想的连续性，理论选择的形成也不能归结于某个基本计划或意见。[2] 总之，对象、陈述、概念和主题的形成不能归于理性主体，而是归于话语关系总体。对于这个话语关系整体，作为知识考古学的对象和单位，具有四个基本性质。第一，话语单位包含着对象、陈述方式、概念和策略四大关系网络，它的形成了一个垂直结构，而它们的不同层次不能相互独立，高层次是以低层次为

---

[1] 福柯《知识考古学》，谢强、马月译，三联书店，1998，第85—86页、第88页、第92—93页、第109页、第110页。

[2] 同上。

基础而形成的，策略的选择不是以人说话主体的世界观或利益产生，因为策略选择的可能性是由概念作用中的分歧点确定的，概念也不是由思想的连续性的形成，而是以陈述之间的并存形式为出发点。陈述方式则是以主体同它所言及的对象为基础而描述。反过来，低级的层次也要依赖于高级的层次。理论选择在实现它们的陈述中排斥或包容某些概念的形成，概念的形成促使陈述方式的描述，从而促使对象的形成。第二，话语形成的体系不是由外界强加于话语的，它既不是来源于人类思维，也不是社会关系和经济层次形成的规定性被迫出现在话语的表层上，这些体系实际已经存在于话语之中，或存在于话语的边界。因此，话语的形成体系应当理解为像规则那样运作的复杂关系网络，因为这个关系网络规定着话语实践中应加以建立关系的东西，使话语实践表示这样或那样的对象，以使话语以陈述方式起作用，使用各种概念，建立各种策略或理论。① 这表明了话语的形成是话语的自我形成，即话语的自主性。第三，话语的体系是一个自我活动的体系，它的对象、陈述方式、概念和策略处于不断的变化之中，并从话语内部构成新的对象，引发新的策略，新的陈述和新的概念。因而话语体系具有时间性，因此，形成的体系并不构成话语的终极层。

话语形成的分析可归结为这个主题：话语不是由理性主体所建构的，而是自我形成的，这表明了话语的自主性。

五、陈述的特征

话语是陈述的整体，陈述是话语的原子。如果说，话语分析是一种宏观的分析，那么陈述的分析就是一种微观的分析。为什么要进行陈述分析？话语分析可以说是从话语的内容方面，即对象，陈述方式，（主体）概念和主题来进行分析。陈述分析在某种意义上是一种形式分析，这种分析的目的有三，第一、突出话语理论不同于其他语言理论的特色，确立它在众多语言理

---

① 福柯《知识考古学》，谢强、马月译，三联书店，1998，第85—86 页、第 88 页、第 92—93 页、第 109 页、第 110 页。

论的地位。第二、进一步说明陈述与话语的关系。第三、由此表明陈述不是先验主体的建构，而是历史话语的自我建构。

什么是陈述？福柯首先设问，如果说陈述确实是话语的基本单位，那么它是由什么组成的呢？其明显的特征是什么？要找到它的特征，最好的方式是把陈述与逻辑学家的命题这个单位，语法学家的语句单位，分析学家的以言语行为测定的单位相对比。首先，陈述不同于命题，两个价值同一，服从同一构成规律的命题是等价的，如，"没有人听见"和"确实没有人听见"这两个命题从逻辑上看是等价的，但作为陈述，这两种表达既不相等，也不可相互替代，它们在话语不能处于相同位置，也不属于相同的陈述群。"没有人听见"这个陈述指的是某个人物所完成的观察，而"确实没有人听见"这个陈述可以构成内心的独白，无声的讨论，自我观察，或对话中的话语。因此，命题的结构相同，陈述却大不相同，另一方面，一个简单的完整的陈述，很可能是复杂的不完整的未完成的命题。如"法国现任国王是秃头""我撒谎"这个命题只有在另一个层次上才能断定它的真实性。其次，陈述也不同于语句，语句要求句子的构成成分以正确地组合起来，如主语—谓语的模式。陈述固然也与语句重迭，但也存在不符合句子语言结构的陈述，如在拉丁语语法书中发现一组排成一行的词，如：amo, amas, amat，这个陈述表达了动词 amare（痛苦地）的直陈式现在时不同人称的词形变化。更多的例子是：植物种类的分类图表、一棵谱系树、一本账簿、一个 N 次方程的方程式、一个代数公式、一张图表、一条增长曲线，这些都是陈述，如此看来，根据句子的语法特征来确定是不可能的。那么，英国分析家们所说的言语行为是否就是陈述呢？福柯指出，言语行为与陈述不存在对应关系，因为要完成一个"言语行为"，如誓言，请求，合同，允诺，论证，这些言语行为，常常需要不止一个陈述，在这里，不是由表达行为来确定陈述，恰恰相反，是由陈述来确定表达行为。一个言语行为既然由好几个陈述被联结起来，那么，这个行为就是由陈述的体系构成，因此，在言语行为与陈述之间也不存在对应关系。由此看来，陈述作为一个单位不可用命题、语句和言语的标准来衡量，相比起来，陈述显得更纤小，更不具规定性，结构更不严谨。最后，我们似乎应当承认陈述没有自己的特点，那么任何一种符号、形态、字体或印迹的体系都可看做是构成陈述，或者说，陈述的界限可能就是符号存在的界限。但是福柯指出，语言符号和陈述不在相同的层次上，可以有很多种语言符号，但不能说有诸多陈述存在。语言符号并不等于陈述，如，偶然在纸上写的字母，用于印书的铅字，它们不构成陈述，至多只是用以写出陈述的工具。打字机的字盘不是陈述，但是在打字教材中列出 A、Z、E、R、T 等字母组成的系列却是对法国打字机采用的字母顺序的陈述。语言成分的任何一种物质上的实现和符号在时空中的任何一次出现都不是以使一个陈述出现。由此看来，我们无法为陈述找到单位的某些结构的标准，但无须大惊小怪，因为陈述本身不是一个单位，而一种功能，"这种功能把结构领域与可能单位的领域交叉起来，并以具体内容在时空中把它们揭示出来。"①

福柯从四个方面来分析陈述的功能，第一、陈述与对应物的关系。福柯仍以打字机的键盘为例来分析。当我把打字机的键盘的字母重新抄写在一页纸上，就是以使他们组成一个陈述，那么，是什么东西使它们成为陈述呢？是因为纸上的字母复写了键盘的字母吗？绝对不是。是由于某个主体的介入吗？也不是。第二个体系不是只靠与第一个体系建立某种双—单义关系而成为陈述。实际上，"一个符号的体系，只要它同'它物'有某种特殊的关联，它就可以成为陈述。"② 陈述与被陈述的东西的关系，虽然涉及能指与所指的关系，名词与指称的关系，句子和意义的关系，或命题与参照物的关系，但并不与它们重合。名词的意义是由它的使用规则规定的，是可循环重复的，但一个陈述没有重现的可能性，陈述与它所陈述的东西之间保持的关系与使用规则的总体是不同的。同样，陈述与所陈述的东西的关系也不可同命题与其参照的关系混同起来，"金山在加利福尼亚"这句话作为命题是没有参照物的，但作为陈述却有所陈述之物，如果这个句子存在于某部小说之中，这个句子就有其价值。同样"当今法国国王是秃头"只有作为命题才缺乏参照物。但作为陈述在一定空间却是它的所表达之物。最后，陈述与它所表达的东西之间的关系也不能同句子与它的意义之间的关系相等同。如，"无色的绿思想愤怒地沉睡下来"这个句子的语法结构虽然正确，但却没有任何意

---

① 福柯《知识考古学》，谢强、马月译，三联书店，1998，第 85—86 页、第 88 页、第 92—93 页、第 109 页、第 110 页。

② 同上。

义,但这却是一个陈述,因为,"没有意义"恰恰是这个陈述所要陈述的它物。进一步说,这个陈述之所以没有意义,是因为思想是没有颜色的,这正是这个陈述的对应之物。那么,怎样确定陈述的对应之物呢?这个对应之物,既不是名词的指称对象也不是命题的参照物,毋宁说是一个使对象得以显现,关系得以确定的范围总体,可称为"参照系",这个参照系不是由事物、事实、现实性或存在构成,而是由那些被确定被描述的对象和关系的可能性和存在的规律所构成。陈述的参照系构成了地点、条件,出现的范围构成了个体或对象分化的要求,事物的状态和被陈述本身涉及的关系。

它是句子的意义,命题的参照的先决条件,因为它确定着赋予句子以意义,赋予命题以真实性价值的东西显现的可能性,并且与陈述的语法层次和逻辑层次相对立。由以上分析可见,陈述的分析不是形式的分析,也不是语义分析或逻辑证明,而是一种陈述和分化空间的关系分析。

第二、陈述和主体的关系,这种关系也使陈述自己区别于任何一种语言成分的体系。首先,不应把陈述主体归结为这些在句子中以第一人称出现的语法成分上,因为不包含第一人称的陈述仍然可以有一个主体,所有具有固有语法形式的陈述同陈述的主体都不具有同一关系类型,如"夜幕正在降临"和"万事皆有因"这类句子类型。那么,这些句子以外的主体是否就是说出和写出这句话的真正个体呢。要使符号体系存在,固然要有作者,但是,这个作者不等于陈述的主体,一部小说的作者虽是同一个人,但小说中的不同陈述具有不同的陈述主体,作者在文学作品中缺席、隐藏、自我分割,这正是文学的特性。虽然不能说陈述的主体绝对不同于表达的作者,但可以说不同的陈述需要有不同的陈述主体,如,一篇数学论文,在序言中作者解释了为什么写这篇论文的意图、问题、目的和方法,这种陈述的主体的位置只能由表达的作者所占据,但到了正文,我们遇到的诸如"同一量的两个等量彼此相等"这样的命题,那么,陈述的主体就绝对是中性的,与时间、空间、环境无关的,任何为肯定这一命题的个体都可以占据这个位置。在"我把点的总体称为直线"和"设任意成分组成的总体",这两个句子中,陈述的主体又是运作的主体,但存在着差异。第一个句子的"我把点的总体称为直线"所表达的是某种语言惯例,因此陈述的主体和被陈述的东西处于同一层次。第二个句子中,陈述主体则让某个对象在它之外存在,因此,陈述的主体不是某一句子的原因、根源和起点,也不是先于词语的意图,不是某一运作体系的起源,陈述的主体是一个确定的和空白的位置,可由不同的个体填充,而且,这个填充的位置不是一成不变的,而是随着每个句子而变化的。总而言之,不是作者或主体在作出陈述、创造陈述,相反,是陈述要求一个相应的陈述主体,并以相应的,不同的个体来占据主体的位置。"如果一个命题、一个句子、一个符号总体可以被称之为'陈述',那这不是因为某一天、某人说出了它们或者在某个地方留下了它们的暂时印迹,而是因为主体的位置可以被指定"。① 这就是陈述的第二个功能。

第三、陈述功能的第三个特点是:它在没有联结范围存在的情况下不能发挥作用,也就是说,陈述只有在符号关系体系中才能起作用。这使陈述与句子和命题区别开来,一个句子和命题可以作为独立的有意义的单位,它们可以与自然语境相分离。但陈述功能不能作用于处于自由状态的句子和命题,为了涉及一个陈述,只说出一个句子是不够的,即使确定它的对象范围和与一个主体的关系,只有把句子放在与它邻近的整个范围的关系中,这个总体的关系使得句子的语境得以确定,同时支配着表述主体的心理环境。这个把句子变为陈述,使之确定语境的复杂的网状结构,它首先由陈述处于其中,并形成一个成分的其他的表达的体系构成;其次由陈述参照的表述整体构成;它还由表述整体构成。在这个体系中,没有一个陈述不是以其他陈述为前提,没有一个陈述的周围没有一个共在的范围、体系和连续的效果,功能和作用的分配。简言之,它是一种陈述游戏,只有通过这个陈述游戏,"句子间的语法关系,命题间的逻辑关系,对象语言与决定其规则的语言间的超越语言关系,句子间的修辞关系,都在一个自主、可描述的层次上展现出来"。②

陈述的第四个条件是它必须具有某种物质存在。首先,陈述必须以声音说出来,必须写出符号,必须在某个可感觉的成分中形成,必须在某个记忆或某个空间中留下印迹。在某种意义上说,这种物质性构成了陈述,当然,句子,命题的意义同一性对于它的物质结构的变化也很敏感,书写和字母的

---

① 福柯《知识考古学》,谢强、马月译,三联书店,1998,第 120 页、第 126 页、第 137—138 页、第 145 页、第 15 页。

② 同上。

作用，在某一文本和对话中，在某张报纸或在某本书中，在某封信或某个海报中所使用的既不是同一种句法，也不是同一种语汇。然而，在陈述中，物质性作用更为重要，因为它是变化的原则，辨认标准的更动，或语言总体的确定。陈述要有某种实体、某种支撑、某个地点和日期，当这些物质发生变化时，陈述也改变了同一性。那么，如何在多样的变故，重复和翻译中建立陈述的同一性？陈述过程是一个不重复的事件，它具有我们不能还原的特殊地点和日期，但在陈述中也有一些常数：语法的、语义的、逻辑的，通过这些常数，我们可以识别一个句子，某一种意义和某一命题的普遍形式。因此，陈述的时间和地点、陈述的物质支撑物就变得无关紧要了，尽管陈述具有物质性，它还是会被重复。然而，陈述并不仅仅限制于某种语法或逻辑形式中，它对物质、实体、时间和地点的差别更加敏感。那么，问题是：陈述所特有的，并允许某种重复的特殊类型的物质性是什么？标志着陈述的同一性的这种可重复的物质性制度是什么？毫无疑问，它不是一个可感知的，由时空测定的物质性。举例来说，一篇被多次复制的文章，一本再版多次的书，虽然它们的字体、墨迹深浅，纸张等物质状况有变化，但陈述依然是同一陈述游戏。在这里，这些物质性的差异对于改变陈述的同一性不起作用了。由此可见，陈述的物质性不是由占据的空间和表达的时期，而由事物的地位确定的，这个地位也不是最终的，而是可改变的。一部经作者修改的书和作者死后出版的书不具有同样的地位，也就是说，陈述的同一性随着物质机构的复杂状况而改变。陈述的同一性同时服从另一些条件和界限的总体，"地球是圆的"这个陈述在哥白尼之前和之后构成了不同的陈述，这并非这个陈述的意义改变了，而是这个陈述与其他命题之间的关系改变了。然而，陈述使用的模式、规则，陈述可在其中发挥作用的堆砌，它们策略的潜在性构成了陈述的稳定场，它使陈述在其同一性中重复，这个稳定场的范围可能在词义、语法和形式的同一性中确定一个界限，进一步说，即使词、句法、语言的不一致的地方也有同一陈述存在，如对一文本的多种文字的翻译，一个确定的消息可用不同的说法表达同样陈述。虽然如此，陈述的同一性比起句子的同一性更加富于变化，并随着人们对陈述的使用和操纵陈述的方式而变动。总的说来，第一，陈述不应该视为某个在确定时间地点发生的事件，因为它也存在于记忆于为中；第二，它也并非是在任何物质条件下保持同一性的理想形式；第三,陈述的不断重复使它不能与它出现的时空完全联系起来;第四,陈述与它的支撑物关系密切、以至于不能像某个纯粹形式那样的自由;第五,陈述在严格规定的条件下具有自身重复的能力。陈述功能的可重复的物质性使陈述成为一种特殊的对象,它不是一经说出就一成不变的东西,它出现于它的物质性中,跻身于各种网络中,寓居于一些使用范围,把自己奉献给可能的转换和变化,纳入某种操作和某些策略之中,陈述在其中保持同一性,或消失殆尽。因此,陈述不断流动的。

以上四个方面说明了陈述的功能得以实现的条件,即陈述与其对应物的关系,陈述与陈述主体的关系,陈述和它的联结范围的关系,陈述与它的物质性的关系。这种陈述的分析表明了陈述的语言理论的特色和它在语言研究中的地位。对陈述的分析并非是对语言的完整透彻的描述,但是在对语言的分析之中,陈述的分析占据有一个特殊的层次,"这个特殊层次应该与其他语言层次中分离出来,同它们相比它具有自己特色,而且是抽象的。"① 陈述分析并非想取代命题的逻辑分析、句子的语法分析、表达的心理或语境分析,它区别于语言的逻辑研究、语法研究和解释学研究。而是一种独特的语言分析,通过对陈述实现其功能的四个条件分析,陈述的描述出现了一个悖论:陈述既不是可见的也不是隐藏着的。这恰恰表现了陈述描述的独特性。说陈述不是隐藏着的,因为它标志着确定已产生出来的一系列符号的存在方式,陈述的分析只涉及已说出来的或已写出来的句子,涉及那些已实现了的词语性能,它在它们存在的层次上进行分析,描述说出的事物,由此可以说陈述的分析是一个历史的分析,但不像解释学那样,作出意义的解释,对说出的东西去追寻它们隐藏的东西,言外之意,陈述分析所寻求的是它们以什么方式存在,它们被表现出来的意义,留下的痕迹,显露的东西,而不承认什么潜在陈述,而只关注实际的语言的明显性。但是,毕竟说出的东西包含着比它本身更多的含义,语言具有多义性,这种多义性涉及义场:词的同一个和独一的整体可以产生许多意义和许多可能的建构,但陈述本身没有被隐藏的意义所缠绕,相反,这些隐藏的意义得到显现和恢复的方式取决于陈述方式

---

① 福柯《知识考古学》,谢强、马月译,三联书店,1998,第 120 页、第 126 页、第 137—138 页、第 145 页、第 15 页。

本身。尽管陈述没有被隐藏，但它又不是明显可见的，要想从语言的不同层次只识别陈述，需要一种格式塔的转换，即转变看法和态度。为什么陈述是不可见的呢？有三个原因，一是陈述总是纳入命题和句子之中，甚至纳入不符合规律的符号序列中，以至于所看见的只是命题或句子，或不规则的符号序列。二是因为语言的意义结构总是指向它物，指向对象，指向主体。语言是一个它物显现的场所，我们在语言所注意到的往往是它的意义指向的它物，因此，为了发现陈述，必须把意义和它物悬置起来，加上括号。三是对语言的分析掩盖了陈述。语言的分析往往是命题的逻辑分析、句子的语法分析、文本的解释学分析，这分析使陈述被遮掩起来，然而，对陈述的分析不是要超越这些语言的分析或者在更深层次上去发现语言的秘密或根源，而是使陈述的层次显现出来。而陈述分析的根本目的和宗旨，就是用来"拆除先验的根基""语言在它即将出现和将具有存在方式之时，便是陈述。作为陈述，它属于一种既不是超验的，也不是人类学的描述。"[①] 而对陈述功能的分析，首先已证明这一点。

前面指出，话语分析从话语的文化内涵的四个方面即对象的形成、主体位置的形成、概念的形成和策略选择的形成方面进行了分析，而陈述则从话语的语言功能方面分析了陈述的对应物、陈述的主体位置、陈述的联结范围和陈述的物质性。由此可见，话语的内容与陈述的功能形式是相吻合、相一致的。陈述分析与话语分析相辅相成，它表明陈述属于话语就像句子属于本文，陈述的规则性是由话语形成本身所确定的，因此可以说，话语是陈述的整体，同时，话语形成表明它始终是历史的，一个历史的片断。于是，我们明确了什么被称为"话语实践"的东西，话语实践不是表达行为，也不是理性活动，也不是说话主体的构造句子的能力，"说话实践是一个匿名的、历史的规律的整体。这些规律总是被确定在时间和空间里，而这些时间和空间又在一定的时代和某些既定的、社会的、经济的、地理的，或者语言等方面确定了陈述功能实施的条件。"[②]

[①] 福柯《知识考古学》，谢强、马月译，三联书店，1998，第120页、第126页、第137—138页、第145页、第15页。

[②] 同上。

福柯根据陈述分析结果又进一步阐明了陈述的三个特征和原则以使知识考古学与一切主体主义的语言理论区分和对立起来。第一个特征和原则是稀少性。话语的稀少性原则使知识考古学与哲学解释学区分开来。话语整体总是有着一种统一的共同意义，这个意义是话语整体的独一的所指，陈述相对于这个独一的所指而言，能指成分是过剩的，但是这个统一的意义又是通过某种能指表达出来的，因而相对于这个独一的能指而言，话语的所指过程。通过这种研究，话语使具有充实而又不确定的丰富性，陈述的稀少性原则是：说出的东西永远不是全部，与自然语言的表达相比，与语言成分的无限的结合相比，陈述总是欠缺的。从某一时代所掌握的文化宝库来看，只有较少的东西已经说出。因此，话语形成既是作为错综复杂的话语的断裂原则，也是作为语言领域中的空亏原则而出现的，因而我们就要确定陈述与未说出的东西的界限，确定一个有限的在场的系统。可见，话语形成不是一个不断发展的总体性，而是对空白、空缺、欠缺、局限和分割的分配，话语的稀少性原则与解释学的原则是相对立的。解释是对陈述的贫乏作出反应并以意义的倍增来对这种贫乏作出补偿，解释学把历史的贫乏话语当作取之不尽，用之不竭的宝库、人们总能够从中汲取新颖的并且是每次都预料不到的财富。但是，话语形成分析就是寻找这种贫乏的规律，测量它的程度，确定它的特殊形式。

陈述分析的第二个特征和原则就是外在性。这一原则与内在性原则相对立，从而与主观主义的我思哲学区分开来。所谓外在性原则，就是把陈述放在外在性的系统形式来研究。传统的历史研究是从外在性回到内在性，也就是从外在的语言体系，文献来追溯历史人物的内在秘密和意图，这样主观性成为历史研究的核心，于是历史被描写为思想演变的历史，历史被赋予一种理性目的论，历史的主题无非就是历史先验论，而陈述分析就是要超越这种历史先验论的主题，以使在陈述本身纯粹的扩散上重建陈述，并在外在性中分析它们，而不参照任何内在性的形式，它不把陈述作为主体思想或意图的体现，而是在它的经验朴实性中作为事件的规律性的，建立联系的，确定的变化的，系统转换的场所。它既不参照个别的主体，也不参照集体意识或先验主观性，而是把它作为某个匿名的范围来描述。"因此，陈述的分析是在不参照我思的情况下进行的。"① 陈述分析的第三个特征和原则就是并合性。这个原则使知识考古学与理性主义的起源论和目的论区别和对立起来。所谓并合性，就是指陈述的分析将各种沉睡而古老的符号载体与它们的新的存在方式结合起来。图书馆中的古代文献的沉睡的字迹，当它们被读者发现，这些符合被辨读出来，可通过某种久经时间考验的记忆解救这些被深埋的意义、思想、愿望和幻觉，它已经在一个完全不同的网络中重新获得某些它已失去的活力。陈述的并合性具有三种性质，即暂留性、可加性和循环性。所谓陈述的暂留性，指陈述得以保存下来全在于一些载体和一些和物质技术条件，如书籍；一些类型的机构，如图书馆；一些存在的方式，如《圣经》，法规或科学真理。同时也意味着陈述被置于那些应用它们的技术中，那些由它们派生出来的实践中，那些通过它们而得以构成，或被改变的社会关系中。最后还意味着事物不再有完全相同的存在方式，没有与其周围的事物完全相同的关系系统。所谓可加性指陈述之间的组合的类型不是相同的，而且陈述从来不是通过连续的成分简单重迭或并列发展的。循环性是指每个陈述都包含一个同它所处位置相比先于它的成分的领域，但是每个陈述都可以根据新的关系重新组合和重新分布这个领域。陈述构建自己的过去，在先于自己的东西中确定自身的延续关系，再现那些使它成可能或必要的东西，排斥与它不相容的东西。

以上陈述的三个特征表明了陈述的本质特征，它使陈述分析与解释学、主体哲学和历史目的论区别并对立起来。正如福柯所指出那样，"描述一个陈述的整体不同于描述某一意义的封闭和过剩的总体性，而是如同描述一个有欠缺的和支离破碎的形态；描述一个陈述的整体，不是参照某种企图、思维或主体的内在性，而是依据某种外在性的扩散；描述一个陈述的整体，不是为了从中发现起源的时刻或者痕迹，而是为了发现某种并合的特殊形式，绝不是要发掘某种解释，发现某个基础，释放某些组成的行为；也不是要决定某种合理性或者通览某种目的论。它是要建立我称之为实证性的东西。"②

---

① 福柯《知识考古学》，谢强、马月译，三联书店，1998，第158页、第162页、第164页、第170页、第170—171页。

② 同上。

因此，分析话语的形成就是在陈述的实证性层次上来探讨词语性能的整体，确定某一话语的实证性类型。这种实证性表现于：用稀少性分析取代总体性研究，用外在性关系描述取代先验基础的主题，用并合性分析取代起源的探寻。这表明福柯所采取的与康德的先验哲学的针锋相对的态度。

六、历史的先验知识和档案

如果说，康德对知识之所以可能的先天条件进行了形而上学的阐明，福柯则对知识之所以可能的条件即话语进行了实证性的阐明。他提出，所谓话语的实证性，标志着这个话语历经时间的，超越个人作品的，书籍和文本的一致性，这种一致性揭示出布封和林内借以谈论'相同的东西'的那种尺度，他们在相同的层次上展开相同的概念范围，并在相同的战场展开论争。它从相反的角度也揭示出为什么达尔文和狄德罗所谈的不是相同的事物，为什么不能说雷夸克（法国医生）继承了范·斯维顿。因此，话语的实证性确定交流的有限空间，它把彼此认识或不认识的作者联系在一起，相互批评、贬低、抄袭，又在不知不觉中相互聚首，把他们各自独特的话语交叉于不属于他们的广度的网络中，这种把话语按照共同的尺度、相同的层次，相同的概念范围组织起来，确定某个话语的范围的，就是话语的实证性形式。"实证性的这种形式（和陈述功能实施的条件）确定着某个范围，而在这个范围中，一些形式的同一性，某些主题的连续性，某些概念的转移，某些论战的游戏也许可能得以展开。因此，实证性起着我们或许可以称为历史的先验知识的东西的作用。"①

福柯把话语的实证性形式称之为历史的先验知识，一方面是揭示话语的实证性形式的这种组织的话语，构建知识的作用，另一方面是与康德的知识的先天形式相对比，福柯把它称之为形式的先验知识。历史的先验知识与康德的形式的先验知识形成鲜明对比。第一，历史的先验知识不是判断的有效

---

① 福柯《知识考古学》，谢强、马月译，三联书店，1998，第 158 页、第 162 页、第 164 页、第 170 页、第 170—171 页。

性条件，而是陈述现实性的条件，它不在于使某个命题成为合法的，而是区分出陈述出现的条件，陈述与陈述之间并存在的规律，陈述存在方式的特殊形式，陈述存在、转换和消失所依据的原则。第二，康德的形式的先验知识是一切可能经验知识的条件，它包括从未说出的，或从未真正经过实验的真实性的知识，历史的先验知识只是包括某个既定的历史知识，因为这是确实已说出来的事物的知识。第三，它不是要建立普遍必然的理性知识，而在陈述的扩散中，在它们的不协调性产生的裂缝中，在它们的交叉和相互替代中，在它们不可统一的同时性和不可演绎的连续中来阐述陈述。它要阐述话语不仅具有真实性、客观性，而且具有特殊性、差异性、变化性。第四，历史的先验知识不是一种先验的，超越时间的先天结构，而是包含一种历史类型，它是一种在时间中扩散的形式，连续的，稳定的和重具活力的方式，这种历史类型专属于语法的历史。因此，第五，这种先验知识具有历史性，它标志着某种话语时间的规则或规则的整体。这些规则不是先天的，不是像先验哲学那样把先天的形式强加到经验的质料身上，而是由它们所联系的这些质料或成分的本身产生的。它甚至会改变这些成分，同它们一起转变成为一些决定性的界限。实证性的先验知识因此不仅是某种时间扩散的系统，它本身还是一个可转换的整体。

因此，这个整体对于普遍必然的形式的先验知识来说，是一个纯经验的形态，但它又能组织话语，即在一定时刻，这样的话语能够接收和使用。或相反、排斥、遗忘，或不承认这样或那样的形式结构。它不能阐述某些形式的先验知识，但可阐明这些形式的先验知识在历史中出现的地点，使用的领域和时机。这种纯形式的出现不是概念辩证法发展的必然性，而是特殊的规律性，这种形式的先验知识只是一个博大的、静止的和空白的形态，它可能有一天出现于时间的表层，成为占统治地位的思维方式，但又可能一下子隐没和消失。因此，形式的先验知识和历史的先验知识不属于同一个层次，前者属于形而上学的层次，后者属于经验的实证性层次。

形式的先验知识和历史的先验知识也许有相似的功能，即它们都能组织知识话语，但它们不属于同一性质。前者所建构的是普遍而必然的科学知识，即先天综合判断。后者则把历史已说出的话语组织为陈述的系统，确定其陈述的范围。这些由历史的先验知识把历史话语确定和组织的陈述系统，福柯称之为"档案"。福柯对于这个词有他的特定的用法。第一,这个术语不是指某种文化所拥有的全部文本,也不是指某一既定社会中人们所记录和保存的话语。它是指几千年来由人们说出的无数事物不是仅仅按思维规律而出现的,也不是仅仅在精神秩序或事物秩序中展开之物的符号,而是表明这些符号之所以出现是由于各种标志着话语层次的关系所起的全部作用,是根据一些特殊规律性产生出来的。第二,它也表明,如果说有被说出的事物存在的话,那么,这些说出的东西不能归因于事物的存在,也不能归因于说出它们的人们,而应归因于话语性系统,归因于这个系统掌握的陈述的可能性和不可能性。因此,档案首先是那些可能说出的东西的规律,是支支配作为特殊事件的陈述出现的系统。第三,档案不是那种使说出的东西的无限的堆砌,也不是一种直线性的连续言说,它不是消失在外在事件的单一的偶然性中。而是让它们聚合在不同的形态中,根据各种关系而构成。它们维持原状,或根据特殊规则逐步模糊。第四,档案不会随着时间的流逝而消亡,而仍在当代中发挥它的作用,但不是那些搜集重新变为无生气的陈述的尘埃,而使它们复活为可实现奇迹的东西,它是确定着陈述——事物的现时性方式的东西,是一种功能的系统。第五,它不是要把杂乱无章的话语统一起来,而是在话语多种多样的存在中区分话语和把话语自身的持续中阐明话语的东西。

由此可见,档案确定了一个特殊的语言层次,它存在可能的句子构造系统的语言和被动地收集说出的词语的资料体之间。它是某种话语实践的层次,它使陈述出现多样性,这种多样性没有传统的沉重包袱,也不是一种遗忘,而是在传统和遗忘之间,这种多样性产生出既可使陈述存在,又可使其有规则地发生变化的那种实践的规则。这就是陈述形成和转换的一般系统,由于陈述的稀少性,我们不能透彻地描述某一社会、某一文化或某一文明的档案,也不能描述整个时代的档案。同时我们也不能描述我们自己的档案,因为我们是在它的规则内部来谈论的。档案的描述是在话语不再作为我们自己的话语的基础上展开它的可能性;它存在的界限是由把我们同那些不再可能说的东西和将我们同我们话语实践之外的东西隔开的断裂建立起来的。它把我们从我们的连续性中分离出来,它消除时间上的同一性,它中断先验的目的论的连续过程。"它证明我们就是差异性,我们的理性就是话语的差异,我们的历史就是时间的差异,我们的本我就是面具的差异。"①因此,档案描述的根本宗旨就是消解先验主体,用话语的自主性来取代理性主体。贯彻这一宗旨的档案的研究就称为考古学。这个词并不促使人们去寻找起始;也不把分析同挖掘或者地质探测相联系。它确指一种在已说出的东西存在的层次上探究描述的一般主题,即:实施于它的陈述功能的层次,它隶属的话语的形成层次和档案的一般系统的层次。考古学把话语作为档案成分中的特殊的实践进行描述。"②

七、考古学不同于思想史的根本特征

考古学既然是对历史上的话语进行分析,那么很容易把考古学看成是思想史。因此,在把考古学与思想史的对比研究中,我们可以进一步发现考古学的根本特征。那么,首先要弄清的是,什么是思想史的特征。还不是一件容易的事情,因它的对象是不确定的,也没有明确的界限,使用的方法东拼西凑,步骤上无正确性和固定性。然而我们至少可以识别它的两个作用,第一,它不讲述科学的历史,而是讲述那些不完整的,不严格的知识的历史,这些知识未能达到科学性的形式,如炼金术不是化学。因此,它只讲述一些邻近的和边缘的历史。它讲述那些不作哲学思考的自发哲学观点,它不讲述文学史,而是讲述边道传闻,街头作品,只能称为次文学的、年鉴的、杂志和报刊的不入流作者的分析,这是些漂移不定的语言,无定型的作品,无关联主题的学科。是一些观点、谬误和心理类型的描述,而不是知识、真理、思想形式的分析。第二,虽然思想史具有上述的种种不确定性,然而思想史的任务就是把它们贯通起,找到它们发展的主要线索,这样,思想史固然构成一个边缘的领域,但也构成了一种分析方式,即一种透视法。它涉及科学、文学和哲学等历史领域,但它在这些领域所考察的是一种这些历史领域的背

---

① 福柯《知识考古学》,谢强、马月译,三联书店,1998,第158页、第162页、第164页、第170页、第170—171页。

② 同上。

景知识，关注这些领域的经验的起源，提出主题的形成和解体过程。因此思想史是一门起始和终止的学科，是模糊的连续性和归返的描述，是在历史的线性形式中发展的重建。就它的最一般形式来看，它不停地描述从非哲学到哲学，从非科学性到科学，从非文学到作品本身的过渡、起源、连续性、总体化，这就是思想史的重要主题。

考古学是对思想史的摒弃。它要确定的不是思维、描述，形象、主题，而是话语本身，它不试图发现连续的和不知不觉的过渡，而是要确定话语的特殊性。考古学不是心理学，不是社会学，更不是人类学，它不去捕捉作品从无名的地位脱颖而出的时机，而是确定话语实践的类型和规则，这些话语实践支配着作品。考古学也不试图重建人们在说出话语的一瞬间之所思、所愿、所求、所感受这些内在性的东西，而是对已写出的外在性的东西的调节转换。不是追溯起源，而是对话语——对象的系统描述。因此，它与思想史有四种重大差异：关于新事物的确定；关于矛盾的分析；关于比较的描述；关于转换的测定。以下作分别的论述。

第一、思想史按照新与旧这两种价值来把思想话语划分为两种类型，思想史赋予这两个表达的种类以各自的地位，而且不用同样的方式对它们进行分析，思想史把第一类型表达为发明、变化、变形的历史，指出真理怎样摆脱谬误，意识怎样从连绵的沉睡中觉醒，新的形式如何一个个地涌现，历史学家从这些层出不穷的断裂中发现一条演变的连续线。思想史把第二类型的历史表现为无生气的，沉重的，是对过去事情的缓慢积累和对已说出的事物的无声的沉淀。历史学家研究它们的共同点，陈述事件的特殊性能被中性化，测定陈测的重复，传播与流通的不间断的过程。思想把这两种类型相互交叉，描述旧与新的冲突，经验的对抗，一方面是旧事物对新事物的压制过程，另一方面是新事物的酝酿与出现，传播与替换的过程。这种纵横交叉并不妨碍思想史对旧与新作两极分析，这是一种在历史的经验成分中和在它们的每一时刻对起源进行判断分析，但是对新陈述独特性的描述，存在着两个极其困难的方法论问题，即相似的问题和相继的问题。在什么样的意义上和依据什么标准我们可以认定"这个已经说过"，"我们已经在某篇本文看过同样的东西"，"这一命题已经非常接近于那个命题"。在话语的秩序中，什么是局部同一性或者整体同一性。两个相同的陈述并不等于它们的绝对同一化，狄德罗和拉马克的作品中所发现的演变原则的同样表述,并不能认为是唯一相同的话语事件。从根本上说,同一性不是一种标准,一般地说,我们在居维叶和达尔文之间,居维叶和林内之间的话语是否是同样类型的相似性,而在各种表达之间,根本不存在什么本身的,可直接识别的相似性。因此,提出陈述的独特性的资格问题,这个问题在思想史中是不可解决的,它只有在那些被极易准确测定的体系中,在那些划定基本同质的话语范围的测定之间才有意义。

考古学的描述就是要测定这样的话语体系。因此在考古学描述的层次上,新与旧,独特与平淡之间的对立是不合理的,它不建立这些价值等级,而只是建立陈述的规律性,通过这一规律性确定条件的整体,使陈述功能得以存在和发挥。从陈述的角度看,一项发明并不比重复它和传播它的本文更缺少规律性,在这样的描述中,不存在创造性陈述和模仿性陈述之间性质的差异。对陈述规律性的分析,可以从两个方面来展开。首先,规律性的某种形式标志着某个陈述整体,这个陈述整体具有同质性,它标志着某种话语的形成。陈述的同质性不同于语言的相似性和逻辑的同一性,对价格和流通货币总额之间的数量关系的表达,可以用同样的词完成,和由同样的推理来完成,但洛克的作品与19世纪的边际效用论者的作品中的陈述是不同质的,这些同质性正是考古学所要彻底研究的东西。考古学可以在相似的语言和相等的逻辑词汇中而产生出新的话语实践。因此我们无须认为一项发现,一种普遍原则的表达,一个新方案的确定,就在话语史上开创了新阶段。我们也无须去寻找那个绝对的起源或完全变动的点来组合话语,因为我们面对的是在不同历史境遇中的不同类型和层次事件。当然,陈述的同质性与语言连续性及逻辑同一性是相互交错,但步调并不一致。其次是对陈述规律性的内在等级的研究。由于陈述的规律性和同质性,因此每一陈述都隶属于某一种规律性。在这里,没有一个陈述可看做纯粹的创造,任何一个陈述也不是平庸无活力的,最不引人注意的最平常的陈述,也可以调动整个规律机制,对陈述的对象、陈述方式、概念和它的策略——话语的四个层次结构也正是依据这些规律形成的,由此我们可以描述出一棵陈述的派生树。考古学的主题就是建造某话语的派生树,以博物史为例,博物史把下述陈述作为指导性陈述放在树的根部,它们包括四方面的陈述:一是关于确定可观察的结构和可能对象范围的陈述；二是那些保留着描述的形式和它可以使用的感觉的规则所陈述；三是那些揭示特征化的最普遍的可能性的整个概念范围的陈述，由是那些构成策略选择的同时大量地让位给以后的选择的陈述。另一方面，把以下陈述放在树枝的顶端，它们是：发现陈述，概念的转换、新概念的出现，技术调整的陈述。这棵以指导性陈述为基础的派生树不可同某种公理系统混淆起来，也不应同某种哲学核心的萌芽混同起来，更不应把它视为以某一发现为基础的心理学起源，因为它是在它的自律性中得到描述的。总而言之，不能把话语形成的分析与思想史的"总体的分期化"混为一谈，固然从某一时间里，所有人可能都会以同样方式思考，所有人可能会用多形的词汇说同样的事和创造某种可以普遍适用于所有意义的大话语的类型，但是，这只是考古学描述的同质性的某个层次。

第二、思想史对它所分析的话语一般讲究一致性。当它遇到词的用法的不规则性，某些互不相容的命题，某些彼此不能配合的意义的游戏，不能加以整体系统化时，它的职责是在比较深的层次上寻求内聚力的原则，并力图恢复内在一致性。这种一致性同样也是研究的结果，它确定完成分析的终极统一性。为了重建这种一致性，人们首先假定它的存在，并且经过相当长久的努力，才能肯定找到它，这种一致性是一种最佳方案，即以最简单的方法来解决最大数量的矛盾。但由于方法是多种多样的，因而被找到的一致性可能极不相同，或是对命题的分析尽可能确定符合逻辑的不矛盾的范围。或是反其道而行之，发现某个更高于想象而较少事实，更富有感情而较少理性，更接近欲望而远离概念的一致性主题，这种主题一方面使对立的形态活跃起来，另一方面它们又马上融在一个可缓慢转换的单位，其中可看到可塑的连续性，某种意义的表达形成的过程。或者是这种一致性表现为一种结构，它不知不觉地强加于作者，给他某些假设，操作模式，语言规则和基本信条，形象的类型或整个幻觉逻辑，或者是关系到某个个体层次上建立起来的一致性，人们按更宽松的标准来建立这些一致性，赋予它们以某个时代的，某一类型社会的，整个文化共有的集体和历史范围。这种种形式的一致性只在于同一种作用，即表明呈现在眼前的矛盾不过是表层性的东西，矛盾不过是某种隐藏起来的单位的幻觉，它只存在于意识和无意识，思维和本文，理想性和表达偶然性的形体之间的差距中，而思想史的分析应该尽可能消除矛盾。

但是，还存在着更深刻的矛盾，即话语的矛盾；在体系的起源上，不相容的假设起的作用，各种不可调和的影响的交错，社会的经济和政治的冲突，这些矛盾不是作为表层的成分而出现，而是最终作为构成原则，作为所有其他对立的基础和模式，这样的矛盾构成了话语存在的法则本身：话语产生于矛盾，话语正是为表现和克服矛盾才开始讲话的；话语正是当矛盾不断通过它而再生，为逃避矛盾才继续下去并又无限地重新开始，因为矛盾永远处话语之内，矛盾作为它的历史性原则随着话语进展而运转。对此，思想史承认两个层次的矛盾：一是存在着话语的深刻统一性的表面层的矛盾，一是话语本身作为基础层的矛盾。对于思想史来说，在第一种矛盾中，话语是摆脱表层矛盾的理想形态。在第二种矛盾中，话语是矛盾所采取的经验形态。

　　对于考古学分析来说，矛盾不是要克服的现象，而是需要描述的对象。例如，关于林内的物种不变论和达尔文的进化论的对立，考古学试图指出，物种不变论和进化论这两种理论如何在关于物种和类别的描述中有共同之点；确定矛盾所在的地点，揭示交替的交叉点，确定它的分歧点以及两个话语并列点。结构理论不是一个共用的假设，而是矛盾不相容的原则，是它们的派生和并存的法则。当考古学分析把矛盾作为描述的对象时，它不试图在矛盾中发现共同的形式或主题，而是试图确定它们间离的尺度和形式。思想史把矛盾融于整体的统一中，或把矛盾转变为释义的普遍抽象的一致原则，考古学描述各种有争议的空间。它是对矛盾的不同类型、不同层次的分析。首先考察一下矛盾的不同类型，一种是由考古学派生出来的最终状态的矛盾，即同一话语形成中的矛盾。如在 18 世纪，化石的动物特征的观点与比较传统的化石的矿物属性的观点是相对立的，人们从这两种观点中可以引出很多后果，但我们可指出这些后果产生于同一种话语形成中的同一点上，而且依据陈述功能发挥作用的同样条件。第二种类型是外在矛盾。这一矛盾跨越了某种话语形成的界限，并使那些不属于同样陈述条件的观点相对立。如林内的物种不变论遭到达尔文进化论的批驳，但前者属于博物史，后者属于生物学，是两种不同陈述条件的陈述。第三种类型是内在矛盾。这种矛盾不仅在开端构成对立，而且那些被派生出来的矛盾则构成了分析的终端。这些矛盾导致了一些次体系的出现：18 世纪博物史中方法论分析与系统论分析的矛盾，这种矛盾不是同一对象的两个相对立的命题，而不是同一概念的两种不相容的运用，而是两种形成陈述的方式，但这两个体系也不是最初的，而是由同一种实证性即博物史中派生出来的。对于考古学来说，这三类矛盾都是合理的分析。

其次考察一下矛盾的不同层次，考古学的内在矛盾不是某种原则性的事实，而是一个散布于话语形成的各个方面的复杂现象。以18世纪博物史中系统论和方法论的对立为例，它们的对立的第一次层次是，对象的某种不适合性，即人们在某种情况描述植物的普遍形态，在另一种情况下却描述植物的预先确定的可变性。第二矛盾层次是陈述方式分歧，根据系统分析，人们使用严格的感觉和语言学的规约；而根据方法的描述，这些规约却相对自由。第三个矛盾层次是概念的某种不相容性，如在系统分析中，属性特征的概念是用来确指类型的一个任意的标记，而在方法中，属性特征的概念包含类型的实在意义。第四个矛盾层次是理论选择的排斥性。体系的生物分类法使物种不变论成为可能，这种分类法排斥了转换的可能性，而方法则接受转换的可能性。再次，考察一下这些矛盾的功能。所有这些对立形式在话语实践中起着不同作用。其一，一些对立保证着陈述范围的补充发展，促使人们确定新的对象，新的陈述方式的产生，确定新的概念，而丝毫不改变话语实证性体系。18世纪的博物学家关于矿物和植物之间的界线的争论便是这样。其二，另一种对立促使话语范围重新组织。如18世纪博物学家的统一方法的对立引起了一系列把这两者结合于唯一的形式的想法。其三，还有一些对立起着关键作用，它使话语实践的存在发挥作用，它确定话语实践的可接受性和实际的不可能性。例如，在博物史中，对有机体的牢固性描述和对存在的确定条件下通过解剖学变数而发挥作用的功能描述不再可能。

考古学对矛盾的描述表明，一个话语的形成不是理想的，连续的和平滑的，在矛盾多样性中移动并以协调的思维的宁静的统一性来解决矛盾的文本，它更像是一个多种冲突的空间，存在于各层次，并有不同作用的各种对立的整体。

考古学不同于思想史的第三个特征是，它和思想史都进行比较，但思想史进行比较的目的是为了普遍性，一致性，连续性，而考古学的比较是为了使话语形成个体化，并描述它们的特殊性，界限和不连续性。这种比较有两种，一是各种话语之间的比较，二是话语实践与非话语实践的比较。就话之间的比较而言，它有两个特点。其一是比较在分析中总是受局限和带区域性。考古学的比较力图勾勒一些个别的外形。当我们以普通语法，财产分析和古代博物史进行比较时，这并非是为了寻找 17 和 18 世纪的普遍精神，重建与古代科学的合理性形式，而是显示话语形成的确定的整体，它们之间存在的可描述的关系。这种语际整体也可与其他类型的话语进行比较，确定它们的关系，如，和数学、代数分析建立某种关系，通过这些内在和外在关系使博物史、财产分析和普通语法具有特殊的整体的特征，使我们认清它们身上的某种话语际的外形。有人指出，为什么对宇宙论，心理学或圣经解释学只字不提呢？为什么 18 世纪的其他精神财富不能进入考古学的范畴吗？福柯回答说，考古学分析是有局限性的，并且这是考古学有意要这样做的，因为考古学要描述的关系是为了确定某种特殊的外形，而不是为了从整体来描述某一文化面目的符号，因此，考古学坚决排除掉一些不同类型的东西，它不是要构成一门科学，一种合理性，一种精神状况，一种文化，而是实际性之间的交错。考古学比较分析不是用来把多样性压缩为话语的一致性，而是把它们的多样性分配在不同的形态中。话语之间比较的第二个特点，即考古学要揭示的是各种不同话语形成的特殊性，和间距中的相似性和差异性的作用，它包含五种互不相同的任务，即指出截然不同的话语成分如何能够在相似的规律上形成，指出不同形成之间的考古学的同构性；确定每一种话语形成的考古模式；揭示不同概念的同位性，即一些在使用范围，形式化程度和历史起源方面完全不同的概念，如何在实证性体系的分支中占据相似的位置；指明考古学的间距，即指出同一个概念可以包含两个不同的考古学成分；建立考古学的对应关系，即指出隶属或补充的关系怎样从一个实证性到另一个实证性地得以建立起来。

  考古学还要把话语形成与非话语范围进行比较。这种比较的目的不是要揭示文化的长期的连续性或确定它们之间的因果性，而是使它们之间的关系显示出来，试图确定这个整体所隶属的形成规律。以临床医学为例，18 世纪末，临床医学的建立与某些政治事件，经济现象和机构变动是同一时代，它们之间的某种联系，可以采取象征分析，这种分析把医学话语和非话语实践这两种表达相互反衬，彼此为象征，互为各自的镜子。这两种表达只表示它们的共有形式而已，因此，当时的临床医学话语符合某种政治实践。另一种分析是因果分析，它旨在寻找在什么样的程度上，政治变化或经济过程对于科学家的意识，包括他们的研究领域，热门话题，价值体系，感知事物的方式，理性风格有着什么样的影响和作用。因此，在工业资本主义开始统计其劳动力需求的时候，疾病就成了全社会性的了，因为保健、医疗、救济贫穷患者，研究病因和病源已成为国家的负担。与以上两种分析不同，考古学分析在另一个层次上进行，表达的、反映的和象征的现象对于考古学来说只是寻找形式的相似性或意义的转让所进行的全面阅读的结果。而因果关系只能被确定在语境的以及它们对说话主体的影响的层次上。无论是象征分析还是因果分析，都只能以考古学分析为前提，因为只有在它们出现在其中的实证性和这些实证性的形成所遵循的规律一旦被确定时，它们才能被定位。考古学使医学话语接近于某些实践，这是为了发现它们之间的直接关系。它要指出的不是政治实践如何确定了医学话语的意义和形式，而是要指出它是如何以什么名义成为医学话语出现、介入和起作用条件的一部分。这种关系可以在多种层次上被确定。首先是对象的分割和界限层次，它打开了一个新的测定医学对象的范围。其次是医生的地位体现了政治实践同医学话语的关系，在某种医学机构关系的形式中，医生不仅成为这种话语权的，而且是唯一合法使用者。最后我们还可以在赋予医学话语的功能中抓住这种关系，即判断某些个体，采取某些行政决策，提供某种社会准测，为社会分析和相关实践提供自然类型的模式。因此，问题不在于指出某个社会的政治实践如何构成和改变医学的概念和病理学的理论结构，而是指出医学话语在某一对象范围的实践中，掌握在社会地位确定的某些个体手中，并在社会中发挥某些作用，是如何与非话语实践相关联。

考古学避免象征分析和因果分析，不是为了保证话语的至上性和孤立的独立性，而是为了发现某种话语实践的实践和作用的范围，换句话说，话语考古学在通史的范围展开，力图发现机构的，经济的过程以及话语形成可在其基础上相互联结的社会关系的整个范围，并试图指出话语的自律性和特殊性，而不是赋予它以某种纯理想性和历史完全独立性地位，它所要揭示的是这样的特殊层次，即历史能产生某些话语确定的类型，这些类型具有自己的历史性类型，并同各种历史性的整体保持关系。

考古学不同于思想史的第四个特征，就是思想史强调以连续性为线索而分析话语间的变化，考古学则强调话语间的转换。思想史至少把时间衔接和连贯的现象作为基本主题，按发展的模式分析这些现象，描述话语的历史线索。考古学一方面在描述话语形成的同时，忽略其时间性，寻求那些放之四海而皆准的各时代普遍有效的规律；另一方面，当它求助于时间性时，只是为了确定实证性出现的时刻和消失的时刻。话语摆脱了变化的规律，而只建立在一种不连续性的无时间性之中。首先，话语形成有着一种表面的共时性。例如，我们看到博物史的各种不同对象在近一世纪中始终遵循着同一种形成规则。我们还同时看到，陈述秩序并不必然地再产生连续的秩序，而是出现时间连续的中断。这揭示了话语形成的时间性，并把它联结成系统的关系。话语形成的这种共时性和时间性可以两个方面去分析。第一，考古学确定陈述整体的形成规则，确定历史事件与话语之间的关系，从而承认话语的连续性和变动性，它表明事件的连续性在它出现的秩序中，变成了话语的对象，被记录，被描述，被解释，被确定为概念并提供理论选择的时机。它在一系列事件上制定自己的连结原则，它确定事件转移到陈述中去的操纵系统。比如，财产分析的话语和17与18世纪的货币变动事件有着对应关系，它企图指出在这些货币危机中被视为对象之物，指出财产分析话语和货币变动事件的对应关系如何被概念化，并在相互对立的利益如何使用它们的策略。考古学不否认新陈述同外界事件具有对应关系的可能性，它的任务是指出在何种条件下，对应关系才存在于新陈述和外界事件之间，这种对应关系是由什么构成的。考古学不回避这种话语的变动性，正是这种变动性才使话语能依照事件的节奏而变动。第二，考古学所反对是绝时的连续性和绝时的同时性。话语的形成规则的考古学分枝不是一个统一的同时性网络，存在着一些时间上属于中性的关系，分枝和派生，还存在着一些包含确定时间方向的关系，分枝和派生。因此，考古学采用的模式，不是纯逻辑性的同时性图表，也不是事件的线性连续，而是必然连续和不必然连续关系之间的交叉。因此，为了建构话语的考古学史，必须摆脱两种模式，一是言语的线性模式，二是意识流动的模式。

其次，同思想史相比，考古学强调差别，更多地谈论断裂、缺陷、缺口、实证性的崭新形式及至突然的再分配。思想史编写政治经济学史就是去寻找一切先于李嘉图的观点，寻找一切使他的发现成为可能的东西。考古学的作法与之相反，它趋向分解历史学家所编织起来的网络，使差异增多，搅乱线路，使过程变得复杂，这种对不连续性的强调，对立于历史学家所追求的连续性、过程、前提，考古学强调差别，而思想史则认为差别是现象、谬误或圈套，考古学不以克服差别为目的，而是要分析差别，从四个方面来对这些差别加以区分。第一，考古学并不认为话语是由一系列同质的事件构成，而在话语的深度辨别许多可能的事件层，如陈述本身的特殊性的出现层；对象的，陈述类型的，概念的，策略选择的出现层；已起作用的规则为基础的新的形成规则的派生层；最后是话语的形成取代另一种话语形成的层面。第二，用转换的分析去取代变化的分析。变化的分析只观察一些变化就立即把它们归于创造的目的论，或归于意识的心理学模式，或归纳于演变的生物学模式，这是远远不够的。变化分析既包含所有事件的一般内容，又包含它们连续的抽象原则。反之，变换分析说明一个实证性的消失和另一个实证性的出现包含多种转换的类型。转换分析从最特殊的转换到最一般的转换过程，我们应该作这样的描述：一个形成系统不同成分是怎样相互转换的；一个形成体系的具有特征的关系是怎样相互转换的；最后，各种实证性之间的关系怎样彼此转换的。第三，一种话语形成取代另一种话语形成并不是一个对象，陈述概念和理论选择以全新的面貌整体地突然出现，而可能话语的成分可能不变，但发生了关系的整体转换，这种转变不一定更改所有成分。当陈述服从于一些新的形成规律，并不意味着原有的对象、概念、陈述方式和理论选择都消失了。而是在新规律的基础上，描述和分析连续性的，回归的和重复的现象，因为在话语形成这一章节已经说明形成规律不是某个对象的确定，或某个陈述类型，某个概念的形成，而是这些成分的增加和扩散的原则。它们中的某些成分可能是相同的，但属于不同的形成规律，存在着以下几种情况：一些成分始终存在于几种不同的实证性中，它们的形式和内容相同，但它们的形式是异质的。如货流通先是财产分析对象，以后成为政治经济学对象；一些成分在某一话语形成中构成、变更、组织，最终稳定下来并出现在另一个话语形成中，如反射概念存在于不同的话语中；一些成分作为最后的派生在某一话语形成中出现较晚，但在后来的形成中占据重要位置，如有机体概念；一些成分在一般时间被弃之不用，被遗忘后又重新出现，如物种不变论。福柯反复强调，对考古学来说，相同和连续不是经过分析之后应该发现的东西，它们出现在话语的实践成分中，它们同样服从于实证性的形成规律。第四，断裂永远是存在于确定的实证性之间的由某些不同的转换说明的不连续性，考古学断裂分析的主旨是在如此多的变化中建立相似与差异、等级、补充、巧合和差距，简言之，是描述不连续性的扩散。断裂并不意味着在某既定时刻实现了话语的转换，多种转换的同期性不意味着它们在年代上的准确的吻合，如博物史，普通语法和财产分析属于同一话语类型，其中财产分析由于与非话语实践的条件相联系在一起，造成了一个多世纪的缓慢发展，而普通语法和博物史的转换只延续了四分之一世纪多。断裂对考古学家来说不是它分析的基础，不是它从远处指明的界限，它既不能确定这个界限，也不能赋予这个界限某种特殊性，断裂是人们赋予那些涉及某一种或某几种话语形成的一般规则的转换的名称。

由上面的分析表明，考古学与思想史的根本区别突显了考古学的本质特征，从根本上说，考古学作为考察文化史的方法与思想史的理性主义方法是根本对立的。考古学不对文化史作出新与旧思想的区分，并不去追溯新的思想的来源，而是强调某一话语整体的同质性；它不是要去努力克服文化史上出现的思想的矛盾，寻求统一性，而是描述这些矛盾的类型和功能；它对话语进行比较，不是为了找到普遍性、一致性与连续性，而是为了描述多样性、界限和不连续性；它以转换分析取代变化分析，就是要以断裂的不连续性取代变化的连续性。因而从方法论上与主体主义方法论相对立，堵住了主体主义的理性主义方法的一切退路，以使话语登上主体占据的位置。

八、知识考古学和科学与知识的可能性

对知识考古学对立于理性主义的本质特征作出描述之后，福柯最后来考察知识考古学和科学与知识的关系问题。归根到底就是回到康德的问题；即科学知识的可能性条件的问题。福柯首先提出的问题是：考古学与科学或学科是什么关系？考古学是描述学科的吗？回答是否定的。学科至少可充当实证性描述的索引，但这些学科不能确定实证性描述的界限，不能在学科和话语形成之间建立某种双——单义的关联。一个明显的例子是，19世纪初出现

的精神病学科与18世纪医学论文中的"脑病"或"神经病"的章节并无相同的内容,相同的内容结构,相同的医学地位,相同的实践功能和相同的使用方式。在对精神病这门学科进行探讨时,我们发现了两种东西,即使它成为可能的东西,和在经济中决定了概念、分析和论证的巨大变化的东西,这两个东西存在于住院,进精神病院,社会排斥的条件和程序、法学规则、工业劳动和资产阶级道德的标准之间的各种关系的作用,这表明,这是一个精神病的话语实践的陈述形成的整体。这精神病的话语实践,不是仅仅表现于某一具有科学性地位和科学目的的学科中,而且在司法文件中,文学语言中,哲学思考中,政治决策中,日常话题和意见中这一话语实践都在发生作用。因此,话语形成的外延与精神病学科的外延不是相等的,前者大于后者,并把后者包含于自身之内。

如果实证性不是对学科的描述,那么它是否是未来科学的趋形呢?答案也是否定的。博物史,作为一种与符合理论和秩序科学的设想相联系的生物分类话语,不仅不能出现在未来生物学之前,而且还由于其稳固性和自律性而排斥统一的生命科学的建立。由此可见,话语形成不是对自身尚无意识而悄然成型时期的未来科学,不同于科学的纵向演化,既然话语形成不能于现成的科学,也不是未来科学的趋形,那么它是否排斥科学呢?答案也是否定的。临床医学话语的形成固然并不表明临床医学成为科学,因为它不仅没有在形式上达到标准,也没有达到物理化学甚至生理学的那种严密性。但是临床医学也不是伪科学。它也不排斥科学,因为在19世纪,临床医学已经同那些生理学、化学和微生物等完善的科学建立了确定的关系。由此可见,话语形成或实证性虽然不是对科学或科学趋形的描述,但却与科学相关。

实证性既不是对科学的描述,也不是对科学趋形的描述,但是却与科学相关,那么,实证性和科学之间究竟是什么关系呢?实证性之所以不是对科学的描述,是因为分析实证性,是要指出话语实践根据什么规则可形成对象群、陈述整体、概念定义、理论选择体系。这样形成的成分不能构成一门具有确定的理想结构的科学,它们的关系体系是不够严密的,但这些成分也不是由主体把它们联结在一起的知识。它们是一致(或不一致)的命题得以立足,相对准确的描述得以发挥,验证得以进行和理论得以展开的基础。它们是这样一些成分,"这些成分应由话语的实践形成以使在可能的情况下构成科学的话语，这些科学的话语不仅由其形式和严密性所规定，而且还由它所涉及的对象，它所使用的陈述类型，它所掌握的概念和所利用的策略来规定。……这个由某种话语实践按其规则构成并为某门科学的建立所不可缺少的成分整体，尽管它们并不是必然会产生科学，我们可以称之为知识。"① 知识就是话语实践谈论的东西，是实证性的描述范围，知识有可能成为科学，或者不能获得科学的地位。知识可以从三方面来描述，第一，知识是一个空间，主体可在其中占一席之地，以便谈论它在自己的话语中所涉及的对象。例如，临床医学的知识是医学话语主体可以观察、询问、拜读、记录、决定的整体；第二，知识也是一个陈述的并列和从属的范围，概念在这个范围内产生、消失、被使用和转换。例如，博物史的知识在此层次上是方式和所在的整体，我们可依据这些方式和所在而把每一个新的陈述纳入已说出来的东西中；第三，知识是由话语所提供的使用和适应的可能性确定的。虽然有些知识是独立于科学的，但不具有确定的话语实践的知识是不存在的，而每一个话语实践都可以由它所形成的知识来确定。话语实践与科学的产生固然并不吻合，但科学的产生离不开知识，可以说，科学出现在语话形成的成分中，并以知识为基础，这样，科学的产生依赖于知识，知识的形成依赖于话语实践。于是，考古学便贯穿着这样一条轴线，即：话语实践——知识——科学，这条轴线取代了理性主义的主体哲学的轴线：意识——知识——科学。意味着考古学取代了主体主义哲学。

科学的产生要以知识为基础，反之，科学一旦构成，它将和知识发生什么样的关系呢？科学构成后，它不再把它呈现于其中的组成话语实践的那些东西归于它的名下，它不摒弃它四周的知识，它要用这些知识来研究谬误、偏见或想象的史前史。知识不会因为科学的完成而消失，科学将位于知识的某个范围中并发挥作用。因此，在任何一个话语形成中，我们都可以在科学和知识之间发现某种特殊的关系，考古学分析从正面指出科学进入到知识的成分中和所发挥的作用。正是在这个作用范围中建立了意识形态与科学的关系，也就是说，科学在知识中发挥出它的意识形态作用。这种作用不发生在

---

① 福柯《知识考古学》，谢强、马月译，三联书店，1998，第236页、第245页、第249页、第250页、第69页。

它们的理想的结构层次上,也不发生在社会从技术上使用它们的层次上,更不发生在构成它的主体意识的层次上,科学与意识形态的结合发生在科学从知识中显现出来的地方。它发生于这样的情况下:即科学知识置身于知识中,构造它的某些对象,将它的陈述系统化,和确定的概念和策略;它发生于这样的情况下:一方面区分知识,改变知识和重新分配知识,另一方面又肯定知识,使之发生作用的情况下;只是当科学在话语的规律性中找到自己的位置并因此得以在任何一个话语实践或非话语实践的范围内展开和发挥功能的情况下。简言之,科学的意识形态作用,就是它作为话语实践的存在问题和它在其他实践中的功能问题,而不是科学的地位或滥用科学的问题。例如,政治经济学在资本主义社会中具有某种作用,它是为资产阶级的利益服务的。它为资产阶级创立也为其所用,但对它的意识形态的功能和它的认识论结构之间的关系的更准确的描述,都必须通过话语形成的分析。由此得出一些这样的命题。其一,意识形态不排斥科学性。其二,理论的矛盾、缺陷正是显示出科学的意识形态功能之处。但功能分析应在实证性与科学性结构之间的关系的层次上进行。其三,话语的自我修正,自我形式化并不必然同意识形态脱离关系。其四,研究科学的意识形态功能就是研究它的话语形成。

既然考古学存在着话语实践——知识——科学的轴线,那么我们就可以在一种话语形成中描述几个层次的界限。首先是实证性界限,它发生于这样的时刻:即话语实践开始个体化和获得自律性的时刻,也是陈述形成的唯一和同一系统起作用的时刻,也是当这个系统被转换的时刻。第二个层次的界限是认识论化的界限。当陈述整体在话语形成中被分割,使验证和协调的标准发生作用时,当这个陈述的整体对知识起支配作用时,那么,话语形成便跨越到了认识论的界限。第三个层次是科学性的界限。当这样勾勒出来的认识论形态服从于某些形式标准时,当它的陈述不仅符合一些形成的考古学规律,还符合于一些命题的建构规律时,这种认识论的形态便跨越到了科学性的界限。最高层次是形式化的界限。当科学话语能确定它所必需的公理,和它的合理的命题结构和展现它的形式结构时,那么这个科学话语跨越到了形式化的界限。这些不同层次的界限在时间上的分配,它们的连续、间距、可能的巧合,能够相互支配和彼此包蕴的方式,它们轮番建立的条件,构成了考古学的重要领域之一。这个考古学对几个层次的界限的描述,表明了从话语实践到科学构成的过程。只有一种我们不能够区分这些不同界限也无法描述它们之间的这样差距整体的科学，这就是数学。它是唯一一种一下子超越了实证性界限、认识论化的界限、科学性的界限和形式化的界限的科学。那么，数学作为一门科学是如何可能的呢？按照传统的观念，人们对数学的历史起源的描述，归结于一种从测量的普通实践中突然出现并且一劳永逸的几何学的超历史模式，并把数学话语的建立看做是所有其他科学的产生和变化的原型，这是一种先验的分析。福柯指出，数学归根到底也是以话语实践为基础，这个话语实践有不同于其他话语的特点，一是它是形式化的话语实践，其二是它是一开始就给了的东西。"数学存在的可能性的本身意味着在历史进程中一直保持扩散状态的东西从一开始就给定了。因为它们最初的实证性构成了一个已形式化的话语实践。"① 但是数学不能看做所有其他科学产生和变化的原型，它只是大多数科学话语向形式的严谨和论证性方向努力的模式，数学是一个考古学中不能推广的例外。

由于存在着多种层次的界限，于是对科学史的历史分析便有了不同的类型。首先是形式化层次上的分析，这种分析主要是对数学的历史发展的讲述，某个历史时刻的数学从未被抛弃在非科学性的外域中，但它们始终被重新确定在它们所组成的形式结构中，因而这种数学的历史描述是一种循环分析，这种分析只能在已构成的科学内部进行，并且已经跨越到了形式化的界限。第二种分析是位于科学性界限上并探讨它得以在不同认识论形态的基础上被跨越的方式，如要弄清一种概念是如何被纯化并获得了科学概念的地位和功能，弄清一个已经测定的和部分被连续起来，但仍被一些即时的实际使用，或真实价值的增长所贯穿的区域是怎样能够建立在科学的范围之内，更一般地要弄清科学是怎样建立在前科学层次之上，这个前科学层次为科学作准备。这种描述以构成科学为准绳，突出真理与谬误，合理与不合理，科学与非科学的对立，构成了科学的认识论史。历史分析的第三种类型，即把认识论化的界限作为着眼点，由实证性确定的话语形成与认识论形态之间的区分点。在这里所揭示的东西是产生某种知识，并且使这种知识获得科学的资格和作

---

① 福柯《知识考古学》，谢强、马月译，三联书店，1998，第 236 页、第 245 页、第 249 页、第 250 页、第 69 页。

用的话语实践。这个层次的分析是要指出科学的建立和科学向形式化的过渡如何在话语的形成和其实证性变化中找到其可能性。它在描述话语实践的基础上勾画科学史的轮廓,确定科学史根据什么样的规律性依靠怎样变化才能让位给认识论化的过程,达到科学性的标准并或许达到形式化的界限。

考古学在实证性、知识、认识论形态和科学之间,揭示差别、关系、间隔、差距、独立性、自律性的整个作用和它的各自的历史性彼此联结的方式。这种在话语实践、实证性、知识与认识论形态和科学的关系中,对话语实践、实证性和知识所作的分析,就是称为"认识型"的东西。认识型并不是某一时代人的所无法摆脱的思维结构。它有四个方面的规定,其一,它是一种关系整体,是能够既定的时期把产生认识论形态,产生科学,也许还有形式化系统的话语实践联系起来的关系整体;其二,它是一种方式,是在每一个话语形成中,向认识论化、科学性、形式化的过渡所处位置和进行这些过渡所依据的方式;其三,它是一种界限的分配,是这些能够吻合,能够相互从属或者在时间中拉开距离的界限的分配;其四,它也是一种关联,是能够存在于属于邻近的但却不同的话语实践的认识论形态或者科学之间的双边关联。总而言之,认识型不是先天的知识形式或合乎理性的类型,不是体现主体的观念,时代的精神的至高单位,"它是当我们在话语的规律性的层次分析科学时,能在某一既定时代的各种科学之间发现的关系的整体。"①

这样,科学知识的可能性问题得到了一个完全不同于康德的回答,某一时代的科学知识的可能性在于这一时代的知识的"认识型",而某一时代的认识型的可能性在于"话语实践的实证性","认识型不是那些我们在某一时代所能够懂得的东西,它是在话语实践的实证性中使认识论形态和科学成为可能的东西。"② 这样,知识考古学的任务得到了实现,因为知识考古学就在于以话语的自主性或自律性去取代主体主义哲学的主体性,以话语实证性去占据构造知识的先验主体的地位。

---

① 福柯《知识考古学》,谢强、马月译,三联书店,1998,第 236 页、第 245 页、第 249 页、第 250 页、第 69 页。
② 同上。

九、独树一帜的语言理论

福柯的语言理论和当代的各种语言哲学有着许多共同之处，即通过语言批判来拒斥、消解和批判传统的形而上学，无论是分析哲学的理想语言学派还是日常语言学派都通过语言分析来实现这一目标。现象学——解释学的语言哲学也同样批判传统的主客二分的模式，扬弃传统形而上学。当代诸语言哲学存在着一种共识，传统形而上学根源于语言的本性，因而必须通过语言批判来消解它。福柯消解的主要对象，就是近代的理性主义的主体主义哲学。如果说这是当代各种语言哲学的消极方面，那么它们的积极方面就是企图用语言来取代近代理性主义哲学中的主体的地位。近代理性主义就是把主体作为我思的认识主体，通过研究主体的认识过程来说明科学知识的形成和其真理性。因此主体成为科学知识的创造者和奠基者，但理性主义的主体哲学不能解决知识的客观性、公共性和主体间性的问题，它们的知识理论存在着主观主义的根本缺陷，只有用语言取代理性主体才能克服这种根本缺陷。显然，福柯把这一主题自觉地作为自己的任务，由此又产生了当代语言哲学的两个共同的特点，一是他们都主张语言的独立性和自主性，把语言当作自立自足的领域。或者把语言的自足性当作不言自明的前提。语言不再仅仅是一种思想或观念的表达或符号，交流的工具，而是有自身的结构和规律的实体，在语言哲学中所存在的语言、世界和人的三足鼎立中，语言不仅占有其中之一极，而且具有中心的地位。如果说分析哲学和哲学解释学对语言的自足性态度或暗或明的话，那么结构主义则十分明确地突出了语言的自足性，结构主义语言学的创立者索绪尔把语言和言语区分开来，把语言作为一种社会制度，语言的意义不是来自外部世界和主体，而是来自语言自身的系统结构，语言系统中语词的价值和意义仅由该词与其他符号的联系和区别所决定。福柯不仅继承了这个传统，并且把语言的自足性发展到极致，成为话语的自主性。其二，为了克服近代认识论哲学的主观主义，当代语言哲学一般都反对心理主义、主体主义，由于研究主体的认识过程，不免研究感觉、知觉，表象的心理过程，但这样一来不免走向相对主义、怀疑主义、唯我主义和主观主义，正因如此，当代语言哲学从弗雷格开始便定下了反对心理主义的调子。福柯也同样，他明确指出文化史的单位不应是书的单位或作品的单位，而应是话语关系整体，其中作者是匿名的，因此无须去追溯作者的意图，陈述过程也不归于主体，他说："确定主体的陈述制度不应借助于超验主体，也不应该借助于心理主观性。"①

然而，福柯语言理论毕竟有他自己的特色，这种特色使他的语言理论与其他语言理论明显地区分开来。这种区别至少有三个方面。第一，所关注的主要问题不一样。分析哲学的语言主要关注语言的意义问题，而语言的意义问题又往往与命题的真值联系在一起。而哲学解释学所关注的问题是理解的可能性条件问题，而福柯则重提康德的问题，即科学知识的可能性条件的问题。第二，所采取的分析的方法或分析的角度不一样。理想语言学派对于语言主要采取逻辑分析的方法；日常语言学派对语言采取语法分析的方法。哲学解释学不主张方法，但对语言则从解释学的角度来分析。福柯对语言所采取的方法主要是关系分析。第三，各派语言理论所结合的领域不同。分析哲学主要把语言与逻辑和认识论领域结合起来。哲学解释学则把语言与本体论领域结合起来。福柯则把语言与文化史领域结合起来。显然，这种分析的不同，所结合的领域的不同，都与他们所要解决的问题密切相关。

但是，福柯的语言理论的根本特色，在我看来就在于它的彻底性，即与传统理性主义的主体主义哲学决裂的彻底性，和它对当代语言哲学使命的自觉性。当代哲学的语言转向具有两大目标，一是以语言批判来拒斥和否定传统形而上学，特别是近代理性主义的主体形而上学。二是以语言来取代理性主体的主导和核心地位。这两大目标显然相互联系的，不以语言分析来批判传统形而上学，那么语言也不可能取代我思主体的地位；不以语言取代我思主体的地位，那么对传统形而上学的批判就是不彻底的，未完成的，是斩草不除根。因为近代主体形而上学抓住了一个有意义的问题，即科学知识如何可能的问题，主体形而上学正是在解决这个问题建立起来。如果当代语言哲学不能以新的根据去取代科学知识的主体根据的问题，那么它就不能最终地

---

① 福柯《知识考古学》，谢强、马月译，三联书店，1998，第 236 页、第 245 页、第 249 页、第 250 页、第 69 页。

克服近代的理性主义的主体形而上学。福柯正是看到了这一点，因而他重提了这一问题，并以他的语言理论来解决这一问题。

当代分析哲学应该说也进行了语言取代理性主体的尝试。但总的说来是不成功的。在这里，维特根斯坦作为分析哲学的领导人物，具有典型的意义。维特根斯坦早期"逻辑哲学论"，就是以语言来取代我思主体的一次努力，"语言是世界的逻辑图像"这一命题表明语言取代我思主体的认识世界的功能。但是这一命题存在两个问题，第一，语言之所以是世界的逻辑图像，是因为语言和世界有着共同的先验的逻辑结构或逻辑形式，这实际上重现了康德的先验逻辑。第二，语言之所以成为世界的逻辑图像，是由于人的思想活动和精神过程，给予了命题符号以意义或生命，使语言成了事实的逻辑图像。于是，主体在这里依然起着主导的作用，而且理性主义的先验方法也依然起作用，这样，在这里语言只是形式上取代了主体的地位，而在实质需要依赖我思主体及其方法。对此，维特根斯坦在后期对此已有所认识，因此在他的后期，他批判和致力于铲除本质主义，以家族相似性来取代理性主义的本质主义，以语言游戏取代前期的理想的逻辑语言，以语言的用法来表达它的意义。但是，日常生活语言也没有能取代我思主体的地位。因为把语言作为工具，和语言的意义在于其使用的观点已经预设了我思主体。语言游戏的规则虽然取代了先验的逻辑结构和逻辑形式，但游戏规则是在游戏中不断建立的，这就预设了主体的创造性，这表明分析哲学以语言取代我思主体的努力没有实现其目标。

在现象学——哲学解释学的学派中，语言被提高到本体论的地位。海德格尔提出，语言在说，语言是主语，在本质上，语言既不是人的表达也不是人的活动，语言是"存在"本身既證明又隐蔽的到来。这样，语言大有取代我思主体之势，正是这一点对福柯产生了影响。但是，这种天道的语言近似一种思辨的语言，当海德格尔提出，"人言出于天言"之时，这使人想起了思辨哲学，后者认为，人对世界的认识不外是绝对精神对自身的认识。海德格尔的"天道"不外就是黑格尔的绝对精神，一个思辨的主体。在伽达默尔的解释学中，提出了"能被理解的存在就是语言"的命题，语言是理解本身得以实现的普遍媒介，是使经验成为可能的根本条件。伽达默尔重新解释了语言游戏的概念；在语言游戏中，不是主体在做游戏，而是游戏在支配着主体。这样，语言取得了替代我思主体的地位。但在解释学中，对传统和成见的强调，对理解的语言性的强调，都意味着一种历史的连续性，一种理性的目的论，而文本意义的无限性和理解的创造性更是预设了主体创造性。这表明现象学——解释学的语言理论与近代主体形而上学有着千丝万缕的联系。它们不可能与传统形而上学彻底决裂而最终实现语言取代我思主体的目标。

福柯看到了当代语言哲学的问题，因而当他重提科学知识的可能性条件这个问题时，他抓住了问题的关键，要想让语言真正占据我思主体的地位，就必须用语言理论来解决这一根本性问题，但是无论是理想的逻辑语言还是日常生活语言，还是解释学的语言，都无法从根本上解决这一问题。福柯解决这一问题的出路，不是把语言与逻辑和认识论领域结合起来，也不是把语言与本体论领域结合起来，而是为语言找到了一个纯粹经验的现实领域，即文化史的领域。这样，他就把语言放在一个既与社会的经济政治的联系之中又处于一个与思想、知识和科学的联系之中，因此，他的语言，不再是一种抽象、孤立的形式的实体，也不是先验的本体论的普遍媒介，而是一种活生生的具体的语言实践，这样的语言不是纯形式的逻辑命题，不再是生活中的工具，也不再是理解的普遍媒介，而是包含着历史文化内涵的话语，这种话语包含着知识的对象，主体的陈述风格，一组概念群和一些理论选择这四个层次，包含着实证性界限，认识论形态界限、科学界限和形式化界限等四个层次的界限。这四个层次的界限的关系构成了"认识型"。这种认识型成为某一时代的科学知识的可能性条件。另一方面，文化史和科学史不再被看做是知识增长理性进步的过程，而是范式的更替和断裂过程，因此，这种认识型不是永恒不变和超验的东西，它是在话语中形成，又在话语中消失的。由此，福柯提出了一种与理性主义方法根本对立的方法，这就是知识考古学，知识考古学强调文化历史的断裂性、不连续性、特殊性、差异性，它在断裂寻求关系，在不连续性寻求有限的连续性，在特殊性寻求相对的普遍性，在差异性寻求有限的共同形式。因此，它不仅以知识考古学方法克服了近代主体形而上学的理性主义方法，而且以话语的自主性克服了我思的主体性和能动性，最终实现了当代语言哲学的两大目标：与传统形而上学的决裂和以语言来取代和占据我思主体的位置，从而宣布了"人之死"。这正福柯的知识考古学所取得的成就和贡献。

但是，福柯的知识考古学和话语理论不存在任何质疑之处吗？显然，这个理论受到了来自各方面的批评。但在我看来，福柯的知识考古学的根本问题在于话语自主性。这种话语自主性是绝对的还是相对的？如果是绝对的，那么这种理论便走向形而上学；如果是相对的，那么话语的自主性便受到其他条件的限制。福柯也讨论了话语系统与非话语系统，即社会的经济政治体系的关系，但他认为这里不存在什么因果性关系。这意味着话语系统与非话语系统之间是一种相互作用的关系，这说明福柯的话语自主性理论暗中以阿尔都塞的结构主义历史观为前提。

从方法论视角看列维－斯特劳斯的"结构"

王立志

列维－斯特劳斯通过把"结构分析"带进传统的人类学，从而把结构理论放射到了其他相关学科。列维－斯特劳斯创立的结构主义渗透到了人文社会科学的各个领域，在杂乱无章的事物中发现了一种统一性和一致性，这是单纯的描述所不能揭示的。这一思想不仅从根本上转变了人类学（人的科学）的研究方向，而且促进了现代西方人文社会科学研究方向的转变和方法论革命。从这种意义上讲，理解作为思维方式的结构主义，领会列维－斯特劳斯"结构分析"的真髓是对人文世界进行科学研究的开端。一般来讲，斯特劳斯的结构主义思想有五个直接的来源：（1）从孔德、涂尔干、布吕尔到毛斯的法国社会学和社会人类学传统（2）从圣西门到的若雷斯的法国社会主义思想（3）弗洛伊德的精神分析学说（4）索绪尔、雅各布森和特鲁别茨科伊的结构语言学理论（5）数学和自然科学中关于模式、矩阵、整体与结构的观念。[①] 如果我们放宽思想的视野，从西方思想的发展和特点来看，列维－斯特劳斯的结构分析既是西方科学思维方式结出的硕果又是对近代以来科学思维方式的历史回响，它是伽利略的科学和维柯的新科学两个传统联姻的产物。

一、科学与物理世界的结构

在古代希腊人的眼中，宇宙和人一样是个"活体"，由某个"始基"变

---

① 叶秀山：《叶秀山文集》，上海辞书出版社，2005，第333页。

化而来。哲学家的任务是研究万物由何变来？这一思路到了德谟克里特的原子论走到了极致，因为"原子"是不可分的，不可再生的，世界的生长之路终结了。原子虽然不能再分，但它可以和虚空"合成"宇宙。这个"合成"的思想在柏拉图那得到了进一步的发挥，柏拉图的理念论是对德谟克利特原子论难题的承续。他强调了世界的合成性、结构性。他不问"世界是由何生来的？"而是问"世界是怎样合成的、结构成的？"这是思想方式的重要转变。① 这个世界即使由原子和虚空合成，它也得有依据，有"原型"。顺着柏拉图的这一思路下来，必然会遇到这样的问题："原型"是什么？这个世界的"第一（制）作者"是谁？在《蒂迈欧》中，柏拉图提出"原型"是数，他把原型归结为几何结构。原子是原型的载体，无形无性，可感事物是被"原型"结构化、秩序化了的原子。原型和原子都是不生不灭的（不朽的），从这种意义上看，现代科学对基本粒子的寻求和数学化的倾向都是对"不朽"的追求。在柏拉图看来，"原型"不是从"万物"中抽出来的"象"，而是物之所以为物的依据。探索世界的"原型"，即探索"原型"的几何结构是哲学家的最高任务，这正是柏拉图学园的门口写着"不懂几何者不得入内"的真正原因。从某种意义上说，柏拉图和毕达哥拉斯比亚里士多德更接近现代物理科学。②

自然数学化的趋向是17世纪科学思想最新颖、最重要的思潮，它就源自上述传统。另一种思想倾向是重视经验和实验，这种倾向以玻义耳为代表，他不像数学家那样自命不凡。他用微粒哲学对抗泛数学主义。当伽利略说，自然这本大书是用圆形、三角形、和正方形等几何符号写成的，它们告诉了我们理性的联系和奇妙的秩序时，玻义耳反驳道："自然之书虽然是一个经过周密计划的奇迹，每一部分都被全知的上帝亲手记录下来，且每一部分都相互关联，但是它不是用几何符号而是用微粒符号写成。"③ 玻义耳所说的"微粒"与笛卡尔那种同质的微粒不同，它是已经被上帝用各种不同的方式决定的微粒构成了的物质。后来，牛顿把这两种倾向综合起来。在牛顿那里，

---

① 叶秀山：《叶秀山文集》，上海辞书出版社，2005，第333页。
② 怀特海：《科学与近代世界》，何钦译，商务印书馆，1997，第29页。
③ 柯瓦雷：《牛顿研究》，张卜天译，北京大学出版社，2003，第9页。

自然之书是用微粒符号写成的，不过，赋予全书意义的句法却是数学的。在牛顿看来，"原理是派生的，事实本身是原始的。没有一条原理自身就是确定的，一切原理，其真理性和内在可信性完全取决于我们如何运用它们，而原理的用途仅仅在于帮助我们去综合五花八门的现象，并对这些现象进行排列和分类。——原理不能以自身为基础，它的真理性和确定性只能存在于它所建立的知识中。"[①] 牛顿的这一观点在18世纪中叶被他的法国学生伏尔泰、莫泊丢、达朗贝尔继承。达朗贝尔是百科全书派的科学精神的真正代表，他的哲学比牛顿走得更远，他"要求人们停留在现象领域里，只是去揭示这些现象的体系，即它们的恒定的、一般的秩序。"[②] 这是那个时代对科学的目标和界限的最清晰的表达。为了寻找世界之书的"普遍语法"和隐藏在事实深处的恒定秩序，科学沿着数学化、精确化的道路前进。

1872年，F. 克莱因在研究射影几何和度量几何的关系时，提出了著名的"爱尔兰根纲领"。这个纲领的提出是数学对称性原理诞生的标志，"他的影响超出数学之外，到达了力学和一般的数学物理领域，导致了后来物理学以变换不变性为原则的新风尚。变换中的不变性这一物理问题，或者说，物理定律的表达不依赖于坐标系的问题，在人们注意到麦克斯韦方程经络伦兹变换的不变性之后，在物理思想中都变得更重要了，这种思想路线引向狭义相对论。"[③] 爱因斯坦的四维时空就是一种结构。

20世纪30年代，由于强、弱相互作用的发现，自然界的基本相互作用由原来的两种（引力作用、电磁作用）增加到了四种。40年代，人们发现了大量的基本粒子，粒子的波粒二象性表明，它们既具有粒子特性，又具有场的特性。从量子场论来看，有一种粒子就有一种场，粒子是场的激发态。人们开始从微观领域研究量子统一场论。量子场论不再单独考虑物质对时空的影响，而着重从物质属性、结构的量子特征的角度统一各种相互作用。[④] 从海森堡的不确定原理到EPR实验、爱因斯坦定域性破坏和贝尔定理的提出使人们对世界有了全新的感觉。这些新的科学发现证明：没有任何与量子理论

---

① 卡西尔：《启蒙哲学》，顾伟铭等译，山东人民出版社，1988，第53页。
② 同上，第54页。
③ 克莱因：《古今数学思想》第3册，上海科学技术出版社，2005，344页。
④ 董春雨：《对称性与人类心智的冒险》，北京师范大学出版社，2008，第50页。

相容的实在论,能够允许世界的各个在时空上彼此分开的部分是独立存在的,世界是一个有机的整体,事件发生的过程是普遍的、整体性的过程,过程每一阶段即一个事件,但寻找变换中的不变性(对称结构)仍然是物理学家追求的目标。

对结构的感知和描绘作为人类应对世界的一种方式、方法在 20 世纪初从各个领域集中反映出来。在物理学领域,相对论和量子力学不仅向人类展示了崭新的世界景象而且改变了人们看待世界的方式。"按照量子态代表关系的观念,在一个粒子不在与另一个粒子相互作用之后,也决不能把它看成是物理上实在的种种属性的独立承担者。也就是说,单独粒子自身不再有它自己的态,而是处于和其他粒子相纠缠的复杂的相互状态中,从而使得关联实验中的光子不能被当作分开的、独立的本体来处理。"[①] 世界并不是由独立存在的客体组成的,我们真正观察到的现象是观察者、观测仪器和被观测对象相互作用的结果。真正的实在是关系,实体是由关系来定义的,"构造(结-构)"是事物的本质。既然世界是由各种关系构成,那么在任何既定的情景里,一种因素的本质就其本身而言是没有意义的,它的意义事实上由它和既定情景中其他因素(他者)的关系所决定。

二、诗性智慧与人文世界的结构

从本质上讲物理学是对世界的抽象。意大利的维柯是最早对近代科学提出批评的人之一。他在《论古代智慧》中指出,以笛卡尔和伽利略为代表的近代科学追求的目标是不能实现的,因为自然事物是上帝创造的,人不可能认识、理解其中的奥秘,只有上帝才能认识它们。当人向外探索自然事物时,他未包含在组成事物的存在成分中,所有的自然事物都存在于他自身之外,这是人自身的界限。人只能满足于自己在实验室里才能得到的粗糙的、模糊的知识,在这里人像一个创造者(造物主)。在维柯看来,人虽然不能认识自然,但能认识历史,因为历史是人自己创造的,人是他所"文化成的世

---

① 罗嘉昌:《从物质实体到关系实在》,中国社会科学出版社,1996,第 73 页。

界"(历史)的组成部分。维柯的这一转向有深远的理论意义。① 首先,人的世界(历史)和神的世界(自然界)区分开了;其次,人生活在自己创造的世界中,他既是创造者,又是认识者,创造与认识、行动与理解统一起来了。这个"区分"和"统一"是人的科学成为可能的前提。维柯开创了科学的新领域,他把自己的科学称为新科学。这门科学与他的同胞伽利略创立的科学(物理学)相对。在维柯那里,人以自身为起点创造历史(文化世界)。人类世界是嵌入物理世界之中的,它以物理世界为条件,并与之纠缠在一起。"创造立诸民族世界的最初那些行动是由当时仍旧是野兽的人做出的,人类恰恰是由创造那些制度的过程创造出来的。人类不是什么先决条件,而是制度建立过程的结果、效果、产物。"② 维柯的新科学所暗示的观点:人类和人类社会不是根据在他们之前就已存在的模式和计划塑造的;没有预先决定的人类本性;人性的具体形式是由特定的社会关系和人类制度的体系所决定。维柯奠定了现代西方人文科学的基础。这些思想对后世产生了巨大的影响。在卢梭、康德、黑格尔、马克思那里都能发现维柯的影子。

在《论人类不平等的起源和基础》中,卢梭提出了自然与文化的关系问题。他说自然状态是人类最初的状态,是最幸福的,科学和艺术使人类堕落。在这本著作中,他展示了人是如何一步步从自然状态过渡到社会状态的。怎样理解卢梭的"自然状态"呢?首先,自然状态是卢梭探讨自然与人文关系的逻辑起点。自然状态好比伽利略的理想实验,自然人好比牛顿的质点。其次,卢梭不是想预见什么,而是想讲述人类生活的真实状况。他虽以近代物理科学为榜样,但他明确人的科学和物理科学的区别,研究人的科学是不能像物理科学那样做实验的。针对这种限制,卢梭提出了新的方法论原则:"当一个人想研究人时,他必须看他的周围;当他想研究一个人时,他首先要学会看到远处,为了发现特征,他必须先看到区别。"自然状态正是那个"远处",自然人正是那个"区别",因为人是现在的人。第三,从自然状态到社会状态,人类的不平等产生了,是什么造成并维持了人类的不平等呢?在卢梭看来,是契约,是关系。这个关系不是永恒不变的,而是创造生成的。

---

① 韩震:《维柯的哲学》,载《中国社会科学》1991 年第 4 期。
② 维柯:《新科学》英译者引论,朱光潜译,商务印书馆,第 51 页。

研究"关系的生成"是人的科学的主题。

在纪念卢梭 250 周年诞辰的演讲中列维-斯特劳斯套用了卢梭的话。他写道:"看哪,他们都出现了,异乡人,陌生人,总之对我毫无意义的人,因为我希望他们如此,但是,脱离了他们和一切,我本人又是谁?这就是我首先必须探索的东西。原因在于,一个人要想在他人中接纳自己——这是民族学家给人类知识规定的目标——首先必须拒绝自己。这个原则的发现应当归功于卢梭,它是人文科学赖以建立的唯一原则。"① 我们相信自己是自己的根据何在?列维-斯特劳斯是说,这个根据是他者,研究人就是向着他者提问。人在声称自己是"我"之前,敢于承认自己是一个"他者"。

马克思是继卢梭之后,对列维-斯特劳斯产生决定性影响的思想家。马克思在《资本论》第一卷的注释里写到:"达尔文注意自然工艺史,即注意到作为生产工具的动植物器官怎样形成的,社会人的生产器官难道不值得同样注意吗?如维柯说的那样,人类历史同自然史的区别在于人的历史是人自己创造的,而自然史不是人自己创造的。工艺学能揭示人对自然的能动关系,人的生活的直接生产过程,以及人的社会生活条件和由此产生的精神观念的直接生产过程。"列维-斯特劳斯认为,马克思提供了研究这一问题的典范。《法兰西内战》和《雾月十八日》是列维-斯特劳斯最欣赏的著作。在这个题材的作品中,马克思既重因果关系,又重发掘特定场景的意义。关于社会的、人的科学不能停留在现象学描述的层次,而应该从感性领域出发,在丝毫不损害其特性的前提下,把它统一到理性领域中去。这一目标时是唯理智主义不能完成的,它需要"诗性的智慧"。诗性的智慧表现为创造各种神话和以隐语的方式使用语言的能力,表现为形成结构的能力和使人的本性服从于结构要求的能力。诗性的智慧不是直接的对付这个世界,而是间接的通过其他手段,即不是精确的而是诗意的对付这个世界。这种处理人与世界关系的方式与理性的科学的方式是不同的,现代人的危机正是因为畸形发展了科学的、精确的对付世界的方式造成的。诗性智慧是对唯理智主义的补充。"诗性的智慧"是就结构主义的智慧。它昭示了这样一条生活原则:要成为

---

① 列维-斯特劳斯:《结构人类学》第二卷,中国人民大学出版社,2006,第 505 页。

人，必须成为结构主义者。"① 问题的关键是成为何种结构主义者？这个问题把我们引向对自己与世界打交道的基本方式——语言的反思。

三、理性智慧与诗性智慧的共同根源

语言是传达信息的方法和思考的基础。在自然科学领域中，现代的先进实验技术已经为我们展示了不能用日常语言（普通概念）描述的崭新世界图景，科学家用来说明这种世界图景的语言首先是数学语言。但是，他们向不是科学家的人谈论他们所看到的"新世界"时却要使用日常语言。对于物理学科学家而言，日常语言的描述也是衡量他对"新世界"理解程度的标准之一。科学家"试图引入一些能够与事实（即测量结果）相关联的数学符号来理解各类现象。关于这些符号，我们使用了能令人联想到它们与测量的相互关系的名称。这样，符号就同语言联系起来了。然后，这些符号通过严格的定义和公理系统彼此联系起来，最后，再用符号来表示自然规律。于是，这些方程的解的无限多样性将对应于这部分自然中可能出现的特殊现象的无限多样性。这样，在符号和测量间有着关联的情况下，数学方案就代表了这类现象。正式这种关联容许用日常语言来表达自然规律，因为由作用与观测组成的实验总是能用日常语言来表达的。"② 然而，日常语言的描述究竟能达到什么程度呢？在量子力学中，语言的使用遇到了在严重的挑战。如何描述原子？这是一个物理问题，也是一个语言问题。原子不再是坚实的实体了，它是事件。当物理学家在谈论原子事件时使用的语言已经是一种"新语言"了，"至少，语言已经调整了自己，使之与这种真实的情况相适应，但这不是人们可以使用普通逻辑形式的那种准确语言；而是在我们内心中引起图像的那种语言，但在引起图像的同时，还引起这样一种想法，就是图像和实在只有一种模糊的关系，它只代表一种朝向实在的倾向。"③ "图像"是人心灵

---

① 特伦斯·霍克斯：《结构主义与符号学》，瞿铁鹏译，上海译文出版社，1987，第6页。
② 海森堡：《物理学和哲学》，范岱年译，商务印书馆，1981，第113页。
③ 同上，第123页。

的创造物,更准确地说,是科学语言的创造物。它是人通达"实在"的桥梁。对于科学家而言,当它们在做"有关原子的实验时,他们必须同物与事实打交道,同象日常生活中任何现象一样真实的现象打交道。但是,原子或基本粒子本身却不像是真实的;与其说它们构成一个物与事实的世界,不如说它们构成一个潜能或可能性的世界。"① 科学的目标不是指向现象的,而是指向这个可能性的世界的。认识这个可能性的世界就是不断地"构造"。在这个"构造"的过程中,关系是基本的元素和终极的实在。构造的结果就是一个又一个的关系模式。科学知识增长的过程也是语言增长的过程。这样以来,科学的研究和语言的研究联系起来了。为了理解科学的本质必然要理解语言。

在语言研究的领域,索绪尔提出,应当把语言作为一种完整的形式,作为一个统一的"领域",一个自足的系统来研究,就如我们经验到的那样。在语言研究中否定主体的"实体的"观点,倡导"关系的"观点与物理学给人的新感觉密切相关。索绪尔还继承了维柯的"语言是人类心灵的创造"的观点,他认为人类的天性不在于口头语言,而在于构造语言——不同的符号与不同的概念相符合的系统——的天赋。"这种构造符号的天赋和能力在语言方面产生的东西可以看做是更大的结构。尽管我们没有看到和听到这种结构,但是我们可以从它在人的实际话语中的表现推断出来。"② 语言不是"语词的物质实质"而是抽象的符号系统,词语在这个系统中只占微小的部分,人利用符号构造的世界是一个具有自身结构的广袤的世界,然而这种结构是隐而不显的,研究这个世界结构的就是研究符号与符号的关系,研究符号的本质和符号之间关系的本质,就是"把个人的话语和理解力所针对的和包含的各种系统化了的关系和模式描绘出来。"③

语言是自我包容关系结构的最高范例。这个结构的组成部分只有在自己结构的内容融为一体时才有意义。这个结构具有整体性、转换性和自调节性。语言是人类与外部世界打交道的独特手段,它也构造了独特的人类结构,人

---

① 特伦斯·霍克斯:《结构主义与符号学》,瞿铁鹏译,上海译文出版社,1987,第12页。
② 同上,第13页。
③ 同上,第23页。

类现实世界的结构。因为人类并不是孤立地生活在客观世界上,也不是像人们所理解的那样孤立地生活在社会活动的世界上,相反,他们完全受已成为表达他们的社会之媒介的特定语言的支配。或者说人栖居于语言中,语言的时空有自己的结构,在语言之屋中,"时间和空间的世界其实是一个连续系统,没有固定的不可改变的疆界,每一种语言都按照自己特定的结构来划分和译解时空世界。"① 理性的智慧和诗性的智慧终于在语言中找到了共同的根源,真正的基础是"关系"。以此为基础发展一种具体的、感性的、关系的逻辑成为可能。这种思维方式"永远在两难之间保持着合理的距离:历时性与共时性、事件与结构、美学性与逻辑性的对极保持合理的距离"②。

四、列维-斯特劳斯的"结构分析"

创造出神话的"诗性的智慧"激发了原始人对世界的反映,这一观点是列维-斯特劳斯思想的基本原则。他把由语言学家因音位的变更造成的他称为"音位革命的"诸原则应用于非语言学的材料,是想要探索现实的深层秩序。列维-斯特劳斯强调,观察任何人类社会和文化现象都必须把结构概念放在时空概念之上,因为人类社会和文化都以特定的"结构"而存在。这种具有特定结构的社会和文化现象都是具有特定结构的人类心灵运作模式的产物和具体表现。时间的结构实际上是人类心灵运作模式的表现。因此,我们可以说,时空的变化隶属于"结构"。现实的深层秩序实际上是与人类心灵运作的模式密切相关的一种隐性结构。

列维-斯特劳斯的结构分析是从研究神话的逻辑和意义开始的。他的早期神话研究关注共时性结构的形式特征,试图兼顾神话的一般性和历史性,在利用材料时注重语境信息。具体地讲,列维-斯特劳斯受雅各布森和布拉格音位结构主义学派的影响,把语言学的方法运用到神话研究,他通过研究神话与其片段(组成部分)的关系,发现神话的深层结构和意义的生成机

---

① 特伦斯·霍克斯:《结构主义与符号学》,瞿铁鹏译,上海译文出版社,1987,第25页。
② 列维-斯特劳斯:《野性的思维》,李幼蒸译,商务印书馆,1987,第86页。

制。他发现了叙事成分的转换以及由于叙事成分的转换导致的连锁转换,由此揭示同时发生的组成部分之间的"必然的关系"。各个组成成分(叙事单元)在这个结构中有自己的位置和功能。60 年代后期,他的神话研究有了大的发展:在《野性思维》中,他注重具体性逻辑,在《神话学》侧重神话的逻辑和意义问题。他指出价值、功能、象征等在自然物中出现的方式是把直接感觉到的现实排列成结构模型。以此来反映现实的深层秩序。① 然而,这个现实的深层秩序也是人的创造物。列维－斯特劳斯的真正目的是探索和揭示神话逻辑结构所体现的精神的逻辑结构。这是"在创造物中直观人自身"这一人的科学的基本原理在神话研究中的进一步应用。那么,在创造物中(语言、神话、科学理论都是人的创造物),我们又发现了什么呢?问题的关键不在于发现什么,而在于怎样去发现。结构分析开辟了人的科学的新天地,它是新方法、新工具,给它冠以主义、思潮之名,都掩盖了它最真实的价值。

列维－斯特劳斯把结构定义为:要素和要素间关系的总和,这种关系在一系列的变形过程中保持某种不变的特性。这个结构没有直接的内容,它就是内容本身,是在一种被设想为真实的属性的逻辑组织中被领会的。列维－斯特劳斯结构分析的对象有四种:数学实体、自然语言、音乐和神话。数学实体和自然语言处于这个谱系的两端。音乐和神话居于中间,准确地说音乐与数学相邻。数学实体是没有质料的纯结构,语言因有了声音和意义(意思)才有了完整的形体结构,神话是飞出声音而附着于意义的结果,音乐是飞出结构附着于声音的结果。② 列维－斯特劳斯的结构分析在某种意义上是把数学和语言的结构分析运用到神话和音乐中,这和他本人的音乐造诣是紧密相关的,《看—听—读》一书充分体现了这一点。列维－斯特劳斯在研究"亲属关系"时把"结构"分成了不同的层次:造成交换女性这一最普遍的行为的"精神结构";通婚产生的"关系群结构";集团关系体现的"社会结构"。列维－斯特劳斯从与他人沟通(交换)的可能性上导出了"人人都是作为亲属出生的"这一普遍事实。③ 这样以来,结构就成了向他者敞开的结

---

① 李幼蒸:《理论符号学》,社会科学文献出版社,1999,第 401 页。
② 高宣扬:《当代法国哲学导论》下卷,同济大学出版社,2002,第 614 页。
③ 渡边公三:《列维－斯特劳斯》,河北人民出版社,2002,第 100 页。

构，个人的生成、社会的生成都与他者相关。

对结构进行纯粹理性的分析是有限度的。对结构（关系群）的研究可以把我们带到文化世界的深层，但不能让我们真正窥探到人的秘密。列维－斯特劳斯对此有深刻的自觉，他强调文化中普遍的东西与自然中普遍的东西是不同的，文化中普遍的东西在象征体系中。"无论是社会学还是语言学研究，我们都是在跟象征的手段打交道。"① 在《亲属的基本结构》的最后他写道："象征性思考的出现，不得不严格的要求女性和语言一样是被交换的东西……人只要以女性为符号来定义就不能不承认她们在她们的范围里是符号的生产者。"提供结构的结构躲进了人类学的符号里，情感转移到了符号里，人类的不朽性在符号的世界里传递。列维－斯特劳斯的结构分析已经超越了"坚固的事实"，情感怎样向符号转移？人类的不朽性怎样在符号的世界里转生？这是更深层次的迷。我们生活在符号的世界里，弄清这个现实世界的本质——这种本质是关系，是结构，是一种不断生成着的关系和结构——对我们理解自身及其自身处境是最根本的，结构主义和符号学的思维方式和分析方法是理解这种现实的核心原则。自然科学是通过处置外部现实时采取有效的方法而形成的，自然科学针对的是自然现实，人文科学针对的是社会文化现实，是一个有着自身结构的符号世界，后者比前者比前者更复杂，人文科学应该通过获得与自然科学可通分的更佳方法强化自身。这种方法必以对物理世界、人文世界和语言的关系论思考为前提。

列维－斯特劳斯的结构分析是一种指引：理性是内在于人的生存方式的。罗兰－巴特的文化符号论，格雷玛斯的语素符号论、柯利斯蒂娃的文本符号论、布尔迪厄的社会符号论都是对列维－斯特劳斯的回应。

---

① 列维－斯特劳斯：《结构人类学》，张祖建译，人民大学出版社，2006，第55页。

第二篇　　分析学派的语言观

Bickerton 的进化主义语言本质观

董方峰

一、引　言

语言是什么？这是一个困扰人类数千年之久的问题。语言与人、与世界、与社会、与心智或精神的关系等都是人类文明史乃至科学史上的重大研究问题。对语言本质的探讨与理解总是伴随着人类对自身理解深入的过程。很多民族的神话传说中有上帝或者神创立语言文字的故事。古代东方和西方哲学中都充斥了大量对语言本质的思考。至近现代，对语言本质问题的思考开始系统深化。如 19 世纪，Humboldt 提出语言是民族精神，每一种语言都包含着一种独特的世界观。语言不是产品，而是创造活动[1]。19 世纪的历史比较语言学家（如 Schleicher）则把语言看做是跟生物一样有生长变化过程的有机体[2]。对于结构主义的奠基人 Saussure 来说，语言是一个建立于语音和意义之间任意性联系基础上的社会化符号系统（Saussure 1916）。而在美国语言学家 Bloomfield 等人看来，语言不外是由对特定刺激的特定反应组成的行为体系（Bloomfield 1933）。20 世纪 60 年代以后，Chomsky 开始集中探讨三大核心问题：语言知识是什么、语言知识如何被获得、语言知识如何被使用

---

[1]　姚小平"洪堡特与人类语言学"，《外语教学与研究》，2005（2），116–118。
[2]　刘润清《西方语言学流派》，外语教学与研究出版社，2002，第 45 页。

(Chomsky 1986)。他把关注的焦点放到表层的语言现象之下所蕴含的共性上，即语言的生理基础，或者说大脑/心智实现语言的机制。Chomsky 的探索，对于语言学研究是一次彻底的革命，对于人们的语言本质认识，也是一次洗礼。受此影响，近几十年里，大量从语言学、心理学、生物学等角度交叉进行的研究让人们对语言本质有了更深入的认识。

二、Bickerton 的语言本质观

Derek Bickerton 是美国夏威夷大学的终身教授。他对克里奥语和洋泾浜语的研究，以及在此基础上对语言进化的研究令他在当代语言学界享有盛誉，如 Jackendoff（2001）评其为"语言进化思想中为数不多的几个有见地者之一"。他的主要著作包括《语言的根源》（1981）、《语言与物种》（1990）、《语言与人类行为》（1995）、与 William H. Calvin 合著的《来自机器的语言：用人脑协调达尔文和乔姆斯基》（2000）等。

在《语言的根源》中，Bickerton 提出语言的起源可以追溯到表征系统和符号性思维的起源，以及晚些发展起来的形式句法上去。在《语言与人类行为》中，Bickerton 提出，语言不是高级智力形式发展出来的结果，相反，是语言让智力的发展成为可能。语言和思维都基于相同的句法，都是人类独有的抽象表征的证据。在《来自机器的语言》中，他和 Calvin 一起探讨了符号性表征的生物基础及其对大脑进化的影响。他们提出，原始人类的神经储存容量的变化与达尔文式的社会需求互动，促生了人类的句法机制。总体而言，Bickerton 的语言思想与 Chomsky 的思想是一致的，即语言是一种生物性的、人类独有的、通过基因传递的能力。语言学研究必须结合语言、进化、大脑三者（Bickerton 2000：4）。他与 Chomsky 的分歧主要在于对语言进化的认识。Chomsky 认为语言的进化来自于基因突变（见 Hauser, Chomsky, and Fitch 2002），Bickerton 在很长时间里对此持赞同态度，他认为语言的出现来自于灾难性演变（见 Bickerton 1998），但到后来，他更倾向于语言的渐进演变观点（见 Bickerton 2000）。

在《语言与人类行为》（1995）一书中，Bickerton 用了一个专门的章节

对语言本质进行了深入探讨。他首先批判了前人对语言本质的误解，即把交际和语言等同起来。所谓的身体语言、动物语言、植物语言和人类语言一样都是表征系统，都具有交际功能，但是交际功能不能和语言本质划上等号。前面这些被冠以"语言"称号的系统只能用于交际，而语言除了用于交际以外，还能储存信息、承载思维等。

Bickerton 对不同的表征系统进行了分析。所谓的"身体语言"可以传达状态、条件或感受，但是却不能传达外部世界客观特征的事实信息。所谓的"动物语言"只是一个个封闭系统，在时间和空间指称上都受到限制。真正的语言则是开放系统，在时间和空间上都不受限制，是所有表征系统中最复杂和精巧的设计。

不同的表征系统都使用符号，但是语言符号和非语言符号（主要指动物的符号系统）却有很大差别。非语言符号是像似（iconic）的，而语言符号则是非像似的。非语言符号有级别变化（gradient，比如动物叫声的强度和长度的变化表示不同意义），而语言符号则无级别变化。非语言符号是零散的，缺乏组合机制，而语言符号系统则能把单个的符号通过组合机制组织成复杂的符号体系。动物交际符号之间没有系统的联系，而语言符号之间则存在系统的联系。

关于词语、思维和意象的关系，Bickerton 说，我们并不是先建立起世界的图像，然后给它穿上语言的外衣。相反，语言为我们勾勒出世界的图像，我们然后用这图像去思考和交流，然后我们才可以想象我们通过意象看到了这图像。当我们想到我们想要的东西时，我们已经在用语言进行抽象化了。用语言想象即是抽象。而抽象化的思考正是人类智力发展的基础。也就是说，语言的发展先于智力的发展。

在 Bickerton 看来，语言的全部秘密就在于句法，句法是语言超越一切其他表征系统的根源。句法具有无限可扩展性、流畅性、可解释性（还原不合逻辑或者成分缺省的句子的意义的特性）、具有话语标记成分（语言交际中几乎一半语言单位指向话语结构）等特性。而动物交际系统，以及原始语言（protolanguage）则不具备这些特性。句法来自哪里呢？Bickerton 指出，语言的复杂性来自于人脑：语言之所以成其为语言，是因为这是大脑运作的唯一方式。句法是大脑的自然结果，是人类独有的生物属性。

在此基础上，Bickerton 断言"语言是一种交际手段"这一定义是错误的，因为它不能把人是什么讲清楚，更不能把人和其他物种区分开来。人类只是偶然闯进了语言的领地，然后才变得聪明了起来。语言是人的本质属性，抽象的语言使得抽象思维成为可能，使得人类智力进化。

三、语言是人类独有的吗？

就语言与交际的关系问题，Chomsky 与 Pinker 等人有过一场辩论。Chomsky（2002）认为，把语言看做是一个交际系统的观点是不恰当的。语言是一个表达思想的系统（即内部语言），跟交际系统相比，有很大的不同。语言固然可以用于交际，但人的许多行为都可以用于交际，如走路的方式、服装和发型的风格等。交际对于理解语言的功能和本质并没有特别意义。而 Pinker & Jackendoff（2005）则认为，语言是因交际需求而逐步进化改进的产物。内部语言是以学习到的外部语言为基础的。

在这一争辩问题上，Bickerton 显然倾向于 Chomsky 的观点。在《语言与人类行为》中，他鲜明地批判了把语言本质看做交际手段的观点，认为这是混淆了事物的体和用，即用语言的功能代替其本质。语言表征系统和其他表征系统之间的巨大差异绝不是交际所能解释的。人类语言不仅满足了自身的交际需要，同时也可以用于抽象思维和意识活动。只有人类语言才可以推动人类式智力的发展，让人类凌驾于所有物种之上。其他动物的交际系统都不具备人类语言的结构特征，也不可能产生出高级的智力形式。语言是人类独有的本质属性。

我们注意到，Bickerton 在论述时采用了非常明显的人类中心观，即以人类特征为标准去量度其他物种，这样的标准很难不产生人类语言优越于其他交际体系的结论。在现有科技水平之下，我们对其他物种交际系统和智力状况的了解还不足以下定论，人类暂时的统治地位并不足以说明人类交际体系最为优越，或者人类智力至高无上。在漫长的进化过程中，人类只是短暂地占据了统治地位。此外，如果说交际是语言的功能，那思维、意识何尝又不是语言的功能？我们有充分证据证明其他动物的"语言"不具备思维和意识功能么？这些问题将使 Bickerton 的观点长期处于争执之中。

四、语言进化：渐变还是突变？

4.1 连续性悖论

在语言起源问题上，Bickerton 提出了连续性悖论——"语言必须由某种前系统进化而来，但是我们现在似乎还看不到这种语言得以进化而来的前系统（Bickerton 1990：8）"。语言的进化应该是一个渐进的过程，而其进化的源头应该是动物式的交际系统，这一交际系统经由量的积累最后通过质变而进化为人类语言。这是渐变论者的观点。人类祖先发展过程中交际越来越复杂，大脑随之得到发展，并最终促生了语言。这是渐变论的自然推测。然而，Bickerton 后来（1995，2000）指出，大脑容积的增大和智力水平的提升之间并没有直接联系。大脑容量的增大是人类智力发展的必要条件，却非充分条件。对人类智力发展起到更大作用的应该是某种大脑组织方式的剧烈变化，大脑组织结构的变化使得人区别于其他动物以及自己的祖先（Bickerton 1995：49）。他自己似乎更倾向于是语言的产生促进了大脑的发展这样一种观点。这正是连续性悖论的根源。Bickerton 认为，要解决连续性悖论，首先必须改变对语言本质的认识。只有停止把语言主要当成一种交际系统的看法，开始把它看做一种表征系统，人们才可以跳出连续性悖论（Bickerton 1990：16）。语言是一种真正的表征系统，它不是被动地映射其表征的对象，而是在其自身规律和其所表征的现象的规律共同制约下创造一个新的平行世界。

Bickerton 认为对语言起源的唯一合理解释就是他所说的"化石主义"（Fossilism）。化石主义是说人类发展的重构只有通过发展过程留下的化石来得以实现。然而，语言发展的过程却并未留下这样的化石，因此人们只能在活的有机体中去寻找语言化石的等价物。他假设的语言化石是"原始语言"（protolanguage）。

Bickerton 认为动物交际系统太过简单，人类语言不大可能由之演化而来，而更可能由内部表征系统演化得来。动物拥有的是一种初级表征系统，只能把世界区分为简单的范畴。人类进化过程中所面临的形势却远非初级表征系统能应付,自然选择的结果是更高级表征系统的发展。语言就是这样一种更高级的第二表征系统。通过语言机制,人类可以对世界上的几乎任何事物进行范畴化,不管这些事物是否与即时需求相关(Bickerton 1990:87)。Bickerton 还认为动物的表征机制和人类更高级些的第二表征系统之间可能存在联系,这种联系是一种较原始的第二表征系统,他把这个表征系统叫做原始语言(protolanguage)。原始语言缺少语法结构,只限于短的、模糊的话语,是"一种语言表达模式,这种模式与正常的人类语言有很大差异,有四类使用者:受过训练的猿、两岁以下的儿童、早期失去语言学习机会的成人、以及说洋泾浜语者"(Bickerton 1990:122)。

在《语言与人类行为》最后,Bickerton 用了一个附表说明四类原始语言的结构特征。我们可以看到,从表层结构来看,这些语言变体的确有很多共同特征:都没有句法结构,都只限于极简单的表达。但是,如果从神经生理特征来看,这四类语言使用者:经实验证明语言能力无法达到人类水平的猿、先天遗传语言机制正处在发展中的幼儿、语言机制出现障碍的成人和有完全语言能力的洋泾浜语使用者,他们的神经生理差异其实非常大,所以他们的语言发展特征也一定会显示出巨大差异。如果单凭这几种"语言化石"的发展轨迹作为历史演化的证据的话,其结果恐难令人信服。

4.2 灾难性进化

在《来自机器的语言》(2000)一书之前,Bickerton 认为语言的进化来自于灾难性演变,即一种原始的、无结构的原始语言一步到位进化为完全发展的现代语言——或者换言之,单独一次进化发展就可以解释所有句法的主要机制。他的这一思想集中体现在 Bickerton(1998)中。在该文中,Bickerton 指出,语言中的动词和它们的强制论元必须得到完全表征。这是语言和原始语言的区别所在。在原始语言中,动词和它们的论元都不是必须出现的。任何词、在任何情况下都可以放到一起:成串的名词、成串的动词、两价或者三价的动词却只带一个论元,诸如此类。原始语言转化为语言后,要经历这样的变化:词语不再随意地连在一起,它们被分析成包含动词和其论元的单位，这些单位然后投射到二元分节（binary branching）的层级结构上去，使得每一个动词和每一个论元都有预先决定的位置。也就是说，从原始语言到语言的变化，是零散的词语到有结构的语言组织出现的过程。换言之，从原始语言到语言的跨越，就是句法产生的过程。但是，句法到底是怎么产生的呢？

Bickerton 指出，句法可能来自于灾难性发展，而不是来自于大突变，也不是来自于最著名的或最寻常的基因事件。他列举了五条理由来支持他的观点。首先，人类认知能力的显著增长来自于语言的出现，这已经得到公认。认知能力的发展一定会带来技术和行为的发展，而这些也一定会留下化石记载。但人们并未发现有这样的历史痕迹。也就是说，自然科学的发现不支持渐变论。其实，Bickerton 提出的这一问题，达尔文在他的《物种起源》（1859）第十章—"论地质记录的不完全"中已经很好地回答了。并非一切物种演变的过程都会留下化石痕迹，至于人类技术和行为的发展历史，相对于整个地球的演化进程，则不过沧海一粟，留下化石记载更非易事。没有发现化石记录不代表化石记录不存在，即使化石记录不存在，也不代表这样的演变历史就一定不存在。

其次，原始语言和完全发展的人类语言之间不存在共时的中间态语言变体。Bickerton 把原始语言看做类似于人类语言起点的形态。从共时层面看，可以把原始语言当作语言进化的活化石，原始语言到语言，没有中间形态。洋泾浜语到了第二代，就直接进入完全发展的克里奥语，这一点似乎也与渐变论相悖。但这里的关键问题是，用原始语言这一共时层面的现象来比拟语言源头是否站得住脚？比如洋泾浜语，其使用者并非没有语言遗传的原始人类，他们是有自己母语的社群。而根据 Chomsky 和 Bickerton 自己的理论基础，这些人一定也是遗传了语言机制的。而且也没有充足证据表明洋泾浜语的第二代使用者是在只有洋泾浜语输入的情况下自动生成克里奥语的。也就是说，克里奥语的产生，未尝不是其使用者原来的本族语语法与洋泾浜语混合的结果。

Bickerton 的第三条理由是，在从失语症、语言困难综合症、一语和二语习得的过程和所有其他人类语言能力的非典型展示中，我们都没有发现任何介于语言和原始语言之间的稳定水平。第四，有人可能会争辩说，中间阶段可能已经永久性地自我毁灭了，并且无法再恢复。如果是这样的话，因为我们知道人类语言的初始状态（原始语言）和最终状态（语言），所以确定这一中间阶段是什么样子也一定不会超越人类创造性的范围。但是确定这一中间阶段形态明显是一个不可能任务。一个中间形态必须构成一个自成一体的可行系统（viable system），必须是由原始语言经符合逻辑的一致程序衍生而来，还必须能经由此中间形态以类似的程序衍生出语言。但问题是，是不是我们目前的认知能力无法确定语言发展的可能中间状态，就意味着这种中间状态一定没有存在过呢？我们不能因为自身认知能力无法到达，就断定说不存在那样一个可能的路径。第五，区分语言和原始语言的那些特征具有明显的不可分离性。句法的很多方面存在相互依存关系，只有当句法的主要特征密切地联系在一起并同时出现时，句法才能作为一个计算机制起作用。也就是说，从一出现开始，句法机制就必须是一个完整的体系。因为我们目前无法解释为什么句法从一开始出现就是完美的，所以，只能相信这来自于灾难突变——一步到位的进化，而后来 Bickerton 本人也认为这样的一步到位的演变是没有理由的。

总而言之，Bickerton 的灾难性进化理论没有充足的说服力，所以两年后，他自己都放弃了这一观点。

五、《来自机器的语言》：语言、进化与大脑

在《来自机器的语言》（2000）一书中，Bickerton 以书信往来的形式，与神经生理学家 Calvin 就语言起源与进化问题从语言、进化和大脑三个方面进行了交流。他的观点在此也转向了渐进论。Calvin 和 Bickerton 提出，原始人类的神经储存容量的变化与达尔文式的社会需求互动，把原始语言推到了极顶，给予了早期人类特殊的、进化的能力以整理、交换和理解复杂的句子。就像 Pinker & Bloom（1990）一样，Bickerton 也承认 Baldwin 效应[①]在激发出

---

① Baldwin effect 是以上个世纪的实验心理学家 James Mark Baldwin 所提出的，强调了行为在进化中的影响。Baldwin 观察到行为上的变化能通过遗传多样性以某些可能的输出（可塑性）导致器官发育上的形态的变化。如果这些行为导致的形态学不同的确有性能上的区别，那么自然选择就会发生作用，通过遗传多样性来增加/固定那些针对变化的应答。见 http://en.wikipedia.org/wiki/Baldwin_effect.

天赋能力的进化中的可能作用：简而言之，如果学习某一特殊能力可以提升适应性，那么更主动学习这一能力的个体就会获得选择优势。更轻松地学习事物的一个方法就是将其先天性内置。于是在合适的条件下，已有知识的某些方面就被其后代以先天性知识的形式继承下来。语言能力可以看做是这样一种先天性内置的进化能力。

要形成一个合理的渐进假设，人们必须（1）提出一个看起来可信的让整个进程开始的初始创新，并（2）提出由初始创新到现代语言能力的可信步骤（Jackendoff 2001）。Bickerton 已经假设人类语言的初始状态是他提出的原始语言，至于演化步骤，他提出了互惠的社会交往和促进脑神经协调发展的精确投掷行为。他认为，"互惠主义（reciprocal altruism）① 包含了很多我们最为看重的事情的根源—如道德、民主，还有语言（或者至少是句法）。……我在这里要提出的是互惠主义行为创造出了抽象的范畴和结构，而这些范畴和结构一旦与无结构的原始语言联结起来，就会产生所有现代语言显示出的句法类型"（Calvin & Bickerton 2000：126）。互惠主义的"社会运算（social calculus）创立了施事、话题和目标等范畴，这些范畴（或者称题元角色，thematic roles）然后构成了句子结构的基础。……当人们开始把题元角色投射到他们的原始语言上去的时候，句法就开始了。这意味着他们在谈论所发生的任何事情的时候，都必须要加入论元。如原来的'Ig take'要说成'Ig take meat'，'hit Og'要说成'Ig hit Og'。一个论元就是题元角色和任何表示动作、状态或者事件参与者的词语的结合"（Calvin & Bickerton 2000：136-137）。

Calvin 对人类的投掷行为做过很多观察。他注意到精确地投掷石块或者

---

① 互惠主义，或者相互利他主义，是进化论生物学家 Robert Trivers 在上世纪 70 年代提出的一个理论。该理论认为一个有机体在向另一有机体提供利益时并不期望立刻得到补偿或回报。但是，这种利他主义却不是无条件的。首先，利他主义行为必须引发有盈余的合作行为，也就是受惠者的所得要比施惠者的付出更大。第二，利他主义行为必须受到原受惠者的回报。如果没有回报的话，原受惠者通常会在未来放弃利他行为。比如，很多动物之间相互梳理毛发、以剩余食物馈赠同类的行为都属相互利他主义。拒绝回报的受惠者会被视作骗子并被社群抛弃。Bickerton 认为，原始人类必须通过相互利他主义维系的社会行为而生存，为保护自身利益，发现骗子，他们必须发展出一种社会运算能力，这种运算能力包括：识别社群中不同个体的能力；区别不同行为类型的能力；以及对行为参与者角色的抽象表征能力。这些能力就是语言的概念化和范畴化的源头。

矛（狩猎时用）时对时间的精确拿捏不是单个的神经元能够完成的，只有大量并行且冗余的神经细胞集中起来才可以完成这一任务。需要准确控制时间的任务都需要使用大量神经细胞。这些神经细胞可能不是在行使它们的专门运算功能，但是他们给整个复合体带去了并行效应。此外，大量具有相同整体目标的个体同时竞争运行，最成功的个体将执行行动，而其他个体则会消亡。Calvin 把他的这一理论叫做"达尔文机器"。

在本书中，Calvin 花了大量篇幅来推测神经细胞如何实现此类协调，以及神经集束是如何在大脑皮层（cortex）表面的轨道上传递的。这是他和 Bickerton 的交集点。两人都认为有结构的语言的产生在形成过程和运动实现中需要复杂的时间选择精确性。而如果活动表征（动词意义）位于额叶（frontal cortex），而物体表征（名词意义）位于颞叶（temporal cortex）的话，论元结构的集合就要求这两个大脑区域之间要有大量而快速的交流。所以他们的共同假设是原始人的大脑扩展允许了更大的并行处理和主面（interarea）交流，第一次使得投掷和句法成为可能，也使得更好的计划以及很多其他人类都有的活动成为可能。

六、小　结

近年来语言进化理论的争辩主要集中在这样三个方面：①语言是人类独有的还是与其他动物共有的；②语言进化是渐变的还是突变的；③语言是由原交际系统连续进化的还是功能变异，即由其他功能分化而来的（Hauser et al. 2002）。本文正是以这些问题为线索。我们可以看出 Bickerton 的立场是语言是人类独有的、渐变的、原交际系统和社会生活能力共同进化的结果。他的语言本质观也建基于这一认识。Bickerton 认为语言是进化产物，是生物属性，是表征系统而非交际系统，是思维工具，是人的智力得以飞跃发展的根本原因。他的这样一种观点，与 Chomsky 的观点非常类似，但是我们也看到，这种语言本质观的几乎每一个方面都引起了巨大争议。例如，Chomsky 和 Pinker 等人就语言本质和进化所进行的影响广泛的争论（见 Hauser et al. 2002, Fitch, Hauser, & Chomsky 2005; Pinker and Jackendoff 2005; Jackendoff and Pinker 2005)就涵盖了 Bickerton 提到的几乎每一个论点。语言的交际功能和思维功能相比，难道真的是那么不重要吗？把语言的本质看做思维和把语言的本质看做交际难道不是一样偏执吗？Chomsky 等人（2002）意识到了狭义语言机能（FLN）概念的局限性，因而提出了广义语言机能（FLB）的概念。FLB 包括一个内在的运算系统（即 FLN）、感觉运动系统和概念意向系统，而 FLN 仅指抽象的语言运算系统。我们在讨论语言本质的时候，似乎也有必要从广义和狭义两个层面对语言进行区分。Bickerton 的语言本质观，可以归入狭义之列。而广义的语言本质，既包括作为运算系统的模块化的狭义语言机能，也包括狭义语言机能与其他身体构件的接口；既包括作为表征系统和思维工具的属性，也不排斥交际系统的属性。

关于语言与智力关系的问题也存在着广泛的争议。历史上一直存在这样一种观点（如 Herder，Condillac 等），那就是思维、理性、言语（speech）、交际能力是同时生长的（见 R. H. Robins 1992：48）。Pinker（2007）和 Corballis（2007）对 Bickerton 的人类智力来自于语言的观点也持不同态度。Pinker 认为语言的特定机能是编码命题信息（propositional information）以与他人分享，这与人类认知活动中因果推理所具有的高度社会性特点相一致。Corballis 认为人类进化过程中学习与文化因素形成的选择压力促使人际交流语法化，并引发大脑容量增加和交流媒介从手语到表情再到语言的变化。交流媒介的变化最终导致 FOXP2 基因突变，使智人具有了自主的言语能力。近年来 FOXP2 基因的发现以及今后对此基因及其进化过程的探索或许能告诉我们更多语言进化及其本质的秘密。

语言这一人类最神奇的黑匣子既让人神往，又充满挑战。在把语言、大脑、进化三者结合起来进行研究的基础上，Bickerton 的提出的语言本质观点新颖而大胆，富有启发性，这种从人类进化、人的本质属性角度对语言本质进行探讨的做法可以让人们对语言有更深入的思考和认识。究竟应该把语言看做是一套抽象的运算操作系统，还是具有更普遍和宽泛意义的体系，这样的争辩似乎一时还无法平息下来。但我们可以看到，Bickerton 指出的把语言、大脑和进化结合起来研究的进路，或许能指引我们揭开语言本质之谜。

生物理性主义——继承与发展

程 芳

引 言

在当今各种影响较大的语言学理论中,乔姆斯基的生成理论是其中非常重要的一派。他把自己定位在理性主义的传统之中,但又一直坚持否认自己是天赋论的提出者(Chomsksy,1975:13;2000:66)[①]。另外他也从未说过任何"观念"是天赋的。这些都说明问题并没有表面所见的那样简单,任何贴标签式的理解,不但不能消解疑团,发现根本问题;也不利于语言科学的发展。所以我们有必要对理性主义的几个重大人物来做一次梳理,以便看看当代的生物理性主义到底继承了什么、发展了什么、现存理论的根源究竟在哪。但由于篇幅所限,只能选取几个关键人物:柏拉图、笛卡尔、莱布尼茨、康德和乔姆斯基。

---

① "…though I am alleged to be one of the exponents of this hypothesis, perhaps even the arch-criminal, I have never defended it and have no idea what it is supposed to be."(2000:66)译文:"……虽然我被声称是该假设的典型代表之一,也许甚至是罪魁祸首,我从未为之辩护过,也不知道它到底是什么。"

一、柏拉图——西方理性主义之先驱

1.1 柏拉图的理念论与天赋观念说

我们暂且把乔姆斯基和柏拉图的关系抛在一边,把目光聚焦于柏拉图。

柏拉图提出天赋观念的目的在于说明认识的来源问题(曹建波,2006:2)。他发现了认识结构先于人的认识经验而存在。他在《斐洞篇》用"等的相"为例来说明这一点。我们开始看、听或使用其他感官之前,必须已经在某处获得了一种关于"等"本身的知识,才能把来自感觉的那些相等的事物跟它比较,看出这些事物都类似"等"本身却不是"等"本身。也就是说判断物体是否相等,存在于意识自身。人的意识先天就具有这种能力。可见"相等"是柏拉图的天赋观念之一,此外还有"大于"、"小于"、"美"、"好"、"公正"、"虔诚"等等。他认为我们必定在出世以前就已经获得了这一切的知识。(柏拉图,2006:233)

柏拉图用"灵魂回忆说"来为他的理念论提供论证。回忆说以灵魂不死和灵魂转世说为基础,灵魂是不朽的,并多次降生,见到过这个世界及下界存在的一切事物,所以具有万物的知识。毫不奇怪,它当然能回忆起以前所知道的一切,只要我们有勇气,并不倦的研究(苗力田,1989:251)。在这里便出现了乔姆斯基的语言理论中举足轻重的柏拉图问题。在《枚农篇》中,苏格拉底做了一个实验,仅仅通过适当的提问,便使从未学过数学的童奴知道如何计算正方形的面积,知道两个正方形的面积之比等于它们边长平方之比。童奴并没有接触过几何学,仅在苏格拉底的诱导下,便自己获得了这些见解。这就是古典的刺激虽贫乏而学习却能成功的例证。柏拉图通过这个事例说明:知识不是后天从经验中获得的,也不是从灵魂中自发产生的,而是灵魂固有的。它处于一种无意识的潜在状态,在后天经验的触动、提示或唤醒下便可以回忆起来。"回忆说"肯定一个人可以学习他所知道的东西,但学习的内容并不一定通达于意识。"知识包含于灵魂之中,已经是被知道的东西；被知道的东西不一定是被关注的东西，拥有知识的灵魂不一定知道它的拥有"（赵敦华，2001：63）。

柏拉图的认识论"无疑是关于普遍必然性知识来源问题的一次虽幼稚却不失为具有重大意义的尝试性回答，是人类对自身认识结构的拓荒"（崔永杰，王青，2001：97）。但是我们毕竟不能满足于该解释中的神秘色彩和毫无科学根基的先验论。

1.2 乔姆斯基与柏拉图：刺激贫乏论

乔姆斯基和柏拉图最密切的联系反映在柏拉图问题和他的刺激贫乏论证上。他用柏拉图问题指自然语言知识的本质不能从儿童的语言经验中获得，儿童获得的母语知识展现出远远多于语言经验的内容（Chomsky, 2002: 7 - 8; 2002: 27 - 30; 2000: 62; 2000: 56; 1985: 8 - 9; 1985: 162 - 163; 1975: 10 - 11; 1968: 50 - 60; Piattelli, 1983: 39 - 40）。所以，乔姆斯基的语言学直接面对的就是母语获得中刺激贫乏的事实，普遍语法的提出试图解决的就是柏拉图问题。由于刺激贫乏论可谓是生成理论的基石，因此就成了论战的焦点。Pullum&Scholz（2002）认为语言学家提出的有些语言规则根本就是错的，语言习得并不是语言学家想象的那么难，而且儿童所接触的语料并不缺乏重要信息，也就是说，刺激并不贫乏；Cowie（1999）认为乔姆斯基的刺激贫乏论证并不能排除某些假设的先天原则（比如说结构依赖原则）不可能通过学习得到的情况，该论证只能得出母语获得要以领域特殊（domain-specific）的知识为前提的结论，领域特殊的知识可以通过一种适用于一切领域的学习机制（general-learning mechanism）获得；Elman 等（1996）对可学性持有非常不同的看法，认为语言环境中存在着出乎意料的大量信息和潜在结构，在没有规定先验具体化内容的情况下，能够对某特别领域的信息进行操作而获得领域特殊性的知识；Putnam（1971）认为母语获得到底是否像乔姆斯基所说的那样容易还不清楚，对比大学生二语习得的时间与儿童母语获得的时间会发现后者用的时间并不短。很多复杂的学习过程可以用适用于一切领域的学习策略来解释。针对上述各种诘难，Chomsky（1980）、Matthews（2001）、Fodor（2001）、Fodor & Crowther（2002）、Crain & Pietroski（

2002）、Lasnik & Uriagereka（2002）、Collins（2003）等回应的主要观点如下：适用于一切领域的学习机制只有在其他认知领域也具有结构依赖性的情况下才能倾向于选取结构依赖性，然而数学、视觉、听觉领域都不具备类似结构；经验主义者太专注于个别儿童和个别结构，忽略了该论证是出于一个更加宏观的高度：它要求的数据是每个儿童都能接触到的，着眼于全体儿童语言经验的一致性。从整体上看，可以说刺激是贫乏的。生成理论是想通过语言规则来说明儿童所获得的母语知识的复杂性，所以论证的重点并不在使用哪种理论来描写数据，而是要着手解决规则的复杂性与所有正常儿童母语获得的成功之间的张力上。可以说，关于刺激贫乏这个根本点，到现在仍没有定论。

二、笛卡尔—开创以研究主体为宗旨的认识论之先河

2.1 直觉呈现思想

笛卡尔提出天赋观念的目的，并不像柏拉图那样要解释认识的来源问题，而是为演绎推理提供逻辑前提，为具有普遍性和必然性的知识以及如何获得知识的确定性寻找根据。笛卡尔认为天赋观念是与生俱来、不证自明的，这包括公理、普遍原则、上帝观念以及简单性质等观念。所有这些都以不可怀疑的"我思"为基点：我们极清楚、极明白地想到的东西都是真的，那些既不是由心灵制造又不能来自感觉经验的观念就是天赋的。笛卡尔的直觉呈现思想是其天赋学说的根本所在。"我思故我在"并不是一个推论命题，不是因为"我思"而推论到"我存在"，它是一个直觉命题。因为任何推论的前提又需要前提与证明，没有尽头，所以这样得不出公理性命题，而只能靠直觉得来。直觉的思想便为笛卡尔哲学提供了一个不证自明的根据。而直觉的可靠性便需要诚实善良的上帝来保证，也就是说造成天赋观念的原因，只能来自上帝。笛卡尔说上帝既然是无限完满的，他就绝不可能欺骗我们。因此，上帝在我们的思想中产生的观念一定是真实的，这就是天赋观念能够与客观

世界的事物相符合的原因，也使天赋观念成了真理的源泉。

笛卡尔的天赋观念论，也有很多问题。首先，天赋观念一词的含义，在笛卡尔那里并非十分前后一贯。用梯利的话说：笛卡尔主张理性有它固有的"规范"，这一基本思想是清楚的，至于这种规范"如何出现"，他的观点并非明确，甚至摇摆不定（崔永杰，1998：3）。"所谓天赋的知识，有时指他头脑所感受的观念或真理，指灵魂于自身中发现的真理；有时指在经验的过程中，灵魂产生这些知识的固有能力或机能"（苗力田，1989：320）。其次，天赋观念的直接呈现论，不能令人信服，就如洛克所认为的那样，各种先天真理并不是普遍同意的，也不是必然地为每人所知的。再次，天赋观念来源于上帝一说，远不能满足我们追求科学解释的要求。

2.2 乔姆斯基与笛卡尔：心灵主义（mentalism）

"在传统语言学理论中，所有语言所共有的性质之一是语言的'创造性'方面。因此语言的一个本质特征是它为表达无限的思想提供了手段，在无限的新的场合中做出合适的言语反应（Chomsky，1965：6）"。可见语言使用的创造性反映在：语言表达的无限性；语言表达是独立于刺激的；是适合于语境的。乔姆斯基称这个问题为笛卡尔问题。笛卡尔发现语言使用的创造性用自己的接触机械学解释不了，因此提出了第二个实体：思维。乔姆斯基不赞成笛卡尔的解决方法，反对他的二元论，但非常看重他所发现的问题。乔姆斯基认为任何有价值的语法都应对此做出某些解释。20世纪早期和中期盛行哲学上的经验主义和心理学上的行为主义。当时美洲的语言学家忙于记录濒于灭绝的土著语或客观地描述各种语言，似乎很少考虑关于语言本质的实质性的问题，而把重心放在了数据收集和分类的方法论问题上。经验主义者对语言材料的过渡关注使得刺激贫乏现象得不到合理的解释，也无力思考建立母语获得理论或合理的语法理论。乔氏被迫从结构主义的研究范式中走出而转向考虑生物体自身，联系生物体的先天禀赋来解决语言的创造性问题，同时这也注定了他必须抛弃机械主义的解释和它的近亲——行为主义。鉴于语言创造性的本质特征，他坚决反对把语言简化为训练而成的习惯或倾向，认为行为主义低估了语言知识的复杂性，误解了其本质，因此不能够为人类语言知识的获得提供令人满意的解释。他在摧毁极端行为主义的同时，取而代之以自己的心灵主义：要想解释人类复杂的语言现象，不得不承认心灵状态的存在。他通过反对行为主义说明了用心灵表征来解决问题的必要性。他构建一个理论框架用心灵表征来解释语言知识的本质、获得和使用，这就是乔姆斯基复活了的心灵主义，其内容反映在他现在的计算－表征理论[①]之中。很显然，这并不是向笛卡尔心灵主义的简单回归，是现代认知科学计算主义哲学思潮的一分子，是扬弃后了的新形式。

三、莱布尼茨——理性主义之集大成者

3.1 天赋能力说

莱布尼茨同笛卡尔一样，提出天赋观念说的目的主要不是解决认识的来源问题，而是在于说明知识的必然性问题。他的天赋能力说避免了笛卡尔天赋观念说的许多缺陷。他把天赋理解为潜在的'倾向'或'禀赋'，而不像笛卡尔那样认为观念是现成的、清楚明白地天赋于人心中的。"当人们说天赋概念是隐含在心灵中时—这应该只意味着它有认识这些概念的能力—并且有当它认为必要时对这些概念加以认可的禀赋"（莱布尼茨，1993：52）。莱布尼茨的天赋观念如何由潜在变为现实呢？他认为将潜存于心中的概念和学说的原则显现出来，不但需要注意力，还需要感觉经验的刺激，或者说要凭感觉提供"机缘"。在他看来，不仅算术和几何学中必然真理的显现离不开经验，而且其他潜存于心中的观念或原则也同样离不开经验。"在一定意义下也可以说外部感觉部分地是我们的思想的原因"（崔永杰，1998：7）。可见，莱布尼茨一方面承认天赋观念只来自理性，一方面又强调它的实现离不开感觉经验。但显然两者的地位并不平等，潜在的天赋观念无需感觉经验参

[①] 在乔姆斯基的著作中并没有为"计算－表征"提供定义，笔者根据他的思想和理论，认为可能指用类似计算机程序的抽象规则或原则去摹仿人的智能活动，如人类语言官能的运作和表征。前面的"心灵表征"也可以作此理解。

与其建构，感觉经验仅仅起到诱发作用。莱布尼茨认为人们不一定意识到天赋观念的存在，因为那些一般原则进入我们的思想之中，形成了我们的灵魂和思维内部的联系。它们对思想是必须的，正如肌肉和筋对于行走是必须的一样，虽然我们一点也没有想到它们。此外，要想注意到它们，人们得有一种很强的注意力，而大部分人不习惯于沉思，几乎没有这种注意力（莱布尼茨，1993：51）。莱布尼茨的天赋论是比笛卡尔更为精致的天赋能力说。但深究下去，如果不用"倾向"等词，问天赋能力的具体内容是什么？心灵这块大理石的纹路到底是什么？它是哪里来的？就会发现还是得不到令人满意的答案。

3.2 乔姆斯基与莱布尼茨—感觉经验的诱发作用

乔姆斯基和莱布尼茨最为相近的地方是他们仅仅赋予感觉经验一种"诱发"的作用。乔氏认为儿童在后天经验的诱发作用下通过先天机制习得母语，先后天因素任何一者单独作用都不能使母语获成功实现，"没有内部条件不可能获得语言，因此动物不会说话。没有外部条件也不能获得语言，因此狼孩不会说话"（徐烈炯，1988：20）。两者都试图调和唯理论和经验论，而又坚定不移的站在唯理论阵营之中，强调感觉经验的重要性又给其安排次要角色。

四、康德—哥白尼革命

4.1 人为自然立法

康德的《纯粹理性批判》"就是用一定的原则来确定纯粹理性这种认识能力在没有经验的帮助下怎样能够单独构成知识的，并且要确定这种知识的源泉、范围和界限"（李质明，1984：11）。他要求在求知以前必须先考察主体的认识能力，即把思维形式本身当做知识的对象加以考察。他抛弃了笛卡尔哲学中理性对自身的浅薄信念，进一步探寻认识与对象如何才能达到一致的问题。纯粹理性指一切先天的认识因素，包括感性的先天因素：如时间和空间，和知性的先天因素：范畴。康德认为，过去人们认为认识必须与对象相符合，从洛克到贝克莱到休谟，最终也没找到物质对象转化为意识的途径。休谟对因果关系的怀疑使得康德毅然决然地做了研究视角的倒转，让对象符合我们的认识。这时的对象就不再是外在客观的对象，而是经验对象。我们用知性的先天形式来综合联结由感觉得来的材料，使之有了规律性，从而摆脱了休谟的怀疑论，使普遍必然的知识成为可能。这种哥白尼式研究视角的反转的关键是必须把外在对象看做是我们的表象所规定的经验对象，就是说由我们主观意识能动地来构成对象。他认为在感性阶段，主体通过先验的时空形式，将各种由物自体的刺激而形成的杂乱零散的感性质料综合起来，从而形成感性直观知识。在知性阶段，主体则通过先验图式建立先验的范畴与感性材料之间的联系，再通过先验统觉的三种作用：直观中把握的综合、想象力再生的综合、概念中认识的综合，将感性材料综合整理成成体统的科学知识。由于康德将数学知识和自然科学之所以可能的依据分别归于先验的时空形式和范畴，这便使主体认识结构在他那里获得了肯定。康德提供了一个全新的主体-客体关系的思维方式：是对象符合我们的表象，而不是表象符合对象。也就是说，自然界的法则是理性的固有规范强加于其上的，即人为自然立法。

4.2 乔姆斯基与康德—对象符合表象而不是表象符合对象

哥白尼革命：哥白尼日心说提出之前，在天文学界占统治地位的是托勒密庞大的地心体系。哥白尼认为，宇宙的规律应是简明和谐的，但托勒密的地心体系太庞杂并经常与实际观测不符。在他发现改进托勒密的体系之路走不通后，自己开辟新途，假设地球运动，完满地建立了日心说。

康德的哥白尼革命：理性的固有规范无需外索，而要内求。知识不再由对象所决定，而是对象由我们的认识能力所决定。人类思维的轴心从客观对象转向主体自身，哲学知识论由以往的主体围绕客体转，转向客体围绕主体转，主体性原则代替了客体性原则（周志山，2002：36）。

哥白尼式研究视角的转变是乔姆斯基与康德最为相似的地方。

在某种意义上，乔氏的语言学理论具有哥白尼革命的性质。乔姆斯基认为经验主义①不能解决语言使用的创造性以及母语获得中存在的刺激贫乏现象。既然从语言经验中得不到语言的本质规律，那语言的本质外索不得，只能内求。所以，不是我们的语言图式符合外在语言现象，而是外在语言现象符合我们先天的普遍语法。"思维给经验提供了分析手段，提供了一种普遍图式来限制基于经验的认知结构的发展"（Chomsky，1975：7）。

五、生成语言学的理论体系

5.1 乔姆斯基语言科学的理论体系

笔者认为，乔姆斯基的语言哲学属于科学哲学范畴。生成理论的哲学基础是：心灵主义、自然主义、内在主义、个人主义和科学实在论。心灵主义指行为背后有思维（但并不承诺二元论），可以用抽象规则或原则去研究人类语言官能的运作和表征，能反映这一点的是他的计算－表征论。乔氏对自然主义的定义（2000：19）是：寻求明晰的解释性理论并希望对心灵的科学研究最终能融入核心自然科学之中。这里自然主义同时还意味着方法论上的"一元论"：采用和研究自然物体一样的方法来研究语言和思维。内在主义指只需研究人这个主体的认知系统，即说话人－听话人的大脑内部表征，无需借助外界因素（如公共语言）或约定的所指来解释普遍的语言现象。个人主义指"内在语言一定是内化于个体的大脑。因此大脑的活动状态也只能是个体性的而非集体性的"（周晓岩，2003）。乔氏的实在论指普遍语法和个别语法是大脑中客观存在的状态，是世界中真实存在的物体（1980：120），是特定的基因表达（2000：4）。乔姆斯基从语言学角度论证并提出普遍语法假设的思路如下：乔氏发现了母语获得中的柏拉图问题、笛卡尔问题和洪堡特问题，运用最佳理论的解释思路，从五个角度进行论证：母语获得的角度

---

① 乔姆斯基的经验主义包括休谟的学习理论、奎因《语词和对象》中的观点、大多数的"行为主义"理论、结构主义语言学的理论（区别性特征理论的某些内容除外）。(1975：250 注解37)。

(1965：58)、母语和常识的获得与物理知识的习得大不相同（1975：144）、病理学的角度（2000：121-122；2002a：39）、儿童可以学会任何一种可能的人类语言（2002b：147）、用类比的表达手法来帮助说明普遍语法假设的合理性；得出普遍语法假设。伴随假设有三类：理想化假设（同质的语言社团、人类只有一种共同的普遍语法、人类母语获得的初始态和稳定态是一致的）、句法自主假设和模块性假设。研究方法采用皮尔士的溯因推理，寻求最佳理论。首先溯因推理出一个可能的假设—普遍语法的原则或个别语法的规则来解释刺激贫乏状况下的母语获得；然后从普遍语法的原则或个别语法的规则出发进行演绎，得出经验假设；最后在个别语言语料的基础上进行归纳来修正演绎出的结论。生成理论的核心是他的哲学承诺和普遍语法假设。

5.2 普遍语法的内容

5.2.1 乔姆斯基的语言官能

John Collins（2004）总结了乔姆斯基对语言官能的界定：乔氏（1996：13）认为人脑中有一特殊的组成部分（叫它语言官能）是专属于语言的。这个大脑/思维的次级系统具有一个由基因所决定初始态，就像身体的所有其他组成部分一样。乔氏（2000：168）说语言官能专门用于语言的使用和音义解读，它的各个状态随着经验的变化而产生有限的变化。这些状态和其他的系统（认知，感觉运动）相互作用，来决定表达的语音和语义。他（2000：27）认为正是这种整合使语言官能专门为语言服务，由内嵌在运用系统中的内在语言（语言官能的一种稳定态）生成的每一对语音形式和逻辑形式都包含着对语言运用系统的指令。正是内在语言嵌入在运用系统之中这一事实才使这种大脑状态有资格被称为一种语言。他（1986：3；2000：54）还明确指出可以把语言官能的初始态理解为母语获得机制。

5.2.2 关于语言官能的经验性假设和猜测—广义句法与狭义句法

乔姆斯基的广义句法相当于他的内在语言，其内容包括形态学、音位学和词汇学以及内在主义的语义学。具体操作包括：如何对词汇项的范畴特征（名词特征、动词特征等）和功能特征（时态特征、一致特征等）进行操作，如何合并作为特征集的词汇项，确定特征怎样移动与为何移动，以及如何删除某些特征，还包括推导成功拼读之后对语音表征和语义表征的解读。他的狭义句法是指从词库取词到向语音界面和语义界面拼读之间的计算推导过程。McGilvray（1998）对"特征"有较全面的描述：词库中的词汇项是由语音、语义和形式特征组合而成的特征集。语音特征是先天确定好了的集合，有参数变化，例如英语和日语在语音上的差异。语音特征与语音接口有关。形式和语义特征与语义接口有关。它们也是先天确定好了的集合。只有形式特征被认为有参数值。语义特征被认为是人类所共有的，没有参数变化。计算程序中的算式（如合并、移动等）就是对这些特征进行操作，目标是生成能被其他认知系统接受的合法的语音语义表征。由计算程序生成的语义表征是内在的：它并不研究语义表征和外部世界之间的关系，而是语义表征和假设的语义值之间的关系。乔姆斯基（1995：20）把语义表征看成一种内部构造的、大部分内容来自先天的"视角"（perspective），它可以被人脑中其他的认知系统所用。人们把这个视角投射到世界，通过这个视角构造世界。这是我们有共同认知方式的根本原因。可以看出，乔氏的这种想法酷似康德。所有这些都是乔姆斯基的研究构想，具有研究中的暂时性。但不管怎样，他毕竟明确充实了语言官能的具体内容，使之成为可以具体操作的经验假设。

5.2.3 进化认识论—狭义语言官能与广义语言官能

由上述内容可知，乔姆斯基并不满足于提出语言官能，还把对语言官能的描述作为现代语言学理论研究的核心任务，并提出具体的经验假设来探究语言官能的具体内容。他把计算－表征论带入了传统理性主义，推动了当代认知科学的发展；又用生物遗传性抹去了传统"天赋观念"的神秘色彩。那么他又如何把语言官能在语言学层面的抽象研究和语言生物属性的研究联系起来呢？Hauser, Chomsky & Fitch（2002）为了把语言学的研究设想纳入到进化生物学、人类学、心理学和神经科学，增进对语言官能的理解，进一步把语言官能设想为广义语言官能和狭义语言官能，提出促进跨学科合作研究的构想。Hauser etc（2002）设想广义语言官能包括感觉－运动系统、概念－意图系统和具有循环递归功能的计算装置，它使有限手段的无限运用以及无限的表达成为可能。狭义语言官能仅包括循环递归的计算装置和到概念－意图系统、感觉－运动系统的映射，它是语言官能中唯一专属于人类的部分。他们认为狭义语言官能是由其他非语言的原因进化而来。研究者可以从交际领域之外,比如说与数字系统、导航性和社会关系等进行比较研究,为这种运算装置寻找证据。当然即使这种尝试性经验假设的合理性,也受到了质疑。就狭义语言官能的内容、就循环递归性是否是专属人类语言的特性、就当前功用和原始功能之分的合理性、就人类语言到底是出于交际的压力由自然选择而来还是"突变"而来等问题,Pinker & Jackendoff (2005),Jackendoff & Pinker (2005) 与 Fitch, Hauser & Chomsky (2005) 进行了探讨。虽然难有定论,但具有实质内容的辩论总是有益的,这些研究设想体现出研究者深邃的理论思维导航能力和积极把思想推向实践、大胆提出经验假设、开展经验研究的实干精神。

5.3 继承与发展

生成理论的灵魂是唯理主义的,这一点已经毋庸置疑。乔姆斯基的可贵之处是他并不满足于传统天赋观念的模糊性和思辨性,而是立足当今各门科学的发展,使"天赋观念"——普遍语法有了具体内容,并使之成了可以得到验证的经验假设。"即使不是革命性的,他的作品至少重新唤起了以某些途径研究思维的兴趣,赋予思维研究一种数学、形式化、和生物性色彩。这是笛卡尔以及 17 和 18 世纪的唯理主义者所不具备的。目前对大脑和心灵能力的计算和生成式研究方法的流行确实在某种程度上归功于乔姆斯基形式语言学的工作"(McGilvray, 1999:14)。他已经不满足于使用日常语言词汇来进行语言研究,而是创造技术概念来构建自己的理论体系,使体系中的各个论断相互勾连,体系的外部边缘具有很大的开放性,与其他学科(如认知科学、生物遗传学、进化论等)密切相关,成为一个内核得到明确定义、外沿儿开放的以语言的生物属性为研究对象的理论体系。所以,如果要给现代的这种理性主义冠一个最能显示其特点的名称,笔者将称之为"生物理性主义"。

六、用科学方法来解决哲学问题:经验主义与理性主义的分歧在哪?

Carruthers 曾这样总结经验主义者的立场:经验主义者反对天赋知识、天赋信念、天赋概念和承载着某一特定领域信息的天赋的心灵结构（如语言和视觉）。经验主义者认为我们的知识和信念都是从经验中得来的。所有的概念或从经验中抽象而来，或根据其他概念定义而来。学习中涉及的所有心灵机制能够获得一切领域的知识。经验主义者并非反对任何形式的先天论，他们也承认某种意义的先天性，比如亚里士多德的"逻辑公理"，如矛盾律；培根的"种族假象"，如形状知觉；休谟的"本能"，（如经验推理等）（福尔迈，1994）。笔者认为这就是乔姆斯基一直否认自己是天赋假设（The Innateness Hypothesis）提出者的原因。可以说，现在所有的人都承认人类语言具有天赋的东西。但对乔氏来说，重要的是天赋"观念"到底被理解成了什么，要精确界定到底什么东西可以被当成天赋的。泛泛的讨论"天赋"、"本能"没有意义。对不同的理性主义者而言，天赋观念可谓大不相同：柏拉图用它指"抽象理念"，如：善；笛卡尔用它指"第一原理"，如上帝；莱布尼茨用它指"全部必然真理"，如数学和逻辑学；康德用它指"直观形式和范畴的'根据'"，如空间和质的范畴等；乔姆斯基用它指普遍语法，如结构依赖原则等。对乔氏来说，他的语言知识的先天内容与外部世界完全无关，从这里我们可以看出他与他的前辈有根本区别。如果把他说的"知识"理解成"证实了的信念"或"必然为真的命题知识"或类似技能的倾向性知识，那就永远得不到他"先天语言知识"的正确内涵。所以，"知识"在乔氏理论的用词中有自己的用法，把先天的语言知识理解成语言的生成机制更接近乔氏的本意。理解这种词的个人用法显然要以对生成理论的总体把握为前提，在整体概念框架下才能定位这些个人化用语的真正含义。拿自己脑中的常识概念去框乔氏的概念很可能会造成误解。这也是引起许多无意义的哲学论辩的原因之一。如果知道他说的先天语言知识并不是关于外部世界的知识，而是指人类独特的语言机制，只不过他不是从神经生理层面上直接研究，而是在心灵表征的抽象层面上研究，那我想即使经验主义者也不会反对这种意义的先天性。Carruthers认为"反先天论绝对不是经验主义事业的本质部分。经验主义反对的是关于信念获得过程的非自然主义解释。先天论之所以被放弃是因为自然选择的理论还没有出台，是因为只能通过上帝的介入才能解决信息和概念的获得问题"（Carruthers，1992：192）。如果他的观点正确，在目前情况下既然乔姆斯基的努力已经证明我们有可能用自然主义的方法构建关于人类语言本质特性科学体系，既然我们可以用进化认识论来代替上帝，来驱散神秘色彩，那么，现代经验主义者（笔者指温和的经验主义，因为笔者认为极端经验主义如白板说肯定是错误的）和理性主义者的根本分歧在哪呢？笔者认为，就语言而言，根本分歧在于语言机制是否是领域特殊的处理机制？语言领域中领域特殊性的原则是按先天计划的展开，还是后天从经验中获得的？适用于一切领域的机制是否能从学习中获得领域特殊的原则？这就是目前精致的经验主义者和理性主义者分歧的根本点。

七、结　语

本文把乔姆斯基的语言学思想纳入唯理论哲学传统，对比他与几个典型哲学大师思想的异与同，认为他的计算表征论和进化认识论是对传统理性主义的继承和发展。他把对内在语言的研究嵌入到其他科学（如科学哲学、认知科学、神经生理学、生物进化论等）宏阔的背景之中，使构建关于人类语言本质的科学理论成为可能。乔氏理论是对丰富深邃的哲学传统和细腻交叉的当代科学的结合，分析该体系对促进我国语言理论的研究和创建具有借鉴意义。

参考书目

1. Bickerton, Derek. 1981. *Roots of Language* [M]. Ann Arbor: Karoma Publishers.
2. Bickerton, Derek. 1990. *Language and Species* [M]. Chicago: The University of Chicago Press.
3. Bickerton, Derek. 1995. *Language and Human Behavior* [M]. Seattle: University of Washington Press.
4. Bickerton, Derek. 1998. *Catastrophic Evolution: the Case for a Single Step from Protolanguage to Full Human Language* [A]. In James R. H., Michael Studdert-Kennedy, and Chris Knight (eds). *Evolution of Language-Social and Cognitive Bases* [C]. Cambridge: Cambridge University Press, 341 -

358.

5. Bloomfield, L. 1933. *Language* [M]. New York: Henry Holt and Company.
6. Calvin, W. H. & Derek Bickerton. 2000. *Lingua ex Machina: Reconciling Darwin and Chomsky with the Human Brain* [M]. Cambridge, Massachusetts: MIT Press.
7. Chomsky, N. 1986. *Know ledge of Language: Its Nature, Origin and Use* [M]. New York: Praeger.
8. Chomsky, N. 2002. *On Nature and Language* [M]. Cambridge: Cambridge University Press.
9. Corballis, M. C. 2007. *How Language Evovled* [J]. Acta Psychologia Sinica (心理学报) 39 (3): 415–430.
10. Fitch, W. T., M. D. Hauser, & N. Chomsky. 2005. *The Evolution of the Language Faculty: Clarifications and Implications* [J]. Cognition 97: 179–270.
11. Hauser M. D., N. Chomsky, & W. T. Fitch. 2002. *The Faculty of Language: What Is It, Who Has It, and How Does It Evolve?* [J]. Science 298: 1569–1579.
12. Jackendoff, R. & S. Pinker. 2005. *The Nature of the Language Faculty and Its Implications for Evolution of Language (Reply to Fitch, Hauser, & Chomsky)* [J]. Cognition 97: 211–225.
13. Jackendoff, Ray. 2001. Review of "*Lingua ex Machina: Reconciling Darwin and Chomsky with the Human Brain*" [J]. Language 77 (3): 569–573.
14. Pinker S. & R. Jackendoff. 2005. *The Faculty of Language: What's Special About It?* [J] Cognition 95: 201–236.
15. Pinker, S. 2007. *Language as an Adaptation by Natural Selection* [J]. Acta Psychologia Sinica (心理学报) 39 (3): 431–438.
16. Pinker, S., & P. Bloom. 1990. *Natural Language and Natural Selection* [J]. Behavioral and Brain Sciences 13: 707–784.
17. Robins, R. H. 1992. *Some Thoughts on the Prehistory of Language* [A]. In Bela Brogyanyi (ed.), *Prehistory, History, and Hisotoriography of Lan-

guage, *Speech, and Linguistic Theory* [C]. Amsterdam & Philadelphia: John Benjamins Publishing House, 39 – 50.

18. 达尔文《物种起源》，周建人、叶笃庄、方宗熙译，商务印书馆，1995。

19. 索绪尔《普通语言学教程》，高名凯译，岑麒祥、叶蜚声校注，商务印书馆，1996。

认知语言学的体验哲学观

张 莎

一、引 言

语言与哲学历来就密不可分。语言既是哲学思考的对象,也是进行哲学思考的工具。哲学与语言学相互关联,相互促进。语言学的产生是由哲学研究的深入发展而促成并最终成为独立学科的。语言学的研究成果也直接推动了哲学的发展。伟大的语言学思想中,总是贯穿着深刻而具有划时代意义的哲学思想。在现代语言学发展历史上,20世纪初西方哲学出现了语言转向;与此同时,现代语言学的建立以索绪尔结构主义语言学的形成为标志,这是受到经验主义哲学观的影响。实证主义哲学的发展推动了实验语言学和历史比较语言学的产生。20世纪50年代理性主义哲学思潮的重新兴起,带来乔姆斯基转换生成语法语言学的革命,这一流派成为影响语言学发展的最重要力量之一。而近三十年兴起的体验哲学与认知语言学有着不可分割的联系。认知语言学在全世界范围内蓬勃发展,成为当代影响最大的几支语言学流派中最年轻的一支。为了深刻地理解语言学理论,就必须先对它的哲学背景进行研究。本文拟阐述和分析认知语言学的主要哲学思想,并对体验哲学思想进行中西比较。

二、认知语言学的哲学渊源

30多年前,以美国为大本营的认知语言学派从乔姆斯基阵营中拉出独立的大旗,掀起了语言学领域的第四次"变革",其标志就是1980年莱考夫和约翰逊(Lakoff & Johnson)合著的《我们赖以生存的隐喻》(*Metaphors we live by*)一书。认知语言学是一门坚持体验哲学观,以身体经验和认知为出发点,以意义研究为中心,旨在通过认知方式、概念结构、人类认知等对语言事实背后的认知规律做出一致性解释的新兴的跨领域的学科。认知语言学派拥有兰盖克(Langacker)、泰勒(Taylor)、福克涅(Fauconnier)等一批世界著名学者,虽然他们专攻于认知语言学下的不同领域,提出了自己独到的见解,但有一点共同的是,他们的思想和学说无不体现了体验主义的哲学观(embodied philosophy)。

认知语言学是在对哲学中的客观主义(objectivism)的批判基础上发展起来的。"客观主义"是莱考夫对多种相同或相似的哲学流派的统称,客观主义始于法国哲学家笛卡尔和德国哲学家康德,它包含经验主义(empiricism)和理性主义(rationalism)中的主要观点[1]。客观主义认知观可以概括为以下几点[2]:

(1) 思维是对抽象符号的操纵;
(2) 概念就是一个一个的符号;
(3) 当人的理性思维与外部世界客观存在的逻辑相吻合时,它就准确地反映了外部世界;
(4) 知识有两部分构成。一是正确认知外部世界的事物,将其概念化、范畴化;二是掌握外部世界的事物之间及对应于他们的范畴之间客观的存在联系;
(5) 外部世界的客观存在即事实是独立与人的认知能力之外的,并不依

---

[1] 赵艳芳《认知语言学概论》,上海外语教育出版社,1999。
[2] Lakoff, G. *Women, Fire and Dangerous Things*. Chicago: University of Chicago press. 1987.

赖于人的认知活动而存在；

(6) 人的心理活动中包含想象色彩的成分都不应进入人的概念领域；

(7) 语言符号通过成功的或不成功的映射外部世界而获取意义。

显然，人的认知活动在客观主义者看来是被动的。莱考夫批判了在西方占主流地位的客观主义理论（包括英美分析哲学、理性主义、经验主义的白板论、镜像观、二元论、天赋论、形式主义、非隐喻观等），推翻自亚里士多德以来两千多年都未曾跳出的理性主义和经验主义对立的二分法，提出了非客观主义（experientialism），又称为体验主义①。这种全新的理论吸收了客观主义的合理成分，如概念结构会受到客观现实的限制，也受到我们所具有的功能的限制，但在许多关键性原则立场上，他们对其进行了彻底的批判，认为这种理论在本质上是错误的，丢弃了人在认识范畴、形成概念、进行推理、建构语义时的主观能动性，忽视人的身体经验、生理构造、认知方式、丰富想象力所起到的重要作用②。在《体验哲学——体验心智及其对西方思想的挑战》③一书中，莱考夫和约翰逊将 experientialism 改称为 embodied realism（考虑到术语翻译的准确性，此处没有将 embodied realism 进行翻译，而是在下文中沿用与 experientialism 对等的中文词"体验哲学"）。

三、体验哲学观的基本原则

正是在上述书中，莱考夫和约翰逊明确地提出体验哲学观。其核心思想体现在三个基本原则上，即心智的体验性、认知的无意识性和思维的隐喻性。体验哲学与传统哲学的最大区别在于是否承认心智、理念、意义具有体验性。从最深刻的意义上讲，心智、思维和意义都是被体现的，这是体验哲学的本质所在。心智、意义和思维都存在于被体现的有机体与环境的互动中，这种互动构成了我们对世界的认知。强调体验性、强调人类的认知系统在认识和了解

---

① Lakoff, G. & M. Johnson. *Metaphors we live by* [M]. Chicago: University of Chicago press. 1980.
② 王寅，"体验哲学：一种新的哲学理论"，《哲学动态》，2003（7）。
③ Lakoff, G. & M. Johnson. *Philosophy in the Flesh: The Embodied Mind and Its Challenge to Western Though* [M]. New York: Basic Books. 1999.

世界中的作用是体验哲学的特点。下面我们分别讨论体验哲学的三个基本原则。

1. 心智的体验性

认知语言学认为在语言和客观世界之间存在一个中间层次——思维（或认知），反映在语言中的现实结构不是客观存在，而是人类心智的产物；人类的心智又是身体经验的产物，是通过动觉控制身体运动来认知空间关系概念的结果，因此心智与身体是不能分割的。这就彻底批判了以笛卡尔和乔姆斯基为代表的心智与身体对立的二元论观点。体验哲学的观点认为，人类概念系统来自对客观世界的感知。人类大部分推理的最基本形式依赖于身体部位和空间关系，是通过大脑结构和其他物理结构形成的，它们为我们的各种更复杂的推理提供了认知基础。如果认为客体和主体之间不可逾越、绝对对立，那么我们了解客观现实只有两种可能：要么以经验主义的方法通过物体本身来了解，要么以理性主义的方法通过人的共有的心智来了解。心智的体验观认为这两种方法都是错误的，莱考夫等反对经验主义和理性主义的对立体，他们认为人类是通过身体与世界的相互作用来与世界相连的。

2. 认知的无意识性

在这一点上体验哲学和乔姆斯基是一致的，而与传统的英美分析哲学相悖。传统英美分析哲学认为所有的思维都是有意识的，通过先于经验的反思就能完全知道思维。而莱考夫等认为，我们对心智中的所思所想不可能被直接地知觉到，而事实上也的确如此。我们即使理解一个简单的话语也需要涉及许多认知运作程序和神经加工过程。分析如此之复杂，令人难以置信；运作之快，即使集中注意力也不能被觉察到，而且也不需要付出什么努力就能进行这种自动化的运作[①]。

3. 思维的隐喻性

人类对于隐喻的探讨可以追溯到亚里士多德，但两千年来人们只把隐喻当作修辞手段、语言中的"非正常"的"边缘"的表达方式，传统的英美分

---

① 王寅，"Lakoff 和 Johnson 的体验哲学"，《当代语言学》，2002.4（2）。

析哲学也认为概念都是非隐喻性的。直到认知语言学的出现，思维的隐喻性观点对这一传统哲学观提出了尖锐的批判。莱考夫等认为，隐喻的基本作用是从始源域（source domain）将推理类型影射到目的域（target domain），大部分抽象概念是隐喻性的，认知世界的方式也是隐喻性的，构成思维模式的基础是隐喻结构。隐喻无处不在；没有隐喻的思维，我们就不可能认知在时间和空间上都与我们相距甚远的世界，我们就不可能理解抽象的概念或进行推理。正是隐喻使得我们能够正确理解抽象的概念域；正是隐喻将我们的知识扩展到了新的领域；正是隐喻把哲学中的理论联结起来形成了一个完整的理论体系，并赋予其巨大的解释力，使得我们能更好地理解哲学理论[①]。

四、体验哲学在认知语言学中的体现

认知语言学是基于体验哲学的一种解释性语言学，它对于语言现象的解释都是以体验哲学为出发点和依据的。在这里，我们举例讨论认知语言学是如何体现体验哲学观点的。

例1：山脚

在这个词中，我们已经不自觉地将我们身体的一部分——我们身体最下面的那部分——脚，用来描述山最下面的那部分。在这个隐喻中，我们将自己熟悉的概念用于理解离自己较远的概念，我们用自己的身体经验来映射其他概念。我们正是通过这种思维方式来认识世界、扩充我们的视野。

例2：找工作离我还远着呢。

这句话中的"远"是一个时间概念，然而时间是对空间的隐喻。通过这一隐喻，我们把抽象的时间当作具体、可由视觉感知的空间看待，有了计量的概念，有了维度的概念。

例3：Grace is over 70 years old.（格雷斯有70多岁了。）

词的多义性同样跟我们隐喻性的认知方式有关。请看 over 一词的意象

---

① 王寅，"体验哲学与认知语言学对语言成因的解释力"，《国外社会科学》，2005（6）。

图式①：

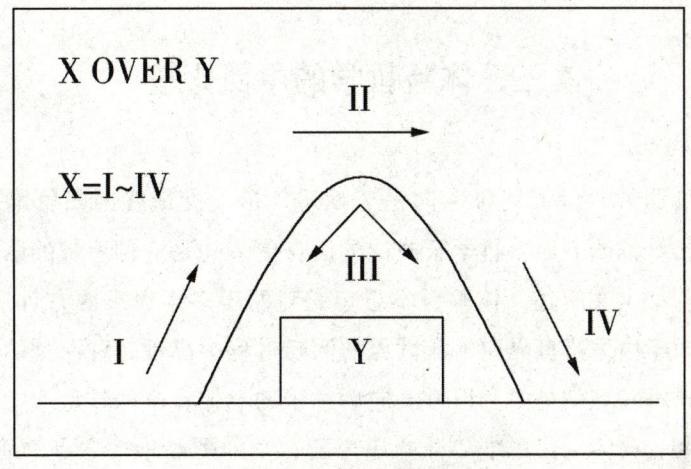

图 1　over 的意象图式

Over 最基本的意义是表示空间概念。如图所示，X 与 Y 的关系就是"X over Y"；这个 over 有四种含义（关系），即"X = I ~ IV"，其中之一就是表示"在……上方"（对应图中的 X = II），比如 The picture is over the table on the wall（墙上挂着一幅画，画在桌子上方）。而例 3 的句子由这个意义隐喻而来，用具体易感知的空间概念映射抽象不易感知的年龄这一概念，表示"超过（多少岁）"的意思。

认知语言学认为，隐喻在我们的日常生活、语言、思维以及哲学中无处不在，不用隐喻的方式来思考经验和推理是很难想象的。隐喻是人类所有思维的特征，普遍存在于全世界的文化和语言之中（当然，有超越文化和语言的隐喻，也有某种文化和语言特有的隐喻）。我们语言中习以为常的、看似约定俗成的表达，很可能出现之初就是一个隐喻的表达，只是随着时间的推移和使用频次的增多，我们已经把这些表达规约化了，我们在使用这些语言表达的时候已经不自觉地使用了隐喻思维。在这个过程中，我们用简单现象的来隐喻抽象的概念，我们用身体所能及的感觉隐喻离我们较远的意象。人类之所以能发展出高度复杂和庞大的概念系统，能够进行抽象的推理，是因

---

① Tanaka, S. (ed). *Lexico-semantics of English basic verbs: Exploration into lexical core and prototype* [J]. Tokyo: Sanyusha. 1987.

为我们在主观体验客观世界的互动过程中运用了隐喻的思维方式。

五、体验哲学的中西比较

传统的西方哲学其终极取向是"反思"的,即最终回归思维或回归意识。因而传统的西方语言哲学家谈论的语言更多的是一种思维的语言而非身体的语言。如上文所述,体验哲学思想是对两千多年以来西方哲学的颠覆。这是西方哲学由思辨世界向生活世界的回归过程中出现一种深刻的理论范式的转型,这种转型就是由意识哲学向后意识的身体哲学的转型。随着后现代思潮的兴起,身体取代思维"开始成为新哲学的阿基米德之点,从'反思'走向'反身'似乎正在成为人类哲学历史发展的理论必然"①。莱考夫之前的哲学家如尼采和狄尔泰都提出了"反身"的哲学思想,如尼采提出"一切从身体开始",狄尔泰更是直接指出生命的体验本质。可以说,莱考夫的体验哲学思想从西方"年轻"的"反身"哲学转型中汲取营养,并渗透和贯穿于他的认知语言学理论中。他是体验哲学思想的理论实践者。

"作为西方哲学传统主流的惟理智主义研究模式所具有的,是重预成、重形式化分析、重严密的精确推理、重理智性知识、重向外求索的基本特征,而中国传统思想则具有重生成、重体验、重描述、重综合、重内心修养的基本特征"②。传统中国哲学"更多地体现了一种反身的哲学,不是外索的致知的思维或意识,而是切己的践行的身体素被视为人生的安身立命之本和宇宙的万物造化之源"③。例如,《尚书》提出"天之历数在汝躬(身)",《周易》提出"近取诸身",这都表明中国古典哲学以身为本和万事万物最终回归人

---

① 张再林,"意识哲学,还是身体哲学——中国传统哲学理论范式的重新认识",中国社会科学院哲学研究所网站,http://philosophy.cass.cn/chuban/zxyc/ycgqml/08/0804/080402.htm,(2009-03-27)。

② 霍桂桓,"文化哲学研究吸收中国资源的方法论问题",光明网,http://www.gmw.cn/content/2009-03/23/content_900237.htm,(2009-03-27)。

③ 张再林,"意识哲学,还是身体哲学——中国传统哲学理论范式的重新认识",中国社会科学院哲学研究所网站,http://philosophy.cass.cn/chuban/zxyc/ycgqml/08/0804/080402.htm,(2009-03-27)。

之身体的思想。体验哲学与中国传统的哲学思想某种程度上存在契合,即人是通过身体与世界的接触和互动来认识外界的。

但是,认知语言学的体验哲学之"身"与中国古典哲学的"反身"之"身"在不同层面上存在差异。西方体验哲学的"身"是具体的身,包括人的身体、心智和思维,它是独立而现实存在的。而中国古典哲学的"身"既是亲切可感的血肉之身,更是一种天人合一、"彻底本体化和超验化的'道身'[①]"。这种"道身"与世间万事相连相通,宇宙万物和天下众生无不是自己身体的延伸和扩展,它在时间是永恒的,在空间上是无界的。在中国传统哲学思想绵延几千年的发展过程中,中国哲学之"身"被赋予了广博丰富的涵义,更加深刻的融入到了哲学思想体系中。而西方哲学之"身"是从西方古典哲学思想中脱胎换骨的新生体,因而与传统背道而驰并水火难容。

六、结束语

认知语言学的出现是对它之前的语言学的一场运动,甚至被称为"乔姆斯基的革命"的革命。而这一具有里程碑意义的语言学流派的兴起,是由于它赖以发展的哲学基础本身就是对传统西方哲学的一次颠覆性挑战。这种挑战与几千年前中国的传统哲学思想不谋而合。作为东西方哲学的交接点,体验哲学将具有相当的生命力。体验哲学作为认知语言学的哲学基础,推动了语言学的变革和发展,到目前为止,它具有相当大的解释力和生命力,它也正在和将继续接受来自哲学界、语言学界的检验和挑战。

---

① 张再林,"意识哲学,还是身体哲学——中国传统哲学理论范式的重新认识",中国社会科学院哲学研究所网站,http://philosophy.cass.cn/chuban/zxyc/ycgqml/08/0804/080402.htm,(2009 - 03 - 27)。

乔姆斯基生成语法的发展及理论特征

王欣春

1957 年 Chomsky《句法结构》的问世掀起了"第二次认知革命",其理论不仅是当代认知科学的重要成就,并且在语言学界、心理学界乃至哲学界都产生了极其深远的影响。英国当代语言学家约翰·莱因斯评论说:"不论 Chomsky 的语法理论正确与否,它无疑是当前最有生命力、最有影响的语法理论。任何不想落后于语言学发展形势的语言学家都不敢忽视 Chomsky 的理论建树。"本文将对他的生成语法的发展及理论特征进行探讨。

一、生成语法理论的发展阶段

在语言学界,尽管许多语言学家已接受 Chomsky 的语言学观点,并在他的理论框架下从事具体的语法研究工作。但近半个世纪以来,Chomsky 一直不断地对自己的观点进行修改和补充。纵观 Chomsky 的理论发展,生成语法从初成型到现在经历了发展的五个阶段:(1) 1957—1965 年古典理论时期(classical theory),其代表作为《句法结构》。Chomsky 认为语法必须简单明了并且必须具有生成能力,就必须用数学的方法归纳出一套公式,Chomsky 把这套公式称作转换规则。语法系统由短语结构规则(phrase structure rules)、转换规则（transformational rules）、形态音位规则（morphophonemic rules）组成。这一阶段的研究旨在使语言学成为一门科学。(2) 1965—1970年标准理论时期（standard theory），代表作为《句法理论的若干问题》。标准理论区分出句子的"深层结构"（Deep Structure）和"表层结构"（Surface Structure），两个结构由转换规则加以联结。同时整个转换生成语法的框架也有所变动，包括四个部分的规则：基础部分；转换部分；语义部分；语音部分。基础部分生成深层结构，转换规则把深层结构变成表层结构，句法表达先于语义表达。这一阶段的理论论述语义应当如何在语言理论中研究。(3) 1970—1979年的修正后扩充标准理论时期（reserved extended standard theory），这段时期的特征是生成转换过程具体详尽，每条转换规则需符合特定结构条件。与标准理论相比，这一阶段在句法分析时引入了一些新的概念，如基础规则中的短语结构规则用"X-阶"表示，在转换规则中提出了"虚迹"理论等等。但最大的变化还是把语义解释全都放在了表层结构，而且增加了"逻辑形式"这一层次。这一阶段的理论重在讨论语言普遍现象和普遍语法的问题。(4) 1979—1993年的支配和约束理论时期（the theory of government and binding），代表作为《支配及约束理论讲座》。强调用万能的移动-a代替了所有的转化规则，用转换结果的筛选替代了转换过程的限制。这一阶段理论主要讨论管辖和约束。 (5) 1993至今的最简方案时期（the mininalist program），代表作为《语言学理论最简方案》与《最简方案》。最简方案在理论上对管约论的一系列原则进行了进一步概括和简化，用更具概括力的特征核查理论来代替管辖理论。该阶段是对此前的理论的进一步修正。在生成理论发展的五个阶段，Chomsky 理论的研究重心发生了两次重大转折：从研究语言外表化了的客体（externalized object）到研究语法（一种思维状态）；从研究规则系统运转到研究以约束理论、投射理论为代表的原则系统，即从早期的生成语法到近期的生成语法的发展。生成语法理论的发展变化具有如下特点：(1) 个别语言的具体规则被更抽象、更普遍的原则所取代；(2) 语法理论的模块化，整个理论体系由相对独立但又相互制约的子理论系统构成；(3) 语法理论变得越来越简洁；(4) 新的语法理论越来越精确具有更强大的约束力。

二、Chomsky 生成语法研究的理论目标

Chomsky 的转换生成语法有两个目标：一是要确切地描述人的语言能力，并解释语言生成和理解过程中的认知及心理过程；二是要发现人脑的初始状态，解释大脑中内在的语法规则，形成有关儿童语言习得的理论，并最终发现人类大脑的本质。Chomsky 认为：语言是天生的，人类天生具有一种"语言官能"（Language Faculty），而这种官能之中包含了语言的初始状态—普遍语法（Universal Grammar），人之所以能开口说话是因为每个人都先天地被赋予了普遍语法，而普遍语法在外界环境的"刺激"之下，转变成个别语法，就是人们说的不同类型的语言。语言官能是人的心智的一部分，人的心智又是人脑的一部分，研究人类的语言并最终达到对人的心智和人脑的了解和认知是生成语言学的理论目标。

三、Chomsky 生成语法研究的理论性质

生成语法理论的性质可从多方面加以描写和分类。本文将从以下几个方面简要地概括其性质。

（一）生成语法的解释性

科学理论根据其对待事实或现象的态度可分为描写性的和解释性的。描写性理论指的是那种以描写事实为理论宗旨的分类主义理论，结构主义语法就具有这种理论性质。而解释性理论的理论对象不是事实本身，而是事实的成因（etiology），生成语法明显地具有这种性质。因而，生成语法不只是描写语言事实及语言运用，更重要的是要对人是怎样及为什么能够创造性地使用语言和习得语言等问题在原因论上提出理论说明。Chomsky 一直认为科学的真正意义在于解释造成事实的原因，生成语法的解释性在它的理论目标和

理论方法中表现得十分突出。

(二) 生成语法是一种理论模型

生成语法不局限于对个别语言的研究，而是要揭示个别语法与普遍语法的统一性。它并不以描写某一具体语言为目的，而是把它作为一种方法来探索语言的普遍规律，以期最终揭示人类认知系统和人的本质规律。因此生成语法不是为某种应用目的建立的理论，它只是想提供关于自己学科对象的理论模型，而不是应用科学。生成语法的这种性质还包含着另外一个内容，这就是它所提供的不是人类语言活动、语言过程的实际说明，而是在某种抽象概括意义上建立起来的模型。

(三) 生成语法的自然科学性

早在生成语法理论初成型的古典理论时期，Chomsky 的目标就是把语言学变成一门科学，因此他从理论表达和理论方法等多方面完全采用了自然科学的方法。Chomsky 认为必须制定出一种语法，只用有限的几条规则就能生成语言中所有合乎语法的句子而不生成任何不合语法的句子。语法被看做是一个用有限规则生成无线数量句子的系统，并且这些规则要满足以下要求：生成性、简单性、明确性、穷尽性和回归性。Chomsky 早期借鉴自然科学的研究方法，后来明确地提出要使语言研究"同化"于自然科学，从理论表达和理论方法等多方面完全采用了自然科学的方法，但这决不是否认语言具有社会属性的事实。

(四) 生成语法的开放性

生成理论一直处于变动和变化中，其实质就是为了追求更好的发展和理论的完善。Chomsky 认为假说应该是不断发展的，应不断有新的证据来完善已形成的理论。"任何语言和语言理论或是任何真理的断言，如果它是严肃的，那么支持的证据就会是，也必须是非结论性的。我们将总是追求更多的证据，追求对给出的证据的更深的理解。这些证据也许会导致理论的变化。"根据哲学观点，人的实践是受物质和社会生产水平限制的，人的认识也是受时间、空间的限制，因此人们对客观事物的认识是不可能一下子或一次就可以穷尽的，因此理论处于不断的变化、修正之中；其次，发展变化是一切客观事物存在的方式，事物发展的规律是从低级到高级发展。发展并不是对过去的全部否定和否决，而是一种扬弃，错误的被抛弃，不完善的被修补，新的被提出，正是对过去理论的扬弃，生成语法理论变得越来越能反映语言的根本属性。生成语法发展史是一个多方面的长时间的论证过程，整个生成学派内部都统一在生成语法的理论目标、理论方法等方面，不断修改已有的框架、原则和规则。这使许多不了解生成语法理论开放性的人感到生成语法"好变"、"捉摸不定"。实际上，生成语法的变化正是推动生成语法研究的生命力所在。

四、Chomsky 生成语法的理论方法

由生成语法的理论性质和研究对象的特殊性质所决定，生成语法的理论方法同以往的语言研究表现出明显的不同。归纳起来有几下几点。

（一）"理性主义"的方法

作为当代主流语言学，Chomsky 的理论是以唯理主义（Rationalism）哲学为基础的，而 Chomsky 本人也宣称自己是彻底的唯理论者。对他影响最大的是"笛卡尔语言学派"，但其所探究的知识起源问题可以追溯到古希腊哲学家柏拉图。近代哲学始祖笛卡尔认为，人有两个实体：形成人体机构的物质实体和形成理性心灵的精神实体。两者彼此分离，互不依赖。人的高级心理机能固有的思维和意志力是精神实体的表现。人的理性存在着不依赖于经验的"天赋观念"。康德也认为，我们的知识中有一部分是先天的。先验的东西是必要的，也是普遍有效的。笛卡尔和康德都注重人先天就有的理性或直觉，认为它们是我们认识世界的可靠的基础。然而，问题是笛卡尔把理性和人脑这一物质机制截然分开了。康德只把直觉看做是一种精神构造，完全超脱或游离于人脑的物质机能。"新康德主义"的一些学派建立了专门的

"先验方法"。他们认为现有的科学化是人的思维按照理性的先验逻辑创造出来的,因此,人们不应该从客观世界,而应从已有的被创造的科学文化知识中去找出那些支配人们创造科学文化活动的纯粹理性规律或纯粹先验规律。这是近代理性主义哲学的认识论主张。

Chomsky 认为,"普遍语法"是先天遗传下来的,是一种知识,是与生俱来的内在化了的知识。语言是一种自然能力,这就是 Chomsky 有名的语言先验说。从根本上讲,外在因素只可能会对语言这一生物过程有影响,不会从根本上阻碍其发展。生成语法理论是论证语言先验论的一种手段,是否有效地揭示了普遍的语言生成的规律,或在多大程度上有效地揭示了语言生成的本质,尚待日后科学研究的检测。

Chomsky 的理性主义思想和前辈的思想家柏拉图和笛卡尔等人有很多相似之处,如首先他们都认为人具有理性的观念,"理性世界"、"天赋观念"、人的"心智"是认识的终极目标;再次,他们都认为这些理性的东西是先天的,是人出生时就以固定的组织形式内化在人脑之中的。在另一方面,Chomsky 对于唯理主义哲学最大的超越在于他克服了柏拉图的唯心论和笛卡尔的二元论,将语言视为心智的一部分,而心智不是脱离物质实体的"灵魂"或"心的世界",它是客观存在的客体——人脑的一部分,和人身上的任何其他部分一样是人体的有机组成成分,研究语言就是研究人的心智和大脑。

(二) 演绎的科学方法

说 Chomsky 生成语法的理论方法是理性主义的另一个含意是:生成语法使用的是演绎的方法,或称假说演绎法(the hypothetic-deductive method)。这种方法不同于实证主义的归纳法。生成语法沿着"假说—求证—假说—求证—假说"的演绎过程立论,先建立科学假说再通过事实来验证其正确性。即通过假设人类大脑具有普遍规则即普通语法,再运用数学的公式化和语言学符号的表达用现代数理逻辑的形式化方法,根据有限的公理化的规则系统和原则系统用演绎的方法生成无限的句子,以此来解释人类的语言能力。假说演绎法这在两个层面上运行:(1) 语言学家提出关于语言结构的假设——语言的普遍理论，并被个别语言的语法验证；（2）每一个个别语法又是关于普遍语言的普遍理论的假设。和一切科学假说一样，生成语法中的假说不是凭空的臆想，而是以严格的事实为根据的。只不过这种事实是同理论目标相关的事实。同时又不停留在事实之上，而是从数量有限的确定事实中，从它们的相互联系中寻找事实背后的原因。

（三）自然科学的研究方法

Chomsky 的自然主义观点认为语言学是一门经验学科，就像地质学、生物学和细菌学等专门科学一样。因此，Chomsky 主张关于语言和心智的研究也应该按照自然科学的方法进行。

说生成语法采用了自然科学的研究方法主要指 Chomsky 坚持认为抽象的数学模式对于现实要比普通的感觉认识更真实。因此生成语法的论证方法和数学中的论证方法相似，都旨在建立起一个关于真实世界的模式。生成语法和数学模型及遗传基因一样都是一个具有明确属性的抽象模式，要比日常生活中人们关于"语言"的概念确定明晰。虽然 Chomsky 极力倡导用自然主义的方法研究语言的生物属性，但他并不排斥人文主义的研究方法，他本人相信，通过学习历史、文学或其他人文学科获得的知识要远远多于自然主义心理学，但作为一种理论研究方式，他更强调严格的自然科学方式。

（四）"理想化"条件

Chomsky 对人类的语言进行了理想化的假设，即人的大脑中先天存在着语言官能，而语言官能的本质部分在于语言知识，即普遍语法和个别语法。在他看来，这是语言学研究的核心和本质问题，即要弄清普遍语法的实现形式以及它是如何转变为个别语法的。以此为基础，语言知识的获得与使用，语言在特定交际环境中的演变等问题应是语言研究的边缘。

以研究普遍语法为目的的生成语法不是先对具体语言进行语种划分，而是不断提出一些语法模式，让这些语法模式生成句子，排除非句子，这样就会得出一个关于句子的集合，某一集合就是某一种具体语言。当然这个句子的集合不可能以简单的递归方式生成某种具体的自然语言中的全部句子，所以同实际情景有距离，是一种理想化了的现实。

另外，人在获得具体语言知识或能力的过程中所经历的事实、环境各有不同，这在理论上是无法描述的。所以生成语法把人类的后天语言经验过程看成是同一的，忽视个体经验间的千差万别不计。这样，Chomsky 所要描述的语言能力指的是理想化、纯粹化了的个人的语言能力，它具备了根据严格的语言规则把语言的音、意联系起来的完整的知识。而他的语言理论主要关心的是一个纯净齐一的语言社团中的理想了的言者和听者的语法。这些理想化了的言者与听者具备了自己语言的完整知识，而不受那些与语言无关的因素如记忆力、注意力、情感等因素的干扰与影响，也不会犯常人在使用语言时所犯的那些错误。

总之，生成语法的方法论同其理论目标和理论性质有着紧密的关系，基本上是一种自然科学的演绎方法，无论人们对生成语法的主张有何种不同的意见，但生成语法在方法论上的贡献是举世无双的，这是为西方语言学界、计算机界所公认的。

五、小　结

Chomsky 在语言学和心理学领域的研究发现对人类的影响都是极其深远的；对语言学家而言，尤其是对在 Chomsky 的语言学理论框架下从事具体语法研究工作的人来讲，不仅要理解和掌握 Chomsky 的语言学理论，还要从根本上了解其理论特征，才能在进行具体的语法技术操作时既"知其然，又知其所以然"，否则就只能是为研究语言学理论而研究语言学理论，导致研究的局限性，这是应当加以避免的。

论蒯因的翻译不确定性论题

杨志红

引 言

蒯因（Willard Van Orman Quine，1908－2000）是美国著名的分析哲学家。英国哲学家艾耶尔认为他是自维特根斯坦去世和罗素转向政治之后，在英语世界影响最大的哲学家。这一评价虽不中，亦不远。蒯因提出了许多独特而深刻的哲学观点，在 20 世纪 60 年代他提出的翻译不确定性论题（the indeterminacy of translation）是其语言哲学观点的一个重要方面。

在《语词和对象》（Word and Object）一书中，蒯因提出了"翻译的不确定性"论题，"我们可以不同的方式编写把一种语言翻译为另一种语言的手册，这些手册都符合于全部语言行为倾向，但彼此之间却不相一致。这些翻译手册将另一种语言的一些彼此并无明显等值关系的句子分别作为此一种语言的一个句子的翻译，因此它们在许许多多地方是有歧义的"[1]。这一论题实际上指的是在没有任何工具书的帮助下去翻译一种自己完全不懂的语言。在两种语言开始相互翻译的时候本来没有什么手册，因此，翻译不确定性，抑或"不相容的翻译手册"的根本就在于指称的不确定性，这是和其行为主

---

[1] 蒯因《语词和对象》，陈启伟等译，中国人民大学出版社，2005，第28页。

义意义论和整体认识论息息相关的。严格说来这并不是翻译理论，对于它的讨论也大多是在哲学范畴内的，蒯因由翻译的不确定性论题引出了他的意义理论，这些理论在意义理论的大家族中占有重要的一席之地，而意义对于翻译的重要性不言而喻，从这层意义上说，探索该理论的哲学渊源进而考察其与翻译理论的关系不仅有助于我们进一步了解蒯因的语言哲学，同时也有助于从哲学的角度来更加深入地了解翻译研究。

一、观点的提出

蒯因是在"原始翻译"的语境中提出翻译的不确定性论题的。"原始翻译"亦称"极端翻译"，指对某种迄今为止从未接触过的某种语言的翻译。蒯因假设有这样一种情况：一个以英语为母语的语言学家来到某个原始森林，调查居住在那里的土著人的语言，并试图建立一种翻译手册，使土著人能够和英语国家的人士相互沟通。土著人的语言与英语之间以前没有任何联系，语言学家对土著人的语言也毫无了解。一段时间过后，语言学家编写完成了一部翻译手册之后就离开了，之后另一位语言学家来了，又编写了另一部翻译手册。蒯因认为，当我们面对这两本翻译手册时，没有任何理由期待它们是完全相同的，唯一能期待的是，这两本手册之间在许多地方彼此冲突而又整体相容并且与原文的整体言语行为倾向相容。

二、翻译不确定性论题的理论基础

2.1 行为主义的语言观—意义是人对刺激的行为反应

蒯因的语言观是建立在行为主义的基础上的，并据此提出了"翻译不确定性"论题。他主张语言的自然主义，即认为语言是一种社会的、主体间公共可观察的活动或行为，意义则是这种言语活动的特性，因此必须根据行为标准来阐明，并且只有在行为的基础上才能习得，由此提出了一种行为主义的语言观。在《语词和对象》一书的序言中，蒯因开宗明义，第一句话就是："语言是一种社会性的技能，为了获得这种技能，我们不能不完全依赖于主体间通用的提示我们要说什么和什么时候说的信号。因此，除了通过人们对社会交际中可见刺激的明显反应倾向，我们不能以任何根据去核对语言的意义"①。这就是说，蒯因认为语言除了能依据从科学观察情景中的外部行为探明的东西以外，再没有其他任何东西。而人的观察力离不开经验的作用，因此从中我们也不难看出蒯因提出"翻译不确定性"背后的经验主义影响。

和他的行为主义语言观一脉相承，蒯因同时是从语言意义来把握语言的。他既反对意义的指称论，又反对意义的观念论。关于意义和指称的区别，德国哲学家弗雷格曾举过一个著名的例子，"晨星即晨星"的说法没有意义，但在"晨星即暮星"中，虽然"晨星"和"暮星"的指称都是金星，它们表达的意义，也就是语言符号本身所表达的思想是不同的。自从弗雷格区分了意义和指称，意义作为一种东西就消失了。基于弗雷格的观点，蒯因进一步强调意义和指称的区别，而集中到一点，他这么做在于表明意义是非实体，指称则不然，是对语言和实在的直接关系的把握。意义充其量是用来讨论同义性等的一种工具。"至于意义本身，当作隐晦的中介物，则完全可以丢弃"②。因此意义作为精神的东西（观念）并不存在，而只是行为的表现。

蒯因用行为主义来研究语言的结果，就是拒绝作为精神实体的意义概念。蒯因反对指称论，它把语言表达式的意义等同于所指称的对象；反对观念论，因为它把语言表达式的意义视为人心中的观念（idea），蒯因将之比喻为"语言的博物馆神话"："根据博物馆神话，语言中的词和句子有其确定的意义。为了发现原住民的语词的意义，我们可能不得不观察他的行为，但是语词的意义仍被设想为在原住民的心灵即他的精神博物馆中是确定的"③。换句话说，在这一神话中展品是意义，语词则是标签。转换语言也就是调换标签。蒯因对意义的观念论提出了批评，其行为主义立场使得他同实用主义者杜威

---

① 蒯因《语词和对象》，陈启伟等译，中国人民大学出版社，2005，第1页。
② 蒯因《从逻辑的观点看》，陈启伟等译，中国人民大学出版社，2007，第24页。
③ 奎因《本体论的相对性》，贾可春译，见陈波、韩林合主编《逻辑与语言—分析哲学经典文选》，东方出版社，2005，第411页。

站在一起，承认"意义……主要是行为的属性"[①] 这就是说，语言的语义及其使用根本是不确定和相对的，语言意义由行为决定，是人对刺激的行为反应。这种不确定性的极端典型就是"翻译的不确定性"。

2.2 语言指称的不确定性——只有相对于整个体系才能确定意义

蒯因在谈及翻译的不确定性时指出：翻译的不确定性首先是基于意义的不确定性和指称的不确定性。蒯因曾举过一个著名的例子来说明通过对指称行为的细致考察，会发现指称是不确定的。

语言学家来到一个土著部落，这时候一只兔子跑过，在场的土著说：gavagai，语言学家可以尝试把它译为"兔子"，但这只是一个猜测，可能是错的。检验对错的方法之一是下一次见到兔子时说 gavagai，然后看土著的反应，是否表示赞同。在每个不同的情况下，都说 gavagai，问土著同不同意。但是，蒯因指出，我们的语言学家是不可能通过这个方法确定 gavagai 的意思就是兔子的，因为 gavagai 这话有多种可能的意思，它可能指兔子身上的某个部位，可能指兔子生长的某个阶段，也有可能指兔子的某种性质，而刺激环境每一次都有变化，比如说跑出来的是一只幼兔，或者被问到的时候，土著的心情刚巧不好，因此随便敷衍回答语言学家的问题，他的回答可能就是不正确的。无论语言学家如何努力，也不能确定 gavagai 就是指兔子，蒯因把这种情况称作指称的不确定性（indeterminablity of reference）。既然连指称都不可测知，那么又如何能够准确地翻译呢？

如前所述，蒯因反对意义的指称论和观念论，认为我们是在外部环境中由于刺激学会了语词的，但这个过程不是在人的心中产生了一个观念，外部世界也没有与此相对应的指称。在上面关于"兔子"的例子中，我们并不是用 gavagai 指称这只或那只兔子，也不是用它来描述我们所理解的兔子概念，而是在使用这个词说话，我说的这个词可能引起别人的肯定反应或否定反应。

指称不确定性主要是针对单词层面说的，如果把这一观点从一词语句（one-word sentence）推进到整句层次上，我们就得出了"翻译不确定性"论

[①] 奎因《本体论的相对性》，贾可春译，见陈波、韩林合主编《逻辑与语言——分析哲学经典文选》，东方出版社，2005，第 411 页。

题。单词层面上的分歧或许可以在整句层面上抵消，但是整句层面上的分歧只能通过其他一些句子在翻译中的分歧加以补偿。翻译的不确定性强调的是句子之间的补偿性调整，需要借助更大的语言单位来进行。

蒯因的观点或许有点极端，但是他关于指称不确定性进而导致翻译不确定性的理论对于突破人们意义确定的认识桎梏有着振聋发聩的作用。这一理论，从语言哲学的角度进一步阐明和肯定了绝对确定的东西是不存在的，知识的对象总是相对于我们的理论坐标和语言参照系而言的。就像坐标上的一点一样，其位置要通过它在坐标轴上与其他点的关系来确定，绝对真理也是不存在的，人们能达到的只是在当时的情境下，对当时的刺激作出的相应反应。同时在这一点上，也与蒯因的整体主义认识论相呼应：任何指称都是相对于一个协调的整体才能成立。

2.3 整体主义认识论——意义取决于语境

受到法国科学家和哲学家杜恒（Duhem）"整体论"思想的影响，蒯因认为我们的知识或信念系统是一个整体。在确定真理和我们关于真理的认识时，我们不应该把一个个别的句子单独抽出来考虑，而撇开它同处于一个信念的意义网络中的其他陈述的相互关系。在《经验论的两个教条》中，蒯因比较系统地阐述了自己的整体主义。所谓两个教条，一个是分析命题和综合命题之间的截然区分。所谓分析命题，即以意义为根据而不依赖事实的真理，如"没有一个未婚的男子是已婚的"，此类称述"逻辑地真"，其真假与经验无关，仅就其包含的语词意义本身即可判定；所谓综合命题，即以事实为根据的真理，如"地球围绕太阳转"，要靠后天经验去认识。二是还原主义，即每一个有意义的陈述都等值于指称直接经验的词项的逻辑构造。蒯因从批判还原论而提出意义的整体主义。他认为，从意义问题看，还原论的症结在于认为孤立语句是意义的单位："还原论的教条残存于这个假定中，即认为每个陈述孤立地看，是完全可以接受确证或否证的……我认为我们关于外在世界的陈述不是个别地而是仅仅作为一个整体来面对感觉经验的法庭的"[①]。

---

① 蒯因《从逻辑的观点看》，陈启伟等译，中国人民大学出版社，2007，第42页。

因此，按照蒯因的观点，意义的单位不是语词、语句，或是陈述等孤立的东西，而是整个科学。这一思想使得人们突破了意义来自语句的窠臼，开始把目光投向更为广阔的观察世界。

作为对整体主义的贯彻，蒯因认为，语词和语句的意义都取决于语境，并进而提出了语境定义的思想。他认为，语词的意义不能脱离语句，语词只有在语句的语境中才有意义。蒯因把与当下的刺激意义联系最为紧密的句子称为观察句，人们仅凭当下刺激就能对句子的刺激意义做出肯定或否定的判断，如"外面下雨了"。按照意义整体论的观点，大部分的句子都会存在翻译的不确定性。他认为语词或者作为语词的组成部分，或者作为"一词语句"，才取得其意义。在蒯因的整体主义认识论中，"语境定义"尤为重要，它揭示意义的基本载体为语句，只有作为整体的语句被赋予意义，其中的组分也才有意义。他认为，科学认识论的一个主要任务是提供科学概念意义的手段，而语境定义就是其中的一个重要手段。

三、"翻译不确定性"论题与翻译的关联

首先要说明的是，本节小标题中的后一个"翻译"并不是蒯因在哲学领域探讨的"翻译不确定性"中的"翻译"，而是一般意义上的翻译研究，对之的定义众多，此处从简，即不同语言之间的意义转换。那么蒯因以一个哲学家的视角提出的"翻译不确定性"论题到底对语言学领域的翻译研究有什么启示呢？

3.1 可译性问题

蒯因所假设的"原始翻译"是一个极端的例子，他提出的翻译不确定性可视为语言相对论的一种表现。根据萨皮尔—沃夫假说（Sapir-Whorf hypothesis），一种语言就是一种世界观，人们的思维受其使用的语言的影响。语言结构之间有着不可调和的差异，因此 A 语言中的概念可能在 B 语言中完全不存在，因此从一种语言翻译到另一种语言不可能表达出完全相同的意思。从

这层意义上来说，蒯因几乎是否定了翻译的可能性。

关于可译性这个问题可以说是众说纷纭，见仁见智。与之相反，持可译论观点的人们认为由于人具有相同的生理构造以及对整个世界的认识存在均在普遍性，因而即使彼此语言不同，交流仍然可能。我们可以从以下几个方面来审视蒯因的翻译不确定性论题。

不可译的说法是和千百年来人类的活动事实不符合的。仅以中国为例，古代就有"象胥"、"舌人"的说法，指的就是那些从事不同语言间翻译活动的人，佛经翻译的盛行使印度的佛学思想得以在中国传播。这里我们要区分翻译的困难和翻译的不确定性，前者是客观存在的，但是原则上是可以克服的，英谚 carry coal to Newcastle 翻译成中文时固然会碰到障碍，产煤城市 Newcastle 即使译为"纽卡斯尔"，对于不知道该城背景的人来说这一谚语的形象性无法得以保留，但是我们完全可以通过其他手段进行传达出其内涵的"多此一举"之意。而"翻译不确定"论题是基于指称不确定性基础上的，已经不仅仅在谈不同语言间的翻译问题了，根据这一论题，即使是同一语言内部也会成为一种"翻译"，指称的不确定最终导致意义本身不确定。

其次，蒯因在提出"翻译不确定性"论题时使用的是通常所称的"思想实验"，即利用形象思维和逻辑思维在大脑中设计实验、验证实验结果。这种方法能超越物质条件对实验的限制，排除次要因素的干扰，是人文科学和社会科学研究中的一个有力工具。但是，理想的状态无论多么完美，和现实总是有差距的，正如维特根斯坦所说，最终还是要"回到粗糙的地面"。从现实角度来看，我们完全有理由对蒯因提出这样的质疑：随着世界全球化进展的加快，不同语言社团间的交流越来越多，我们是否真能够找到这样一个和我们所熟悉的社会完全没有接触的原始部落？两个语言学家编撰的翻译手册之间的差异真的如此之大，尽管两者在总体上相容，但彼此之间根本不存在丝毫的对应关系吗？果真如此的话，那我们只能说也许这两个语言学家来自两个完全不同的星球，拥有完全不同的生理构造，同样的刺激在他们的神经过程中形成了完全不一样的知觉，这样一来人的认知过程就被神秘化了，成为不可知的东西。

再次，在蒯因所说的那个原始部落中，一开始去做调查的语言学家完全不懂当地的语言，但是如果我们假设那个语言学家在那个部落中住下来，和土著人一起生活，慢慢他就会了解他们的生活方式，从而慢慢了解他们的语言。在上面关于"兔子"的情境中，我们看见什么，决定于我们的身体与世界中的事物的相互作用，而不决定于我们的有有意识的主观思想。看见物体，接受刺激是语言学家与土著人共同经历的，这"属于自然而不属于文化，属于自然的东西是普遍的，是一切文化群体所共有的"①。不同文化、不同语言之间确实存在差异，但是我们对于这个世界的感知或多或少都有相似之处，因为人类依靠感官去感知世界，不同民族之间的相互了解有其共同的物质基础。

3.2 翻译标准问题

对于某一文本的翻译，是否存在唯一正确的范本？现实世界中，名著的重译复译现象层出不穷，对于译本的评判离不开评判者的主观经验，也和评判产生的历史、语境有关。蒯因关于意义取决于"语境"的论断，从根源上来提供了对此问题的充满哲学意味的解答。蒯因有一个著名的论述：

我们所谓知识或信念的整体，从地理和历史的最偶然的事件到原子物理学、甚至纯数学和逻辑的最深刻的规律，是一个人工的织造物，它只是沿边缘同经验紧密接触。或者换一个形象来说，整个科学是一个力场，它的边界条件是经验。在场的周围同经验的冲突引起内部的再调整。②

这表明具有经验意义的是整个科学，其每个语句都以整个理论为语境，由于整个科学内部的称述相互联系，对某些陈述的评价会引起整体内部的重新调整。理论与经验的联系并不是发生在个别语句和个别经验之间，而是存在于整个理论。经验证据对于理论整体的决定是不充分的，在理论的评价和选择上，不存在唯一确定的真理标准。作为哲学家的蒯因以他丰富的语言哲学观点让我们看到了翻译思想与哲学思想的有机融合。它的价值在于承认意义的相对性，翻译是可能的，但是绝对正确的翻译是不可能的，即不存在一个绝对意义上的翻译规范（真理标准）。郭建中（1999）曾阐述蒯因关于翻译规范的观点："人们不可能在绝对的意义上确定任何一个可接受的规范是否正确。这也就说，没有任何人能成功地寻找到能得出这样的结论的证据：

---

① 朱志方《翻译何以可能—蒯因的翻译不确定性论题批判》，《学术月刊》2008（4）。
② 蒯因《从逻辑的观点看》，陈启伟等译，中国人民大学出版社，2007，第44页。

在许多可接受的与语言倾向整体一致的翻译规范中只有一个是正确的"①。

在翻译研究领域，我们说不存在唯一正确的译文时往往是从文化或语境的层面而言的，例如描写翻译学派把"历史"、"语境"的观点引入翻译研究，由此使人们对于翻译的理解向纵深发展。翻译不仅仅是一种语言活动，更是受制于不同的社会文学背景因素的文化活动。描写翻译学派的代表人物图里提出了以译入语为导向（target—orientated）的观点，注重研究翻译与整个译语文化的关系。对于翻译文本的研究，不能只拘泥于其原文或译文的文字本身，要研究译文是如何成为译语文化和译语文学的一部分，要从目的语文化和整个文学系统的角度来考察译文。其次，从文本本身的翻译来看，其过程好比有机体的移植过程。当我们移植一棵树时，将它从原有的自然生态系统中分离出来，当我们将它种植在域外土壤里时，首先是设法使它存活。因此我们需要研究新的生存条件，使这棵树适应新环境，成为新的生态系统中的一部分，发挥它的作用，才能达到移植的目的。翻译的语境化（to contextualize）也就成为了描写翻译学派的重要观点。而蒯因则从意义和指称的不确定性出发，这就给我们在研究和认识翻译本质方面提供了一个新的视角。

结　语

本文对蒯因的翻译不确定性理论的哲学渊源以及其对翻译理论的启示作了一个初步探讨。翻译不确定性理论以其独特的哲学视角大大提深了我们对语言、对意义的认识。语言哲学的理论可以帮助我们从更深的角度把握语言的本质，从而更好地理解翻译研究。

---

① 郭建中《论奎因的翻译不确定性概念》，《外语与翻译》1999（4）。

家族相似性、语言游戏说与语言学

贾冬梅

20世纪50年代,英国哲学家维特根斯坦通过对"游戏"这一范畴的解释提出家族相似性理论,对亚里士多德的范畴学说提出了经典批判。他还把语言看成是由各种各样的语言游戏组成的整体,提出语言游戏说。家族相似性理论是语言游戏说的一部分,这两种理论对语言学的发展做出了重要贡献。本文首先介绍维特根斯坦的家族相似性理论,然后介绍语言游戏说。

一、维特根斯坦的范畴观及其对语言学的影响

维特根斯坦在他的《哲学研究》(1996)中通过"游戏"(Spiel)这个例子论证了范畴边界的模糊性,范畴中心与边缘的差异以及范畴成员隶属程度的区别,并据此提出著名的家族相似论。请看下面这段经典的论述:

"试考虑下面这些我们称之为'游戏'的事情吧。我指的是棋类游戏,纸牌游戏,球类游戏,奥林匹克游戏,等等。对所有这一切,什么是共同的呢?请不要说:一定有某种共同的东西,否则它们就不会都被叫做'游戏'——请你仔细看看是不是有什么全体所共同的东西。——因为,如果你观察它们,你将看不到什么全体所共同的东西,而只看到相似之处,看到亲缘关系,甚至一整套相似之处和亲缘关系。再说一遍,不要去想,而是要去看!——例如,看一看棋类游戏以及它们的五花八门的亲缘关系。再看一看纸牌游戏;你会发现,这里与第一组游戏有许多对应之处,但有许多共同的

特征丢失了，也有一些其他的特征却出现了。当我们接着看球类游戏时，许多共同的东西保留下来了，但也有许多消失了。——它们都是'娱乐性的'吗？请你把象棋同十二子棋比较一下。或者它们总是有输赢，或者在游戏者之间有竞争吗？想一想单人纸牌游戏吧。球类游戏是有输赢的；但是如果一个孩子把球抛在墙上然后接住，那这个特点就消失了。看一看技巧和运气所起的作用，再看看下棋的技巧和打网球的技巧的差别。现在再想一想转圈圈游戏那类的游戏。这里有娱乐性这一要素，但是有多少别的特征却消失了！我们可以用同样的方法继续考察许许多多其他种类的游戏；可以从中看到许多相似之处出现而又消失了的情况。这种考察的结果就是：我们看到一种错综复杂的互相重叠、交叉的相似关系的网络：有时是总体上的相似，有时是细节上的相似。

我想不出比'家族相似性'更好的表达式来刻画这种相似关系：因为一个家族的成员之间的各种各样的相似之处：体形、相貌、眼睛的颜色、步姿、性情等等，也以同样方式互相重叠和交叉。——所以我要说：'游戏'形成一个家族。"

维特根斯坦发现，游戏这一范畴的各个成员——下棋、打牌、球赛、奥林匹克运动会等等——并不具有一组足以区分游戏与非游戏的共同特征。就是说游戏这个范畴的边缘是模糊的，并非由各成员共有的一组充分必要条件来界定，而是由各种不同的游戏之间相互交织的相似性组织起来，即家族相似性。所以"游戏'"形成一个家族。"游戏"的语义范畴中的每一个成员与另一个成员之间都有相似之处，但两个成员之间的相似之处不一定为第三个成员所享有。随着被比较的成员的增加，各成员之间共同拥有的相似之处越来越少，直至消失。正是这种相似关系而不是共同特征维持了该语义范畴的存在（梁丽，2007）。

维特根斯坦由此揭示了语词的语义范畴的属性，即：

（1）一个语义范畴内的成员不是由一组共同的语义特征决定的，而是由家族相似性决定，就是说语义范畴内的成员之间总是享有某些共同语义特征；

（2）语义范畴边界是开放的、模糊的；

（3）语义范畴内有的成员比其他成员享有更多的共同语义特征，各成员的地位不平等。具有更多共同语义特征的成员是该范畴的典型成员；具有较少共同语义特征的成员是该范畴的非典型成员。

在维特根斯坦的家族相似性理论问世之前，范畴一直被认为是抽象的包容物，事物不是在范畴内就是在范畴外，只有同时具备一系列充分必要条件的事物才能处于同一个范畴内。为了更清楚地说明维特根斯坦家族相似性理论的革命性，我们不妨对范畴观的发展做个回顾。

亚里士多德最早对范畴体系进行了系统研究。亚里士多德把范畴认定为人类认识世界的逻辑工具，在其著作《范畴篇》里阐述了他对范畴及范畴本质的认识。亚里士多德的范畴理论内容丰富，他一一探讨了名词范畴、实体范畴、数量范畴、关系范畴、性质范畴、思想对象的范畴、时间和空间范畴、运动范畴、"有"的范畴、活动、遭受和其他范畴、范畴的对立关系等等（吴世雄，陈维振，2004）。亚里士多德的经典范畴理论以唯理主义为理论基础，根据事物特征对事物进行形而上学的分类和概括。他认为范畴是客观事物在大脑中的机械反映，由一组充分必要条件定义。范畴之间有明显的界限，范畴内部成员的地位都相等，范畴的边界是清晰的、确定的。根据亚里士多德的观点，范畴化是人脑对客观世界进行分类的心理过程，是人类高级认知活动中最基本的一种，在此基础上人类才具有形成概念的能力，才有了语言符号的意义。亚里士多德的范畴理论帮助人们对纷繁芜杂的世界有了比较系统的认知。按照这种理论，小孩把球抛在墙上然后接住算是游戏这个范畴的成员，转圈圈也算，但是奥林匹克运动会恐怕就不能进入这个范畴了。这种范畴论被结构主义语言学借鉴来建立了语义特征理论。这一理论认为一个词语的意义可以分析为一组区别性语义特征，这些特征是这一词语所指称的一个范畴内部的每一个成员都必须遵守的语义特征，也正是这些特征使这个范畴的指称对象和世界的其他对象区别开来。亚里士多德的这种二元划分带给人们的是绝对化的认识方法，使人们习惯于用两极化的思维模式去认识事物，不能正确地反映客观实际。

康德批判地继承了亚里士多德的范畴学说，从纯粹经验主义的立场出发开创了德国古典唯心主义的范畴体系。康德认为范畴是先验的知识形态，具有普遍性和必然性。人在知性认知阶段用范畴规范由感性认知阶段获得的有关现象的认识，使这种认识具有普遍的必然性（吴世雄，陈维振，2004）。康德范畴理论的革命性变革在于他不是只着眼于认识客体自身的特征，而是强调认识主体在认识过中的主导地位，从而肯定人类的理性推导能力。

黑格尔的范畴观受到康德的影响。在《精神现象学》中，黑格尔这样说："范畴本来的意义是指存在物的本质性，但并不确定是一般存在物还是与意识相对的存在物的本质性，而现在则成了只作为思维着的现实的那种存在物本质性或单纯统一；或者说，范畴意味着：存在与自我意识是同一个东西；而所谓同一个东西，并不是比较相同，而是就其本身而言根本是一个东西"。吴世雄和陈维振（2004）指出，黑格尔的论述体现了现代认知学派的范畴观。

现象学的代表人物胡塞尔也有他的范畴观。胡塞尔认为，范畴活动是涉及不同种类的综合活动，其对象是一种理念的对象（吴世雄，陈维振，2004），因为人们总是通过理论和概念来理解世界。胡塞尔认为哲学分析应该回到事物本身，因为意识总是意识到外物，外物不可能存在却不被意识到，也不可能有不意识到外物的意识（李忠谦，2007）。吴世雄和陈维振（2004）认为胡塞尔开辟了把哲学范畴引入人文科学研究的新道路。

综观上述理论，我们能够发现康德、黑格尔和胡塞尔都是批判地继承了亚里士多德的范畴观，引入认识主体的因素，但都没有彻底颠覆亚里士多德的范畴观。而完成这一任务的正是维特根斯坦。维特根斯坦使人们认识到亚里士多德的认识方法高度理想化，不能反映复杂的客观现实，因为现实世界中某些范畴之间的界限并不清楚。维特根斯坦提出的家族相似性理论对当代语言学研究和发展，尤其是认知语言学的产生打下了哲学基础。在认知语言学领域里闻名遐迩的 Rosch 的原型范畴理论就源于维特根斯坦的家族相似性学说。范畴化理论和范畴理论是认知语言学的重要组成部分。在范畴化的过程中，人们依据认知客体的特征及其与某一范畴的原型的相似性大小来判断其是否属于该范畴，是该范畴的典型成员还是非典型成员。这种范畴隶属程度的渐变性正确地反映了认知客体的相对稳定性。认知语言学认为，语义范畴是人类认知和概念化的结果，是人类概念范畴在语言上的反映，是对外在世界的反映。语义范畴对于人类认知世界起了重要作用。我们从现代汉语里就能轻松地找到例子。想一想能和"玩"这个动词搭配的名词吧，"玩过家家"、"玩扑克牌"、"玩电脑"、"玩篮球"、"玩音乐"。难怪有些人会说"游戏人生"，他们把人生也放进游戏范畴了。

二、语言游戏说

维特根斯坦认为语言也是游戏,是由各种各样彼此之间具有家族相似性的语言游戏组成的整体,而语言游戏又是由语言和语言交织于其中的行动所组成的整体。维特根斯坦认为语言首先是作为一种日常的语言,以语言游戏的形态存在。他在《哲学研究》中说,语言游戏不仅包括孩子们借以学习母语的各种游戏,比如老师说"石头",学生跟着说"石头";一方喊出语词,另一方依照这些语词来行动等。维特根斯坦认为语言游戏还包括更加广泛的意义与多种多样的表现形式,就是那些和语言编织成一片的活动,比如下达命令、服从命令、描述一个对象的外观、报导一个事件、用图表表示一个实验的结果、编故事、读故事、唱歌、演戏、猜谜、讲笑话、解应用算术题、翻译、请求、感谢、漫骂、问候、祈祷等等。他提出要根据语言的各种原始运用来研究语言现象,因为只有在语言的原始运用中,人们才能清晰地看到语词的目的和功能。维特根斯坦发现任何语言中的语词的使用都非常灵活,语词的用法决定语词的意义,而语词的用法与语词所处的语境、说话者的语气及生活形式不可分割。要理解语词的意义就必须知道语词的特定用法,而语词的特定用法就是语言的使用规则。人们通过遵守语言规则保证语言的公开性,使语言成为人们相互理解的桥梁(陈嘉映,2003)。维特根斯坦使用"语言游戏"一词正是要强调语言是人的活动的组成部分。陈嘉映(2003)这样总结,如果把语言视为一个大领域,有一个和现实交织在一起的边缘地带,那么这个边缘地带就是语言游戏。

维特根斯坦的语言游戏说把人们从对理想语言的研究拉回到对现实交往的研究,将语言与生活联系在一起,看重语言使用者的作用。当代语言学的许多分支,比如社会语言学、话语分析、跨文化交际、尤其是语用学虽然是直接由日常语言学派的理论发展而来,但是日常语言学派的产生和发展与维特根斯坦的学说有着千丝万缕的联系。这些语言学分支的共同特点就是都看重语境对交际活动的影响,着眼于研究语言使用者与语词之间的相互关系,将与语言使用者有关的各种内部与外部因素都纳入到对其语词和话语的解释当中。可以说维特根斯坦的思想促进了语言学新兴流派的产生与发展。

结构的重复：拉康解读《被窃的信》

刘立平

爱伦·坡是美国文学史上非常重要的作家，他的作品受到了各国读者的喜爱，众多作家对其进行了深入的分析，可是令人意想不到的是，心理分析大师拉康也对爱伦·坡的《被窃的信》产生了兴趣。他对这篇小说的颇具新意，结构的重复成为他关注的焦点，这种结构其实就是欲望的结构，漂浮的能指使得人们不断追索信的意义所在，却不可得。他的诠释受到了解构主义大师德里达和芭芭拉·约翰逊的关注，他们对拉康的解读进行了进一步的阐释，从而推动了解构主义的发展。《被窃的信》是爱伦·坡的一篇侦探小说，这部小说的情节并不复杂，主要的焦点是一封不知作者也不知内容的信，这封信是送给王后的，她正准备读信的时候，国王走了进来，为了不让国王发现，王后只好把信放在了桌子上，她的目的达到了，国王的确没有注意这封信的存在，而大臣却发现了这个秘密，他偷梁换柱把这封信拿走并在原处放了另外一封类似的信，因为国王在场，王后只能眼睁睁看着大臣把信拿走。王后之后委托警长去找这封信，警长搜遍大臣的家，也没有找到信，最后只好求助于业余侦探杜品，杜品分析能力超群，他认为大臣和王后一样，也会将信放在最显眼的地方，果然不出所料，大臣把信放在了家里壁炉架上的一个文件夹中，杜品轻松地发现了这封信，并成功的取走了它，为了不让大臣发现，他又在原处放了一封类似的信。

拉康对它的解读发表在《耶鲁法国研究》第48期，拉康对这部小说的解读别具一格，拉康认为坡这篇小说的结构和一般的小说均不相同，因为这部小说出现了重复的三角形结构，这种小说也因之称为"三角形小说"，它的结构如下图所示：

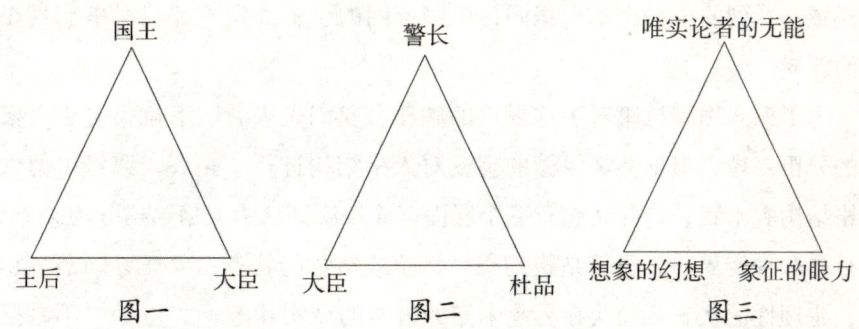

拉康指出，这个故事的结构是重复的，在这个三角形结构中，每一个位置都有一个主体在窥视，可是看到的内容却不尽一致；每一个位置都代表一种视域，不同视域影响了不同的窥视主体。图一的国王、王后和大臣，图二的警长、大臣和杜品分别代表了实在界、想象界和象征界的三角形，而他们所在的位置也充分体现了唯识论者的无能、想象的幻想和象征的眼力。

我们首先来审视一下窥视的主体，图一中，第一位窥视者是国王，虽然信就在他的面前，可是他却什么也没看；第二位是王后，她看见国王没有发现，以为可以蒙混过关，但是却没有看到大臣将信拿走；第三位是大臣，他看到了这封信并且拿走了这封信，然后在原处放了一封类似的信。在图二中，也有三个窥视者，警长对于信视而不见；大臣可以看到信，但是以为别人看不到，所以杜品拿走了信他也毫不察觉；杜品则看到了前两位没有看见的一切，拿走了信并且在原处放了一封类似的信。

从上面两幅图可以看出，这里存在着三种视域，"第一种视域是零视域，这是一无所见的位置，处于这一位置上的是第一场景中的国王，第二场景中的警察。第二视域是对第一视域的悖反，他自以为看到了隐匿其中的秘密，并且看到了第一个视域的盲区所在，其实这不过是一种自我欺骗，处于这个视域位置上的首先是王后，其次是大臣。第三个视域是最为有利的，他可以看出前两者遗留在那里的、应当被藏起来的东西，或者是揭示出被谁偷去的东西，处于这个位置上的是两个人，先是大臣，后是杜品。"① 可见处于不同的视域，看到的事物也不尽相同，他们不同的位置决定了他们对事物真相了解的差异。

为了深入理解拉康对于这封信的解读，我们先来看一下拉康对于人格结构的分析：拉康根据弗洛伊德的理论对人格结构进行了拓展，弗洛伊德认为人格结构有本我、自我、超我三个层面，而拉康则认为人格结构分为想象界、象征界和实在界。想象界是指幻想、情感或错觉的状态；象征界同语言相联系，是理性的状态；而实在界是未知的根本的现实状态，实在界"不是指客观现世界，而是指主观现实界，他是欲望的渊薮。"② 人们的行动和生活往往受制于这样三个层面。拉康从中发现的重复结构其实正是这三个层面的反映。图一发生在王后的卧室，国王、王后和大臣分别代表了实在界、想象界和象征界的三角形。国王处于零视域，书信虽然就在他的面前，可他却视而不见，代表了唯实论者的无能。王后处于第二视域，她掩耳盗铃，沉湎于幻觉，想象和错觉中，代表"想象界"的脆弱；大臣处于第三视域，他看透国王的无能和王后的幻想，代表象征界的眼力。图二发生在大臣的家里，在这里发生的一切是对图一结构的重复。警长处于第一视域，他取代了国王的位置，自以为侦探技术高明，目空一切，代表唯实论者的无能；大臣处于第二视域，取代王后的位置，自以为是，错以为自己的隐藏信件的方法已经成功，从而成为想象界幻觉的牺牲品；杜品处于第三视域，他看出警长的无能和大臣的错觉和幻想，找到了书信，再次代表了象征界的眼力。

书信是无意识欲望的隐喻，对于这封信的分析实际上也就是对"欲望的结构分析"，不同的人想得到这封信来满足自己的匮乏。"letter"这个词在英语和法语里都有书信、字母的含义，这就构成了一种隐喻，它可以指代语言，因此书信是"漂浮的能指"，它不具确定性，自由漂浮。场景不断发生转换，信也从王后转换到大臣，由大臣转换到杜品，展现了一张复杂的主题关系网络。通过结构的重复，权力转换和主体颠覆清晰的展现在读者的面前。皇后

---

① 方汉文"结构与结构之分野——拉康与德里达关于《被窃的信》之争"，《外国文学评论》2008，第30页。
② 胡经之《西方文艺理论名著教程》，北京大学出版社，2003，第153页。

想得到这封信，信是她所缺少的东西，她缺少的是"阳物"，但是阳物在这里不是指生殖器，而是一种绝对权力的符号，是超验的能指。"在这个故事里，'阳物'犹如这封暧昧的信，它成为王后无意识欲望的象征。这种无意识欲望指向了王权、夫权和父权。"① 王后希望得到这封信，因为拥有这封信她的地位就可以得到确保，就可以满足她无意识的欲望，就可以不会失去她在王宫中的位置。大臣希望得到这封信以来控制皇后，拥有这封信他就有了借以挟持王后的权力。读者也在阅读过程中随着信的位置的移动，满足了自己的欲望，因为主体总是享受于那些说不出来的东西。只有读者沿着意义的一次次替换，一次次意义被打破，一次次走向追求意义的破灭，才会得到心理的满足。②

拉康在1966年编辑出版其此前30年的重要学术论文集《文集》时，打破了一般文集按年代编排顺序的做法，将作于1956年的"关于《被窃的信》的研讨班演讲"置于首篇位置，③ 可见这篇文章在拉康的心目中非常重要。这部小说的情节并没有什么惊险之处，但拉康的分析则是引人深思的。我们可以看出，作为能指的信的所有权和隐蔽性成为了分析的重点。所有权的英文是ownership，own的词根在古英语和古德语中有拥有与欠缺的意思。"那封信一词构成了双关语，在小说中字面义是'信'，而它的隐喻意是一种结构体系中的能指。"④ 对信的角逐体现了一种权力关系，在这部小说里，这封信好像是王后的，但是这封信是谁寄的？信的内容是什么？国王如果取走这封信，会发生什么后果？这些问题都能引发我们进一步的思考。对于王后来说，可能会意味着剥夺王后的权力、名誉甚至生命。"王后就想以信作为一种控制力量来对付大臣，大臣则竭力摆脱这种控制。不仅对于他们两人是如此，对于杜品也是同样，他在得到信的同时似乎也就得到了一种控制王后的力量。"⑤ 信的内容是不为我们所知的，它是漂浮的能指。"这种以信为代表的

---

① 王一川《批评理论与实践教程》，高等教育出版社，2004，第122页。
② 方成《精神分析与后现代批评话语》，中国社会科学出版社，2001，第96页。
③ 严泽胜《能指与主体间性的辩证法·外国文学研究》2004，第16页。
④ 胡经之《西方文艺理论名著教程》，北京大学出版社，2003，第163页。
⑤ 方汉文"结构与结构之分野——拉康与德里达关于《被窃的信》之争"，《外国文学评论》2008，第31页。

语言只是一个能指，它的所指是什么，意义何在都不重要，关键是这个能指的流动。由于它所处的位置不同，信的持有人不同，个人也就获得了不同的权力和能指的力量。"①

拉康为了证明他的观点，对坡的小说进行了进一步深入的分析。拉康指出，对于皇后来说，这封信随着它的被窃意义发生了改变，对于大臣来说，这封信也随着杜品发现信而改变意义。这也说明了，随着信的持有者的不同，信的意义也在发生着变化。信随着它的给定象征改变了对于信的实际想象，进而改变实际的人生。信在皇后手中时，信的给定象征是一种安全的状态，皇后控制着这封信，信的能指是一种安全的状态。信被大臣偷走以后，信对于皇后的给定象征发生了变化，皇后产生了不安全的感觉，信被别人所控制，信对于皇后的给定象征由控制变成了被控制的状态，信的能指变成了不安全的状态，信的失窃使皇后感到深深的不安。信被杜品拿走以后，信对于大臣的给定象征也发生了变化，大臣产生了不安全的感觉，信对于大臣的给定象征由控制变成了被控制的状态，信的能指再次变成了不安全的状态。这种重复的结构在这部小说中不断出现，这封信所有权的变化也使它的能指意义不断转化。对于大臣来说，在他没有得到信的时候，信是欲求客体，大臣需要这封信，因此信的给定象征就是信的需要性，但是随着他拿到了信，大臣感到很安全，因为他可以凭借这封信来控制皇后，信这里就变成了一种权力符号，信对于大臣来说它的给定象征就是这种安全的状态。但信随着被杜品窃走，这种权力的符码就消失了，信的丢失也象征着权力的消失，大臣有一种失落感，信的给定象征就是大臣的这种失落状态。

因此能指是会浮动的，能指指向会随着人对于能指的诠释而浮动，人对于能指的诠释的改变，能指指向也就改变了，这就是能指浮动性的由来，能指浮动性产生于人对象征符码的解释，因为人对于能指的解释改变，能指的指向也就相应发生了变化。

如果说是因为信的位置而产生了信的能指对象的浮动性，不如说是因为信的象征秩序改变了信的能指对象，随着对于信的象征符码的解释而改变的

---

① 方汉文"结构与结构之分野——拉康与德里达关于《被窃的信》之争"，《外国文学评论》2008，第32页。

信的所指，就是说人对信的诠释改变了对信的想象，人对信的象征状态的解释，改变了信的能指对象，皇后把丢失信解释成大臣想控制她，如果皇后不对信的失去有这种解释，信的失去对皇后就不再是权力的失去，因为皇后对信的解释，才产生了信的能指浮动。对大臣也是如此，因为大臣解释信是权力的象征，正因有大臣对信的解释，才产生了信的能指浮动。

在故事的结尾，拉康将信交给了王后，"然而，杜宾不是以金钱交易作为手段'退出象征循环'，而是自己也进入了此循环中，因为他留下了一封写有报复性的两行诗的替换信，有意让大臣知道是他窃取了那封信。这样，他就好像被水底下的逆流拖拽进了三角结构的二号位，即他也像王后、大臣那样陷入了想象的错觉之中。这表明象征循环机制的运转是无情的，作为分析者的杜宾尽管能够理解第二个场景只是第一个场景的重复，从循环之中，因而自己也受困于这一分析过程。"① 拉康的分析试图表明，一旦拥有了信，你在三角结构中的位置就会变化，就会陷入一种幻觉和错觉，因此，在这个三角结构中，没有人会真正的获胜，真正的胜者是那封信（能指）。"从这里可以看出拉康对弗洛伊德的无意识理论作了结构主义的发挥：在弗洛伊德那里，无意识领域对主体的支配是盲目的冲动；而在拉康这里，支配者是具有某种深层结构的'能指连环'。"②

德里达针对拉康的分析，发表了《真理的转换站》，指出拉康重复了"菲勒斯中心论"的谬见，并且指出这个故事经过了一系列的传达过程，传达过程既是解释过程，也是意义的生成和播撒过程，每一种解释都不可能最终占有真理。"围绕《被窃的信》的讨论集中体现了结构与解构之间的观念对立，德里达从解构主义立场对拉康批评进行了一次批判。德里达批评拉康企图用一个固定的结构来限定意旨丰富、千姿百态的文学作品，这种看法是有道理的。另外，他也指出，拉康的方法几乎是千篇一律地对于能指作用的寻求，最终不过是一个目标———生殖图像，因此他批评拉康理论是菲勒斯中心主义（phallo-cen-trism），这一看法也被广泛认可。美国精神分析文学批评家诺曼·霍兰德在《拉康理论的弊病》一文中也指出，拉康片面应用本来

---

① 严泽胜 "能指与主体间性的辩证法"，《外国文学研究》2004，第 22 页。
② 卢兴 "深藏的结构——拉康对窃信案的分析"，《世界文化》2007，第 32 页。

已是错误百出的索绪尔能指所指理论,造成了无意义的能指。"① 之后的巴芭拉、霍兰德也对拉康的分析做了自己的阐释,从而为解构主义和读者反应批评的发展铺平了道路,从这个意义上讲,拉康对于《被窃的信》的分析的意义不可低估。

---

① 方汉文"结构与结构之分野——拉康与德里达关于《被窃的信》之争",《外国文学评论》2008,第32页。

第三篇 ◇ 拉康的语言观

拉康和索绪尔的渊源

齐冬冬

一、前 言

雅克·拉康（Jacques Lacan，1901——1981）无疑称得上是第二次世界大战后最具独立见解、最为重要、同时又最具争议的欧洲精神分析学家。他被称为"法国的弗洛伊德"。[①] 在我的印象中，拉康是一位伟大的精神分析学家，他的著作尤以神秘、隐晦、富于技巧而有诗意著称。艰涩难懂使我对他的著作望而却步。但是在学校针对博士生开设的《马克思主义当代社会思潮》这门课上，我了解到拉康用于精神分析的理论居然和语言学有着千丝万缕的联系。当然，拉康并不是要研究语言学，而是尝试用语言学的方法来发展精神分析理论。所以，语言学的一些概念在拉康的理论中得到了新的诠释。那么，这些概念与它们在语言学领域中的含义到底发生了哪些变化呢？笔者在本篇论文中将对这个问题做初步的探讨。

拉康的精神分析理论同语言学理论的结合几乎完全围绕着索绪尔和雅各布逊展开。[②] 因为雅各布逊进行的工作实际上是进一步发展了索绪尔留下的线索，所以本文着重论述一些概念在索绪尔的语言学理论和拉康的精神分析理论中的异同。

---

① 参见格尔达·帕格尔《拉康》，李朝晖译，中国人民大学出版社，2008，第1页。
② 参见李娟、张涛《雅克·拉康的语言学》，载《黑龙江科技信息》2008年03期，第157页。

二、正 文

费迪南·索绪尔（Ferdinand Saussure，1857——1913）是现代语言学和符号学之父，并因确定语言是一个具有结构的系统而被看做是结构主义的创始人。他通过 1906 年在日内瓦大学的教学活动以及 1916 年去世后发表的讲义《普通语言学教程》，对语言学进行了划时代的革命。[①] 索绪尔是结构主义运动的始作俑者。这场从他创立的日内瓦学派开始的运动传到了布拉格、哥本哈根和美国，最终有继承、有发展、有改变、有批判地回到欧洲。现在，尤其是在法国，结构主义成为一股强大的精神潮流的支柱，不仅进入了人文学科的一切领域，而且还作为知识时尚和意识形态世界观统治着文化生活。[②]

拉康因其理论的独创性而得名，他把结构语言学和人类学与精神分析学联系在一起，从而赋予心理分析这门学科以新的形象。下面我们着重看一下他与语言学的结合，首先我们先对索绪尔的理论做一个基本描述。

（一）索绪尔的基本理论概述

他做出"语言是一个符号系统"的论断，从而把语言符号看成符号系统中的一部分。[③] 索绪尔区分了语言和言语，认为语言就是语言现象减去言语，语言是指语言系统，言语是指语言运用。他进一步区分了共时语言研究和历时语言研究。共时是静态的语言学研究，历时是演化性的语言学研究。共时的事实依靠两项同时要素的关系，历时只涉及一个要素随着时间的发展被另一个要素替代。他做出的最重要的区分是化分了语言符号的二重性，即符号如同一张白纸的两面，一面是所指，一面是能指。同时他也概括出二者之间的关系——任意性、约定俗成性和联想性。二者相互依存，统一在语言符号之中，单独的一方面并不能表达任何意义。索绪尔指出，差别产生意义，也就是说，语言系统中的每一个符号只是凭着它与其他符号的差别而具有意义，

[①] 参见格尔达·帕格尔《拉康》，李朝晖译，中国人民大学出版社，2008，第 3 页。
[②] 同上。
[③] 参见王京平《德语语言学教程》，外语教学与研究出版社，2002，第 76 页。

因而也就有了价值。索绪尔还对两个不同的语言维度进行了区分：组合关系和聚合关系。组合关系层面指的是从符号到句子的线性联系，涉及不同功能单位的排列关系。聚合关系层面涉及具有相同功能的单位，指的是把一个符号从很多功能或意义相近的符号中选择出来。①

（二）拉康对索绪尔语言符号二重性理论的借鉴

语言学吸引拉康的原因之一是它的结构主义客观描述，因而拉康也就成为了一个结构主义精神分析家。语言和言语的辩证关系为把精神分析纳入科学轨道创造了条件。拉康提出回到弗洛伊德的口号，试图以语言学为工具破解人类心理活动机制。② 比如，他将索绪尔的所指——能指的符号模型运用到精神分析中。但是他的模型又不同于索绪尔的符号结构模型，具体表现在：

1. 整体和部分的关系

在索绪尔的符号模型中，椭圆代表语言符号这个整体，椭圆中有一条横线，将符号的所指和能指两个组成部分隔开，如下图所示：

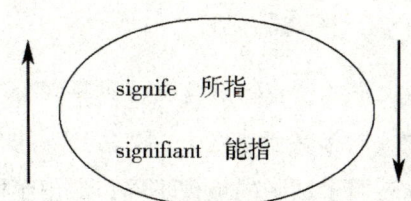

图1：索绪尔的语言符号模型③

而拉康的能指——所指模型中只有一条横线，而没有圆，如下图所示：

$$S \to signifiant \quad （能指）$$
$$S \to signifié \quad （所指）$$

图2：拉康的能指——所指模型④

索绪尔语言符号模型中的圆代表语言符号是一个整体，这个整体由所指

---

① 以上关于索绪尔语言理论的简单概述为笔者参照参考文献中 Saussure 一书总结。
② 参见格尔达·帕格尔《拉康》，李朝晖译，中国人民大学出版社，2008，第13页。
③ 参见 Linke/Nussbaumer/Portmann 1991，第31页。
④ 参见陶秀璈《拉康的语言异化论》教学课件，2008。

和能指两部分组成；拉康的能指——所指模型则没有明显表示出能指和所指是否共同属于一个整体。

2. 依存关系

在索绪尔的符号模型中，表示符号整体的椭圆两边有两条箭头，它们表示共同构成符号的所指和能指之间的和谐关系和联想关系，即人们由所指或能指能够联想到另一方，这实际上是语言符号的一个心理学特征。符号的联想性特征更加证明了构成符号的两个部分是不同质而又相互依存的。因为只有相异而又相互联系的事物才能通过联想走到一起。这种依存关系在拉康的模型中同样也不存在。

3. 位置关系

两个模型最明显的不同在于，在索绪尔的模型中，所指在上，能指在下，两者均为小写，没有孰先孰后的问题；而在拉康的模型中，则是能指在上，所指在下，而且能指是大写，所指是小写。我们可以看到，索绪尔认为所指和能指是平等的，而拉康则质疑这种平等关系，凸现出能指和所指在地位方面的不同，夸大了能指。[1]

4. 地位不同

在索绪尔的模型中，横线没有特殊含义，只是区分了所指和能指两个部分；而在拉康的模型中，能指在所指之上，"之上"的含义由划分这两个步骤的横线来表示，横线表明了两者的地位不同，突出了能指的优越地位，能指重于所指。

由此可见，能指的地位和作用在拉康那里得到了充分的重视，比如说，拉康曾深入论述了能指和主体的关系，并认为能指能够主宰和支配主体。人在其生长过程中，通过与他人的来往，认识了世界，也认识了自己。能指在其运作过程中，能够产生连说话者自己都意想不到的事情。通过和他者的交流，他者被引入，他者在与主体的话语交流中进入了主体，使主体发生连主体自己都无法控制的新变化。在这个意义上，主体消解，因而也就产生了著名的主体死亡的语言游戏，即人是被能指所掌握，能指的移位决定了主体的

---

[1] 参见陶秀璈《拉康的语言异化论》教学课件，2008。

行动和命运。①

拉康还认为能指与所指的关系并非固定和一成不变的。在索绪尔理论中，所指和能指是相对固定的概念，但是在拉康的理论中，它们可以断裂，各自朝向不同的演变方向发生变化。这也就是拉康的语言异化论，语言的异化本性就是在于语言的断裂，最重大的断裂就是分割能指和所指的横线。②

我们可以看到，拉康从索绪尔那里借来了语言作为一个结构的概念。索绪尔将语言构想为一个符号的系统，而拉康则将其构想为一个能指的系统。因为拉康夸大了能指的作用，认为能指具有独立性，所指依附于能指。能指这一概念在拉康的理论体系中发挥出了强大的作用，他认为能指是一切表象和观念的基础，是人的精神心理能量的主要来源。那么，拉康为什么要强调能指呢？拉康想借此表明，能指的功能并不在于表示所指。索绪尔把语言符号看成构成语言系统的具体要素，并把语言系统看成是一个封闭的矛盾系统，最终把所指看成封闭这一系统的要素。③而对拉康来说，事情并不仅仅如此。他认为，正是那些相对无意义的东西可能起着真正的作用，例如那些起作用但没有说出来的东西，那些促使主体说话但不是他以语言方式所指的东西，那些抓住他而不是他试图要捕捉的东西。能指的作用并不在于它是有内容的或有意义的，而只在于它指向某个其他的东西。全部所指只有在与能指之网相联系时，才具有连贯性。④可以看到，拉康关心的是能指链的作用。而我们在此又可以看到拉康的能指链结构和索绪尔的语言理论的结合点。

（三）拉康对索绪尔划分组合关系和聚合关系的借鉴

前面我们提到，索绪尔区分了两个不同的语言维度，组合关系和聚合关系。组合关系是符号间的线性关系，每一成分之间的关系都是"现场"产生的，也就是说，只有某一成分与其他成分同时处于一个线性排列关系中，我们才能看到组合关系。而聚合关系则是通过"不在场"产生的，因为聚合关

---

① 参见陶秀璈《拉康的语言异化论》教学课件，2008。
② 同上。
③ 参见格尔达·帕格尔《拉康》，李朝晖译，中国人民大学出版社，2008，第48页。
④ 同上。

系指把一个符号从很多功能或意义相近的符号中选择出来，确定了某一成分，就抛弃了与它功能或意义相近的其他成分。

雅各布逊从修辞学的角度来对待组合关系和聚合关系。组合关系的层面服从的是组合和上下文联系的机制，① 他看来，这种关系主宰着转喻，转喻是通过把一个符号与另一个符号联系起来而产生的，可以通过词与词的联系产生（例如用"北京"表示"中国政府"），也可以用部分代表整体（例如用"大鼻子"表示"西方人"），无论如何，两种表达之间存在的是一种同时关系，即"在场"。聚合关系服从的是选择原则，② 这种关系促使了隐喻的产生。隐喻是通过用一个词表示另一个意义相近的词而产生的（例如用"狐狸"比喻"狡猾的人"），这里是遵循选择原则用一个词替代了另一个词，即"不在场"。

拉康在能指链中发现的是无意识的机制。弗洛伊德把这种机制称为移位和压缩。③ 但是他并没有从语言学的角度把握无意识的过程。拉康则使用了语言学作为工具。他把转喻性的词与词的联结视为主体这样一种可能性的基础：在语言中所说的是与表面上的表达完全不同的东西。④ 这正是移位的机制。因为转喻使用的两个词终究会表达不同的意义，会表现出意义的滑动。移位是在服从能指的联结和组合原则的运动中形成的，在这一过程中，能指通过指向另一个潜在的能指而完成转喻功能。这一点决定着一根链条的结束，也决定着另一根链条的开始。

隐喻的意义是通过用一个能指替代另一个能指产生的。在这种能指重叠的结构中，拉康看到了弗洛伊德所说的压缩机制。因为最初的能指（例如"狡猾的人"）闯进了所指的阶段（例如用"狐狸"表示），但是它在那里作为潜在的能指继续起作用，并且不仅存在与所指的领域，而且也通过某种缺席而存在于能指链中。

（四）索绪尔和拉康的意义论

上文中我们提到，索绪尔认为意义是由差别产生的，拿词汇来说，重要

---

① 参见格尔达·帕格尔《拉康》，李朝晖译，中国人民大学出版社，2008，第50页。
② 同上。
③ 参见陶秀璈2008。
④ 参见格尔达·帕格尔《拉康》李朝晖译，中国人民大学出版社，2008，第51页。

的不是声音本身,而是使这个词区别于其他一切词声音上的差别,生成意义的正是这些差别。因此,索绪尔的意义论可以用差异论来概括。索绪尔在理解意义的时候,将重点放在了语言系统内部,而没有关注语言外部的因素。

但是拉康认为,主体是意义的存在物。只有主体才能理解意义,反过来,所有的意义的现象必涉及主体。① 这样,主体这个语言外部的因素就被纳入到拉康的意义论之中,并发挥着重要的作用。

三、小 结

从上面的对比可以看出,拉康充分地改造并利用了结构主义的理论成果,他的很多观点源于索绪尔,却又不同于索绪尔。他充分利用改造过的能指理论以及结构主义方法对精神分析学进行补充,建构起了拉康式的结构主义精神分析学。有学者评价,拉康使索绪尔的结构概念从静态的僵化的理解与使用中得到解放,使结构成为一个开放的概念,从而使结构主义在更多的社会科学领域发挥了作用。② 当然拉康的理论也不是十全十美,其局限性表现在论断的准确性和不彻底性等方面。③ 但这些都不足以掩盖拉康的伟大成就,并且他也的的确确启发了一大批后来的理论家们。

拉康和索绪尔的渊源对我们学习语言学和其他人文科学都有很大的启示。很多人认为语言学是一门枯燥的学科,没有什么用处,但越来越多的事实证明,恰恰相反,语言学的发展能迅速带动其他学科的发展,无论是人文科学,还是自然科学。语言学具有强大的包容性,与其他学科密不可分。所以,我们每一个接触语言学的同学都要注意将语言学和自己从事的研究结合起来,当你面对一个问题苦思冥想找不到出路的时候,也许换一个角度,从语言学的视角出发,难题便可迎刃而解。

---

①③参见陶秀璈《拉康的语言异化论》教学课件,2008。
② 参见钟晓文/冯寿农,"拉康思想理论",载《福州大学学报》(哲学版),2008,第72页。

拉康的隐喻观与认知隐喻观[①]

徐莲，祝信

隐喻研究是近年来众多学科关注的热门话题，当代最有影响力的隐喻研究主要集中在两个学科：语言哲学和认知语言学。哲学领域的隐喻研究根源于二十世纪西方现代哲学的"语言转向"。法国心理学家、哲学家雅克·拉康将语言学中的隐喻、转喻概念引入精神分析和哲学领域，为隐喻的哲学探讨作出了不可磨灭的贡献。另一方面，二十世纪八十年代，以莱考夫、约翰逊等为代表的认知语言学迅速崛起，其建立在体验哲学基础上的富有解释力的隐喻观得到了广泛认可。虽然两者的侧重点不同，但其观点在许多方面却有相通之处。本文在拉康和莱考夫的隐喻观为主线，探讨隐喻在语言哲学和认知语言学领域的发展。

一、传统隐喻观

隐喻的研究可以追溯到古希腊，一直存在着两种截然不同的观点。一种是以柏拉图为鼻祖的"贬斥派"，他们认为隐喻对我们的思维贡献不大，甚至有害。而另一种以亚里斯多德、昆提良、方达尼尔、理查兹等为代表的"赞赏派"却认为，我们的语言和思维过程中充满了隐喻，认为人类思维本质上是隐喻性的。

[①] 广义的隐喻包括隐喻和转喻，本文探讨的隐喻观包含了这两者。

从研究范围和方法上看，隐喻的研究到现在经历了修辞学研究、语义学研究和多学科研究三个阶段。亚里斯多德是第一个对隐喻进行系统研究的学者。他认为隐喻是用一个表示某物的词借喻它物，使用隐喻是一种天才的标志。随后，罗马修辞学家昆提良提出了"替代论"，认为隐喻是用一个词去替代另一个词的修辞现象。亚氏和昆提良的观点都将隐喻看做是词语层面上的一种修饰方式，是正常语言规则的偏离。

20世纪30年代，由理查兹提出，布莱克完善的"互动论"成为第三种最有解释力的隐喻理论，认为隐喻是一种新意义的创生过程，是两个主词词义相互作用的结果。"互动论"突破了将隐喻作为一种修辞现象的局限，把隐喻作为一种语义现象，放到句子层面进行考察。语言学家雅各布森运用转喻和隐喻修辞理论分析诗歌，认为诗的功能即从选择轴上把类似性原则转换到结合轴上。

20世纪70年代初，随着西方哲学的语言学转向以及符号学、认知心理学的发展，隐喻成为哲学、心理学、符号学乃至心理分析学瞩目的研究课题。（束定芳，2000）拉康的隐喻观正是这个时代的产物。

二、拉康的隐喻观

（一）拉康的哲学思想和语言观

拉康的语言观建立在许多伟大的哲学家、语言学家的观点的基础上，其中主要包括弗洛伊德对语言与无意识的关系的论述，索绪尔的结构主义语言学，雅克布森的隐喻、转喻说，斯特劳斯的"结构人类学"以及海德格尔的语言是人的家园的观点。拉康对能指/所指、隐喻/转喻，实语/虚语以及语言与人的主体性之间的关系作了独特理解，使人们对笛卡尔以来的理性主义哲学传统有了新的认识。（岳凤梅，2005）

拉康的"语言学转向"是从斯特劳斯的人类学工作中得到灵感的。他仿效斯特劳斯运用结构语言学的方法研究文化的思路，力图为精神分析理论提供一个概念上的严格。(李娟,张涛,2008)他的口号"重返弗洛伊德"即是在在语言学理论的光亮中重读弗洛伊德。他认同弗洛伊德的观点,认为无意识先于语言表述,代表的是被剥夺了语言表述的那些思想内容。无意识具有同语言一样的结构,并且是语言的一种特殊效果;无意识是有规则的,它的意象同意识的那种连续线形出现的意象不同,而是经过压缩或置换的结果。(岳凤梅,2005)

拉康承认自己与结构主义语言学的历史关系,但他对于结构主义语言学进行的是批判的吸收。他遵循索绪尔的观点区分了语言与言语,但更进一步阐明自己的观点:言语是一种运用语言的行为,"作为行为它必定有一个主体",同时,作为主体的行为,它"至少可以说在这个行为中主体又必定有另一个主体",即聆听者。(拉康,2001)拉康借用了索绪尔的能指和所指概念。索绪尔将语言构想为一个符号的系统,而拉康则将其构想为一个能指的系统。拉康的将索绪尔能指与所指相对应的关系改造为 S/s。能指 S 相对于所指 s 来说具有"优先性"。他还从雅各布逊分析诗学的理论中借鉴了隐喻和转喻的概念,把它们同弗洛伊德的压缩/置换的概念结合起来,提出隐喻压缩和转喻置换的说法,认为这两种象征的表达方式为理解人们的心理机制提供了一个模式。

海德格尔在《存在与时间》中指出,语言不是表达的工具,而是人的存在家园,是使人成为人的存在前提;他还认为语言是人的主人,而人则是语言的奴仆。拉康关于语言的观点在很大程度上也受到海德格尔语言观的影响,认为不是我们在表达语言,而是语言借助我们表达它自己;他还把海德格尔的这种存在主义语言观同他的主体性概念结合起来,提出语言建构人类主体性的观点。(岳凤梅,2005)

(二)拉康的隐喻观

拉康认为,无意识结构的机制与语言的机制是相同的,它通过隐喻和转喻来运作。拉康关于隐喻和转喻的概念借自雅各布逊。隐喻是用一种事物代替另一种事物,它的存在条件是事物之间的相似性。转喻是通过符号之间的邻接关系进行的事物间的替代。雅各布逊区分了语言的两个基础的相对的轴:

隐喻的轴处理的是语言的项的选择并且考虑到它们的替代，而转喻的轴处理的则是语言的项的组合。每一句话的形成都要经过"垂直的"替代和"水平的"组合这两个过程，这是语言最基本的两个操作过程。拉康指出，通过隐喻和转喻，"语言即使不完成一切也是组织了人间关系的一切"。（拉康，2001）

拉康发展了雅各布逊的观点，提出了著名的隐喻转喻的公式。

隐喻公式：$f(S'/S) S \cong S(+)s$

左边括号外的 f S，意指功能，也可以说是意指的效果。括号内的 S'/S，意味着"一个能指对另一个的替代"。（李娟，张涛，2008）

转喻公式：$(S \cdots S') S \cong S(-)s$

在转喻公式中，S 表示系统的能指，S'表示无意识的词，S 是对 S'的一个转喻的过程。能指 S 与所指 s 之间的联系，不是实质性的被指定的联系，只是一种邻接的并存关系。（李晗蕾，2002）

拉康进一步用隐喻和转喻来说明精神分析学中的两个概念：移位和压缩。这两个概念是弗洛伊德释梦的两个基本功能。压缩是"把无意识中一些原本是分散的因素结合在一起，它所依据的是这些因素之间的相似性和因果关系。"移位是对无意识现象的整理过程，"它是更为自由的，任意的联系，是空间性的，共时性的联系，超越了类似性与因果关系的限制。"（方汉民，2000）拉康认为隐喻与压缩可以对应，它们的构成材料都具有相似性特征，梦中的凝聚作用产生于相似性。转喻可以与移位对应，空间性的联系与转喻的联系相同，只有通过替代才能体察梦中的移位作用。拉康把转喻看做是欲望，隐喻则相应地成为症状。（李晗蕾，2002）

拉康关于的梦的结构语言学的隐喻和转喻理论影响了20世纪法国乃至西方的文学艺术观念，在修辞学或文体学、批评阐释及文学生产实践等诸方面显出独特的促进作用。在稍后的十几年里，认知语言学的隐喻/转喻观以其强大的解释力突破了传统隐喻观，获得了包括语言学界和哲学界在内的广泛认同。莱考夫等人从语言学的角度认识世界，将语言学的触角延伸到哲学层面。而拉康正与之相反，以哲学为本，语言学为用，吸收语言学的成果来论述哲学问题。两者的交集最突出的体现就是隐喻观。

三、认知语言学中的隐喻

(一) 认知语言学的哲学基础和语言观

认知语言学的哲学基础被称为"体验哲学"(embodied philosophy),我们可以从莱考夫和约翰逊在1999年合著的《体验哲学——基于身体的心智及对西方思想的挑战》(Philosophy in the Flesh——The Embodied Mind and Its Challenge to Western Thought)中获得其基本观点。书中批判了曾经风靡西方的经验主义和唯理主义的传统哲学观,如客观主义、形式主义、二元论、天赋论等,以普特南提出的内部实在论为基础建立起一种全新的非客观主义的哲学理论。其核心思想有三条:心智的体验性、认知的无意识性和思维的隐喻性。(王寅,2005)

(1) 心智的体验性 我们的概念、范畴、推理、心智是通过我们的身体经验形成的,深深植根于人类对物质世界、社会世界、文化世界和心智世界的体验之中。人类大部分推理的最基本形式依赖于空间关系和身体部位,它们为我们日常推理提供了认知基础。在语言与现实之间存在思维、认知这一中间层次,反映在语言中的现实结构是人类心智的产物,而人类的心智又是身体经验的产物,这就彻底批判了笛卡儿和乔姆斯基的"心智与身体分离"的二元论。

(2) 认知的无意识性 体验哲学批判了许多乔姆斯基的语言哲学,唯独继承了"认知的无意识性"这一观点。传统的英美分析哲学认为,所有思维都是有意识的,通过先于经验的反思就能完全知晓。体验哲学则认为这是办不到的,他们认为大部分认知和推理(至少有95%)是无意识的,这决定了全部知觉思维的结构。没有这种无意识思维,就没有有意识的思维。这种无意识认知就像一只"看不见的手",指挥着我们对经验进行概念化。

(3) 思维的隐喻性 体验哲学尖锐批判了隐喻仅是词语的用法,是语言的异体表达方式这一传统隐喻观。提出隐喻是人类认识和表达世界经验的一种普遍的方式，隐喻语言也是正常语言的一部分。

认知语言学在体验哲学指导下提出了全新的语言观，强调人的经验和认知能力在语言运用和理解中的作用，认为没有独立于人的认知以外的意义，也没有独立于人的认知以外的客观真理。语言不是封闭的、自足的体系，而是开放的、依赖性的，是客观现实、社会文化、生理基础、认知能力等各种因素综合的产物。认知是语言的基础，语言是认知的窗口；语言是巩固和记载认知成果的工具，能促进认知的发展。（赵艳芳，2001）

（二）认知语言学的隐喻观

1980 年出版的莱考夫和约翰逊合著的《我们赖以生存的隐喻》（Metaphors We live By）掀起了一股认知语言学视角下的隐喻研究热潮。认知隐喻观一反隐喻理论的传统观点，认为隐喻不仅仅是语言修辞手段，而是人们思维、行为和表达思想的一种系统的方式，即隐喻概念（metaphorical concept）。在日常生活中，人们往往参照他们熟知的、有形的、具体的概念来认识、思维、经历、对待无形的、难以定义的概念，形成了一个不同概念之间的相互关联的认知方式。隐喻概念在一定的文化中又成为一个系统的、一致的整体，即隐喻概念体系，在人们认识客观世界中起着主要的和决定性的作用。隐喻是不同领域内一个范畴向另一个范畴的语义延伸，两个范畴之间具有系统的一致的类比性，这种类比性对于理解目标范畴具有重要作用。一般来讲，隐喻的源范畴为具体的范畴，而目标范畴是后认知的具体范畴或抽象范畴。隐喻是源模式向目标模式结构的映射。这种映射是经验和理解的结果。隐喻大致分为结构隐喻、方位隐喻和实体隐喻三类。（赵艳芳，2001）

认知语言学认为转喻不是词语的替代关系，而是人们认识事物的一种重要方式。一个物体、一件事情、一个概念有很多属性，而人的认知往往更多的注意到其最突出的、最容易记忆和理解的属性，即凸显属性。转喻是在相接近或相关联的不同认知域中，一个突显事物替代另一事物，如部分替代整体，功能替代物体，容器替代内容物等。与隐喻相同，转喻也是基于人们的基本经验，其实质是概念性的，是自发的、无意识的认知过程，是丰富语言的重要手段。（赵艳芳，2001）

四、拉康的隐喻观与认知隐喻观

从上面的论述我们可以看出，拉康理论与认知语言学的一个重要接点就在隐喻。隐喻理论是认知语言学的基石之一，但认知隐喻理论并不仅仅局限于语言学的范畴，隐喻/转喻认知模式是人类认识世界的基本方式，因而已经上升到了哲学的地位。而隐喻对于拉康而言，却是重要的研究工具。他运用原本属于语言学范畴的隐喻/转喻概念阐述哲学观点。我们可以发现拉康隐喻观与认知隐喻观的一些相通相似之处。

首先是文化与隐喻的关系。以笛卡尔为代表的唯心主义唯理论认为心智与身体是两种截然不同并可以分离的实体；智能的本质是思想，能够脱离身体而存在。语言是个人的直觉、思想、情感的表现，意义是主观的，是不能充分传递的。（赵艳芳，2001：4）拉康反对这种观点，认为主体的意识受社会各方面的影响，自我首先应被理解为一个"说话的主体"，亦即一个使用某文化语言的主体。说话主体的思想首先由他的语言体系决定，而这种语言体系从根本上讲是隐喻性的。（童明，2005）认知语言学的观点与之相似，认为思维是不能脱离形体的。人类的认知结构来自人体的经验，间接的概念是运用隐喻、转喻思维的结果。同时隐喻、转喻的结构投射并不是凭空产生的，而是基于人们的生理、生活经验和文化环境。莱考夫和约翰逊告诉我们，文化体系的隐喻影响着我们的思想。拉康说，文化体系的隐喻构成了使用那个文化语言的自我（主体）。两者在反对唯理论的观点上是一致的，认为"意义是以文化的脚手架形式存在的"。（童明，2005）

其次是隐喻与意义的关系方面。拉康指出表意过程由相互关联的表意链组成，意义是在表意链的衔接点产生的。这些衔接点是隐喻或转喻性的。（童明，2005）这一点也与认知语言学相似，隐喻/转喻这样的联想对词语语义范畴的发展起了至关重要的作用。人们认识具体事物的范畴化能力是以"原型"为中心向外扩展的。随着社会的发展，人们不断认知和创造着新事物，当语言已经不能满足对事物的表达时，人们并不是无止境地创造新词，而是利用现有的词语，通过隐喻和转喻等手段表达新概念，发展新的意义。

但隐喻/转喻并不能完全表达新的意义，"隐喻性概念可能限制或扭曲意义"。这一点拉康也有近似的论述，他说，我们表意时，常常是一个表意叙述指向另一个表意叙述，所指的未必完全是我们想要表达的意思，所指不断被推延，"所指在能指之下不断滑动"。（拉康，2001）

第三，关于常规隐喻和创新隐喻。拉康认为，语言的整个结构由固化了的概念性隐喻（也即常规隐喻）胶合在一起。说话主体如果被这些传统化的隐喻所禁锢，就只是"语言的奴隶"。人生活在一种文化语言中，自我已经被这种语言所建构。（童明，2005）他必须知道自己的欲望与建构他自我的文化语言在哪方面发生了冲突，进而学会如何从控制他思维的传统化隐喻中解脱其自我，才能获得自由。认知语言学的观点与之相通，认为创新隐喻是对固化了的常规隐喻的突破，来源于文学家个人独特的感受和体验，或者是出于表达新事物的需要。这些创新隐喻到创造者具有"比常人更敏锐的观察力和联想能力"，"隐喻的发展是由于'智人'的启发"。（赵艳芳，2001）

五、结 语

拉康的哲学和心理分析学理论与当代认知语言学在隐喻理论上出现的交集并不是偶然的，是当代隐喻多学科研究的产物，是时代的产物。隐喻的研究需要这种交集，正如孙志农（2007）所说，"哲学家热衷理论思辨，对具体的语言问题并不感兴趣，所以他们的隐喻研究只局限于隐喻本质、隐喻意义的性质等理论问题。"而隐喻课题的重要性决定了它已远远超出了语言学单学科的研究范畴，只有兼容并收认知科学、语言学、哲学、心理学、物理学、精神分析学等多学科的研究成果，才能取得更大突破。

参考书目

1. 方汉民，《后现代主义文化心理：拉康研究》，三联书店，2000
2. 拉康著，褚孝泉译，《拉康选集》，上海三联书店，2001
3. 李晗蕾，《拉康语言哲学思想述评》，《平顶山师专学报》，2002.06
4. 李娟，张涛，《雅克·拉康的语言学》，《黑龙江科技信息》，2008.03

5. 束定芳,《隐喻学研究》,上海外语教育出版社,2000
6. 索绪尔著,高名凯译,《普通语言学教程》,商务印书馆,1980
7. 孙志农,仇旭,《当代隐喻研究的两种路径》,《苏州教育学院学报》,2007.03
8. 童明,《喻说的再发现——拉康、莱考夫/约翰逊和新喻说理论对诗学的启示》,《外国文学》,2005.01
9. 岳凤梅,《拉康的语言观》,《外国文学》,2005.03
10. 王寅,《体验哲学与认知语言学对语言成因的解释力》,《国外社会科学》,2005.06
11. 赵艳芳,《认知语言学概论》,上海外语教育出版社,2001

分裂的堂吉诃德

——对《堂吉诃德》的拉康式解读

张 凯

堂吉诃德是塞万提斯在 17 世纪创作的一个人物形象，他沉溺于骑士小说之中，无视现实的一切，完全认同于骑士小说中的人物和世界，甚至要像中世纪的骑士一样漫游。由于对自我的认知陷入了一个虚幻的境地，因此在现实中他处处碰壁，他就像拉康镜像阶段中的婴儿一样，透过一个虚幻的镜像找到了自我的存在，这个"自我"却只是一个影子。堂吉诃德就是从这个误认开始，建构起了自己的想象世界，并以不断言说的方式将自己的身份危机向后推移，同时也将自己的欲望隐藏在了这一能指链下。

一、身份的误认

堂吉诃德认为自己是一个"骑士"，这种对自己的认识促使他经历了整部小说中的漫游。这实际上是一种误认，堂吉诃德在骑士小说看到了一个理想中的人物，小说开始时的堂吉诃德就像刚出生的婴儿一样，对自己无法认知，所以他在阅读骑士小说时将一个"骑士"形象认同在了自己身上，就像拉康所说的"镜像阶段"中的婴儿一样。"镜像阶段"是拉康对精神分析领域一次重大发现。这一所谓的镜像期大约发生在 6—18 个月之间，在此阶段中幼儿尚无法控制自己的身体、协调四肢的运动，但他的视觉神经和器官已发达到足以认识自己的镜中影像，摆脱其"支离破碎的身体"的处境，从而确认自身的同一性。他第一次将自己构想成一个内在协调而且具有自我主宰力的实体。于是这个作为主体发挥作用的"我"就被突然抛到了世间。这时候，作为主体的"我"被发现，但是这个"我"却是一个虚幻之物。人们从一开始对自我的认识上就走入了歧途，是人们在现实中无法把握的虚幻性、分裂性作出的努力。堂吉诃德便是这样一个身陷在这个镜像认知中无法自拔的人物形象，在小说的开端他要确认自我的"同一性"，对自己有一个清晰地认识，而他却在阅读骑士小说时将自己定位在中世纪的骑士身上了，这个骑士在现实中已经不复存在，他却仍然执著于这个身份。"镜像阶段是场悲剧，它的内在冲劲从不足匮缺奔向预见先定——对于受空间确认诱惑的主体来说，它策动了从身体的残缺形象到我们称之为整体的矫形形式的种种狂想——一直达到建立起异化着的个体的强固框架，这个框架以其僵硬的结构将影响整个精神发展。"① 这种"由'镜像阶段'经验所开创的自我想象功能，并不会随着'镜像时期'的结束而结束；相反，它作为人类主体不可或缺的一种能力贯穿于生命的始终。"②

他本来是一个穷乡绅，闲来无事，读骑士小说读得了迷，从而"整天玩浸在书里，每夜从黄昏读到黎明，每天从黎明谈到黄昏"，竟至忘了打猎，忘了管理家产，并且卖了好几亩地，把能弄到手的骑士小说都买了来，后来，终于读到理性全无，整天里想入非非的地步："他要去做游侠骑士，全身披挂，手持武器，骑着骏马，周游世界，行侠冒险，将书中读到过的游侠骑士们做过的事情，他也做一遍……这可怜的绅士幻想凭自己双臂的力气，显身成名，少说也得当个特拉比松达国的皇帝。"③ 这里是堂吉诃德的认知的起点，从这里开始，他对自己身份的认识就放在了已经逝去的中世纪骑士身上，如同婴儿见到镜子时的状况一样：将一个镜中虚幻的形象认同为自身。从这个地方我们可以得出这样的结论：堂吉诃德的对自我的认识不过是一个"身份的误认"，而不能说是对自我主体的认知，这是一个想象的认同，"这种想象的功能关系就像是一个被吹起的肥皂泡，它靠着亮晶晶地映照着他人的影

---

① [法]拉康，《拉康选集》，褚孝泉译，上海三联书店，2001，第93页。
② 黄作，《不思之说——拉康主体理论研究》，人民出版社，2005，第12页。
③ [西]塞万提斯，《堂吉诃德》，屠孟超译，译林出版社，1995，第13页。

像维持着,虚幻的想象关系则是这里不断吹进的空无一物'自我'的气体。"① 可以说,这里没有主体,也没有自我,只有一个身份的认同问题,他将一个小说(镜子)里的形象认同在自己身上,将对自己身份的认知定格在了一个影像上。

这种对自己身份的认同是在小说开端就开始了:"他要去做游侠骑士",但是他对自己身份的确认却经历了一个过程,首先是他的装备,其次是情人,最后是授勋仪式,这些在常人看来疯子的举动对于堂吉诃德而言却是自己世界的开端,特别是在授勋仪式结束后,他的骑士身份才得到了自己的肯定,这个肯定使堂吉诃德对自己身份的误认最终完成,从此以后他就以"骑士堂吉诃德"的身份开始漫游,开始了骑士的建功立业。在这里,他已经没有自我意识,完全是一个"身份"的认知,这个认知来源于骑士小说,来源于他对骑士的幻想。从拉康的理论来看,堂吉诃德就是一个没有将自我和镜像分离开的偏执狂,他对自己的认识就是一个对镜像(骑士)的理解。实际上,我们可以这样说,堂吉诃德并没有一个对"自我"的认知,而只是一个对"身份"的认同,而这个"身份"对他而言就是他的"自我",这个"自我"却是一个虚无的镜像。

对于这样一个"身份"的认同也使堂吉诃德对这个世界的认识发生了改变,他要为自己的身份寻找存在的空间,这个空间就是他将之"骑士小说化"了的现实。因此,"酒店"是"城堡";"店主"是"城堡主";"风车"是"巨人"……现实世界被堂吉诃德转化成了自己的"想象世界"。在这里,我们可以看到,堂吉诃德随自己身份的确认以及这个"想象世界"建构是互为因果的,他的身份只有在这个世界中才有可能,相应的,只有他身份的确定,才能建构起这个充满了魔法与怪物的"骑士世界"。"正是自我这种误认性的想象功能造就了一种以自我为代表的想象秩序,拉康称之为'想象界'(L'Imaginaire)"② 对这种想象秩序的坚持导致了堂吉诃德与他人沟通的不可能性,堂吉诃德执著于这个想象世界的理解方式,而其他人处于拉康所认为的"象征界"。象征秩序的重要特征在于语言能力的获得,而我们在小说中

---

① 张一兵,"拉康镜像理论的哲学本相",《福建论坛》(人文社会科学版),2004,第10期。
② 黄作,《不思之说——拉康主体理论研究》,人民出版社,2005,第12页。

可以看出，堂吉诃德实际上是处在这个语言秩序之外的，他的话就像儿童牙牙学语阶段时的"话语"，这些话语对他人而言仅仅是一连串声音形象的流动，他的话就像是梦呓一样拒绝了他人的理解。所以，他的这些"话语"都是指向他自身的，特别是在他的行为触碰到冷冰冰的现实时，他所说的一切都是在为自己的身份作辩护："我想一定是那个摄走我的书房的书籍的沸莱斯通，为了剥夺我胜利的光荣，把巨人变成了风车。"① 他以这种自我辩护的方式既保证了自己身份的合理性，同时也将他的想象世界的秩序进一步完善，小说中的堂吉诃德用不断言说的方式将他的想象秩序这层外衣笼罩在了冷冰冰的现实上，从而为自己的"骑士身份"找到了一块合理的生存场所。

堂吉诃德的"身份"问题贯穿整部小说，由于这是一个误认的身份（至少在小说中的正常人看来），它的确认以及生存在堂吉诃德的漫游中一直遭到周围人（世界）的威胁，正是这种威胁以及质疑声音的存在，堂吉诃德才不得不一直在为自己的"身份"辩护，但是他的这种辩护的"声音"却不属于外部象征世界的语言秩序，与他人沟通的失败使他的语言停留在了自我的范围内，他的辩护也仅仅是坚定了他自己的"身份"意识，可以说，小说中堂吉诃德的话可以认为是他的"喃喃自语"，这样的话语失去了沟通的功能，我们可以将其认为是堂吉诃德无意识的表达，正是在这里，堂吉诃德的真实欲望浮出了纸面。

二、欲望的指向

堂吉诃德的欲望是什么？也就是说，作为"骑士堂吉诃德"，他的欲望是什么？"建功立业"、"杜尔希内娅"、"特拉比松达国的皇帝"，这些仿佛都是堂吉诃德一直所欲求的东西，但是，这些远远不是他的欲望。在考察堂吉诃德的欲望之前，我们先来认识一下拉康的"欲望"学说。

首先，我们要区分需要——要求——欲望。"需要"源于人在生存上的缺乏，体现为种种可以掌握到的欲求对象，它是人可以得到的具体事物，人

---

① ［西］塞万提斯，《堂吉诃德》，屠孟超译，译林出版社，1995，第45页。

一旦到了自己"需要"的对象，"需要"便会消失。"作为无言的物性的具象，需要中的'我要'的出现和满足都是稍纵即逝的。"① 堂吉诃德并不"欲望"自己"需要"的，因此，"建功立业"等这些作为可以得到满足的具象，都只是"骑士堂吉诃德"身份生存的基本保证，在小说的开端我们就可以看到，在堂吉诃德看来，要确认自己的"骑士身份"，"建功立业"、"杜尔希内娅"、"特拉比松达国的皇帝"等都是必不可少的，他要维持自己身份的基本生存需要，必须要得到这些。因此，这些并不是堂吉诃德的"欲望"。

堂吉诃德在确认自己的"骑士身份"后，走出了书房，进入了外面的"象征世界"。他要用象征世界的符号——语言来和其他人交流。拉康认为"需要"一经"喊出"就再也不是那种稍纵即逝的满足，而变成了"要求"，这种"呼喊"不仅仅是生理上"需要"的满足，还有更深层的含义，就是他人的关爱，在对"需要"的呼喊中隐蔽的表达出来，所以，"要求"是一种不在场的在场，"要求本身涉及到的是它所要满足的以外的别的事。它要求的是一个现显和一个远隐。"② 他的"要求"就在这些交流中流露了出来。在"城堡"（酒店）中，堂吉诃德要店主给他授勋，"授勋"是一种"需要"，在"需要"之后，我们可以看到，堂吉诃德实际上是在"要求"一种与"骑士"完满包容的状态，作为骑士身份的"堂吉诃德"和作为现实生活中的"堂吉诃德"，在他走出自己的书斋时已经开始了分化，堂吉诃德希望的是两者的整一，这种整一的"要求"就在他的"授勋"、"建功立业"、"杜尔希内娅"这些"需要"背后被他所忽视。实际上，他的出游是一种身份上的自杀，他开始时在书斋中的身份认同在走出书斋、接触外部世界的一霎那发生了分裂，这种对分裂的恐惧深深的隐藏在他的潜意识中，只有在他言说的背后我们才能找到一些蛛丝马迹。

那么，堂吉诃德的"欲望"到底是什么？在拉康看来，"欲望"就是登录在语言上的对于"无"的渴望，与人无关的他者的话语。可以这样理解，"要求减去需要后所余下的就是欲望"③ 语言的介入使"需要"和"要求"

---

① 张一兵，《不可能的存在之真——拉康哲学映像》，商务印书馆，2006，第300页。
② ［法］拉康，《拉康选集》，褚孝泉译，三联书店，2001，第593页。
③ 黄汉平，《拉康与后现代文化批评》，中国社会科学出版社，2006，第79页。

发生了断裂,正是在这个断裂中,"欲望"产生了:"在要求和需要分离的边缘中欲望开始成形。这个边缘地带是要求以需要会带来的那种没有普遍满足(称之为'焦虑')缺陷的形式开辟的。"① 我们从他的"需要"与"要求"断裂的地方分析,在这个裂谷带,我们捕捉到了堂吉诃德所说的"骑士",这里仿佛是他的"欲望"显现的地方,然而,这也不是他的"欲望",他所谓的"骑士"是一个从"骑士小说"中得出的概念,同时,也包括着现实中堂吉诃德的同代人对"骑士"的理解,也就是说,这个"骑士"仅仅是登录在语言系统中的一个形象,这个形象不仅为堂吉诃德所认同,也为所有人所认同,"骑士"作为在语言中可以传达的概念是"存在"的。"骑士"作为骑士小说中塑造形象,其本身是在"他者"的言说中形成的,而堂吉诃德也使身处"他者"之中,不是他"言说"着"骑士"的意义,而是"骑士"通过堂吉诃德来言说着自己。"欲望是要求在其本身中造成的间断中显示出来的东西,条件是主体在构成能指连环时将存在缺失表现了出来,又加之以吁请接受对这个缺失的他人的补足,如果作为言语的所在的他人又是这个缺失的所在的话。"② 当我们"言说"我们的"欲望"时,其实是在"传达"一个他者的"欲望","人所欲望的从一开始就是人所缺乏的,然而当人把欲望说出来、把欲望符号化的时候,人便在'无意'中掩盖了欲望之虚无性。"③ 也就是说,我们"言说"的"欲望"实际上是"他者"在"言说"一个虚无的"他者的欲望"。堂吉诃德一直在言说着"他者"的欲望,欲望着他者的欲望,

但是,为什么堂吉德对"骑士"的追求却不为人们所接受呢?原因就在于,这个"骑士"实际上是一个存在意义上的"无",而他却将其理解成一个"有"。其实,对所有人而言,"骑士"形象都是被他者建构起来的,人们对这样一个理想形象的认同可以在"言说"中得到补偿,而不需去"扮演",而堂吉诃德却在"他者"话语的蛊惑下实践了这个形象,他没有看到这个"骑士"后面那个大大的"无"——仅仅是能指。所以,堂吉诃德的"欲

---

① [法]拉康,《拉康选集》,褚孝泉译,上海三联书店,2001,第624—625页。
② 同上,2001,第566—567页。
③ 黄汉平,《拉康与后现代文化批评》,中国社会科学出版社,2006,第80页。

望"就是一个存在意义上缺失的"骑士"话语，一个被他者建构的"无"。

堂吉诃德的"欲望"与其"身份"紧密相连，在认同一个"镜像"之后，堂吉诃德便开始寻找自己的"骑士"，在堂吉诃德眼里，他就是"骑士堂吉诃德"，他要履行一个"骑士"的职责，追逐一个"骑士"应该追逐的东西，从而成为一个真正的"骑士"。而实际上，"堂吉诃德"是一个影子，"骑士"也只是一个悬挂在他者话语上的空无之物。堂吉诃德的欲望就是这样一个虚无缥缈的空壳，一个他者的欲望，也就是一个只能被他者不断言说的欲望。这是一个陷阱，堂吉诃德就是掉进这个"他者"陷阱中的角色，他的漫游也就是在这个"陷阱"里的原地徘徊，"骑士"漫游也就是在能指链条上的滑动，或者说是能指的换喻，他不过是从一个能指跳到另一个能指。堂吉诃德高兴的以为自己在追逐着他的真实欲望，而实际上，他的真正欲望却藏在这个能指链条下随着他的言说而不断滑动，堂吉诃德永远也不会知道真相。

三、结　语

堂吉诃德的分裂是由自身误认开始的，对镜像的认同是他在自我认识上的重要转折，从此之后，他便在"认同"和"现实"上被分成了两个部分，他执著的在"现实"中走"认同"之路，却不知这个"认同"的不过是一个虚无之象。堂吉诃德以"骑士堂吉诃德"这个虚无的身份在一条终点是"无"的路上越走越远，离自己的真相也越来越远。

这种误认使他自己无法与这个世界认同，为了维护这个脆弱的"误认身份"，他不得不充分发挥自己的想象力编织一块虚幻的布笼罩在这个世界上，在"误信"中坚持自己"正确"的骑士之路。其次，堂吉诃德又是一个他者欲望的牺牲品。"骑士"是人们在象征世界中建构起来的话语之象，像一个肥皂泡一样泛着美丽的光芒，里面却是空空如也。堂吉诃德为这些美丽的肥皂泡所吸引，他和其他人一样可以不停的"描述"着这个美丽的图景，唯一的不同在于，他相信美丽的肥皂泡背后是一个绚烂的世界，但是其他人却明白肥皂泡除了"无"以外一无所有，所以，其他人将他不断触碰这个肥皂泡的行为视为"疯子的举动",而他在几次尝试之后也终于将这个肥皂泡捅破,"无"的出席才让他明白了这出美丽童话的真相。

这是一个人人都在上演的"悲剧",身份、欲望是每一个人都要面临的认知问题,堂吉诃德实际上是一个游荡在现代都市中的精神病患者,他的问题在每一个现代人身上都在上演。对古典名著的现代式解读,可以让我们对当下的生存状态有一种更深入的理解。

对拉康"无意识是他者话语"的重新解析

王洁卿

二十世纪西方哲学在发展过程中出现了"语言学的转向",其影响遍及文学,美学,精神分析学等各领域。雅克·拉康(Jacques Lacan, 1901 – 1981)是二十世纪精神分析学的大师,他借助结构语言学的观点,针对人的主体性问题,尤其是无意识的本质,对弗洛伊德的精神分析学进行了重新阐释,实现了对传统精神分析学的一次语言学革命。本文主要结合语言学和社会心理学的观点对拉康关于主体概念的产生和无意识的本质的有关表述进行剖析,从而揭开人类心理现象,尤其无意识之谜。

一、主体概念的形成

拉康认为语言对主体意识的产生起了非常重要的作用。首先,婴儿在进入语言之前,最初并非一个主体,而是一个前主体。它唯一的需要就是成为母亲的一个附件,也就是一个东西,一个客体,而不能作为一个独立的存在者,一个主体。在拉康看来,不像弗洛伊德认为的那样,儿子恋母,女儿恋父,而是所有的婴儿爱恋的都是母亲,都希望与母亲合而为一。与母亲合而为一便是至善,就是极乐。婴儿要成为一个独立的主体,必须经过两次异化,第一次是发生在镜子阶段的镜像认同,认同于一个形象。然后在此基础上,在俄狄浦斯阶段经历第二次异化,遭遇到父亲的法律,受到父亲的警告:你决不可以与你的母亲结合!父亲的介入打破了母子之间二元的自恋的想象秩序,把婴儿带入了一个三元的文化的象征秩序。婴儿因此得以与母亲分离,从而成为一个独立的主体。这里所谓的"父亲"具有象征意义,父亲的法律,就是由父亲所代表的文明要求的法则,这些法则首先表现为一些禁令,而这种法则归根到底便是语言的法则。文明所要求的禁忌以最隐秘的方式体现在语言的法则之中。比如说,任何一种语言都区分了"我","你","他/她"的概念。

婴儿进入语言秩序,也就是拉康所说的象征秩序,意味着已经在镜子阶段具有了原始自我意识的婴儿对语言包含的法律的认同。但在这个认同的过程中,从婴儿开口说话的那一刻起,主体就被神秘地抹除了,只能由一系列的能指在无穷的换喻中去徒劳地追逐他。语言何以具有这样的功能呢?动物与人的根本差别在于,动物永远不能把自己当作一个对象去思考,它永远与自己是同一的。但人不同,由于人会说话,所以他不仅能思考周围的世界,而且还能把自己当作一个对象来思考。这样一来的结果便是,一旦他思考,他立刻便与自己分裂,由一个空洞的转换词"我"来代替自己;要命的是,人一直对此毫无觉察。所以拉康用"我思故我不在"代替了笛卡尔的"我思故我在"。无论是在最初的镜像认同中,还是在后来的俄狄浦斯认同中,主体都是在一个虚构的方向上去建构他的自我;在镜子阶段,他所认同的是一个形象,在俄狄浦斯阶段,他所认同的是父亲的法律。也就是说,无论在哪一个阶段,主体都将一个他人或他物认作自己。从这个意义上说,主体的形成本质上就是一种异化的结果。

拉康强调语言对主体意识提供了支点的作用。具体地说,"我"这一语法范畴是个体称为"主体"的标志,"我"不可能在没有你,没有他和没有与"我"相对立的听者的情况下被理解,只有与"你"这一非"我"的概念的比较中,自我的意识才成为可能,因此真正构成主体性的是我——你的辩证关系。通过这种人称关系,语言带来了人际间通讯,由此产生对自我的反省。因此在语言中和通过语言,人才能够成为主体。拉康认为的确个人在语言干预之前,就已经具有一个主体性的直觉,但是语言通过提供这一主体性的语法范畴才使它现实化。因此语言的学习带来孩子意识的觉醒,将孩子逐渐引领到社会之中。语言是自我意识觉醒的条件。

由此可见,拉康对于主体与语言的关系的思考是非常辩证的,他一方面指出，婴儿（前主体）只有进入象征秩序，进入语言，才能成为一个主体；但另一方面，他又指出，这种主体的形成同时也意味着主体的异化与分裂。因此，主体的"人化"就是"文化"，同时也是"异化"。

二、无意识的本质

拉康认为无意识既不是原始的，也不是本能的，而是语言的。这种观点集中体现在拉康的这句箴言中："无意识是像语言那样结构起来的。"弗洛伊德曾说无意识观念只有物表象而没有词表象，拉康的反对者据此非难拉康的无意识理论。拉康提出了他坚持这一表述的根据："只有得到明确的解释，也就是说，只有通过进入语言从而被联结/说出，无意识才能得到最终的理解"。拉康还把无意识描述为一种话语："无意识就是他者的话语。"这种谜一般的表述可以用许多方式来理解。或许其最主要的意思就是"人们应该在无意识中发现言语对主体产生的影响"。更准确地说，无意识就是能指对主体所产生的影响，因为被压抑的就是能指，以无意识的形式如口误、妙语、梦和症状等回归的就是能指。拉康的这一解释彻底揭开了精神分析的语言治疗之谜。拉康认为精神分析就是语言的分析，它的问题因语言而产生，也必须在语言中得到解决。

应该说拉康有关主体和无意识本质的论断深受当时语言学的影响。那么，语言学到底给他什么样的影响？他的学说是否可以从语言学理论中得到有力支撑和论证呢？下面我们从以韩礼德为代表的功能主义语言学，索绪尔的语言观和近年来对语言学研究产生深远影响的维果茨基社会心理学理论的角度谈谈这些理论如何看待语言和认知。

三、语言学家和社会心理学家如何看待语言的本质

20世纪语言学有两大流派：以乔姆斯基为代表的形式主义和以韩礼德为代表的功能主义。系统功能主义者认为语言的本质是社会性。

1. 语言的社会性

韩礼德的语言学理论被称为系统功能语言学。系统功能语言学从社会的角度研究语言，认为语言不是人天生的一种知识能力，而是"文化和社会所允许的选择范围"（刘润清，1999）。韩礼德把语言看做社会符号，是人们有目的地在语境中表达意义的资源。他认为语言的本质是社会性，是它的功能，语言是在使用中学会的。韩礼德把语境分解为语场（Field）、语旨（Tenor）和语式（Mode）。语场指语言使用时所要表达的话题内容和活动，具体说，即话语参与者正在从事的活动。语旨是语言使用者的社会角色和相互关系，以及交际意图。语式指进行交际所采用的信道，语篇的符号构成和修辞方式。他认为语言具有三大元功能（meta-function）：概念元功能，人际元功能和语篇元功能。概念元功能（ideational meta-function）指语言是对存在于主客观世界的事物和过程的反映，是所说的内容在语言范畴中表现为及物性（transitivity）、归一性（polarity）和语态（voice）。人际元功能（interpersonal meta-function）指语言是社会中人与人之间有意义的活动和做事的手段，必然反映人与人之间的关系。它在语言中由语气（mood）、情态（modality）、语调（key）等范畴体现。语篇元功能（textual meta-function）强调上述两种功能最后要由语言使用者把它们组织成语篇才能实现。语篇功能使语言与语境发生联系，从而使语言使用者只能生成与语境相匹配的语篇。不仅如此，各范畴的具体成分无不为了实现一定的功能，如一个小句的及物性是由参与者（participant）、过程（process）和环境（circumstance）等功能成分构成的，语气是由语气成分（Mood）和剩余成分（Residue）组成的，主位结构由主位（Theme）和述位（Rheme）组成，信息结构由新信息（New）和已知信息（Given）组成等。那么，韩礼德如何看待语言习得呢？

以乔姆斯基为代表的形式主义语言学强调人类能够习得语言主要是因为具有一种天生的语言习得机制，这就是语言习得的生物学基础，而后天环境只起触发先天机制的作用。而与此相反，韩礼德强调语言是在人类社会化的过程中学会的，认为人们是在通过使用语言完成各种功能的过程中习得语言的。他认为婴儿在开始爬行后，有了时空的概念，由此创造了意义。照顾婴儿的母亲与她的婴儿共享构建意义的过程，深信婴儿正在咿呀学语。他还认为语言的及物性是有关认知内容的选择的集合，是对语言外经验的语言表达。他又认为，在语义系统更高的层次上，意义的表达有认知的、社会的、美学的等等。这就是说，意义的识解是社会的主体间相互作用的过程。语言识解人的经验和语言实施社会过程、社会交往两者是互补的。正是由于语言具有社会性，是在完成社会功能中习得，并通过语言来有目的有意识地进行交往和社会活动，因此语言也具体无意识的特性。语言的无意识性，不仅体现在我们用语言来思考，我们的思考结构具有语言的特点，而且还体现在我们日常说话时几乎是不假思索地脱口而出，像吃饭和走路一样自然。总之，以韩礼德为代表的功能主义语言学认为语言的本质是社会性。

2. 认知的社会文化本源

维果茨基的社会心理学理论认为人类的心理过程是通过三种基本的文化因素组织起来的：活动，产品和概念。活动包括游戏，教育，工作，医疗和法律系统，审美创造等。产品包括书籍，器具，计算机等各种工具和相关技术以及包括语言，数字符号系统，图表，音乐等符号工具的使用。概念指社会团体构建出的对个人，物质世界，社会和心理世界以及宗教等的理解。这些文化因素使人与人之间，人与物质世界之间，以及个人与其内在的心理世界之间的关系得以形成。换句话说，人类不是自主的思想者或演员，而是功能系统。人类的心理活动主要通过社会过程和在文化中构建的产品组织并形成的。在这个过程中，语言作为最主要的社会文化符号工具无疑扮演了非常重要的角色。维果茨基的理论启示我们：人们的心理活动的形成离不开语言，同理心理愿望和要求的表达也离不开语言。虽然认知活动必须依赖生物学上一定的先天因素，但包括语言在内的社会文化因素是才是人类认知的来源。

3. 所指和能指

索绪尔将他所考察的语言设定为具有"系统性"，"社会性"，而又"自足自律"的存在实体。他区分了"语言"和"言语"。"语言"指人们在日常使用语言进行交流时所遵守的规则系统或结构，"言语"是我们每个具体的人对于语言的运用。对于具体的个人来说，"语言"是一种先行的存在，人来到这个世界上便加入到一个语言系统之中，他/她就只能接受这个语言系统，按照它的既定规则去参与人际的交流活动。

索绪尔语言观的革命性则是由于他所提出的符号的人为随意性，意义由符号之间的差异决定等独创性的观点。西方传统的语言观中占上风的一派观点认为人是意义的主宰，人使用语言来表达自己的意思，语言符号与语言意义之间是一种一一对应的关系，语言是意义的载体，人们透过语言便能对它背后的意义一目了然，这就是常说的语言是"透明"的。索绪尔的语言观与此针锋相对。他认为凡是语言符号都由两部分组成：物质部分和观念部分。前者在口语中表现为含有特定意义的声音，在笔语中表现为含有特定意义的书面记号；而后者不是一个实物，而只是关于那个物的一个观念，当一个声音被发出，一个记号被写出时呈现在语言使用者头脑中的那个观念。索绪尔把语言符号的声音或书写记号称为"能指"，把语言符号指代的观念称为"所指"，在一个语言系统中，"能指"与"所指"的对应关系完全是随意的，约定俗成的。他还指出，语言意义由语言符号的差异所决定，没有差异就没有意义。这就是"二项对立"原则。也正是由于这一原则，语言才有可能被当作一个由相互关联因素构成的系统来看待。

一旦语言被看成是先于人的一种存在，语言的意义是由语言符号之间的差异决定的，传统语言观所倚重的语言的"透明性"便不复存在了。语言变成了一种"混浊的"载体，再也不可能一目了然，语言必须依靠阐释才能获得，既然是阐释，就不再存在一个大写的、唯一的意义，而只会是多种（甚至是无数种）意义的可能性。这样，过去所认为的语言具有忠实传达人的意思的可靠性也就动摇了。很明显，与维特根斯坦和海德格尔一样，索绪尔从根本上推翻了亚里士多德以来将语言视为主体思想之再现的那种传统的语言观。

综上所述，我们可以看出无论是索绪尔还是韩礼德，都强调语言的社会性，韩礼德还认为语言习得和使用过程具有无意识性。维果茨基则强调认知这种种心理活动的社会文化本源。

四、语言理论对拉康的启发

拉康深受索绪尔语言观的影响,但他进一步提出了自己新的观点。他指出所指和能指之间存在不可调和的裂痕。他强调能指相对于所指具有优先性,没有一个能指会固定在一个所指之上,而是能指链不断地在所指链上滑动。蕴涵在能指之中的无意识受到压抑,无法进入到意识当中,所指在能指下面隐秘地滑动,意义不断地被置换,意味着语言中缺少一个能明确意义的固定点,这个内在的空缺使语言永远都具有模棱两可性。对于索绪尔来说,符号是所指与能指的结合,对于拉康来说,能指同符号相对,符号指涉不在场的事物,能指却指向语言链中其他的能指。拉康认为意识中的话语由符号构成,无意识中的话语则是由那些同所指分离的能指构成。

由此可见,由于拉康和索绪尔各自所持的立场不同,因此得出的结论完全相反,他既受惠于索绪尔的理论又在一定意义上发展了索绪尔关于所指和能指的理论。

在拉康看来,存在着一种无意识的语言,这种语言是自足的,有自己的逻辑。它与日常生活中语言的区别仅在于能指与所指相分离,只有能指的相互作用,所指不在场。由于能指链断裂所出现的语言空白是他者语言,因此对一主体称之为无意识的东西被称为另一主体的语言,这种没有所指的能指是一种症状,而这种症状与弗洛伊德及索绪尔理论都不相同:索绪尔将能指与所指关系看做一张纸的正反面,着眼于两者联系。弗洛伊德将能指所指关系置于个人欲求的快乐原则与公共需要的现实原则的妥协中。拉康则极力拉大裂缝,"我所谓的那种把能指与所指扣住的结合,至今还没有出现过,两者的粘合点始终是虚假的,因此所指始终处于一种漂离滑动的状态"。

为了便于理解,下面以金庸小说《笑傲江湖》第五章"治伤"中令狐冲和仪琳的一段对话为例,说明所指与能指分离后产生的无意识。

令狐冲忽然赞道:"啊,真是好看!"语气之中,充满了激赏之意。
仪琳大羞,心想他怎么忽然赞我好看,登时便想站起身来逃走,可是一时却又拿不定主意,只觉全身发烧,羞得连头颈中也红了。只听得令狐冲又道:"你瞧,多美!见到了么?"仪琳微微侧身,见他伸手指着西首,顺着他手指望去,只见远处一道彩虹,从树后伸了出来,七彩变幻,艳丽无方,这才知他说"真是好看",乃是指这彩虹而言,适才是自己会错了意,不由得又是一阵羞惭。只是这时的羞惭中微含失望,和先前又是忸怩、又是暗喜的心情却颇有不同了。

令狐冲道:"你仔细听,听见了吗?"仪琳侧耳细听,但听得彩虹处隐隐传来有流水之声,说道:"好像是瀑布。"令狐冲道:"正是,连下了几日雨,山中一定到处是瀑布,咱们过去瞧瞧。"仪琳道:"你……你还是安安静静的多躺一会儿。"令狐冲道:"这地方都是光秃秃的乱石,没一点风景好看,还是去看瀑布的好。"仪琳不忍拂他之意,便扶着他站起,突然之间,脸上又是一阵红晕掠过,心想:"我曾抱过他两次,第一次当他已经死了,第二次是危急之际逃命。这时他虽然身受重伤,但神智清醒,我怎么能再抱他?他一意要到瀑布那边去,莫非……莫非要我……"正犹豫间,却见令狐冲已拾了一根断枝,撑在地下,慢慢向前走去,原来自己又会错了意。

这两段话分析起来很有意思。它们都有相同的模式:一开始,说话人的意思被听话人误解,接下来,说话人的意思得到澄清,误解消除。在第一段话里,令狐冲说"啊,真是好看",从字面意思上来看,能指语义模糊,这句话既可以用来赞美自然界的景色,又可以用来赞美人容貌的漂亮,也可以两者兼而有之,到底取哪一种含义,完全取决于说话人令狐冲。在所指不明的情况下,听话人仪琳误将令狐冲的话理解成是在夸奖自己,所以会害羞得"头颈也红了"。好在令狐冲所指的瀑布在场,在接下去的话轮中令狐冲手指瀑布,他前面话语的含义一下子一目了然。仪琳得知真相后,有了和前面不一样的反应,此时是"羞惭中微含失望"。这里仪琳的情绪反应就是一种无意识的表现。

第二段话里令狐冲说要去"看瀑布",表面上看意思很明确,但由于特殊的语境,即仪琳后面心中暗想的"我曾抱过他两次……","看瀑布"这句话又可以有言外之意,因此所指可以有两个:一是字面含义,即令狐冲真的想让仪琳陪他去看瀑布,二是所谓"看瀑布"是假,他真实的想法是乘机让仪琳再次抱自己。仪琳正是想到了第二个含义,所以才会犹豫不决,因为她无法判断令狐冲的意图。后来见到令狐冲自己捡了一根断枝,撑在地上,慢慢行走,才明白他的真实意思,恍悟自己再一次误解了令狐冲。

上述例子说明能指与所指的断裂,即便在平常的话语中也是很普遍的现象,难怪拉康否认存在一种所指与能指完美对接的状态。正是两者之间的裂痕,造成了无意识的产生。所以,拉康说"无意识是他者话语"。

五、结　语

不管是拉康关于主体概念的产生,还是无意识的本质,在他看来都与语言密切相关。他借鉴了语言学研究的成果来解释精神分析的本质,认为语言的介入对于主体的产生起了至关重要的作用,无意识的本质是语言,所以他提出了那句著名论断:"无意识是他者话语"。一般学者普遍把拉康的这句话解读为他说出了无意识的本质,即语言。本文作者认为这样理解似乎不够全面,因为无意识不是在一个脱离社会的封闭的环境中产生的,而是人类在一定的社会文化中,在和他人的交往过程中产生的。拉康说"无意识是他者话语"的"他者",恰好表明了无意识的来源。我们从索绪尔的语言观,韩礼德的系统功能语言学以及维果茨基社会心理学中得到佐证:语言在本质上是一种社会文化现象。因此,这句话其实说出了两层意思:无意识的本质是语言;无意识具有社会性。不管这是不是拉康的本来意思,本文作者认为,只有这样完整解读,我们才能正确理解无意识的本质。

第四篇 ◇ 文化视角中的语言研究

海德格尔的"语言转向"

杨佑文

一般认为,哲学的"语言转向"(the linguistic turn)这一术语主要是用来描述如上所述的本世纪初以来的分析哲学运动,而海德格尔(Martin Heidegger,1889—1966)本人并没有明确表达出他的哲学的某种"语言转向",但若深入其整个哲学思想,却不难发现一条"语言转向"的线索。海氏在其哲学之路伊始便开始关注语言问题,在《存在与时间》中海氏从此在的生存论环节上对语言进行过深入的研究,而后期海氏哲学将语言问题置于其思想的核心地位,并有论文集《走向语言之路》问世。海氏的"语言转向"已引起海内外学者的广泛关注。下文试图对海德格尔"语言转向"的基本内容及其语言观做一些探究。

一、对"存在"的追寻使海德格尔走向语言之路

海德格尔一生所思的是"存在"的问题。在西方语言的日常语境中,"存在"似乎是最平常、最普通的,平常谁也不会细细思量这个"存在",然而哲学就是从对这种"自明的"惊讶而来。海德格尔哲学的一个突出特点是采用词源学分析的语言分析方法,当然海氏的语言分析较之分析哲学的语言分析迥然不同,分析哲学的语言分析是在传统语言观范围内进行的,以语言的清晰性、逻辑性、确定性来澄清哲学语言的"虚假性"、"荒谬性",海氏的词源学分析一开始就突破了传统语言观,力图回到原始的、非逻辑化的语

言。海氏十分崇拜希腊语，认为西方哲学的无根状态源于哲学由希腊文向拉丁文的翻译，因而海氏对几乎所有重要的哲学概念，都考证过从希腊词到拉丁词的转变。在《形而上学导论》中海德格尔专辟一章，探索"存在"一词的原始意义及其隐失过程。从语法上，名词"存在"出于系动词 Sein，希腊人将"存在的意义"命名为 Ousia 或完全的 Par-Ousia，后世的形而上学将 Ousia 译为实体（Substanz），是有失本义的。海氏认为应用德文 An-wesen（在场）来译，某物存在，即某物在场，就是站到自身中并因此显现出来。希腊人还把"存在"称为 Physis，后世译为"自然"（Natur），实在是荒谬至极！在海氏看来，Physis 意指"涌现着的自立，在自身中逗留着的自身展现"，在作为 Physis 的存在的作用中，存在者才现身在场，这就是从遮蔽处走出来，而德文所说的作为动名词的"存在"（das Sein）正是从不定式 Sein 而来的，des Sein 无非是在 Sein 前面加了一个定冠词，不定式 Sein 是充分不固定的，加上定冠词，实际上把这种"不确定"固定起来，也就将不定式中所包含的空洞更加固定起来了。Sein 像一个固定不变的对象那样被摆弄了。存在（das Sein）就这样成了一个空洞的词语，成了一个存在者，西方哲学的无根状态就因此而产生了。

海氏正是以这种独树一帜的词源学分析来展开其哲学体系的，没有这种语言分析，海氏的哲学难以深入。"归根结底，哲学研究终得下决心追问一般语言具有何种存在方式"[①]。"保护此在借以道出自身的那些最基本词汇的力量，免受平庸理解之害，这归根结底就是哲学的事业。"[②] 海德格尔不仅将哲学的方法归结为语言分析，而且语言本身在海氏哲学中也占有重要位置。《存在与时间》的基本任务是对此在进行本体论分析，海氏提出了此在结构上的三个构成环节：情绪、理解和语言。此在的基本存在状态是"在世界的存在"，语言使此在本质地属于这个世界，语言构成了在世界存在的可理解性，是此在的生存论基本环节之一。

如果说在《存在与时间》中，海氏开始重视语言，那么后期海德格尔则干脆将语言作为哲学的核心，语言几乎与存在一样重要。"语言是存在的

---

① 海德格尔《存在与时间》，三联书店，1987，第202页。
② 同上，第265页。

家"、"语言是场的庇护",人与存在的遭遇,是在语言之中的。此时海氏所说的作为"存在之家"的语言已经完全不是我们通常意义上所理解的语言,而是实现了由 Sprache 向 Sage 转向后的"本真的语言"了。

二、海德格尔对传统语言观的批判

"语言是存在的家"是后期海德格尔的思想核心,那么是不是一切语言都是存在的家呢?海氏认为只有一种语言即本质的语言才是存在的家,可是二千多年来西方哲学却从未真正地说过"语言",而都在说非本真的语言,因而要拯救哲学,首先就要批判、抛弃传统的语言观。

"语言是世内在手的工具吗?抑或它具有此在的存在方式?抑或两者都不是?语言以何种方式存在,竟至于语言会是'死'语言?语言有兴衰,这在存在论上说的是什么?我们据有语言科学,而这门科学以为课题的存在者的存在却晦暗不明,甚至对此进行探索追问的地平线还隐绰未彰。"① 海德格尔这里所说的语言科学是西方历史上理性主义的语言研究传统。希腊化时代就有了系统化的语法体系,以亚历山大里亚学派为代表,罗马人继承了这一语法体系,将其原则应用于拉丁语,创立了拉丁语法,以后近代语言学基本上就以罗马人的拉丁语法为支柱,这种语言学传统将语言的语法规范视为逻辑范畴的体现,这种语言观在西方文化中根深蒂固。"语言全部本性已经凝固的观点,因而得以强化了。这正是为什么语言观念在于语法和逻辑,语言学和语言的哲学二千五百年以来保持不变的原因,尽管语言的知识已经进步性地增长和改变。这种事实甚至可以归结为一种证明:关于语言的主导观念拥有不可动摇的正确性,没人敢宣称它是不正确的或者甚至是无用的。"②

在《诗·语言·思》中,海氏对这种传统语言观进行了详细的分析。指出:"言说意味着什么?现行的观点解释为:言说是发声器官的活动,言说是音响表现和人类情感的交流。这种情感伴随着思想。在这种语言的规定之

---

① 海德格尔《存在与时间》,三联书店,1987,第 202 页。
② 海德格尔《诗、语言、思》,文化艺术出版社,1990,第 168 页。

中，它允诺了三点：首先和最主要的：言说即表现。作为表达的言语的观念是最普遍的……其次，言语被看做是人的活动。据此，我们必须说：人言说……最后，人的表达总是现实的和非现实的显现和再现。"① 这种海氏批判的语言观具有三个特点：第一，语言是一种表达方式，它预设了某种内在的东西表达或外化自身的观念，"说"总要有一定的对象，即"话"，而"话"总要有所指，或指向人的思想感情，或指向外在的客观事物，这种语言的表达论根源于西方哲学的对象化思维；第二，语言是人的活动，人是"说"的发动者、主宰者，语言只是人用来认识世界、交流思想的一种工具，这是西方语言传统中主观主义、工具主义的突出表现；第三，语言是一种符合系统，是现实和非现实的符号化。

海氏指出这种语言观在解释语言现象上有其合理性，但却不能以此作为思考语言本性的基础。传统的语言观并没有触及到语言的本质，"人们试图把握'语言的本质'，但他们总是依循上述环节中的某一个别环节来制定方向；'表达'、'象征形式'、'陈述'的传达、体验的'吐诉'、生命的'形态化'，诸如此类的观念都是人们用以理解语言的指导线索。即使人们用调和的方法把这些五花八门的定义堆砌到一块儿，恐怕于获取一个十分充分的语言定义仍无所补益。决定性的事情始终是——在此在的分析工作的基础上先把言说结构的存在论生存论整体清理出来。"② 这里海氏认为对语言本质的思考必须在此在的生存论分析基础上才得以可能，而传统的语言观却遗忘了这种存在论基础，远离了语言的本质。

对存在的追寻过程中，海氏发现了传统语言的局限，海氏认为存在是传统语言根本无法言说的，一经"说"出就已不再是"存在"了。"存在"是什么？这一提问恰恰是形而上学的先导问题，因为传统语言观认为"说"总要有一个对象，这种语言观与传统哲学把认识关系归结为主客关系相一致，"存在"因此就被当作一个认识的对象而"摆"出来。但"存在"却根本不是知识的对象，也无法"摆"出来，"存在"是主客体尚未分化之前的本源性状态，因而在传统语言内无法"说"出，一经"说"出便沦为"存在者"

---

① 海德格尔《诗、语言、思》，文化艺术出版社，1990，第167—168页。
② 海德格尔《存在与时间》，三联书店，1987，第198—199页。

了。在海氏那里,"存在"不能如此被"说"出,而只能自己"显示",自己"言说",传统语言在"存在"面前无能为力。

三、海德格尔对语言的本质的论述

"存在"无法"言说",那么人在"存在"面前只能保持沉默吗?海德格尔没有绝望,认为只要能放弃传统的言说方式,实现语言由Sprache(传统的、非本质的语言)到Sage(本质的语言)的转化,就可以进入"不可说"的"存在"领域。海氏认为"讨论语言,意味着不仅把语言,而且将我们带入其存在的位置,我们自身聚集于事件之中。"① 正像海氏不回答存在是什么一样,他也不回答"语言是什么",他指出:"此乃我们何故思考'什么是语言自身?'此乃我们何故提问'语言以何种方式作为语言产生?'我们回答:语言言说。严肃地说,这是回答吗?也许—此正是言说成为澄明的时候。"② 在海氏看来,他很难用现行的语言来说清楚语言是什么,一但说出"语言是什么?"则语言便像"存在"一样沦为知识的对象。后来海氏找到一个特殊的词来称呼本质的语言,即Sage,但他同样担心Sage被人误解为一个概念性名称,这就同传统的语言Sprache没有区别了。

Sage是海氏著作中又一玄奥词语,英译者一般译为Saying,汉译者一般译为"说",或"道说"。Sage一词在德文词典中具有两种含义:其一,传闻,谣言,流言;其二,传说,民间传说,英雄传说等。海氏却没有在这两个通常意义上使用Sage,而是在与Ereingnis的联系上使用,Ereingnis在后期海氏思想中占有核心地位,大致相当于前期的"存在",Sage就是Ereingnis的说话方式。Sage与上文的Sprache截然不同,Sage是本质的语言,是Sprache所无法言说的,惟有通过Sage人才有可能进入哲学领域,才能领悟存在,领悟真理,Sage就是"存在"的显现,Ereingnis的展开。"Sage意味

---

① 海德格尔《诗、语言、思》,第166页。
② 同上。

着显示，让……出现，让……被看见，让……被听见。"① Sprache 只能说"存在者"，只有 Sage 才能说"存在"，Sage 与 Sprache 相比较有以下两个特征：

第一，Sprache 是出声的，是人声带振动的产物。而 Sage 却是一种寂静之音，对于本质的语言来说，"声音"不是决定性因素。"Sage 与 Sprache 不同，一个人可以没完没了地讲，但他却什么也没说，另一个人可以沉默不语，根本不讲，然而他却说了很多。"② 早在《存在与时间》中，海氏就研究过沉默，认为"言谈的另一种本质可能性即沉默，也有其生存论基础。"③ "比起口若悬河的人来，在交谈中沉默的人可能更本真地让人领会，也就是说，更本真地形成领悟。对某某事滔滔不绝，这丝毫也不能保证领悟就因此更阔达。"④

第二，Sprache 的主体是人，人是 Sprache 的发动者，而 Sage 则是语言在"说"，存在在"说"，不是人在"说"。所谓语言就是"语言自己说话"，语言即显现，当然是自身显现，是自身让人看见、听见。这种语言自己言说的观点似乎令人难以理解，可是生活中几乎所有人都有想说却无法"说"出的时候，但同时也会有语言会忽然自己说话的时候。以诗人为例，几乎所有大诗人都有语言自己言说的感受。海氏又以方言为例，说明语言的强大，德文表示方言的词为 Nundarten，字面的意思是：嘴的运动方式；方言诉说着地方土地，嘴不能单被理解为有机体的一个器官，嘴以及我们整个的机体，都属于"土地的涌动与生长"。方言的研究清楚地说明：语言比人强大，不是人支配语言，而是语言支配人，不是人"说"语言，而是语言在"说"人。

语言既然比人强大，语言自己说话，那么人在语言面前怎么办呢？海氏认为，人首先要"听"，"听"存在的声音，听语言的呼唤，然后再"跟着说"，问题是"跟着说"的"说"是本真的言说 Sage 呢？还是非本真的言说 Sprache 呢？海氏认为"跟着说"，是 Sprache 进入 sage 的关键，是人的"本真的说"。"倾听"的目的是"跟着说"，只有人"跟着说"，语言言说才得

---

① Martin Heidegger: *On the Way to Language*. 第 122 页。
② 同上。
③ 海德格尔《存在与时间》，第 200 页。
④ 同上。

以完成。正像"存在"尽管不是"存在者",但却惟有经过"存在者"才能显示一样,语言自身言说,人无法"说"语言,但语言又必须让人"说",只有让人"说",语言的言说才有可能发生。

存在的显示要找到一个特殊的存在者,即此在,通过对此在的存在论状态的分析,存在的意义才得以显示,同样语言言说必须找到一种特殊的人言才能说出,这种特殊的人言便是"倾听"之后的"跟着说",而"跟着说"的典型就是"诗",在诗中,Sprache 得以向 Sage 转化,"说""不可说"才得以可能。后期海氏热衷于诗,力图以诗的语言改变形而上学的语言,他后期思想主要通过对艺术作品的分析得以表达。"诗",海氏用德文 Dichtung 表示,含有"构造"的意义,比通常的 Poesie 的含义更广,包括诗歌、建筑、绘画、音乐等多门艺术。海氏曾断言:一切艺术本质上都是诗,语言本身就是根本意义上的诗,诗是人言之中的本真的言说,是应和 Sage 的"跟着说"。英国学者 Richard Kearey 认为:"在海德格尔看来,诗的语言是我们与他人共在的最本真的方式,诗消除了闲谈和逻辑判断,诗使语言恢复语言对我们在世界存在的展开性动能,世界在语言中作为地平线而得以显现。"① 在诗中,存在的意义超越了个人对世界的理解,而从仅仅是经济、政治、信息交流的筹划性的语境中解放出来,显示在存在的意义之中,同时传统的概念性、逻辑性的工具主义语言观才得以彻底地克服,哲学的"无根"状态才能从根本上改变。

四、海德格尔"语言转向"的哲学意义

海德格尔的"语言转向"不仅是在哲学思考方法上采用语言分析,在哲学思考内容上关注语言,更为重要的是海氏从根本上动摇了西方传统语言观,使语言自身实现转向。海氏的这种"语言转向"在哲学史上具有深远的影响和意义。

第一,海德格尔的"语言转向"从根本上动摇了西方文化传统。海氏从

---

① Richard Kearney: *Modern Movement in European Philosophy*, Arebury 1992, 第 49 页。

哲学运思的方式上,从哲学言说的方式上对西方哲学传统发动了一次总体性的批判,对柏拉图以来的西方传统哲学做了一次总清算。古希腊哲学本体论的提问方式奠定了西方文化的理论精神,哲学家们将世界当作一个认识的对象,当作一个客体而与主体对立起来,哲学的任务就是要认识作为客体的世界,不是认识世界的表面,而是把握其本质,这种主、客对立的对象性思维方式作为西方哲学的基本思维得以贯彻。"所有形而上学,包括其反对者实证主义,都在说柏拉图的语言。"① 所谓"柏拉图的语言"就是西方传统将语言当作对客观实在的描述,对思想的表达,用一句话来说就是一种认识论的语言。在海德格尔看来,哲学的对象不是认识的对象,不是主、客体分离之后的产物,而是一种对存的领悟,一种主、客体尚未分化的本源性状态。海氏哲学在原初的意义上是非对象性的、非表象性的,而我们现在所说的哲学却正是对象性、表象性意义上的。因而海德格尔的"语言转向"从根本上动摇了建立在对象性思维模式上的西方哲学大厦。

第二,海德格尔的"语言转向"不仅批判传统哲学,更为深刻的是他为重建西方哲学做了不懈的努力。与分析哲学的"语言转向"拒斥哲学、逃避哲学不同,海氏以"转向"后的诗化语言重建哲学,以诗的语言去"说""不可说"的哲学,其著作《艺术作品的本源》的问世,被伽达默尔认为是本世纪哲学史上的轰动事件。传统哲学高扬理性,造成哲学与文学的对立,在柏拉图《理想园》里哲学家为王,艺术家则没有位置,在西方哲学家的语言里很少有艺术的内容,理性主义的语言成为西方文化中唯一合法的语言,"迄今为止,艺术都被设定为与美的东西有关而与真无关"②。传统真理观是一种符合论,而海氏认为,真理不像形而上学的对象性思维认为的那样,即主体与客体相符合,真理 aletheia 在希腊文中从来不意味着认识的某种性质、某种状态正确无误之类,它只意味着得到揭示的存在者,相应的动词 alethenein 则指:把存在者从掩蔽状态中取出来让人在其无蔽状态中看。因而真理在海氏那里是无蔽、开敞,是存在的澄明、显现,是存在论上的,而不再是认识论上的,从我们感性个体的本真生存状态出发,把握艺术的本质,也就

---

① 海德格尔《哲学的终结与思的任务》,《哲学译丛》1992 年第 5 期,第 61 页。
② 海德格尔《诗、语言、思》,第 37 页。

把握了真理。"科学在根本上不是真理的发生,而总是在已经敞开了的真理领域里的扩充,特别是靠理论和论证那些显现为必然正确的东西。当科学超过正确而到达真理时,这已经意味着它到达了存在者作为存在者的本质揭示,它便成为哲学。"① 惟有诗的语言才能使哲学可能,海氏力图以艺术的真理、诗化的语言来拯救西方哲学,来弥合西方文化中科学主义与人文主义的冲突、对立。

第三,海德格尔的"语言转向"不仅"转向"早期希腊,"转向"诗化语言,又"转向"东方,"转向"中国。后期海德格尔十分欣赏中国哲学,尤其是对道家、禅学感兴趣,曾与中国学者萧师毅合作翻译过《道德经》。不管海氏本人如何向往中国文化,他对中国文化的了解只是表面的,他的运思并未完全超出西方文化的界限,但其以西方人的智慧力图摆脱西方文化传统,向东方接近,的确较之其他西方哲学家更具慧眼,从中也可看到尽管东西方文化几经碰撞,但尚未实现真正的对话、融合。

总之,无论是西方哲学的"语言转向"还是海德格尔的"语言转向",都已成为历史,但其影响仍在继续。海德格尔的"语言转向"及其语言观让我们反思传统,展望未来,为我们从总体上把握西方文化,在新的层次上实现东西方文化对话与融合提出了富有意义的思路。

---

① 海德格尔《诗、语言、思》,第59页。

斯温伯恩的宗教语言观

胡自信

宗教语言是否有意义？从表面看，这个问题无关紧要。实际上，我们的很多争论都以它为基础。举例来说，我们很少怀疑日常语言、即我们通常使用的语言所具有的意义。如果我说，"人生在世，事业为重，"你一定明白我的意思。这句话不仅意味着，我赞同这种观点，而且意味着，我希望别人也这样认为。一个身体健康、精神正常的人，决不会说他听不懂这句话，或者说这句话是无意义的。但是如果我说"人生在世，信仰上帝最为重要，"我相信很多人会表示怀疑。在他们看来，"事业"和"上帝"太不相同了，前者是日常语言，看得见、摸得着；后者不是日常语言，玄乎得离谱，不可捉摸。既然不可捉摸，理当受到怀疑。如果我说昨天半夜，我看见一个非驴非马的动物，或者我听到一种奇怪的声音，你一定会怀疑我的话，怀疑我所说的这种东西。因为日常生活中的事物，都是可以理解的。不能被人理解的事物，很可能不存在。对无神论者来说，基督徒所谓的上帝，正是这样一种不可能存在的事物。

一、宗教语言的连贯性问题

我们通常所持的这种观点，与20世纪上半叶流行于欧洲的逻辑实证主义如出一辙。该思潮有三个明显特征：推崇自然科学，反对形而上学，强调哲学思维的逻辑严密性。我们可以说，逻辑实证主义是无神论思想的哲学表述。

逻辑实证主义者、牛津大学教授艾耶尔对"逻辑实证主义"一词作了如下阐释：这种称呼起源于"弗雷格和罗素的逻辑"与"物理学家恩斯特·马赫的实证主义。"前者的"逻辑"即数理逻辑，后者的"实证主义"即感觉主义。数理逻辑是传统形式逻辑的精确化和数学化。感觉主义则认为，感觉是真实可靠的，不能被感觉的事物，如世界、灵魂、自由或上帝，都是心灵的虚构。艾耶尔坦承，"逻辑实证主义"并非他们这类哲学家确定下来的称呼，但是，既然这种叫法能够反映他们对科学的尊重和对形而上学的厌恶，他们就这么采用了①。简单地说，逻辑实证主义强调思维逻辑的严密性与观念的可证实性。这本来是无可厚非的。斯温伯恩完全认可这两个方面。我们也同意这两点。很难想象，谁会真的反对思想的逻辑严密性与可证实性。因为反对者必定是不讲道理的。

问题是，承认这个原则是一回事，承认逻辑实证主义者由此而推出的结论，是另一回事。逻辑实证主义者认为，传统形而上学所谓世界、灵魂、自由、上帝等观念，"不是过于思辨，而是算不上一种错误，简直没有任何意义。"② 逻辑实证主义对传统形而上学的全盘否定，招致很多批评。斯温伯恩就是其批评者之一。我们先从斯温伯恩的一个基本原则说起。《上帝是否存在？》是一本极具影响力的小册子，迄今已被翻译成汉语、荷兰语、芬兰语、匈牙利语、波兰语、葡萄牙语、俄语、意大利语、土耳其语、波斯语、德语、罗马尼亚语、阿姆哈拉语。在这本书里，斯温伯恩全面阐述了自己的自然神学理论。该书的"导言"明确指出，有些学者公开谈论上帝，却并不真正了解哲学争论的实质，不知道他们的上帝观会招致哪些批评。③ 这种不甚了了却高谈阔论的倾向，不仅普通读者有，学者也有。很多人对哲学和神学所知甚少，却热衷于这方面的讨论，仿佛这类讨论无需任何知识储备。但是就自然科学，如物理学或化学而言，人们的态度就会来个一百八十度大转弯；谁也不会说，谈论物理或化学，无需任何知识储备。不理解相对论，我们就不可能参与广义相对论或狭义相对论的讨论。不理解元素周期表，我们就不可

---

① A. J. Ayer, etc. *The Revolution in Philosophy* (London: MacMillan & Co Ltd), p73-74.
② Paul Helm, ed. *Faith and Reason* (Oxford, New York: Oxford University Press, 1999), p. 207.
③ Richard Swinburne, *Is There A God?* (Oxford, New York: Oxford University Press, 2002), p. 1-2.

能参与量子化学或生物化学的讨论。相反,很多人并不理解上帝这个概念,不理解基督徒心目中的上帝,却大谈上帝,断然否认其存在。斯温伯恩的意思是,只有理解了上帝概念,我们才能参与上帝是否存在的讨论。因此,他接受逻辑实证主义所谓哲学的逻辑严密性和实证性的原则,却反对其所谓形而上学无意义的结论。这就是斯温伯恩的基本原则。

上帝概念有没有意义的问题,既是一个哲学问题,又是一个语言问题。逻辑实证主义反对神学的主要理由是,宗教语言,如上帝概念,缺乏连贯性,因此它是一个无意义的概念。"不连贯"或"无意义"指的是,某个概念或词语没有描述任何事物。举例来说,"我的理想比你的理想长五倍。""星期五谋杀了约翰。""奶油蛋糕还没有起床。"每个句子的每个成分都是有意义的,每个句子的结构都合乎语法,但是它们缺乏连贯性,没有任何意义,因为它们没有描述任何事物,因此我们无法理解它们。我们常常用"理想远大"来描述某个人,却不用"长度"来衡量这个人或那个人的理想。这样做毫无意义。星期五是一个星期里的第五天,而不是一个有能力杀人的人或动物,因此,说"一个不能杀人的东西杀了人,"显然是自相矛盾。奶油蛋糕是一种食品,食品的属性通常是滋味、口感、颜色、形状、大小等,而不是起床或睡觉。把"起床"和"奶油蛋糕"搁在一起,是没有意义的。简言之,无意义的句子没有描述任何事物或状态,其真实性就无从谈起了。

如上所述,不连贯的句子没有真实性,但是连贯的句子也不一定具有真实性。斯温伯恩首先区分了句子与陈述。句子与陈述不同。句子的外延大,陈述的外延小。有些句子有意义(如"我正在写文章","长江是中国最长的河流"),有些句子没有意义(如"我的理想比你的理想长五倍")。有意义的句子是陈述。无意义的句子不是陈述。陈述就是对事物或状态的描述。有意义的句子描述了某种事物或状态;无意义的句子没有描述任何事物或状态。举例来说,"北京是中国的首都"这句话,不仅有意义,而且有真实性。因为它正确地描述了事物及其属性。一谈到北京,我们总是指现在作为中国首都的那个城市。这个陈述不仅是连贯的,而且是真实的。相反,"白金汉宫在纽约"这句话尽管有意义,却没有真实性,因为它的描述是错误的。我们谈到白金汉宫时,总是指位于伦敦的英国王宫,而非其他。把白金汉宫与纽约联系在一起,不符合事实。斯温伯恩不仅是哲学家和神学家,而且是著名的逻辑学家，著有《证实理论导论》(1973) 和《归纳的理由》(1974)。他清楚地指出，连贯性与真实性之间不能划等号。有些陈述虽有连贯性，却无真实性，如"白金汉宫在纽约"一例所示。根据斯温伯恩的阐述，这个陈述尽管错误，"但是我们知道，在什么情况下，它就是正确的；我们可以把它及其蕴含的其他陈述，看做是正确的"。① 具体地说，白金汉宫虽然不在纽约，但是我们"可以设想"，在什么情况下（"当白金汉宫在伦敦时"），这个陈述是正确的。但是，我们根本"无法设想"，在什么情况下，一个人的理想会比另一个人的理想长五倍，因为理想是思想，思想是非物质的，不可度量。说一个不可度量的东西，是可度量的（"这个理想比那个理想长五倍"），是赤裸裸的自相矛盾。斯温伯恩的这个分析很有说服力。逻辑实证主义者说，宗教语言没有连贯性，因此这种语言没有任何意义；斯温伯恩说，有些日常语言即使有连贯性，也没有任何意义。这说明，连贯性的外延大于语言的意义或真实性的外延。逻辑实证主义者所谓"宗教语言没有连贯性"的主张，缺乏严密性与实证性，因为某些日常语言同样没有连贯性。

二、修改语法规则的现象不惟宗教语言所独有

只有真实的陈述才能描述某种事物或状态。一个真实的陈述必然具有如下两个特征：(1) 组成该陈述的每个成分都是有意义的；(2) 这些成分是按照某种语法规则联系在一起的。我们知道，有意义的句子是由字（如"汉字"）或词（如"英语单词"或汉语中的"词语"）组成，这些字或词的联结方式有一定的规范，否则，即使每个字或词都有意义，它们组成的句子也可能没有任何意义。举例来说，"文我在写章"是排列在一起的一些汉字，却不是一个有意义的句子。我们看不懂这句话，因为它不合乎我们的语言习惯，即语法。如果调整一下次序，情况就大不相同了。"我在写文章"是一个再普通不过的句子，谁都能看得懂，因为这句话的每个字或词都有意义，它们之间的联结也合乎语法。笼统地说，语法即人们使用语言的法则。斯温

---

① Richard Swinburne, *The Coherence of Theism* (Oxford: Clarendon Press, 1995), p. 13.

伯恩认为，语法包含"语义规则"和"句法规则"两部分。"语义"指语词的基本含义。"句法"指连词成句的法则。语义决定着不同语词之间的联结方式。不理解某个词语的基本含义，人们就不能正确地使用这个词语。不知道"月光族"为何物，自然就不会使用这个词语了。

语义究竟为何物？有人说，语义是一种指向，与语词之外的某个事物相对应，如"曹雪芹"与"红楼梦的作者"；也有人说，语义是一种观念，语言是人们表达思想的工具；还有人说，语义是说话者说某句话时所处的那种"情境"以及听者对此话所做的"反应"。① 斯温伯恩没有纠缠于这一问题。他说，谁也不会否认，许许多多句子都是连贯的陈述，例如"今天是星期三"，"奥巴马当选美国总统"。语义究竟为何物，也许很难定义。但是这并不等于说，我们对它一无所知。最普通的事物往往很难定义。绿色为何物？我们都知道绿色是一种什么颜色，却不知道如何给它下定义。没关系，我们生活中有很多绿色的东西，例如绿草如茵的球场，一望无际的草原，随风飘舞的垂柳，绿意盎然的荷塘，碧波荡漾的湖水，郁郁葱葱的森林。说一个东西是绿的，就是说这个东西的颜色类似于这些例证。斯温伯恩称这些例证为"范式"或"典型例证"。② 人们就是这样认识语词的含义的。

语义不是一成不变的，而是变化发展的，因为事物或世界在发展变化。因此，我们可以根据语义的变化与否，把它进一步划分为"本义"和"引申义"两种形态。"本义"即典型例证所指示的意义，"引申义"是本义的一种延伸或扩展，是经过改造的本义。学习语言，就是要掌握语词的语义规则和句法规则。当然，这是理论概括。在实际生活中，当我们把一个新词介绍给一个不认识它的人时，我们并不是在讲语言学或语言哲学，而是在举例——我们要通过事例来说明，在什么情况下，人们可以使用这个词语，在什么情况下，他们不能使用该词。举例来说，"保险"一词有多种含义。农村的小孩儿知道，"保险"指的是"保险丝"，因为他看见电工搭保险丝时，称那种或粗或细的金属丝为"保险"。孩子长大了，开始在城里上学。他发现，一个院子的大门左侧挂着一个大木牌，上面写着"某某保险公司"，他明白了，

---

① William P. Alston, *Philosophy of Language* (Englewood Cliffs, N. J.: Prentice-Hall, Inc., 1964), p. 11.
② 同上，pp. 31, 33.

"保险"不仅指"保险丝",而且指"财产保险"。再到后来,随着知识的增长,他了解到,除了财产保险,还有"人寿保险"、"医疗保险"等等。由"保险丝"到"财产保险"、"人寿保险"和"医疗保险","保险"一词的典型例证不断扩大,但是其基本含义,即"防患于未然"的本义,并未改变。本义和引申义的关系是"异中之同",引申义虽然不同于本义,却非截然不同。

斯温伯恩清楚地指出,修改语义规则和句法规则的方式是"延伸"或"扩展"语词的本义,其目的是,更好地解释世界。他这样写道:"扩展本义的结果必然是,新观念比旧观念能够解释更多事物。从逻辑上说,如果旧观念可用,新观念也必然可用。放宽本义可能产生这样的效果:有些句子所表述的假设,此前是不连贯的,现在却变得连贯了(反之亦然)。"① 我们都相信科学。我们认为,科学语言具有严密性。斯温伯恩熟知科学史,他说科学同样使用日常语词"来描述我们经验之外的事物"。化学家说,固体、液体和气体由成千上万的分子组成,分子由原子团组成,原子由更小的微粒组成。"团"、"组成"和"微粒"(或"粒子")都是日常语言,我们通常用它们来描述我们看得见、摸得着的事物,科学家却用它们来描述我们看不见、摸不着的事物。化学家还说,他们发现了一些粒子,其大小不同于以前发现的那些粒子。② 他们所谓"大小"与我们所理解的大小,有很大差异。但是,我们能够理解他们的说法。这就意味着,对我们来说,修改语法规则的做法是可以接受的。

既然日常语言和科学语言都要修改语法规则,以便更好地描述事物,那么,如果宗教语言修改了语法规则,我们也不必大惊小怪,因为修改语法规则是一种普遍现象,不是宗教语言所独有。这是斯温伯恩的基本立场。用阿尔斯通的例子来说,(1)圣灵落在我们身上。(2)约翰从树上下来。③ 宗教徒既认可前者,也认可后者;实证主义者不认可前者,只认可后者。根据斯温伯恩的理论,神学家不可能为我们描述一个与我们的生活世界完全不同的世界,因为神学家必须使用日常语言来表示一些日常属性,如例(1)所谓

---

① William P. Alston, *Philosophy of Language* (Englewood Cliffs, N. J.: Prentice-Hall, Inc., 1964), p62.
② 同上, p. 53.
③ 同上, p. 75.

"圣"、"灵"、"落在"、"我们"、"身上"。不同的是，神学家所说的那些属性，"是在一种非同寻常的情况下，在一种非同寻常的程度上，以一种非同寻常的方式，与其他语词联系在一起的。上帝是一个能力很大的人——与我们平时熟知的那些人相比，其能力要大得多。与人类的统治者不同，上帝的能力与大仁大德是合二为一的。人类都有一个肉体，上帝是没有肉体的。"① 简单地说，这就是斯温伯恩所谓上帝，即我们所熟知的"全知"、"全能"、"全善"却"没有肉体"的上帝。基督教神学所谓"能力"、"人"、"大"、"知"、"善"以及"全"，都是本义，而非神学家的引申。惟因如此，非宗教徒也能看懂这些语词和句子。神学家与宗教徒区别于无神论者的地方在于，前者修改了这些语词的语义规则和句法规则，以非同寻常的方式，把它们组合在一起，以便描述一种非同寻常的情况。在无神论者看来，这种修改是非法的。但是有神论者认为，这是他们应有的权利。

我们知道，权力与事实不同。有没有权力做某事，是可以讨论的；我们可以质问，某人为何有权力那样做，其他人却没有权力那样做。相反，事实是不可以讨论的；无论我们从什么角度看，鹿就是鹿，马就是马，这是我们无法改变的事实。尽管有人指鹿为马，但是，鹿不会因为此人的错误叫法而成为马。从斯温伯恩的角度看，宗教语言是客观事实，而不是一个宗教徒有无权力使用宗教语言的问题。对我们来说，重要的是理解宗教语言的特殊性。

三、类比义语词在宗教语言中的作用

如上所述，宗教徒放宽了某些语词的本义，引申出一些新词，如"圣父"、"圣子"、"圣灵"、"全知"、"全能"、"全善"、"三位一体"、"道成肉身"、"完全自由"等，以描述他们心目中的上帝。但是，斯温伯恩明确指出，与日常语言、科学语言、文学语言、法律语言等语言形式一样，宗教语言的修改是有限度的。修改既不能随意，也不能超越一定的限度。否则，对

---

① William P. Alston, *Philosophy of Language* (Englewood Cliffs, N. J.: Prentice-Hall, Inc., 1964), p. 52.

语法规则的修改，非但不能帮助我们描述更多事物，反而会妨碍我们与别人的交流。面对新的经验或事实，我们不得不创造一些新词或者赋予某些旧词以新义，否则我们无法描述任何新生事物。足以使我们描述新事物或新经验，这就是我们修改语法规则的限度。语义放得不够宽，则不足以描述新的经验；反之，语义放得过宽，其含义就会模糊不清。

斯温伯恩的思想既有现代的新元素，又有欧洲中世纪的传统观念。在论述宗教语言时，他谈得最多的两位中世纪思想家，是邓斯·司各脱和托马斯·阿奎那。二者属于同一个时代，都专门论述过宗教语言。司各脱认为，日常语言和宗教语言是相同的，"存在"、"善良"、"智慧"等语词，既能用于上帝，又能用于人类；其含义是相同的。斯温伯恩这样写道："当我们说'上帝有智慧'和'苏格拉底有智慧'时，我们所使用的'智慧'一词是单义词，我们把相同的属性赋予上帝和人类。"[1] "单义词"指的是在同一种意义上使用同一个语词。如上所示，"智慧"一词，在"上帝有智慧"和"苏格拉底有智慧"两个句子中，含义是相同的。注意，这是司各脱的看法，不是斯温伯恩的看法。后者认为，司各脱的观点是正确的，但不完全正确。因为他只看到宗教语言的一个方面，即宗教语言与日常语言"相同"或"相通"的一面，却没有看到或重视二者的"不同"或"差异"。

与单义词相对的，是"多义词"和"类比义语词"，这些都是阿奎那的称呼。我们知道，阿奎那是欧洲中世纪最伟大的思想家之一，其思想具有持久的影响力。他的宗教语言观深刻地影响了包括斯温伯恩在内的很多当代思想家。阿奎那认为，在描述上帝和人类时，我们使用的那些语词既非单义词，亦非多义词，而是类比义语词。"多义词"指的是在多种意义上使用同一个词。"类比义语词"指的是在两种或多种意义上使用同一语词；注意，该语词的不同含义之间存在显著的相关性，其本义是诸多引申义的基础。阿奎那为什么说，我们不能在相同的意义上，用相同的语词，来描述上帝和人类呢？因为上帝是造物主，人类和其他事物都是被造物，二者有本质的不同。如果在相同的意义上，用相同的语词，来描述上帝和人类，就会把上帝贬低为人

---

[1] William P. Alston, *Philosophy of Language* (Englewood Cliffs, N. J.: Prentice-Hall, Inc., 1964), p. 74 – 75.

类，或者把人类抬高为上帝。单义理论所包含的这种混乱显然不能解释宗教语言。① 多义理论情况如何？阿奎那为何也反对多义理论呢？阿奎那认为，如果一个语词在描述上帝和被造物时，其意义完全不同，那就会出现这样两种情况：人类要么不能描述上帝，要么不能描述世界。具体地说，如果同一语词，例如"智慧"，在日常语言和宗教语言中，具有完全不同的含义，那就意味着，我们要么不能理解"上帝有智慧"这句话，要么不能理解"苏格拉底有智慧"这句话。

我们可以说，阿奎那走的是"中庸之道"。"中"即单义理论与多义理论之中，"庸"即基督教语言的客观事实。这个事实需要解释，阿奎那的"中庸之道"，即"类比理论"，能够较好地解释这一事实。他这样写道："我们不是以纯粹多义或者单义的方式来谈论上帝与被造物，而是以类比的方式来谈论它们。因为只有根据被造物，我们才能谈论上帝。"② 他认为，"智慧"、"能力"、"善良"等语词在用于上帝和人类这两种不同对象时，其含义既非完全相同，亦非完全不同，而是同中有异，异中有同。上帝与人类的相似之处在于，二者都有"智慧"、"能力"和"善心"；其不同之处在于，人类的这些能力是有限的，上帝的这些能力是无限的。人类的能力是参照物，宗教徒依此来类推上帝的能力。这就是类比理论的主要思想。

斯温伯恩继承了阿奎那的类比理论。不同的是，前者比后者讲得更严密、更明确。斯温伯恩认为，类比义语词是宗教神学的必要组成部分，但是，"神学若是过度使用类比义语词，它就不可能表达任何思想……神学家必须声明，他所使用的许多语词都是日常语言。同样的道理，有神论者越是放宽某一语词的语义规则和句法规则，以赋予其类比义，该词能够表达的思想就越少，它所表达的思想就越不清晰。"③ 换言之，类比义语词是一把双刃剑，既能刺伤敌人，也能刺伤自己，必须慎用。这是宗教语言的特殊性所在。没有这种特殊性，有神论者的很多主张都会缺乏连贯性。没有这种特殊性，就不会有宗教语言。没有宗教语言，就不可能有宗教。

---

① Ninian Smart, ed. *Historical Selections in the Philosophy of Religion* (London: SCM Press LMT, 1962), p. 72 – 73.
② 同上，p. 73.
③ 同上，p. 72.

四、结 论

　　宗教文化是一种客观存在，是人类文化的重要组成部分。宗教语言是宗教文化的载体，也是宗教文化的重要组成部分。广义而言，研究宗教语言，就是研究宗教文化。有些无神论者认为，日常语言与宗教语言毫不相干；有些有神论者也认为，宗教语言与日常语言迥然不同。通过阐释当代最重要的自然神学家斯温伯恩的基督教语言观，我们发现，某些宗教徒或非宗教徒所持的上述观念显然是错误的，日常语言和宗教语言的差异，远没有他们想象的那么大。惟因如此，他们才能对话，才能听懂对方的诉求。

语篇研究在柬埔寨语教学中的应用

——从《真理与方法》中关于语言的论述说起

梁 鹏

伽达默尔（Hans-Georg Gadamer, 1900—2000）一生横跨两个世纪，经历和见证了德国哲学乃至西方哲学的巨变，也是这个巨变的参与者。他的哲学诠释学自成一家，影响早已超出哲学的范围。①诠释学（Hermeneutik）是宣告、口译、阐明和解释的技术。"赫尔墨斯"（Hermes）本是上帝的一位信使的名字，他给人们传递上帝的消息。他的宣告显然不是单纯的报道，而是解释上帝的指令，并且将上帝的指令翻译成人间的语言，使凡人可以理解。诠释学的基本功绩在于把一种意义关系从另一个世界转换到自己的世界。②《真理与方法》是伽达默尔60岁时出版的一部哲学代表作，此书可以说是当代西方哲学继胡塞尔的《逻辑研究》（1900）、海德格尔的《存在与时间》（1927）之后的又一部重要的经典著作。③

本文重点不在哲学诠释学的论述及《真理与方法》的解读，而重在从《真理与方法》这部哲学诠释学的基本原始典籍中选取"语言"相关的论述，进行研究，并探讨其在柬埔寨语教学与研究中的应用。

柬埔寨语教学的目的是理解。根据这一目的引出四个问题：其一、何谓

---

① 张汝伦著：《二十世纪德国哲学》，人民出版社，2008，第508页。
② ［德］汉斯－格奥尔格·加达默尔著，洪汉鼎译：《真理与方法》，上海译文出版社，2004，第726页。
③ 洪汉鼎《理解的真理——解读伽达默尔〈真理与方法〉》，山东人民出版社，2001，序言，第2页。

理解？其二、理解的对象是什么？其三、理解的手段和方法是什么？其四、怎么才算真正理解了？或理解的标准是什么？以下分述之。

一、理　解

1. 理解的含义

伽达默尔这样论述"理解"（das Verstehen）的含义："既然现在所关心的东西不是个人及其意见，而是事情的真理（die sachliche Wahrheit），所以本文就不被理解为单纯生命的表达，而是被严肃地放置在它的真理要求中。这就是理解的含义。"[①] 理解的终极目标是真理。教学中，理解的客体不是某一个人（教师、古圣先哲）及其意见，而是真理。个人在真理面前没有权威可言。

2. 理解的最高任务

"文字固定的文本提出了真正的诠释学任务。文字性就是自我陌生性（Selbstentfremdung）。所以，对这种自我陌生性的克服，也就是对文本的阅读，乃是理解的最高任务（die höchste Aufgabe des Verstehens）。甚至可以说，只有当我们能够把文本（Text）转换成语言（Sprache）的时候，我们才能正确地理解和解释某种碑文的纯符号成分。（368）诠释学本来的任务或首要的仁务就是理解文本。"（369）传统外语教学强调听、说、读、写、译并重。但以哲学解释学的观点看，对文本的阅读与理解从理念上，应当是最重要的。因为文字语言中的意义完全是脱离一切传达情感和心理因素（声音、语调

---

① Hans-Georg Gadamer, Wahrheit und Methode, 4. Auflage Unveränderter Nachdruck der 3., erweiterten Auflage, J. C. B. Mohr（Paul Siebeck）Tübingen, 1975.《《真理与方法》，德文版，蒂宾根，1975.》此版本被称为"标准版"，为一卷本，共553页。（参阅：洪汉鼎著，前揭书，序言第8页。）以下凡引该书只注阿拉伯字页码。中文译文引自：[德] 汉斯-格奥尔格·迦达默尔著、洪汉鼎译：《真理与方法》，上海译文出版社，2004，第280页。

等）的纯粹自为的东西。① "以文字形式流传下来的一切东西对于一切时代都是同时代的（gleichzeitig）。"（367）文本脱离了具体与偶然的因素，较其他对象更适合外语教学，因为它更稳定。

二、理解的对象

1. 语　言

正如亚里士多德在《形而上学》首卷中所云："关于什么原因，什么本原的科学才是智慧。"② 对语言本质的讨论是必要的。关于语言的本质，伽达默尔引用了洪堡的话："要把每一种语言都理解为一种特有的世界观（Weltansicht）。语言观就是世界观。（419）语言形式和流传物的内容在诠释学经验中是不可分离的。假如每一种语言都是一种世界观，那么语言从根本上说首先就不是作为一种确定的语言类型（就如语言学家对语言的看法），相反，语言是由在这种语言中所述说的内容而流传下来的。"（572）

教学中我们欲理解的对象是语言应当是没有疑问的。那么语言是什么？伽达默尔给语言下的著名的定义是："能被理解的存在就是语言（Sein, das verstanden werden kann, ist Sprache.）。"（450）他还说："语言是先于一切经验而存在的（die alle Erfahrung vorgängig leitet）。（332）存在就是语言，以及自我表现。语言就是理解本身得以进行的普遍媒介。"（366）伽达默尔反对语言工具论，并举例驳斥说："语言不是工具（das Werkzeug）。解释者运用语词和概念与工匠不同，工匠是在使用时拿起工具，用完就扔在一边。我们必须认识到一切理解都同概念具有内在的关联，并将拒斥一切不承认语词和事物之间内在一致性的理论。"（381）因此，显而易见，不学习汉语就不会理解中国人特有的世界观；不学习柬埔寨语就不会理解柬埔寨人特有的世界观。柬埔寨语的学习对理解与诠释柬埔寨是必要的。语言所述说的内容与语

---

① 洪汉鼎《理解的真理》，第286页。
② ［古希腊］亚里士多德著，苗力田译：《形而上学》，中国人民大学出版社，2003，第4页。

言不可分离。柬埔寨文化与柬埔寨语言不可分离。只有学习了柬埔寨语才可能真正理解柬埔寨，真正理解柬埔寨人的世界观。因此，在低年级以英文和中文为学生讲授柬埔寨国情课时，要防止学生产生柬埔寨语并非理解柬埔寨的必要条件的错觉。如此方能避免出现不懂英文仅能读懂中文《莎士比亚全集》的"莎士比亚专家"，而贻笑大方。

2. 语言流传物是最好的解释对象

伽达默尔说："理解的进行方式就是解释。（366）诠释学经验与流传物有关。流传物就是可被我们经验之物。但流传物并不只是一种我们通过经验所认识和支配的事件，而是语言。"（340）他将最好的解释对象归结为具有语言性质的东西，即语言流传物（die sprachliche Überlieferung）。并对文字流传物和其他流传物进行了比较：语言流传物在直观的直接性这方面不如造型艺术的文物。但语言流传物缺乏直接性并不是一种缺陷，相反，在这种表面的缺陷中，在一切"文本"的抽象的陌生性中却以特有的方式表现出一切语言都属于理解的先行性质。语言流传物是真正词义上的流传物。（367）语言流传物虽然比过去遗物（如雕塑）更少物理的直接性，但这种缺陷的后果却是一种优点，即语言的传承物不怕时代和改变，而是随着时代和社会的变迁而兴旺成长。①

伽达默尔还对文字流传物之于某种文化的重要性进行了论述："文字流传物并不是某个过去世界的残留物，它们总是超越这个世界而进入到它们所陈述的意义领域。正是语词的理想性使一切语言性的东西超越了其他以往残存物所具有的那种有限的和暂时的规定性。因此，流传物的承载者绝不是那种作为以往时代证据的手书，而是记忆的持续。正是通过记忆的持续，流传物才成为我们世界的一部分，并使它所传介的内容直接地表达出来。凡我们取得文字流传物的地方，我们所认识的就不仅仅是些个别的事物，而是以其普遍的世界关系展现给我们的以往的人性本身（ein vergangenes Menschentum selbst）。因此，如果我们对于某种文化根本不占有其语言流传物，而只占有

---

① 洪汉鼎《理解的真理》，第285页。

无言的文物，那么我们对这种文化的理解就是非常不可靠的和残缺不全的，而我们也不把这种关于过去的信息称为历史。与此相反，本文却总是让总体得到表述。"（368）

因此，在柬埔寨语教学中，应当坚持以文本为主要诠释与理解对象。在多媒体教学中所展示的柬埔寨相关名胜、古迹、文物的图片，应当在重点讲解其上镌刻、绘制、书写的文字基础上，介绍相关文化背景。有图片无文字的材料，应当略讲或不讲；有文字而无图片的材料，可以细讲（如伽达默尔所说：文本通过上下文的联系甚至能纠正不完善流传物的偶然性。）。而绝不是反其道而行之。

3. 语言本身包含着思辨的因素

针对语言教学的常见疑问是：仅以文字流传物为主要诠释与理解对象会不会降低学生的思辨能力（或者用时下流行的名称"批判性思维"的能力）。《真理与方法》中给出了回答："在作为意义的实现，作为讲话、赞同、理解的事件的意义上，语言本身就包含着某些思辨（etwas Spekulatives）的因素。这样一种实现之所以是思辨的，是因为语词的有限可能性就如被置于无限的方向中一样地被隶属于所指的意义之中。谁需要说某种东西，他就必须找出能使其他人理解的语词。"（444）人在遣词造句的过程中统一了有限性（语言的、已说出的）与无限性（意义的、未说出的）。这本身就是思辨。

理解与解释文字流传物的过程，不会降低解释者的思辨能力。对文字流传物的诠释就是思辨的过程。不用刻意在文字流传物的解释外再寻求其他方式对学生进行思辨能力的训练。当然，不同种文字流传物间的逻辑性是有差异的。柬埔寨语与西方语言（拉丁语、德语、法语）相比，没有名词变格、动词变位等语法现象，这是其与西方语言相异与汉语相似的地方。也就是说柬埔寨语不是一种词型变化复杂的语言。但从词汇上看，同泰语、老挝语等东南亚语言一样，柬埔寨语中有大量梵语词汇。从语法上看，同很多西方语言一样，柬埔寨语中也有像定语从句这样的复杂的嵌套修饰成分。这使得柬埔寨语成为一种"东西合璧"的语言。对柬埔寨语文本的诠释与理解是具有思辨性的。因为对意义的最纯粹的重述（鹦鹉学舌）恰是不可理解的，所以，措辞或说话本身就是一种思辨的过程。柬埔寨语言的学习、柬埔寨语文本的解读等教学活动本身就可使学生得到"最高的至福"——思辨。①

三、理解的手段

1. 语法规则及撰写形式

伽达默尔重视语法规则及撰写形式（die grammatischen Regeln und die Kompositionsform dieses Textes）对理解的基础性作用。并将其作为解释者做出区别于作者的更好的理解的基础。他说："使解释者区别于作者的那种更好的理解，并不是指对本文所讲到的对象的理解，而是指对本文（Text）的理解，即对作者所意指的和所表现的东西的理解。这种理解之所以可以称为更好的，是因为对于某个陈述的明确的——因而也是突出的——理解包含比这个陈述的实际内容更多的知识。谁从语言上理解了一个用陌生语言写的本文，谁就明确认识到了这个本文的语法规则和撰写形式，本文的作者虽然遵循这种规则和形式，但并未加以注意，因为他生活在这种语言以及这种语言的艺术表现手段中。"（180）

足见，在外语教学中，外语基础语法及外文写作手法的教学是必须的，这也是我们更好的理解作者的基础。换言之，绝对经验主义的教学方式，对外语教学是不适合的。即不能仅让学生在不学或少学语法规则的前提下，通过尽量多的感性认识掌握外文。

2. 解释学循环

"我们不熟悉其语言也不了解其内容的过去时代的文本的意思，只能用我们已描述的方式，用整体和部分的循环往返运动才能表现出来。施莱尔马

---

① ［古希腊］亚里士多德著《尼各马科伦理学》，苗力田译，中国人民大学出版社，2003，第227页。

赫承认这一点。常常正是由于这种运动，我们才学会了理解陌生的意思、陌生的语言或陌生的过去。循环运动（eine kreisende Bewegung）之所以必要，是'因为要解释的东西没有一个是可以一次就被理解的'。"（179）

精读和泛读（阅读）作为分别训练学生部分的理解和整体的理解两方面能力的两门课程，不可偏废，都应给予足够的重视。一些应用语言学家概括了精读与泛读的关系，即前者培养阅读的准确性，后者则培养阅读的流利程度，因此两者同样重要，任何厚此薄彼的做法都会影响对文本理解能力的提高。因此他们主张精读与泛读并重，甚至提倡加强泛读教学。结合柬埔寨语教学实践，柬埔寨语语法就中国学生来说偏易，大学二年级以前完全可将所有语法现象解决，高年级仅余词汇、惯用法的积累。故高年级应适当减少精读课。①

3. 认识者的自我存在与前见

理解者的自我存在——理解者的前见（Vorurteilen）——理解者对本文意义的参与——对话（共同的事件）——视域融合——理解（真理）"是伽达默尔关于理解问题的一条关键线索。他说："绝不可能存在摆脱一切前见的理解，尽管我们的认识意愿必然总是力图避开我们前见的轨迹。……在精神科学的认识中，认识者的自我存在（das eigene Sein des Erkennenden）也一起在发挥作用，虽然这确实标志了"方法"的局限，但这并不表明科学的局限。（465）为求得真理，解决前见带给解释者的困惑，参与被引入理解的过程。在理解中所涉及的完全不是一种试图重构本文原意的"历史的理解"。我们所指的其实乃是理解本文本身。但这就是说，在重新唤起本文意义的过程中解释者自己的思想（dieneigenen Gedanken des Interpreten）总是已经参与了进去。就此而言，解释者自己的视域具有决定性作用，但这种视域却又不像人们所坚持或贯彻的那种自己的观点，它乃是更像一种我们可发挥作用或进行冒险的意见或可能性，并以此帮助我们真正占有文本所说的内容。我们在前面已把这一点描述为视域融合（Horizontverschmelzung）。现在我们在这里认识到一种谈话的进行方式，在这种谈话中得到表述的事情并非仅仅是我的意见或我

---

① 参阅左焕琪著：《外语教学展望》（学科教育展望丛书），华东师范大学出版社，2002，第165—166页。

的作者的意见,而是一种共同的事件(eine gemeinsame Sache)。(366)

在柬埔寨语教学中,扩大学生的理解视域,使其能够对教学文本提出更多的问题,从而能够全面完整的理解文本。这就是说,面对文本的问题意识,需要通过理解视域的扩大而增强。不刻意阻止学生在文本的诠释过程中加入自我意识与意见。因为理解与解释本身就是一种谈话、对话及共同的事件。在理解文本的过程中,促进学生发挥自我存在的作用,扩大学生的前见解,扩大视域融合的范围,增加对话话题的数量,以达到更高层次的理解。

4. 解 释

伽达默尔的论断是:理解的进行方式就是解释(Die Vollzugsweise des Verstehens ist die Auslegung)。"理解和解释归根到底是同一回事。……语言表达问题实际上已经是理解本身的问题。一切理解都是解释,而一切解释都是通过语言的媒介而进行的,这种语言媒介既要把对象表述出来,同时又是解释者自己的语言(die eigene Sprache des Auslegers)。"(366)因此,让学生尝试以自己的语言说出文本的意义正是理解的方式。学生遣词造句的过程就是理解的过程。

5. 突出重点

伽达默尔以翻译为例,说明突出重点对解释(理解的手段)的重要性。他说:"如果我们在翻译时想从原文中突出一种对我们很重要的性质,那么我们只有让同一原文中的其他性质不显现出来或者完全压制下去才能实现。这种行为恰好就是我们称为解释的行为。正如所有的解释一样,翻译也是一种突出重点(Überhellung)的活动。谁要翻译,谁就必须进行这种重点突出活动。"(363)

例如①:

For instance, the task of replacing a burnt-out light bulb may turn out to require

---

① 【美】侯世达著、郭维德译:《哥德尔、艾舍尔、巴赫——集异璧之大成》,商务印书馆,1997,前言,第10页。

moving a garbage bag; this may unexpectedly cause the spilling of a box of pills, which then forces the floor to be swept so that the pet dog won't eat any of the spilled pills, etc, etc.

中文直译为：比方说换一只烧氅了的电灯泡的任务，大概免不了要拿一个垃圾袋来；而这又可能意外地弄撒一盒药，于是又不得不去扫地以免宠物狗误食撒了的药丸；等等，等等。

但在译文中译者将"宠物狗【pet dog】"改译为"孩子"；将"垃圾袋"替换为"板凳"。译者的理由是"这段文字旨在成为一个平凡的例子——要尽可能地普通和平易。事情的这一性质比其中的任何特定因素都重要得多。由于中国人通常不蓄养狗作为宠物，所以不应该把它直译过来。我们不希望让中国读者这样想：'宠物狗？噢，我想起来了——美国人经常是养宠物狗的'。这个例子应该没有一点外国味儿。"

例子中的译者在此选择突出"普通"与"平易"的译文风格，而舍弃了"宠物狗【pet dog】"与"孩子"及"垃圾袋"与"板凳"的对等性。

四、理解的标准

1. 语言上的相互一致

"理解的基础并不在于使某个理解者置身于他人的思想中，或直接参与到他人的内心活动之中。理解就是在语言上取得相互一致（sich in der Sache Verständigen），而不是说使自己置身于他人的思想之中并设身处地地领会他人的体验。整个理解过程乃是一种语言过程。"（361）这意味着对理解与否的验证要以语言的方式在语言中进行。

2. 无需翻译

"凡是产生相互了解的地方，那里就无需翻译（Übersetzung），而只是说话。理解一门外语的意思就是说，无需再把它翻译成自己的语言。谁真正掌握了一门语言，那就无需再翻译，甚至可以说，任何翻译都似乎是不可能的。……一切语言都是可以学会的，以致完满地使用语言就包含着如下意思，即我们无需再把自己的母语译成另外一门语言，或把另外这门语言译成自己的母语，而是用外语进行思维。为了在谈话中达到相互了解，能这样掌握语言恰恰是一个前提条件。一切谈话都是这样一个不言而喻的前提，即谈话者都操同一种语言。只有当通过相互谈话而在语言上取得一致理解成为可能的时候，理解和相互理解的问题才可能提出来。"（362）翻译是人们试图理解文本的进行方式之一。许多非翻译的外语课程经常会使用翻译作为衡量学生理解文本与否的标准。但"翻译不是我们处理一门陌生语言的正常情况（362）"。人对待陌生语言流传物的正常情况是对陌生语言进行系统学习，直接而不是通过翻译理解文本。理解外文文本不能用是否可以翻译作为标准。

3. 正确的朗读

"正如翻译概括了解释的结果，对本文正确的朗读（das richtige Vorlesen eines Textes）必然已经决定了解释问题（因为我们只能朗读我们已经理解了的东西）一样，指示在同样意义上也是一种解释。理解和解释以一种不可分开的方式彼此交织在一起。"（376）现代柬埔寨语除使用句号外，很少使用其他标点符号。所以，能否在正确断句的基础上朗读是判断学生理解文本与否的一个标准。尽管韩愈曾说："彼童子之师、授之书、而习其句读者也。非吾所谓传其道、解其惑者也。句读之不知、惑之不解，或师焉、或不焉。小学而大遗、吾未见其明也"①，但"句读之不知、惑之不解"对于柬埔寨语文本的理解确实是适用的。

4. 原作者意见

"下面这一点对于我们的诠释学经验来说同样是确凿无疑的，即对于同一部作品，其意义的充满正是在理解的变迁之中得以表现的，正如对于同一个历史事件，其意义是在发展过程中继续得以规定一样。以原作者意见（die

---

① 韩愈：《师说》，《古文观止》，中华书局，1959，第334页。

Meinung des Urhebers）为目标的诠释学还原正如把历史事件还原为当事人的意图一样不适当。"（355）凡在我们理解的地方，那里文字作品所述内容的意义就完全不依赖于我们是否把它理解为原来作者思想的表现。书写文字的观念性使意义脱离作者和读者的心理，所以书写传承物的意义不能从心理学上加以理解。① 众多的理解者通过"解释"、"强调"获得对文本的理解，从而形成无数理解"事件"的继续发展。文本也被带入某个真正的、开放的进程中。

普通文本如此，对文学文本的理解也概莫能外。伽达默尔说："所谓文学其实都与一切时代有一种特有的同时代性。所谓理解文学首先不是指推知过去的生活，而是指当代对所讲述的内容的参与。"（369）

5. 开放的不确定性

"何为读本文。所有的读都包含一个应用，以致谁读某个本文，谁就自身处于他所理解的意义之中。他属于他所理解的本文。情况永远是这样，即在读某个本文过程中他所得知的意义线索，必然被中断于一个开放的不确定性（die offene Unbestimmtheit）之中。他可能承认，而且他必须承认，未来的世代将以不同的方式理解他在本文中所曾读到的东西。"（322）我国传统文论也有相似的论述："《诗》无达诂，《易》无达占，《春秋》无达辞，从变从义，而一以奉人。"②

教学中在文本的理解问题上，教师与学生间及学生之间应多讨论、琢磨、切磋，多交换意见，耐心听取他人的诠释与理解，切忌武断的否定。诠释与理解是艺术，艺术没有最好只有更好。教师与学生的胸怀对理解有决定性的作用。

Audiatur et altera pars. ③

---

① 洪汉鼎《理解的真理》，第287页。
② 董仲舒《春秋繁露》卷三《精华》。
③ "愿另一方也被聆听；听对方吧；兼听则明。"（雷立柏编：《拉丁成语词典》，宗教文化出版社，2006，第16页。另，雷立柏编：《拉－英－德－汉法律格言词典》，宗教文化出版社，2008，第18页）。

阿拉伯语篇章连贯性的实现与理解

邹冬心

一、篇章连贯性的实现——从篇章表层结构出发

1.1 篇章的连贯性

1.1.1 什么是连贯的篇章

我们在阅读文章时，会觉得有的文章条理清晰、意义明确，而有的却诘诎聱牙、究竟要说什么让读者摸不着头脑。我们对于一段文字连贯与否的感觉和判断标准从何而来？语言学家对于连贯的研究，早期多是从文本的角度出发，思考文本中的语言如何连贯。Halliday 和 van Dijk 把语言看做是一种社会符号，把语言的使用看做是一种社会行为，他们对连贯所做的研究基本上都是以语篇为基础的。后来学者们渐渐发现单从文本的角度来解释连贯性似有不足之处，出现了一些以心理学理论为指导进行语言研究的语言学家，其中最具代表的是 Givon，他们从认知心理的角度来诠释人们阅读或写作时，如何形成心理连贯。因此，读者判断文章是否连贯的标准可以归结为两方面：一是作者组织话语的能力，二是读者阅读理解的能力。

1.1.1.1 连贯是一种语言现象

在一段话语中一个句子为什么会跟下一个句子产生连贯的关系？首先，文本中的句子对应到现实社会时，必须能够找到对应的事实或文本句子指称的对象，即 van Dijk（1977）所说的"文本中的句子的意义必须在社会上有

发展意义的基础（world-dependent）"。这样文本所涉及的内容才合乎我们所生存的世界中日常的意义逻辑，读者才有了理解文本意义的基础。文本的内容越接近日常生活的逻辑，文本就越容易被理解。

在确定一个文本在意义层面上符合现实社会的逻辑后，我们该如何进一步判断文本中的句子与句子之间具有联结性？以下面一段话（分成5句）为例。

① عاد أمين المجلس الأعلى الإيراني للأمن القومي، علي لاريجاني، ووصف مقترح موسكو تخصيب اليورانيوم في روسيا بأنه «غير كاف في حد ذاته».

② ويقول ان المقترح الروسي «لا يستجيب حاجة ايران للطاقة النووية».

我们会觉得这是两个连贯的句子，因为这两个句子有因果关系，"俄罗斯的建议不能满足伊朗的核能源需求"是"伊朗认为俄建议自身不充分"的原因，所以这两个句子可以联结在一起。那么我们可以假设：一个连贯的语篇，句与句之间应当有某种条件性的关系存在。

但是继续读下去，我们就发现这样来解释连贯性还有问题。

③ تخصيب اليورانيوم في ايران هدفه تحقيق الاكتفاء الذاتي من الطاقة النووية لتوليد 20 ألف ميغاوات من الكهرباء.

④ تحتل ايران المركز التاسع عشر عالميا في توليد الكهرباء.

⑤ وتقوم حاليا بتبادل الطاقة الكهربائية مع معظم بلدان المنطقة.

这段话的每个句子间彼此都有某种条件性。①伊朗认为俄建议不充分，因为②俄建议不能满足伊朗的核能需求，而伊朗的核能需求是什么呢？是③利用核能发电，而目前伊朗的发电能力已经④达到世界第19位，并且⑤还同大部分所处地区国家进行电力交换。可以发现，即使这段话中的每一句话都有某种条件关系存在，它们还是不连贯的话语，不能表达出主旨。

所以一个语篇要连贯，仅仅满足句间有条件性关系存在还是不够的。van Dijk认为，如果一段话要在意义上连贯，势必要在意义层面维持某种意义上的相似性，也就是说这段话的每一个句子都必须围绕着同一个意义核心（也可以解释成主旨或主题）。① 如果从命题（proposition）的角度来解释，一个

---

① Van Dijk, Teun. A. 1977. *Text and Context*. London: Longman.

命题由一个谓语和多个中间项组成，文章内的每个简单句或从句都可简化成一个命题，这些命题群组成了一个宏观结构，它们必须围绕着一个更大的意义单位——可称为宏观命题（macro-proposition），或者是主题来发展。篇幅长的话语可能包含几个主题，因此由这些宏观命题再组成更大的宏观结构。所以，整个宏观结构组织具有等级的特征，即每一序列的宏观命题都可以归属于更高层次的宏观命题。① 如此，每一部分的意义都和篇章的主题相关，一段话的前后句子才能串连起来。因此，上述文字之所以无法在意义上联结，正是因为缺乏了一个共通的主题串连起每一个有条件关系的句子。

其他语言学家也提出类似的看法。de Beaugrande 和 Dressler 认为，一个篇章之所以有意义，是因为在被篇章表现形式激活的知识中存在一个"意义连续体"。读者如果不能发现篇章意义或意义连续体，一定是因为篇章所表现的概念关系结构与读者的先有世界知识不相吻合。这种意义连续体可以被视为连贯的基础。Nunan 认为连贯是篇章被感到是一个整体而不是一串不相关语句的程度。Cook 说连贯是篇章中感觉到的意义、整体性和目的的质量。McCarthy 说连贯是对于篇章作为一个有意义的整体、而非无意义堆砌的一种感觉。②

可见，对于连贯的定义尽管各有不同，但都强调篇章意义的连续。所以《朗文语言教学及应用语言学辞典》上对连贯的定义是："一般来说，如果一段话的各个句子都围绕中心大意展开（即主题句和展开论证的有关句子），这段话就具有连贯性。"③

但是在这些定义中我们发现反复出现的一个词是"感觉"，虽然 van Dijk 等人是从文本的观点出发来解释连贯性的，但当我们要判断命题与命题之间是否有意义上的联结，或者是每个命题是否是属于同一个主题范围，多半依赖的是我们主观的感觉。因此有必要从认知心理的角度来讨论连贯性。

1.1.1.2 连贯是一种心理行为

Givon 在 1995 年发表的题为"语篇连贯与心理连贯"的文章中指出："我们真正要研究的连贯不是外在语篇的连贯，而是能生成、能储存、能提

---

① Van Dijk 关于主题结构的论述，可参见其著作 *News as Discourse* 第二章"主题结构"及"新闻话语的微观结构"两部分。
② 参见刘辰诞，《教学篇章语言学》，上海外语教育出版社，1999，P29。
③ Jack C. Richards，《朗文语言教学及应用语言学辞典》，外语教学与研究出版社，2002，P76。

取内在语篇的心理连贯。"① 他认为连贯产生的决定性因素是人的认知，而不是语言（符号）标记这些表层形式上的东西。连贯性来自我们脑中可以创造、储存、回忆的内在语篇。

这个内在语篇类似认知心理学中的图式（schema）。认知心理学家认为很多知识都是以图式的形式储存在人的记忆系统里。图式可以理解为个人对社会的有组织的认识，对同一主题（如上餐厅用餐）包含的信息会相互联结，自成一个认知结构。②

我们在分析外在语篇的连贯性时，其实是在把外在语篇的信息和内在语篇中的图式相比较。如果外在语篇的内容和逻辑符合我们对每件事的基本知识及印象，我们就会认为外在语篇有连贯性；如果外在语篇和大脑中储存的图式架构不一致，图式架构会引导我们去注意并思考不符的地方，重塑个人对外在语篇的看法；倘若差距太大无法接受，我们便无法理解外在语篇中所表达的意义，认为外在语篇连贯性较差。所以外在语篇只是用来确认、比对内在语篇，真正关于连贯性的判断，仍要回归到认知机制中进行。

那么，一个语篇连贯与否，究竟是其自身就具有的还是读者分析出来的呢？或许把这两方面结合起来看更为全面。看一个语篇是否连贯，既离不开对作者的语言形式的分析，也离不开读者的图式比较和逻辑判断等心理活动。同时，作者为了创造出具有可读性的文本，必然会揣测读者的背景知识和认知系统是在哪个意义范畴内；而读者在阅读理解文本时，也会推想作者创作文本时的背景和知识基础，因此，文本可以说是作者和读者间知识或认知图式流动的产物。

总之，连贯性不仅是语篇表层结构的特征，也是语篇认知过程的结果。连贯是主观的，它是对篇章评价的一个方面。不同的人对一个篇章的推断以及对连贯的语义关系的创造可能有所不同，所以连贯只能由读者的评价来衡量。但这并不意味着语篇表层衔接机制的不重要，意义的连贯还是依赖于文法手段。

---

① 朱永生、严世清，《系统功能语言学多维思考》，上海外语教育出版社，2001，P68。
② 关于图式的概念，可以进一步阅读萧宁波的论文《用基模启发思考》，载于《当代华人教育学报》，2002年夏，第30卷，第1期。

1.1.2 篇章连贯的标准

从上文的分析中看到,连贯是个人对篇章的主观评价,但这并不表示连贯性是随意的。每个人判断的认知系统和知识基础虽各有差异,但是作为社会中的人,对现实世界的普遍知识的认识是一致的。例如去医院看病,一般都遵循挂号、看病、医生开处方、划价、付费、取药这个连贯流程,这种对外部世界的认知是共通的。所以,看起来作者和读者在创造或阅读文本时,遵循各自不同的认知体系,但事实上他们都在一个共有的认知框架内。他们为了理解文本的意义(或使文本被理解),都必须注意文本中表面结构之间的衔接关系,然后藉由自己的知识系统各自判断文本中意义联结的关系。

本文结合 Halliday 和 Reinhart 的观点,把衡量语篇连贯的标准分为两个方面:

1)语篇衔接。所谓衔接,就是通过指称、替代、省略和联结等语法手段与重述和搭配等词汇手段的使用把语篇中的不同成分从意义上联系起来。衔接并不是语篇连贯的前提,语义上连贯的语篇可以没有形式上的衔接纽带。但衔接毕竟是篇章内的句子在语义和表层结构中的联结方式,能帮助我们理解篇章内的句子和作为交际事件的篇章之间是如何建立起联系的。对外语学习者而言,对所学语言的形式衔接标记和方式进行研究是十分有必要的;阿拉伯语是一种形式标记非常明显的语言,因此这一点更加重要。对此进行探讨有助于提高理解和运用外语的能力。

2)一致性及相关性。所谓一致性,即后一个句子与前一个句子在逻辑上保持统一。所谓相关性,即每个句子都必须既与所在的语篇话题又与话语的上下文彼此相关。这主要是从文本的意义结构出发,将在第二节中进行讨论。

1.2 篇章衔接的定义与分类

Halliday 和 Hasan 为了探讨语篇如何连贯而对衔接概念和衔接手段进行研究,他们把"衔接"界定为"存在于语篇内部的,能使全文成为语篇的各种意义关系。"[①] 如果篇章中的某一部分对另一部分的理解起着关键作用,这两

---

① 朱永生、严世清,《系统功能语言学多维思考》,P45。

部分之间就存在着衔接关系。

1.2.1 指称

指称衔接关系指用代词等语言表达式来指代另一个语言表达式所表达的事物或意义，此时语篇中的一个成分就成为了另一个成分的参照点。例如：

(1) وبحسب الصايدي «كان الأمين العام مرتاحاً للبيان، ورأى أن موقف المجموعة الإسلامية ايجابي»، وهو «يحض على تجنب الإساءة واعادة نشر ما نشرته الصحف من رسوم».

(2) وأدى تخلي أوروبا عن قيمها الى ترك ملايين الاشخاص لقمة سائغة لحملات اعلامية سياسية يقودها مجلس الفتاوى الاوروبي. وأنشئ هذا المجلس، في 1997، وأنيط به تمثيل 27 منظمة اسلامية اوروبية.

(3) ويتوقع أن تحفل مباراة *الأهلي والاتفاق* بالإثارة والندية نظرا لرغبة كل فريق في الفوز، *الأهلي* يعيش في فترة استفاقة منذ ان تولى مدربه الصربي نيبوشا موسكوفيتش المهمة، فتأهل أخيرا للدور النهائي لمسابقة كأس ولي العهد، ويحتل حاليا المركز الثالث في الدوري برصيد 25 نقطة ويريد تثبيت مكانه في المربع الذهبي. بينما يبحث الاتفاق الذي هو الأخر تحسنت نتائجه عن فوز يؤكد صحوة الفريق بقيادة المدرب البرازيلي باتريستو، ويحتل الاتفاق المركز الثامن برصيد 16 نقطة.

在（1）中，代词 هو 的确切含义是由它指称的对象决定的，要对它作出语义解释就必须在上下文中找出和它构成照应关系的词语。从上下文可以看出，هو 指的是 الأمين العام。（2）中的指示代词 هذا 在这里作的是限定词，限定 المجلس，我们要确定它同 المجلس 组成的对象的意义，就必须从上下文中去找，发现它指的是上文提到的 مجلس الفتاوى الاوروبي。例（3）第二节中的 الأخر，是一个表示比较的词语，我们读到这个词时就会在上下文中寻找与其构成比较关系的其他词语。从上文中寻找，我们看到 الأخر 的所指意义是以 الأهلي والاتفاق 以及 الأخر 为参照点的。

从这几个例句中可以看出，指称表达了语篇中的指代成分与所指对象之间的解释关系。使用指称，可以使写作者运用简短的形式来表达上文已经提到或下文将出现的内容，使篇章衔接紧凑而不累赘，前后衔接。指称词所指称的对象除了在上文或下文中出现，也可以存在于作者和读者的共有知识中，例如：

(4) على عكس ما يحصل في الدول الصناعية المتقدمة، تحمل مؤسسة الدولة في المنطقة العربية عموماً، العبء الاساسي في تطوّر تكنولوجيا المعلوماتية والاتصالات الحديثة.

这个句子里的 الدول الصناعية المتقدمة 所指的对象不存在于语言内部，也不存在于情景语境中,这种在篇章中找不到所指对象的指称关系即为外指。前面所举的例子都是能从上文或下文中找到所指对象,相对于外指,被称为内指。本文把对指称的讨论限于内指的情况,因为外指只是通过建立语篇与情景语境之间的联系来参与语篇的建构,它本身不能建立语篇上下文之间的衔接关系,只有内指才能构成语篇衔接。

按照 Halliday 和 Hasan 的划分,指称衔接关系可以分为三类——人称指称、指示指称和比较指称。例句(1)、(2)、(3)分别属于这三种类别。下面就这三种指称的使用作详细的分析说明。

1.2.1.1 人称指称

人称系统可以分为第一人称、第二人称和第三人称。在人称指称系统中,只有第三人称代词具有内在的衔接语篇功能。第三人称代词出现的方式可分为三类:独立主格方式、宾属格方式和动词内含人称的方式。

(5) ولا تزال جلسات المحكمة تحظى باهتمام العراقيين والعرب في الداخل والخارج وهي مناسبة للتجار العراقيين لبيع مخزونهم من صور صدام والساعات التي يزينها وحتى دنانير عهده.

(6) (السلالة المميتة من الفيروس) وضعت فرنسا في حال تأهب على اساس ان الخبراء يعتبرونها «مفترق طرق للطيور المهاجرة»، وهي الدولة الاوروبية الغربية التي يمر عبرها اكبر عدد من الطيور.

第三人称代词以独立主格方式出现,以هم、هي、هو居多,有时或在词前加上连词وانما、ف、و等。要注意的是,第三人称代词指示的都是名词、词组等表示人、物、时间、地点等单一概念的对象,而不是某一完整的事件或具体的行为。

هو 不仅指称人,也可以指称物,如下例:

(7) ومن المرتقب أن يزور لافروف واشنطن للقاء رايس في السادس من مارس (آذار) المقبل، وهو الموعد نفسه لعقد وكالة الطاقة الذرية الدولية اجتماعها حول الملف النووي.

阿拉伯语中十分频繁地使用以宾属格方式出现的第三人称代词,因为使用代词指称前面已经提到过的内容可以使语篇不显得累赘。一般来说,这种指称发生在简单句内部是比较容易辨别的,所以我们这里只讨论超出句子范围而能起到衔接语篇作用的指称词。

(8) وان البيت الابيض لم يكن يعرف تفاصيل الحادث في البداية، وتابعه منذ ليلة السبت وحتى صباح الأحد.

(9) ودعا أوغلي الاتحاد الأوروبي من خلال برلمانه، إلى اعتماد تشريعات وصفها بـ «الضرورية» للتصدي

لظاهرة «الخوف من الاسلام» في الدول الأوروبية.

(10) وما لفت النظر ان ثلاثة من المتهمين الثمانية، بينهم صدام، دخلوا القاعة امس من دون عقالات تغطي رؤوسهم على رغم تمسكهم في الجلسة الاولى بغطاء الرأس على اساس انه «شرف العربي».

例（8）（9）都是宾格形式的人称代词。例（10）是属格形式的人称代词。

动词内含人称是阿拉伯语区别于汉语和英语的重要特点，它使语篇衔接连贯而简洁。由于硬新闻语篇采用第三人称的叙述角度，所以相应的，使用的动词也只有第三人称阴、阳性及其单、双、复数的变化。

(11) ورد تشيني على انتقادات بأنه كان يجب ان يعلن، عن طريق البيت الابيض، عن الحادث مباشرة بعد ان وقع. وقال ان صحة وتينغتون كانت همه الاول بعد وقوع الحادث، وانه زار وتينغتون في المستشفى بعد ان نقل اليه. ودافع تشيني عن تكليف صاحبة المزرعة، باعلان الخبر للصحافيين في اليوم التالي، وقال ان ذلك كان «شيئا معقولا لأنها كانت هناك، ولأنها تعرف الصيد. اعتقد ان هذا كان قرارا صحيحا، وما زلت اعتقد ذلك».

可以看到，人称内含的动词在语篇中起到了很强的衔接作用，如例（11）中它作为每一句的主语使整段话连贯起来。这也是硬新闻语篇主位推进的常见模式之一，在第二节中讨论。

阿拉伯语区别于汉语还有一个重要的特点，就是汉语中没有关系代词，而阿拉伯语则大量使用关系代词。所以在很多情况下，汉语语篇中的人称代词在阿语中是用关系代词来表示的：

（12.1）前进党和工党领袖之间的协议在前进党内部引起争议，惹恼现任国防部长沙乌勒·莫法兹，根据协议他不得不让位给佩雷茨。

(12.2) وأحدث الاتفاق بين زعيمي «كديما» و «العمل» ضجة داخل «كديما»، واغضب وزير الدفاع الحالي شاؤول موفاز الذي سيضطر الى اخلاء كرسيه لبيرتس وفقا للاتفاق.

（12.1）中的回指指称通过人称代词"他"来体现，而在相应的阿语表达（12.2）中则使用关系代词الذي来充当，把汉语后两个分句联结在一起。从这一点看，阿语的表达在逻辑上更为紧凑。

从上述例子中我们看到，第三人称代词主要起到回指上文的作用，这样可以使语篇的指称关系明确。但阿拉伯语受英语影响，有一种经常使用的表达方式，其中的人称指示词起的是下指的作用。如例（13）中的代词ه指的是后面的وزارة الدفاع الاميركية，例（14）中的代词ها指的是其后的احسان أوغلي。

(13) من جهتهِ، شبّه إحسان أوغلي تعامل بعض الجهات الأوروبية مع قضية الرسوم ورد الفعل لدى الشعوب الإسلامية، بما حدث مع اليهود في القارة الأوروبية إبان الحرب العالمية الثانية.

(14) من جانبها أكدت وزارة الدفاع الاميركية (البنتاغون) صحة الصور الجديدة للانتهاكات في سجن ابو غريب وعبرت عن قلقها ازاء الاثر الذي سيتركه بث هذه الصور في العالم الاسلامي.

此外，也有第三人称代词在同一个句子同时用于回指和下指的情况，如例（15）。

(15) وكتب «اوبريت» هذا العام الشاعر الشعبي فهد المبدل، وقام بأدائه نخبة من الفنانين السعوديين، هم: محمد عبده، عبدالرب إدريس، راشد الماجد، عبدالمجيد عبدالله، عباس إبراهيم، وجاء «الاوبريت» في شكل لوحات فنية تمثل التنوع التراثي في المملكة.

1.2.1.2 指示指称

说话人通过指明事物在时间和空间上的远近来确定所指对象，这种指称关系用指示代词及冠词来表示。阿拉伯语中常见的指示代词有هذا、هذه、ذلك、الذي、هناك، هنا، هؤلاء，其中最常用到的是هذا和الذي。

الذي和هذا在独立使用时，经常用来回指上文所说的话。通常它指的是上文中出现的概念或事件，而不是单个名词或名词性词组（一般用第三人称代词来指称）。我们知道الذي和هذا从基本意义上来说，体现的是空间远近的差异。那么它们在语篇衔接意义上是否存在区别呢？仔细观察发现，هذا标示一个实体或注意焦点转换至一个新的焦点，即引入焦点；而الذي则在当前实体或注意焦点内（第三人称代词指称也是如此）。例如：

(16) وكانت تقارير قد افادت بأن شركات « ياهو» و«غوغل» و«مايكروسوفت» ابرمت اتفاقات مع السلطات الصينية تقضي بالسماح لها بالعمل في البلاد مقابل فرضها نوعا من الرقابة مثل إبعاد كلمتي «الديمقراطية» و«حقوق الانسان» عن النسخ الصينية من مواقعها.

وجاء هذا في وقت يعتزم عضو مجلس النواب، كريستوفر سميث، تقديم مشروع قانون خلال الايام المقبلة، يمنع شركات الانترنت من فرض رقابة ذاتية أو منع مصطلحات سياسية ودينية أساسية، حتى اذا كان ذلك متعارضاً مع القوانين المحلية للدول التي تعمل فيها.

(17) تشارك الدول الخليجية بشكل فاعل في فعاليات هذه الدورة. كما شارك الإماراتيون بتقديم جوائز ثمينة للهجن الفائزة، وذلك دعماً من رئيس الإمارات الشيخ خليفة بن زايد آل نهيان للرياضات التراثية.

例（16）中的هذا指称前一节的内容，在第二节开头使用，从上一节的焦点

（报告的内容）转入一个新的焦点（该事件发生的背景），即使一个新的实体上升成为当前的焦点。而例（16）中的الذي指称前句（阿联酋提供丰厚奖品），它引起的下文还是围绕前句，对前面的内容作出评价（这是阿联酋总统的支持），语篇仍然停留在当前的实体或注意焦点内。

但在实际使用时并非如此严格，例（16）中的هذ也可以换成الذي，但是很少有把（17）中的الذي换成هذ的。这恐怕也可以归因于空间远近的原则，对于阅读者而言，这些事件都是在远距离发生的，作者考虑到阅读者的思维习惯，在写作时也有意识的运用了指称远距离的指示代词，使读者阅读的时候感到行文连贯。这也是我们在第一章中谈到"连贯是一种心理行为"时所说的，连贯是文本创作者和阅读者共同建立的。所以在新闻中الذي的出现频率一定程度上多于هذ。

除了指称某个事件或概念外，هذ、الذي和هذ还经常和确指名词一起使用，在一定程度上起到区别空间、时间远近差异的作用。比如"في هذه السنوات"和"في تلك السنوات"的所指意义是不同的，这种差别更多的出现在文学语篇和日常对话中。

冠词的使用也是语篇衔接的一种手段。当第二次提到一件事或一个物体的名词时，就必须在名词前加上冠词ال，以表示这一事物就是上文提到的同一事物。这是一个语法规则，也同时起到了衔接上下文的作用，定冠词ال在这时起的也是指示指称作用。

(18) وأعلن مسؤول في وزارة الدفاع الاميركية طلب عدم كشف هويته ان الصور متطابقة لتلك التي حصل عليها الجيش الاميركي قبل عامين اثناء تحقيقه حول فضيحة سجن ابو غريب. وقال المسؤول ان احدى هذه الصور لم يتم التأكد من صحتها لانه لا يظهر فيها اي شخص.

除此之外，指示指称还包括指称地点的一些代词，如هنا、هناك、هنالك、ثمة等。但在新闻语篇中，起到内指作用的地点指称用得很少，；一般出现的时候，它们指称的是存在于语篇外的空间概念，并不起到衔接语篇的作用。例如：

(19) وحضت المفوضية الأوروبية طهران على قبول الاقتراح الروسي الخاص بتخصيب اليورانيوم الايراني، مؤكدة انه لا يزال هناك وقت للحيلولة دون احالة الملف النووي الايراني على مجلس الامن.

(20) وفي باريس اتهم وزير الخارجية الفرنسي، فيليب دوست بلازي، إيران بتطوير برنامج نووي عسكري، معتبراً أنه «ليس ثمة برنامج نووي مدني يفسر البرنامج النووي الإيراني».

1.2.1.3 比较指称

人称指称和指示指称是两种主要的指称关系，除此以外还有比较指称。比较指称是用比较事物异同的形容词或副词及其比较级所表示的指称关系。但它不同于语法中的比较级，因为存在于小句结构内的比较级，如"هو أكبر مني سنا"，对语篇衔接无多大价值。只有当比较的对象须在上下文中寻找时，才会对语篇的衔接起到作用。如：

(21.1) وقال ان رفض ايران العرض الروسي لتخصيب اليورانيوم دليل آخر على انها لا تنوي العودة عن المسار الذي تتبعه．

(21.2) واعتبر احد المسؤولين في الخارجية ان لدى المجتمع الدولي، وخصوصا الحكومات العربية، قلقا حقيقيا من خطوات النظام الايراني سواء في الملف النووي او في ملف العراق، حيث تسعى طهران الى زعزعة النظام في بغداد والتسبب في توتر بين الطوائف العراقية．وشدد على الزيارة التي قام بها الرئيس الايراني محمود احمدي نجاد الى دمشق أخيرا ولقائه مع قادة تنظيمات فلسطينية راديكالية．

وقال ان رفض ايران العرض الروسي لتخصيب اليورانيوم دليل آخر على انها لا تنوي العودة عن المسار الذي تتبعه．

我们在例（21.1）中读到دليل آخر时，一定会联想到前文必然已经提到了一个دليل，所以这里的آخر(دليل)就起到了比较指称的作用。再回头阅读前文（21.2），这时作者构建语篇的思路就很清晰的展现在眼前了。

这个例子是一种总体比较，是就事物的异同进行比较，而不涉及事物的任何特征。涉及比较关系的两个事物或事态可以完全相同、相似或不同。下面的例（22）是另一种比较方式。

(22) وجاء هذا الإعلان في وقت شددت فيه واشنطن من لهجتها ضد طهران أمس، إذ أعلنت رايس أن المسؤولين الإيرانيين «تجاوزوا حدا أصبحوا بسببه في تحد صريح مع المجتمع الدولي»．واتخذت موسكو موقفا أكثر ليونة، إذ صرح وزير الخارجية الروسي، سيرغي لافروف، بأن بلاده لا تدعم خيار فرض عقوبات على طهران، قائلا «العقوبات لن تجدي نفعا ولن تسمح أبدا بإيجاد حل لمشكلة ما»．

这里的比较是具体比较，比较的是同类事物的数量或质量，这种比较关系主要是通过普通形容词的比较级来表达。例（22）中的أكثر ليونة与前文美国的态度 المسؤولين الإيرانيين «تجاوزوا حدا أصبحوا بسببه في تحد صريح مع المجتمع الدولي» 形成比较，使上下文紧密衔接在一起。

1.2.2 替代与省略

替代指的是用一个替代词去取代语篇中的某一个成分,被替代的部分可以从上文中找到。从语法和修辞上看,替代是避免重复而采用的重要语言手段;从语篇衔接来看,由于替代词的意义必须从所替代的成分那里去索引,因而替代起着衔接上下文的作用。例如:

(23) هذه الفوضى تمتد في المستشفى إلى النساء، فمنهن من تقف على مدخل تنتظر أخريات.

例(23)中的أخريات与前面的النساء之间存在替代的关系。尽管看起来这与我们在上文中讨论的指称所起的作用很像,但必须指出替代与指称是两个完全不同的概念。

在指称关系中,指代成分和所指对象之间存在着语义上的一致性或认同关系;但在替代关系中,替代成分和被替代成分之间不存在指称意义上的认同关系。例(23)中出现的هن就是指称前面النساء的人称指称词,两者构成认同一致的关系,它们之间互相解释、互相参照,指称是发生在语义层上的关系;而أخريات与前文的النساء只是形式上的替代关系,它们在语义上指得不是同一群人,替代是发生在词汇、语法层上的关系。①

阿拉伯语中的替代大致有三种类型:名词性替代、动词性替代和小句性替代。名词性替代是用可充当名词词组中心词的替代词取代另一个名词词组。例(23)中出现的就是名词性替代。动词性替代是用动词性替代词去替代动词词组。阿拉伯语中比较常见的动词替代词是فعل,而且在使用时它不仅可以替代前文提到的一个动作行为(如例24),还可以替代前文出现的几个并列的动词(如例25)。

---

① 国内有学者认为"الأخير、الأخيرة、الآخر、الأخرى、الجميع"等属于替代词,本文于此提出商榷。因为这些词同前文对应的词之间存在的是互相解释的关系,它们的内涵是相同的、具有一致性,所以把它们归为指称关系的范畴更合适,更确切的说,是这些词所带的冠词使它们具有了指称的性质。例如在下面这个句子中:
وقال الرئيس عباس في رسالة وجهها الى هنية ردًا على جواب الأخير على رسالة التكليف الرئاسية: «سنمارس تفويضنا وصلاحياتنا حيثما وحينما يلزم لحماية المصالح الوطنية العليا للشعب الفلسطيني».
我们可以把الأخير换成ه,因为它们具有同样的意义。但是在正文例句(26)中就不能把أخريات换成هن,换了以后意思就有问题了。

(24) لكن هذا القول لا ينفي أن عبدالناصر كان صادقاً في سعيه نحو جَمْع شتات العرب وانتشالهم من تخلفهم، وأنه كان متعففاً، يحترم المال العام ويكره البذخ ولا يبدّد مال الأمة بإنشاء القصور ووسائل الترف ومظاهر الأبهـة كما فعل صدام حسين.

(25) وتوقع بيرتس ان يشهد «كديما» انشقاقاً بعد توزيع الحقائب الوزارية «لأن من ترك حزبنا وانضم الى كديما انما فعل ذلك بحثاً عن مناصب وزارية».

至于小句性替代，则是用替代词来取代小句。

(26) «أشعر بخجل لم أشعر به من قبل» هكذا يجيب ايريك أولي عن سؤال حول مشاعره بعد تصاعد الحملات ضد بلاده في العالم الإسلامي، بسبب نشر إحدى صحف بلاده رسومات تسيء إلى الإسلام.

(27) ولفتت الى ضرورة ترسيم الحدود اللبنانية ـ السورية وإقامة علاقات ديبلوماسية بين البلدين، وقال: «لفتنا في شكل خاص التصريح الأخير للشرع الذي قال علناً ان سورية توافق على ان مزارع شبعا هي اراض لبنانية، وكان مجلس الأمن أكد عام 2000 على اساس عدد كبير من الخرائط التي درسها خبراء من الأمم المتحدة أن هذه المنطقة التي تحتلها اسرائيل سوريّة، ولكن اذا كان كل من لبنان وسورية يقر اليوم بأن الحال ليست كذلك، بإمكانهما ان يوقعا اتفاقاً في هذا الصدد ويقدماه الى الأمم المتحدة ضمن الآلية المرعية الإجراء. وانا واثق بأن المجتمع الدولي سيعترف بذلك وسيدعم هذا الإقرار أيضاً».

例（26）中的هكذا替代的是前面括号内的直接引语，例（27）中的كذلك替代的是前文描述的叙、黎领土问题。这里也需要注意替代关系与指称关系的区别。كذلك和هكذا表示的都是形式上的替代，并不完全等同于被替代的成分，它们的含义是"像这样、类似如此"。本文认为替代词应当是هكذا、كذلك这样的词，而الذي不能用于表示替代。①

省略则是把句子或小句中的一些基本结构成分省去不提，这些成分在语法上看是需要的，但在一定的语境中已然明了，就略去不提。它也被看成一

---

① 国内有学者认为الذي也起着替代联结的作用，本文认为这种观点可以进行商榷。关于الذي用于语篇指称及句子替代词的区别，我们来看这样一个对话：

- ابتعدَ ثم عودةٌ... لماذا التأرجح؟
- ليس الامر كذلك.

这一问一答发生在记者和息影复出的女明星之间。这里很明显我们不能把كذلك换成الذي，如果是الذي的话，就是对"ابتعدَ ثم عودةٌ"这件事的否定，意为"息影再复出这件事不存在"，因为الذي与"ابتعدَ ثم عودةٌ"的语义是相同的，是指示的关系。而只有كذلك作为形式上的替代，表示"这样的"，意为"事情不是这样的"。

种特殊的替代，称为零位替代。替代和省略对语境有很强的依赖性和时效性，所以在对话中出现的比较多。

1.2.3 联结

联结是一种运用联结成分体现语篇不同成分之间具有何种逻辑关系的手段。能体现联结的语言形式既可以是连词，也可以是具有联结意义的短语。相对而言，联结是我们比较容易掌握的语篇衔接手段，因为这些联结成分是具有明确含义的词语，只要弄清其字面含义，就能理解语篇的发展。通过联结，我们可以知道语篇上下文之间存在怎样的逻辑关系。

简单的分，联结关系可以分成四种类型：增补型、转折型、因果型和时间型。所谓增补型，是指一句话之后还有扩展余地，可以在此基础上再添加某些补充信息。如例（28）中的كذلك和例（29）中的الى ذلك。

(28) وياتي ذلك بعدما قررت فرنسا التي تعتبر ايضاً اول مصدر للدواجن في الاتحاد الاوروبي، فرض عزل عام على دواجنها. كذلك تأكدت اصابات بفيروس «اتش5 ان1» في هنغاريا، في وقت اتخذت اجراءات مشددة لعزل الطيور في دول اوروبية عدة من بينها المانيا وتشيخيا وهولندا.

(29) الى ذلك، قالت اللجنة الدولية للصليب الاحمر، امس، ان أحدث صور لإساءة معاملة السجناء العراقيين في سجن أبو غريب تبين انتهاكات واضحة للقانون الانساني الدولي.

(30) ولدهشة الشرطة، قام الرجل صاحب الصورة بتسليم نفسه، بل قاد الشرطة إلى غابة في إقليم النمسا السفلي حيث خبأ التمثال في حفرة على عمق 700 متر داخل صندوق بعد أن لفه جيدا...

例（30）中的حيث本身并没有意义，但它引导的句子对前面的地点غابة في إقليم النمسا السفلي作了补充说明，所以它也起到了增补的作用。除此以外，能表示增补关系的常用词或短语还有：كما، بل، فحسب...ليس، على صعيد آخر، اضافة الى، فضلا عن ذلك، من جهة أخرى، على صعيد ذي صلة، الى جانب ذلك等。

所谓转折，是指后一句的意义和前一句的意义截然相反。前一句是肯定，后一句为否定；前一句是否定，后一句为肯定。如例（31）中的لكن，例（32）中的إلا。

(31) ولم توضح (رايس) الدول التي ستزورها، لكن مسؤولا في وزارة الخارجية طلب عدم الكشف عن هويته قال إنها ستزور السعودية والإمارات ومصر.

(32) وأشار بوضوح الى امكان سحب القوات البريطانية خلال العام الجاري. إلا انه رفض تحديد موعد لذلك.

能表示转折关系的常用词或短语还有：على等。、انما、بل、على العكس

所谓因果，是指用各种不同方式体现的前后句之间的原因和结果（或结果和原因）的关系。如例（33）中的إذ，例（34）中的حيث。

(33) وحقق رئيس الجمعية العامة ايان الياسون انجازاً ضخماً بعد مفاوضات استغرقت شهوراً، إذ تمكن من اقناع الادارة الاميركية بعدم تعطيل انشاء المجلس بحجبها صلاحية التمويل له.

(34) وستظل القائمة مفتوحة بحيث يتم اضافة شركات طيران اليها كل ثلاثة اشهر او حذف الشركات التي التزمت بالمعايير المطلوبة.

能表示因果关系的常用词或短语还有：نتيجة، الأمر الذي، ممّا، بسبب، من أجل، لـ等。

还有一种类型是时间型，即反映事件发生的先后顺序或不同事件同时发生的联结语义。如例（35）中的بينما，例（36）中的بعدما。

(35) واثناء هذه المدة دخل 74 في المائة من الرجال و 67 في المائة من النساء المستشفى مرة واحدة على الاقل بينما توفي 49 في المائة من الازواج و 30 في المائة من الزوجات.

(36) وجاء التغير في الموقف الاميركي بعدما حشد بولتون جهداً كبيراً لمنع تأييد الولايات المتحدة لقرار انشاء مجلس حقوق الانسان من دون تعديلات.

能表示时间关系的常用词或短语还有：في حين، قبل، في غضون ذلك، في الوقت ذاته 等。

如上所述，逻辑关系是可以通过一定的语言形式得到体现的，但是这些关系有时也不需要通过具体的语言形式来体现。因为这些联结手段本身并不创造语篇的句子或命题关系，只是使这些关系显性化。所以我们看到有些句子关系并不用联结词语标示出来。例如：

(37) تابع موفد الأمين العام للأمم المتحدة لتنفيذ القرار 1559 تيري رود لارسن، جولته على القادة اللبنانيين، مبديا أمله في الوصول الى تنفيذ هذا القرار، الذي ينص على سحب سلاح الميليشيات اللبنانية وغير اللبنانية «بروحية اتفاق الطائف»، مكرراً الدعوة لإزالة التوتر في العلاقة بين لبنان وسورية، عبر ترسيم الحدود واقامة العلاقات الدبلوماسية.

在这个句子中，用主动名词的动词用法مبدیا، مكررا表达了增补的关系，即相当于وأبدى وكرّر。阿拉伯语是注重形合的语言，所以它很重视联结词语的使用。除了使用主动名词代替动词这种用法外，一般都会使用一定的联结成分来表明句或小句之间的关系，即使是最简单的增补关系，一般也会有联结词来体现，所以我们看到语段中句子起首时经常会有一个الواو。既然阿拉伯语语篇有这样的特点，我们在阅读时，应当注意抓住这些有助于我们理解的联结成分。

另外也有一些比较特殊的词，如 بل，它表示的关系不是单一的，可以随着语境而改变，可以表示增补，也可以表示转折。如例（38）中 بل 表示转折，而在例（39）中它表示递进意义的增补：

(38) فالمؤشر على انتهاء الطفرة العقارية لن يكون بالضرورة على شكل انخفاض كبير بالأسعار، بل سيظهر في شكل زيادة المعروض عما هو مطلوب في السوق.

(39) فالمساحة التي تفصل بين الحزب الحاكم و «الإخوان»، صارت مفتوحة لممارسات تتسم بالعشوائية وتفتقد إلى أدنى معرفة بل تحتقر المعرفة التي تقاس قدرة أي مجتمع في هذا العصر على التقدم بنصيبه منها أو بقدرته على تحصيلها.

1.2.4 词汇衔接

篇章中跨越小句或句子的两个或多个词项之间有意义联系时就产生了词汇衔接。换句话说，词汇衔接指通过词汇选择在篇章中建立一个贯穿篇章的链条，从而建立篇章的连续性。语言中的词汇不仅仅是传达某些单个的概念或意义，而是起着组织语篇的作用。例如：

(40) كما شهد لقاء بين① الرئيس الفلسطيني محمود عباس مع نظيره السوري بشار الأسد نقاشا ساخنا حسب مصدر فلسطيني. وقال دبلوماسيون ان سورية ② اعترضت على الاشارة الى ③«خارطة الطريق» في مشروع القرار، ولكن① الوفد الفلسطيني مدعوما بصفة خاصة من مصر، ② تمسك بالنص على③ خارطة الطريق في مشروع القرار.

该例句中，标号为①的两组词之间是上下义的关系。الرئيس الفلسطيني 是下义词，在该句中是个体的概念；الوفد الفلسطيني محمود عباس 是上义词，在这里是集体的概念。标号为②的 تمسك ب 和 اعترضت على 是一组反义词。标号为③的 خارطة الطريق في مشروع القرار 发生了重复。

(41) كشف نائب بارز في «الائتلاف العراقي الموحد» امس ان رئيس الائتلاف عبد العزيز الحكيم تلقى رسالة من الرئيس الاميركي جورج بوش① يطلب فيها② ايجاد مرشح آخر غير رئيس الوزراء المنتهية ولايته ابراهيم الجعفري لترؤس الحكومة الجديدة.

وقال رضا جواد تقي، مسؤول العلاقات السياسية في المجلس الاعلى للثورة الاسلامية الذي يترأسه الحكيم، في تصريح نقلته وكالة رويترز، ان بوش① دعا الحكيم في رسالته التي نقلها السفير الاميركي في بغداد

زلماي خليلزاد الى ② البحث عن بديل للجعفري الذي ترفضه سائر الكتل البرلمانية، واضاف ان الرئيس الاميركي قال في رسالته انه لا يتمنى ولا يريد ان يكون الجعفري رئيسا للوزراء.

1 例（41）中标号为①的两个动词يطلب和دعا是一组同义词。标号为②的两个词组البحث عن بديل和ايجاد مرشح آخر也是同义的关系。当然除此以外，这段话中还出现了许多重复的成分，不再一一说明。

从这两个例句中我们看到，词汇的重复出现、同义词（或近义词）、反义词、上下义关系都可以起到衔接语篇的作用。篇章中的各个句子通过这些词汇关系互相联系起来，对一个句子的理解要参考其他句子，使这些句子成为互相关联的完整命题。这些词汇关系被总称为"重述"。

此外，搭配也是一种很重要的衔接手段，它包括了篇章中所有语义相关联的词项。如طبيب和مرض，它们存在共现的关系。看下面一则对日食的报道片段。

(42) وقد تابع العالم أمس ظاهرة الكسوف الكلي للشمس فوق سماء مصر لحظة حدوثها من أعلى هضبة مدينة السلوم التي وجد بها أكثر من 25 ألف سائح من جميع الأجناس ورصدها وسجلها ما يقرب من 270 عالماً من معاهد البحوث الفلكية ووكالات الأبحاث الفضائية العالمية كان من بينهم 45 عالما من وكالة ناسا لأبحاث الفضاء الأميركية و25 عالم فلك فرنسيا إلى جانب 50 عالماً مصرياً متخصصاً في العلوم الفلكية والجيوفيزيقية ومعهم مئات الباحثين وهواة الفلك الذين اصطحبوا معهم أحدث أجهزة الرصد وقياس الطيف والتليسكوبات الحديثة والكاميرات الرقمية، كما حضر إلى هضبة السلوم عشرات الصحافيين والقنوات الفضائية التي قامت بتغطية الحدث لحظة حدوثه.

在这个篇章中，用直线标记出的词项可以说都属于同一词汇搭配范畴，它们都是谈及"日食"这一天文学现象时所用的词汇。在分析的过程中能看到，词汇的搭配关系受到篇章和语境的限制，而且这种关系是不稳定的。例如禽流感在全球蔓延，在看到انفلونزا这个词时，很自然就会反映出انفلونزا الطيور，以及前文例（28）中出现的《انتشار》《فيروس这样的词，这就是一种词汇搭配，但它有时效的限制。所以词汇搭配描述的只是词项共同出现的可能性。大千世界千变万化，词项共现的搭配范畴也是多种多样的。如例（42）中出现的搭配词汇与另一篇同样谈论"日食"的文章中出现的搭配词汇就相去甚远：

(43) والكسوف شهد في البرازيل، تظاهرات الاطفال خرجت لتطالب، عبر رقص السامبا وتلوين الوجوه، بحماية بيئة الارض والحفاظ على تنوّع الأجناس الحيّة فيها. وحمل مسار عبوره الظل القمري للكسوف الكامل من التناقضات ما يفوق التنوع الصاخب لكرنفالات الريو. ومزجت ردود الفعل على مروره السريع، لأن الكسوف الكامل لا يستمر أكثر من أربع دقائق في أي نقطة يُشاهد فيها، بين الخوف الموروث من غياب الشمس في وضح النهار، وبين التحكم في المشاعر والتعامل بواقعية وعقلانية مع هذه الظاهرة الفلكية العادية التي تتكرر على الأقل مرتين سنويا. وأصاب الهلع السكان في كادونا شمال نيجيريا، وتعالت هتافات التكبير.

所以对词汇搭配的研究是比较棘手的问题。但是我们如果在阅读的时候，留心各种词汇搭配，见多识广，还是会对理解语篇有所帮助。

二、影响篇章连贯性的因素——从篇章意义结构出发

在第一节讨论连贯与衔接的关系时已经指出，衔接手段的运用是篇章连贯的重要手段；除此之外，连贯性还要关注文本中结构组织与意义的关系、读者的知识基础和认知心理、文本文字与情境的呼应、文本的文体特征等各个方面。这一节主要从语义的联结关系、语境、认知心理这三个角度出发，说明它们如何影响句子与句子之间、文本段落之间的意义连贯。

2.1 语义的联结关系

2.1.1 小句关系

语篇中各种成分之间的关系包括微观结构特征和宏观结构组织。第一章中讨论的语法结构、词汇以及句子之间的衔接手段都属于微观结构特征；而句子与句子之间以及更大的语篇成分之间的逻辑-语义关系则属于宏观结构组织。小句关系就是语篇中常见的一种宏观组织。这里必须先对"小句关系"作一下描述。

(1.1) أعلن إتحاد النقل في مدينة نيويورك الثلاثاء إضرابا شاملا لشتى أشكال النقل، يشارك فيه نحو 33 ألف عامل، الأمر الذي يشكل عائقا كبيرا لحركة قرابة سبعة ملايين مواطن أمريكي على الأقل.

在这个句子中，الأمر الذي 明确地表明了它后面的内容是前面的行为的结果。如果我们把这个句子换一种方式来写：

(1.2) أعلن إتحاد النقل في مدينة نيويورك الثلاثاء إضرابا شاملا لشتى أشكال النقل، يشارك فيه نحو 33 ألف عامل. هذا يشكل عائقا كبيرا لحركة قرابة سبعة ملايين مواطن أمريكي على الأقل.

尽管改写后的句子中没有出现表示因果关系的联结信号，但读者也能看出句子之间的联结关系。这种关系，无论是否有明确的联结成分标示，都被称为"小句关系"。小句关系是语篇中一个子句、一个句子或一组句子与另一个子句、句子或一组句子之间的逻辑-语义关系。①

由小句关系构成的篇章组织的常见的核心模式有三种：问题-解决模式、假设-真实模式、一般-个别模式。② 不同的文体风格决定了不同模式的选择，例如新闻语篇中常出现的是一般-个别模式，导语即是一般（或概括）叙述，主体则是个别（或具体）陈述，有的时候在主体的末尾还会有一些概括陈述或是对主体内容的补充或引申。问题-解决模式则经常在具有说明性质的篇章中出现。在这样的文章中，"问题-评估-解决"的顺序关系，构成了一般的"问题-解决模式"。这个序列可能会在顺序上有所调整，可能会在构成环节上有添加或删减，例如有的篇章还会出现背景说明、解决办法带来的好处等，有的篇章则只是出现问题再解决问题就此了事。一般情况下，一个结构完整的篇章，读者在阅读时总是会期望各种成分都呈现出来；如果缺少了关键的成分，就会让读者感到篇章的不完整，即缺乏连贯性。

但是在篇幅较长的语篇中，小句关系也会变得复杂。主要在于篇章模式会交错使用，例如大的概括中会套入小的概括；问题—解决模式也可能只是篇章中出现的一部分。不过，无论篇章的模式细节发生多少调整和变动，一个连贯的语篇及其组成部分都仍然会体现出完整的小句关系。

2.1.2 语义一致性

从小句关系（篇章模式）的角度来讨论篇章的连贯性是从篇章的形式及内容结构入手。在这个框架下，可进一步对篇章的每个句子（包括小句）的关系进行讨论，看篇章如何实现其连贯性。

在第一节讨论篇章连贯的定义时已经指出，如果一段话要在意义上连贯，

---

① 这是 Winter (1977) 给出的定义，参见 McCarthy, M. & Carter, R. 1994. *Language as Discourse: Perspectives for Language Teaching*. London: Longman. 北京大学出版社影印本，2004，P54.

② 这是由 Winter 和 Hoey 总结的，他们是小句关系理论的主要创始人，参见 *Language As Discourse*, P55.

势必要在意义层面维持某种意义上的相似性，也就是说这段话的每一个句子都必须围绕着同一个意义核心。通过对句子主述位的研究可以来探讨篇章如何具体实现这种意义层面的相似性，即实现语义一致性。

首先有必要对主位、述位的概念进行界定。捷克语言学家马泰休斯在提出主/述位的概念时，是从信息论的角度出发，认为"主位"指的是已知事实或公认的事实，不增加句子的信息量；而句子的其他部分是"述位"，包含了要传达给听话人的全部信息。① 也就是说，主位表达已知信息，述位表达新信息。Halliday 则区分了主位结构和信息结构的差异。主位结构的分析是从讲话者的角度出发，讲话者先讲出来的成分是主位，后讲出来的成分是述位，主位结构的体现形式是句子的线性结构。而信息结构是从受话者的角度考虑，信息是旧是新，完全根据受话者掌握信息的情况而定。②

阿拉伯语和其他许多语言一样，句子的主语通常出现在句首，所以在很多情况下句子的主位就是该句的主语。如例（2）中所示，句子的主语与主位重叠，这时的主位称为无标记主位。此外，阿语也经常习惯把动词置于句首，这种情况本文也仍将其主语划分为主位，如例（3）。

(2) العاهل الأردني يشارك في صلاة الغائب على أرواح ضحايا التفجيرات.

(3) شهدت مدينة بعلبك وجوارها سلسلة مظاهرات احتجاج.

同时主语与主位不重叠的现象也是十分常见。如例（4）中的提前的时间状语就是该句的主位，句子的其余部分是述位。这时该主位称为有标记主位。

(4) قبل أربعة أعوام كان بعض العراقيين العاملين والمقيمين في الخارج يخشون انتقاد الاوضاع في بلادهم.

篇章在形成时，它的生产者考虑的是如何把一个词项排列进句子，然后如何把句子排列进篇章，他遇到的问题是一个线性排列的问题。他要选择一个开始点，即句子的主位，这个点会影响篇章接受者对后面部分的理解，因为它为其后的部分构建了一个篇章语境。当从句子层次上升到篇章层次时，这种选择就显得更为重要。篇章要按照已知\未知信息和所期望的主位突出去安排词项的顺序，放在前面的东西将影响到对后面出现内容的解读：例如

---

① 刘润清，《西方语言学流派》，北京：外语教学与研究出版社，2002，P92。
② 朱永生、严世清，《系统功能语言学多维思考》，P102。

标题会左右读者对整个语篇的理解；第一段第一个句子同样会限制对后面段落的解读方式。在篇章的层次上看，每一个句子都是一个发展中的、累加的组成部分，环环相套，构建起一个连贯的篇章。

主位化过程已经不是单纯探讨一个句子主述位结构时的线性过程了，它类似于一种"演示"。每个小句、句子、段落或篇章都围绕一个特定成分组织起来，这个特定成分就是这个篇章的意义核心。

(5) رحيل عبد السلام العجيلي صاحب الرواية التي تعانق الحياة

عن عمر يناهز 88 عاماً، توفي الأديب السوري الكبير عبد السلام العجيلي صباح أمس ووري الثرى ظهراً، من دون تأبين رسمي، أو حشد شعبي، يوازي شهرته، وذلك بناء على وصيته ورغبته في جنازة بسيطة تقتصر على أهالي قريته.

عبد السلام العجيلي هو أحد أهم أعلام القصة والرواية المعاصرين، في سورية والعالم العربي، كتب ما يناهز 45 كتاباً، ورحل قبل ان يرى مجموعته الكاملة، التي تعد لإصدارها دار «رياض الريس» في بيروت.

تلقى دروسه في الرقة وحلب. ودرس الطب في «جامعة دمشق»، ثم اصبح نائباً. وبعدها صار وزيراً للثقافة وكذلك للخارجية والإعلام.

له مئات المقالات، ومجموعات قصصية منها «بنت الساحر» و«ساعة الملازم» و«قناديل إشبيلية» و«الخائن». ومن رواياته «باسمة بين الدموع»، «رصيف العذراء السوداء» و«ألوان الحب الثلاثة». عرف بنفحه الواقعي، وارتباط أدبه بالحياة، وتجربته كطبيب، خاصة أنه كان من أوائل الأطباء الذين عرفتهم قريته، التي أحبها ولم يفارقها، إلا ليعود إليها ولم يكتب إلا وهو فيها وعلى أرضها.

لقد غلبت صفة الأديب كل الصفات والأعمال التي مارسها العجيلي، لكنه يقول إنه لم يتعمد ذلك «بل اني أحاول أن اكون اديباً على الورق فقط، بمعنى ان تكون صلتي مع القراء والأدباء الآخرين صلة قراءة وكتابة، لا صلة شخصية».

بوفاة عبد السلام العجيلي صباح أمس، خسر القص العربي أحد فرسانه الكبار، ليس لأن الرجل كتب ما لا يضاهيه في الأدب العربي، بل لأنه من فصيلة أولئك الكتاب الذين ردموا الهوة بين الحياة والحكاية. ترجم عبد السلام العجيلي الى العديد من اللغات؛ منها الفرنسية والروسية والإنجليزية والإيطالية والإسبانية. وكرّم مرات عدة، كما أحبه القراء العرب.

这个篇章中的主题项显然只有一个，就是عبد السلام العجيلي。在整个篇章中，عبد السلام العجيلي被作为出发点主位化了，大多数句子都是以这个名字或指称其的词、هو、الأديب以及动词内含人称代词等作主位（用下划线表示出每个句子的主位）。在篇章主位化的过程中，عبد السلام العجيلي这个特定的指称对象被固定于意识的前景中，这个被主位化的对象可以用各种不同的形式表达和提及，而读者不会产生理解偏差。当然，这个篇章中还有一些句子，并没有使用عبد السلام العجيلي的或指称它的词作主位。例如第一句将时间状语主位化，这使作者从不同的视角对主题项进行描述。如第 5 节首句用صفة الأديب作主位，提供了不同的出发点，让读者从另一个角度考虑被描述的人物。这样同时也克服了主题项一直被主位化带来的单调感，使篇章更富于变化。

一个篇章的标题不一定是该篇章的主题，但标题也可以被看做是主题的一种可能的表达方式。如上面这个篇章的标题"عبد السلام العجيلي صاحب الرواية التي تعانق الحياة رحيل"，它成为了整个篇章的主位，读者看到这个标题以后，就会期望篇章围绕这个作家展开。所以当正文句首即以一个时间状语开头时，读者会很容易的接受，因为在读者的认知里，已经把标题主位化了，在接下去的阅读中读者会倾向于从这个主题项出发来理解篇章。当然这不仅限制了读者解读篇章的角度，同时也对作者建构篇章规定了一定的要求，以期达到读者期望的阅读连贯性。

因此，主位化是一个篇章过程，指称对象作为篇章的中心议题得以发展。较长篇章的各个段落也时常由主位这个纲来统领。语篇中各个句子的主位的选择并不是随意的，而是有目的、有系统的。篇章主位结构的安排给篇章确定发展框架时，第一个句子的主位往往是发展中的纲或篇章主题，其余各句的主位则围绕着这个纲形成几种图式发展趋向，这种趋向就是主位推进模式。关于主位推进模式研究对于语篇连贯和语义结构分析的意义，请参考本人的论文《阿语报纸硬新闻语篇的主位推进模式》①，此处不再赘述。

2.2 语　境

篇章在创作时是被置于一定的社会、语言和物质世界的制约中的。比如同一个单词انطلق，它在不同的句子中有不同的含义：

(6) الإسلام انطلق من الجزيرة العربية لكل مكان. (انصرف)（从…出发，这里译为"兴起"

---

① 载于张宏等著，《当代阿拉伯问题研究》，人民出版社，2006，P115。

(7) المؤتمر العالمي للإبداع ومبادرات الأعمال انطلق رسميا في مسقط اليوم. (بدأ) （开幕）

(8) انطلقت الطائرة من مطار دبيّ متجهة إلى جنيف. (أقلع) （飞机起飞）

  这些不同的含义是由这个单词所在的上下文所决定的。这种制约着篇章的创作，或者更确切的说，与篇章相互作用的社会、语言和物质世界被称为语境。当然，语境并不只对词义的解释有影响，我们在此主要讨论的还是语境对整个篇章理解的作用。总的来说，语境包括两个大的层面：一是上下文，二是经验语境。

2.2.1 上下文

  上下文指的是语篇内部的环境，也就是文本相关的上下文脉络。语篇中的一个词、短语或句子并不是孤立存在的，它会和文本的前后产生关系，在意义上也会产生联结。

(9) ①خسرت سوق الأسهم السعودية، أمس، 1318.83 نقطة، أو ما يعادل 8.4 في المائة، بعد أن شمل التراجع أسهم كافة الشركات المدرجة بالسوق باستثناء سهم بنك الجزيرة. ②وشهدت السوق تراجع أسهم 68 شركة على النسبة القصوى من أصل أسهم 78 شركة هابطة. ③وكشفت تعاملات أمس، أن الرحلة بدأت لامتحان نقاط مقاومة جديدة، في مسار يتجه لمناطق قاع أبعد من أي قاع أخرى، وهي المناطق التي ظل أهل السوق يمنون النفس بتجنب اللجوء لها منذ بداية الانهيار الحاد في فبراير (شباط) الماضي. ④فيما لن يتوقف هذا المسار قبل المرور بمرحلة تسمى مرحلة «تقاذف الجمرة»، وهي مرحلة تبادل الأسهم بين المتعاملين بشكل متسارع، أسوأ ما فيها أنه تبادل لتوزيع حجم الخسارة بين المشتري والبائع، ولا رابح بينهما.

  这段文字的内容是关于沙特股市大幅下跌。缺乏股市方面基本知识、或不熟悉阿拉伯语股市术语的读者乍看之下，可能一头雾水。但若细心推敲，还是可以从字里行间揣测出这篇报道的大意的。第①、②句的意义比较容易理解，即"沙特股市昨日下跌了1318.83点，跌幅8.4%，除半岛银行外的所有上市公司股票均有下跌。在78家下跌的股票中，有68家达到了最大的跌幅。"第③、④句中就出现了一些拆开来看很常见但是意义却不明确的词，如مرحلة «تقاذف الجمرة»، مناطق قاع، نقاط مقاومة جديدة، الرحلة، تعاملات 等。这时如果能从上下文的联系出发，我们还是能够大约猜出这两句在说什么内容。

  先看第③句。我们知道تعامل有"对待、处理"意思，有了前两句对篇章主题"沙特股市下跌"的基本框架，很容易想到تعاملات就是"交易"的意思。الرحلة本来是"旅行"的意思，在这里肯定解释不通，但是当我们读到

"الرحلة بدأت...، في مسار يتجه لمناطق قاع أبعد من أي قاع أخرى" （旅行……向底部去），前面又说到"股市在下跌、昨日交易显示"，那么 الرحلة 这个词在这里就只能解释为"（昨日股市下跌的）过程"。而这个下跌过程开始时遇到一个新的"نقاط مقاومة"（反抗点?），然后朝最深的"مناطق قاع"（底部地区?）去。紧接着的语篇马上给出对"مناطق قاع"的解释——这个地区是去年二月份股市大跌以来股民们一直希望不会去的地区。结合起来看，这个 مناطق 只能解释为股市下跌到的最深的谷底。再看第④句中的«مرحلة «تقاذف الجمرة，从字面上看是"互相投掷火炭的过程"的意思，无法理解，下文马上给出说明，解释这个过程就是"股票交易者之间快速买卖股票，其中最糟的是，使买卖双方分担损失，无人受益"。这样一来读者就明白为什么说是"投掷火炭"，因为投掷表示快速买卖、不停的转手，把股票比作火炭，说明股票不断下跌，是烫手的东西，抛来抛去的结果双方都会被烫伤，都得不到好处。

这样，通过对上下文的琢磨，把握小句之间的语义联系、词汇之间的照应，全段的语义还是能贯通下来的。当然如果了解一些基本股市知识的话，就会知道股市下跌的时候会遇到支撑点（نقاط مقاومة），股民对股市行情看跌的时候会出现杀跌的行为（也就是文中所说的 تقاذف الجمرة），并且股市真正的底部是一个区域（مناطق قاع "底部区域"）而不是某一特定拐点或价位。第②句中所谓的"التراجع على النسبة القصوى"，指的就是跌停板。很显然，如果事先了解这些知识，在阅读这段篇章时就不会有太大的困难，这种了解就是下面我们要讨论的经验语境。

2.2.2 经验语境

上面这个"沙特股市大幅下跌"的例子，对于不熟悉股市知识的读者来说，主要是借助于作者在上下文中提供的信息来解读篇章，通过对词汇间的照应、小句间的逻辑关系来推测篇章的意义。但是对于了解股市运作的读者而言，理解方式可能更倾向于利用自己脑中已有的知识，将正在阅读的文本中的知识和之前的知识进行比较印证。新的文本可能是重复读者脑中旧有的知识内容，也可能给读者脑中的知识架构增添新的信息或细节，还有可能推翻读者脑中原有的知识架构，建构出一套新的知识架构来。

读者头脑中已有的知识架构就是经验语境在人认知里的投射。（关于这一点将在"认知心理"的部分进行更具体的阐述。）语篇产生时的周围情况、事件的性质、参与者的关系、时间、地点、方式，语篇创作者所属的言语社团的历史文化和风俗人情，这些都属于经验语境的范畴。

例如在看一部埃及电视剧"أرابيسك"的时候，中国观众就会遇到人际称谓上的理解困难。① 剧中主人公全名叫做حسن فتح الله النعماني，他的儿子叫أيمن，他的职业是أرابيسك，在这个电视剧中我们可以听到如下这些对他的称谓：1）أبو أيمن（6）、حسن（5）、حسن أرابيسك（4）、حسن فتح الله النعماني（3）、حسن النعماني（2）、حسن（埃及人对名叫علي的人的习惯称谓）。如果每个出现的名字都直译成中文的话，会给观看电视剧的中国观众带来无所适从的感觉。而尤其令中国观众无法接受的是，他当面称呼自己的妈妈为"حسني"；他的亲弟弟حسني无论是跟别人谈起自己妈妈还是当面跟妈妈说话时，也都称之为"حسني"。这在埃及人眼里表示的是对长辈的尊敬，但如果直译成中文的话，观众是很难接受的；尤其是他弟弟对母亲的称呼，偶然看到电视剧的观众一定会以为أم حسن和حسني没有关系，却不知他们是母子。

这就是不同文化造成的经验语境上的困扰。任何一个语言使用者都属于某个特定的言语社团，每个言语社团都有长期形成的历史、文化、风俗、人情、习语和价值标准，这些都反映在该言语社团成员间交流的语篇中。我们如果想要真正理解一个言语社团，就必须从各方面去了解其所属社会。比如下面这段话，它选自一则关于伊朗的新闻报道，标题为"«المتطرفين» بـ «تقليد» بن لادن"。"خاتمي يوجه انتقاداً لاذعاً الى نجاد ويتهم"。

(10) وقال خاتمي من دون الإشارة مباشرة الى تصريحات الرئيس محمود أحمدي نجاد: «ليست لدينا نزعة عالمية ولا نهدف الى تغيير العالم بأسره والعمل على تشكيل حكومات تناسبنا»، وأضاف: «علينا أن لا نتفوه بعبارات قد تخلق لنا مشاكل اقتصادية وسياسية في العالم».

واستدعى هذا الهجوم العنيف والأول من نوعه لخاتمي منذ انتهاء ولايتِه الرئاسية الثانية، تدخل مرشد الجمهورية الإسلامية علي خامنئي للدفاع عن نجاد، بعدما لعِب الدور الأكبر في إيصالِه إلى سدة الرئاسة.

这篇报道曾作为报刊导读课的阅读材料给大三上的学生课下阅读。当时很多学生都读不懂第二段话，对里面出现的属格人称代词和内含人称代词所

---

① 该电视剧"أرابيسك"讲述埃及贫民百姓的生活。摄于1994年，在中央电视台八套曾播出中文配音版。

指对象的意义无法确定。这一方面是由于学生的语感不够，即学生对阿拉伯语上下文之间如何通过代词发生联系的知识掌握不够；另一方面是由于学生对伊朗的国情不了解。哈塔米于 1997 年当选总统后连任两届，内贾德则继哈塔米后于 2005 年当选总统，为现任伊朗总统。大阿亚图拉阿里·哈梅内伊则是伊朗的最高精神领袖，是真正的一号人物，没有他的支持，谁都无法成为伊朗总统。这就是这段文本的经验语境，它为读者提供了正确解读文本的依据。很容易就能理解ولايته中的ه指的是لعب, ختمي的内含主语是علي خامنئي, 而الوصل的对象就是نجاد。这段文字的意思也就不言而喻了。这里需要指出的是上下文和经验语境对于我们解读语篇的作用不是互相脱离或绝对的，它们的作用是相辅相成的。

由此我们看到，除了上下文的关系以外，文本背后的社会历史线索，也会影响到文本中命题的呈现与联结。读者所处的社会历史环境也会影响到读者对文本意义联结的判断。因为读者认知储存知识时，会受到整个社会历史环境对知识的看法、对知识的获取过程的影响，所以当读者试图理解不属于自己所在社会历史环境的文本时，就很可能会对文本所要表达的意义感到理解上的困惑。

从作者的角度，为了使读者能理解其生产的篇章，从而感受到语篇的连贯性，作者在写作时通常会衡量读者对文本主题的熟悉程度，并尽量为读者提供他认为读者不知道或不够清楚的背景或信息。通常作者认为越复杂的主题，他就会提供越多的背景信息，来帮助读者衔接到文本中新出现的相关主题或信息。

由此可见，语篇的产生和理解离不开语境的作用。而且在这个例子中我们也可以窥探到语言交际不仅是一种社会行为，也是一种认知行为，个人的认知能力在语篇理解中发挥了很重要的作用，语篇的理解与分析离不开语言活动参与者个人所作出的解释。

2.3 认知心理

第一节中给"连贯"定义的时候已经指出，连贯是一种心理行为。Givon 就认为连贯产生的决定性因素是人的认知，而不是语言（符号）标记这些表层形式上的东西。我们从上文对语境的考察中也能体会到读者的认知在语篇连贯性中起到的作用。那么读者脑中的认知到底是如何判断两个句子是联结的呢？读者如何判断这两个句子是同一个主题或意义结构中的一部分呢？

乔姆斯基把句子分为表层结构和深层结构，表层结构涉及句子的形式，而深层结构涉及句子的意义。他认为深层结构中存在着所有语言都共有的因素，它们反映着人的认知包括言语的学习和生成的天生的组织原则。[①] 也就是说，深层结构是对应于句子意义的抽象表征，即贮存于长时记忆的概念和规则。这种概念和规则就类似于之前几处提到的"图式"。判断一个命题和另一个命题，或者一个句子与另一个句子之间是否联结，大部分还是和读者的认知图式结构相关。

作者创作语篇，是把深层结构转换为表层结构；读者理解语篇的过程可以看做是一个从句子的表层结构到深层结构的过程，中间要经历一系列相继的信息加工阶段。简而言之，读者要理解作者的意图，双方之间应有某种共同的知识结构，作者通过语篇将新的信息或知识加到读者已有的知识结构中，然后读者会进一步到脑中的认知系统中寻找储存的知识结构，然后藉由和文本主题相关的知识图式比对分析，再加上读者当前的阅读期望、对已叙述事实的推理和对上下文的考量等，多种因素结合在一起共同来判断语篇中的意义是否连贯。

下面结合一个语篇大致分析一下读者在阅读时判断连贯性的过程。

(11) لمخرج السوري نجدت أنزور: أنا مؤمن بـ«الحور العين».. لكن هدفي تعرية الإرهابيين

قال لـ الشرق الاوسط إن المسلسل يخلق حالة نقاش مع المشاهدين وسيعرض قريبا في المحطات الغربية

لندن: محمد الشافعي

قال المخرج السوري نجدت أنزور ان المسلسل الرمضاني «الحور العين» الذي اثار جدلا واسعا في الشارع العربي عند عرضه خلال شهر رمضان الماضي بسبب معالجته الجريئة لموضوع الارهاب[1]، سيراه المشاهد الغربي خلال الشهور المقبلة ليعرف ان ظاهرة الارهاب دخيلة على المجتمع المسلم[2]. وأوضح المخرج السوري الذي التقته «الشرق الاوسط» امس خلال زيارته الى العاصمة لندن لتسويق العمل الدرامي لمحطات تلفزة غربية انه تلقى، وكذلك مجموعة العمل، تهديدات بالقتل بعد صدور فتاوى تكفيرية بحقهم من اصوليين

---

① 王甦、汪圣安，《认知心理学》，北京大学出版社，1996，P334。

متطرفين على مواقعهم المحسوبة على «القاعدة»[3]، الا انه قال «لا هاجس عندي ضد أي تهديدات وإنما هاجسي كان تقديم عمل فني، طبعا يوجد هجوم ضدي على مواقع الاصوليين على الإنترنت وهو هجوم أصلا بدأ قبل عرض العمل[4]. وذكر انه كان يتخوف خلال مرحلتي التحضير والتصوير اللتين استغرقتا نحو خمسة رار حلقات مسلسل «الطريق الى كابل» والتي اوقفت العام الماضي، لكن القائمين فوا بذكاء حيال تلك التهديدات، بالاضافة الى انهم كانوا مقتنعين بأهمية العمل الذي ١ـمي والارهاب الذي بات مشكلة تهدد المنطقة بأكملها[5]. وقال انزور ان العمل او مكاني، التفجيرات التي طالت مجمع «المحيا» السكني في الرياض وأسفرت عن قتل 17 شخصا من بينهم سبعة لبنانيين، وأربعة مصريين وسعودي وسوداني، واصابة 112 شخصا. وأضاف ان العمل قدم للمشاهد بكل حيادية وتوازن حيث حدد بدوره على من تقع مسؤولية الارهاب، واعتبر ان المسلسل ناقش قضية موجودة تهم العرب والمسلمين. وأكد المخرج انزور ان العمل لم يسئ لأحد وحقق رغبة كل مواطن عربي. وأوضح ان العمل ناقش ايضا الارهاب بشكل مدروس ومتوازن وموضوعي بمشاركة فنانين عرب يتحدثون بلهجات مختلفة من اجل تجسيد خلايا الارهاب العربية المتعددة الجنسيات[6]. وذكر ان المشاهد المصري اقبل لاول مرة من خلال «الحور العين» على مشاهدة الدراما السورية. وأعرب عن اعتقاده بان المسلسل الذي عرضته «ام بي سي» و«اوربت»، والمحطة الارضية السورية والمغربية ناسب كافة الاذواق العربية «وأدى الى تحريك المياه الراكدة وأثار كثيرا من الحوارات عن سبب ظاهرة الارهاب في بلادنا، والفرق بين المقاومة المشروعة وبين ما يرتكبه الارهابيون»[7]. وعن فكرة الشريط الدعائي للمسلسل قال انه قصد من رقعة الشطرنج التي وضع داخلها شخوص الارهابيين انهم محاصرون ومحبوسون، ومشروعهم الى زوال، لكن هناك ايضا ايادي خفية تحركهم من الخارج[8]. وذكر انزور ان اجزاء من العمل صورت في السعودية بينما تم تصوير كل المشاهد الداخلية في سورية وضم مشاهد واقعية لعمليات التفجير[9]. ونفى ان يكون مسلسل واحد مثل «الحور العين» سيوقف ظاهرة الارهاب «ولكن بمزيد من الحرية والاستقرار في اوطاننا والحوارات يمكن القضاء على تلك الظاهرة الدخيلة على بلادنا»[10]. واعتبر «الحور العين» انطلاقة جديدة في الدراما العربية قدمت له التسهيلات كافة لانجاحه، وهو مؤلف من 30 حلقة ستقدم من دون رقابة مسبقة على مشاهده[11]. وشارك في كتابة المسلسل الدكتورة هالة دياب التي ركزت على الخط الاجتماعي، وكتب الجانب الأمني في وأكد المخرج السوري ان اسم المسلسل، الذي اثار الجدل، كان من اختياره شخصيا، لانه يؤمن شخصيا بالحور العين «لأنها وعد الله الحق لعباده المؤمنين وهي جزء من وعد الجنة للمخلصين من عباد الله، لكن الخط العام للمسلسل كان تعرية الارهابيين الذي يغسلون ادمغة الشباب الصغيري السن من اجل تنفيذ عمليات انتحارية». ونوه أنزور إلى أن «حور العين» هو مفهوم إسلامي جميل جاء ذكره في آيات قرآنية وأحاديث نبوية شريفة، ولكن «ما لفت نظري أن الجماعات الإرهابية تركز في أدبياتها على استخدام هذا المفهوم لجذب الشباب وإغرائهم ووعدهم بلقاء 72 من الحور العين، ونحن حاولنا تبرئة هذا المفهوم الجميل من استخدام الجماعات الإرهابية»[13].

ورصد المسلسل الحياة الاجتماعية في المجمع السكني عبر العلاقات الناشئة بين عدد من العائلات العربية المقيمة في السعودية، عائلات سورية (الممثلون سليم كلاس نبيلة النابلسي بسام داوود نور خراط) وهي تشكل محورا لعلاقات المجمع، ولبنانية (جهاد الأندري ونهلة داوود)، واردنية (عبير عيسى ومحمد العبادي واناهيد فياض)، ومصرية (سناء يونس وحسن عبد الحميد)، ومغربية (فاطمة بلخير وسعيد الخندوقي) بالاضافة الى شخصيات اخرى من الكويت (ليلى سلمان) والسعودية والسودان. وأشار المخرج السوري الى ان الخط الاساسي في المسلسل الدرامي هو الخط الاجتماعي، بينما الارهاب مجرد خط من خطوط العمل وليس الخط الاوحد، وان الفكرة الرئيسة تتناول ظاهرة الارهاب بكل اشكاله وابعاده، والارهاب الفكري الذي يقيد عقل المرء، والارهاب العائلي الذي يمارسه الكبير على الصغير، والارهاب الاجتماعي الذي يحكم الفرد ويقيد حقوقه وحريته الشخصية، بالاضافة الى ارهاب الزرقاوي زعيم «القاعدة في بلاد الرافدين» المطلوب الأول اميركيا في العراق، والذي يقتل ويذبح ويروع الاطفال والنساء[14]. ووصف نجدت عمله الدرامي بأنه «يؤسس لحالة نقاش بين المشاهدين»، وتابع «طرحنا وجهتي النظر بتوازن وبموضوعية شديدة ولجأنا إلى الناس المتخصصين، كما أن العمل يذكر المفردات الحقيقية التي تستخدم من قبل الإرهابيين من خلال الحوار». كما أشار أنزور إلى «تعدد اللهجات في العمل من خلال وجود عائلات عربية تسكن في المجمع السكني». وأوضح أن «هذا التنوع لأول مرة يطرح بهذا الشكل من خلال حياة يومية بسيطة[15]، وانه ترك وقعا كبيرا في نفوس المشاهدين، خصوصا أن موضوع الإرهاب هو حديث الساعة»[16].

阅读时，我们头脑中的知识图式会认为文章的标题、第一句话或第一段文字有点出语篇或段落主题的功能，所以我们看到这个语篇的标题时，就会在认知层次上假设这就是该语篇的主题。

此时我们会从知识系统中抽取相关的主题知识。例如读完标题之后，我们或许会联想到以下的内容：1. 这个叙利亚导演 نجدت أنزور 是何等人物？ 2. 《الحور العين》是一部电视剧，这个片名是什么意思？（美目的少女？）它的具体内容是什么？ 3. 导演的目的在于揭露恐怖分子，而这部电视剧又引起了很大的争论，那导演是站在什么立场、持什么态度来看待恐怖分子的？同时"恐怖分子"这个词能引起我们无尽的遐想——9·11、巴以冲突、恐怖事件对全球的影响等等，但我们也会推测这里涉及的恐怖分子的范围只是局限于与阿拉伯世界有关，应该不会论及车臣之类。4. 电视剧引起的争论究竟有多热烈？会导致禁放、或是威胁到电视剧参与人员的人身安全吗？它对阿拉伯世界有什么影响呢？电视剧将在西方电视台播出，又会产生怎样的影响呢？……诸如此类的认知都是我们在之后的阅读过程中头脑中的参照物（当然每个人从头脑中抽取的相关主题都是不同的)。在接下来的阅读中,我们会依照这些主题中相关的概念来判断语篇中的命题与命题是否联结。我们也会将命题排列的顺序和选择与我们认知知识系统中的事实顺序和选择过程进行比较,当语篇中命题排列的顺序和选择的过程越接近我们认知系统中的顺序和选择时,我们就认为语篇中的意义越联结。

文中的[数字]是按照大意划分语段的划分点,标明了该语篇的内容发展过程。① 经过同上文列举的相关主题知识内容的比较,可以归纳为以下几个方面:

1)正文部分可以对应于相关主题的地方(见下面的内容发展与读者认知关系表,表中＊表示该部分涉及到某一主题,△表示超出读者预期的内容)。可以看到读者在阅读标题时产生的认知都在正文中得到了体现,每个主题的体现程度不同、体现形式也不同,但读完之后读者的疑问得到了解答,就会感受到该语篇具备完整性。我们再来看语篇中命题的排列顺序。

主题 \ 批注号	1	2	3	4	5	6	7	8	9	10	11	12	13	14	15	16
主题1				*												
主题2					*	*			△		△	△	*	*	△	
主题3		*		*		*		*	*							
主题4	*	*	*				*			*						*

---

① [1]引起争论;[2]西方人看这部电视剧的意义;[3]发出叛教的发令,剧组受到死亡威胁;[4]导演对此不在意,他追求的是艺术;[5]MBC电视台的支持,认为该片区分了伊斯兰教与恐怖主义,有重要意义;[6]至此,介绍电视剧主要内容及特点(客观性);[7]至此,讲在阿拉伯国家的积极影响;[8]导演对恐怖分子处境的看法;[9]至此,拍摄地点;[10]至此,导演认为该剧只是给人们讨论的空间,但不会阻止恐怖活动;[11]至此,该片是阿拉伯电视剧的新起点,不经过审查即能上映;[12]参与编写剧本的人员;[13]这一段讲这个电视剧取名的原因(名字的意思是《圣训》中提到的真主的乐园里的72个美目的处女);[14]至此,电视剧构思介绍,主题是反映社会生活,特别提到"恐怖"不仅是指قرون那种,也包括思想上的、家庭中大人对小孩的、社会对个人的禁锢(这里是一处对先前认知的更正);[15]电视剧使用各种手段力求客观、公正、真实;[16]对人们的影响大。

以主题2（电视剧的内容）而言，内容的发展是5→6→13→14：先笼统指出"该片区分了伊斯兰教与恐怖主义"（5）；然后是一句话概括电视剧的主要内容，并指出该剧力求公正、客观的特点（6）；再阐述该剧名的意义所在（13）；最后是对电视剧内容的较详细的介绍，包括出演的主要演员，这样的顺序由概括到具体，既是新闻文体所要求，也符合读者的认知习惯。阅读时不会感觉到意义的跳跃或不连贯，反而有层层推进之感。

2）同时也可以看到正文中出现了几处读者所没有预期到的内容（9、11、12、15）。但细分之后，我们还是可以把它们归入主题2，它们分别说明了电视剧的拍摄地点、电视剧的自身价值和突破、剧本主创人员和电视剧的客观性特点（这在6中也有提及），这些都是对主题2的进一步拓展。

3）我们看到我们有时也会对文本的主题产生错误的假设，或者是理解偏颇。这很明显的体现在14上。我们在假设主题时想到的"恐怖主义"是局限于军事、政治冲突上的，但是语篇发展到14的时候就明确指出，该电视剧所讨论的恐怖不仅指我们想象的"扎卡维的恐怖主义行动"，还包括"禁锢人思想的思想恐怖主义、大人对小孩实施的家庭恐怖主义、控制个人及限制个人权利和自由的社会恐怖主义"。所以我们其实在阅读语篇的同时，修正我们对于这个主题的假设，然后接着修正我们脑中相应的知识图式架构（我们这时会把"恐怖主义"的概念扩大），再继续判断意义的联结性。因此，从认知结构来判断联结性的过程并非是固定的，而是动态、复杂的。

4）微观结构间的连贯性回到宏观结构中判断。我们也可以发现在判断局部的命题与命题是否联结时，并不是从一个一个句子之间小概念的联结关系来判断，而是回到它们根属的更大的概念来判断意义的联结性。也就是说，我们判断两句话是否连贯时，常常回归到整个语篇的结构，观察段落或文章的主旨，才知道这两句话是在哪一个意义的架构下联结、延展和推论的。

三、如何读懂阿拉伯语语篇

学生在阅读的时候常常会遇到这样的问题：一篇文章并没有太多的生词，

或者借助词典把每个生词的意思都查出来之后却还是不能理解或不能很快理解文章在说什么。出现这种问题重要的原因之一在于平时学习时，只注重词汇和句型，而不注重篇章生产与解读的过程。目前我们的教学中把"语言交际能力"定位于构造词组、使用句型的能力，学生在学习的过程中并没有全面的接触语言，缺乏将语篇与情景或与计划、目的联系起来的意识，而缺乏这种意识会减少所学的语法、词汇、句型等实际知识的实际价值。大学本科教学的对象是学习外语的成年人，在基础阶段把语法、词汇等作为重点，并把它作为对学生评价的标准是合适的；但是包括课程大纲的设计、教学材料的选择和编写、课堂教学过程的设计与实施、教学结果的评价等也都应首先考虑人们实际使用语言的情况，要根据语言的实际使用情况来决定向学生教授什么语言和怎样教授语言。尤其是进入高年级以后，更应当把注意力从单一的句子教学转移到篇章层次，帮助学生从语篇的角度来理解语言、学习语言，进而使用语言。

前两节讨论了阿拉伯语语篇如何实现其连贯性。本节要讨论读者如何去体会语篇的连贯性、如何借助于语篇的连贯性去理解语篇的意义。

3.1 从表层结构理解语篇

3.1.1 指称衔接关系对阅读理解的帮助

阿拉伯语语篇中对指称衔接关系的使用是一大特色。阿拉伯语比汉语更经常的使用代词来避免重复，追求语言的简略和经济。但这同时也给我们的理解带来了一定的难度，学生在阅读篇章时，常常会弄不明白代词指称的对象究竟是什么，尤其是在超句结构中①。在一个句子（或小句）内部寻找代词指称的对象是传统语法的内容，但是对超句结构的研究则是篇章语言学的任务。在第一节说明指称衔接关系时，我们讨论了 هـ 和 ذلك 在衔接意义上的差别，就是立足于篇章的角度。

我们先看一个例子，这段文字选自《新编阿拉伯语》第三册第 14 课课文。

---

① 这里的"句"，可以是小句（clause），也可以是以句号作为标记的句子（sentence）。超句结构是超出单句长度的语段，由前后相连的句子构成的段落，它是篇章语言学分析最典型的研究对象。

(1) والعربُ لم يستفيدوا من نفطهم الغزير في بناء بلادِهِم وتنمية اقتصادِهِم فحسبُ، بل سبق لهم أن اتَّخذوا البترول سلاحًا لهم في حرب رمضان، حيثُ منعوا بترولهم عَن الدُّول الَّتي كانتْ تؤيِّدُ عدوَّهُم، فوجدتْ فيه سلاحًا قويًا يشكِّل تهديدًا كبيرًا لحياتها، إذ قلَّ إنتاجُها وركد اقتصادُها.

这段文字里的一个代词 "ه" 就引起了学生很大的争议，很多人都认为它指称的对象是上文所说的 منعوا بترولهم عَن الدُّول الَّتي كانتْ تؤيِّدُ عدوَّهُم 这件事。作出这样的判断是因为 "ه" 的前面还有一个介词 "في"，因为 "从这件事中发现……" 是符合我们的中文思维习惯的。要判断 "ه" 究竟指称什么，还是要回到阿拉伯语篇章构成的指称习惯上来看。通常在指称上文中出现的概念或事件时，使用 هذا 和 ذلك 这样的指示指称词，而不用人称指称词 هو 或 هي，后者通常指称的是单个名词或名词性短语。所以如果上面这段文字要表示 "从这件事中发现……" 这个意思，应当会使用 ذلك 而不是 هو。这里的 "ه" 实际上指的是 "البترول"，这句话的意思是 "把石油当作武器"（如果是 "وجدته سلاحًا"，则意为 "认为石油就是武器"，意思上存在些许差别）。

在英语和汉语中，一个名词或名词性短语在篇章发展中会用人称指称词来指代，这个人称指称词会一直延续下去指称前面提到的名词或名词性短语，直到转换成一个新的片段，这时名词或名词性短语便再次进入篇章。而阿拉伯语篇章中人称代词的使用则更为复杂，它不像英语和汉语那样片段之间有明显的标记，而往往将片段穿插起来。比如下面的例子：

(2.1) Egypt's parliament approved the renewal of the state of emergency for two years Sunday, a controversial measure the country's premier justified with a recent wave of bombings and communal clashes.

The opposition Muslim Brotherhood condemned the government request, arguing that emergency laws were ineffective and that its justification was tantamount to "government terror". [1]

(2.2) وافق البرلمان المصري امس على تمديد العمل بقانون الطوارئ الساري في البلاد منذ العام 1981 لسنتين اضافيتين، وسط احتجاج نواب المعارضة الذين صوتوا ضدهِ رغم تعهد الحكومة عدم استخدامهِ إلا لمكافحة الارهاب، ووعدها بوقف العمل بالقانون اذا ما انتهت لجنة قانونية تتولى إعداد مشروع بديل لمكافحة الارهاب

---

[1] 摘自 "Egypt renews state of emergency for two years", http://www.middle-east-online.com/english/? id=16348, 2006/5/1.

من عملها قبل فترة السنتين.

很明显可以看到，英文的片段很清晰地划分开来，而例（2.2）的阿拉伯语则把片段交织在一起。我们把指称代词和它指称的对象用同样的下划线标出，可以看到出现在الحكومة后面的代词。指代的不是الحكومة，而是上文的قانون الطوارئ。所以我们在阅读篇章时要特别注意代词。和هن。一般而言，人称指示代词的功能是使我们正在谈论或注意的事物在篇章中继续下去，它指称已经进入注意焦点的实体。而我们在第一章中讨论指示指称时分析到，هذا通常用于表示一个实体或焦点转换到一个新的注意焦点，即引入新的内容；الذي则倾向于指称非当前中心的实体或焦点。

3.1.2 联结关系对阅读理解的帮助

联结关系不同于指称关系，它不引导读者到上下文去寻找指称的对象，而只是标明一种篇章序列，点出篇章片断之间的一种关系。从篇章的角度看联结关系，要求关注的是这种联结在篇章中所起的作用是什么？如下例：

(3) انتهى رسميا في 30 تشرين الثاني (نوفمبر) موسم الأعاصير المدمر لهذا العام في المحيط الأطلسي وخليج المكسيك والذي كان من نتائجه، زيادة الأسعار فوق 70 دولارا للبرميل. وبدأ الآن موسم الشتاء في نصف الكرة الأرضية الشمالي الذي يترك هو أيضا بصماته كل عام على أسعار النفط.

(4) انتهى رسميا في 30 تشرين الثاني (نوفمبر) موسم الأعاصير المدمر لهذا العام في المحيط الأطلسي وخليج المكسيك والذي نتجت عنه زيادة الأسعار فوق 70 دولارا للبرميل. وبدأ الآن موسم الشتاء في نصف الكرة الأرضية الشمالي الذي يترك هو أيضا بصماته كل عام على أسعار النفط.

这两个例子在意义上没有什么区别，但是两者传达信息的方式不同，表达出的概念也有细微的差别。同样是因果关系，（3）中使用的是有标记主位，这就显示出作者的重点还是停留在前面的موسم الأعاصير المدمر上；而（4）使用了无标记主位，重点就落到زيادة الأسعار فوق 70 دولارا للبرميل这一结果上。再看后面一句跟第一句话构成的是并列的关系，重点突出"天气"这一因，所以相比而言（3）的连贯性更强。

这种联结关系在生产篇章时引起的差别，是传统语法不能解释的问题。上面的例子就反映了作者的一种精心选择，他选择把重要的东西置于焦点位置，这也是我们在阅读时理解作者意图的依据。

这两个例子中所出现的联结严格意义上已经不属于在第一节中讨论的联

结关系范畴，它们和ذلك同义。传统语法不能解释为什么要用这种而不是那种表达，但是从篇章的角度出发，我们阅读篇章时就会注意作者为什么要作出这样的表达选择、作者如何建构出得体的篇章，从而我们也能更好地把握作者的意图。如：

(5) وبالفعل، توقعت مصلحة الأرصاد الجوية الأميركية أن تنخفض درجات الحرارة أكثر من المعدل خلال الأسبوعين المقبلين في أميركا الشمالية. وعلى اثر هذا البيان، ارتفعت أسعار النفط أواخر الأسبوع الماضي ليقفل الأميركي الخفيف مساء الجمعة على مستوى 59.32 دولارا. لم يكن هذا الارتفاع في الأسعار مستغربا، على رغم أن مستوى المخزون من الغاز الطبيعي في الولايات المتحدة، وهو وقود التدفئة الأساس، يزيد 175 بليون قدم مكعب عن معدله للسنوات الخمس الماضية. والسبب هو أن الانتاج الأميركي لا يزال ناقصا بنحو 3 بليون قدم مكعب يوميا نتيجة الأضرار والعطب الذي حصل في المنشآت الغازية بعد إعصار كاترينا.

这段语篇的每句话之间都使用了联结关系词或同义的联结手段，使语篇的结构紧凑流畅，传达出来的信息也很明了。第一句是原因（气象部门预计未来两周北美降温超过同期平均水平），第二句是结果（该气象预报导致上周末石油价格上涨），第三句补充说明第二句（尽管美国拥有的天然气储量比过去五年增加，但石油价格上涨毫不令人吃惊），第四句解释第三句（美国天然气产量由于飓风影响而不足）。如果把这些联结手段去掉，尽管篇章的意义没有改变，但结构的条理性必然大为逊色。

因此我们在阅读的时候要注意抓住作者提供给我们的这些关键词或词组，它会为我们迅速准确地理解语篇提供很大的帮助。比如在阿拉伯语中，光是表达因果关系的联结手段就有很多：ترتب على、سبب، نجم عن، من النتائج، نتيجة ل، نتج عن……我们学生在阅读时经常会混淆这些联结手段前后的因果关系。

(6) ففي دراسة عن مفاسد الشبكة أجريت في إحدى البلدان الإسلامية اتضح أن 90% من رواد المقاهي الألكترونية في سن خطرة وحرجة جدا، وأن 40% من الشبان والفتيات يقضون أوقاتهم في مواقع المحادثة، وأن الإقبال عليها يأتي كنتيجة لضعف الرقابة الأسرية، والفراغ الذي يعاني منه الشباب، والفضول أو البحث عن الممنوع.

这段文字选自 2006 年北外阿语系的研究生复试笔试翻译部分。我们可以看到这句话中"青少年热衷于网络"是结果，نتيجة ل 后面的才是原因，可以翻译为"青少年热衷于网络是由于家庭疏于监管、内心空虚以及对禁忌事物的好奇"。可从卷面的情况来看，16 份卷子中就有 5 份卷子完全颠倒了因果关系，译成"进入聊天室是为了……"、"对于网络热衷导致……"、"把时间耗在聊天上，由此引起……"。所以，尽管我们认为联结关系是比较明了的一种衔接手段，但还是应当对它保持足够的重视。

值得一提的是，在试卷中我们还可以看到读者对篇章某一处的误解会直接影响到下文的理解。例如其中一份弄错因果关系的卷子就是这么翻译的："开始进入聊天室是为了削弱家庭管制，以及（填补）青年时期的空白，干涉或去发掘禁止他们做的事"。很明显考生在翻译的时候先入为主的确定了事件发生的因果顺序，于是自然的就把原文名词性的 ضعف（薄弱）解释成其动词性的含义（削弱）；"填补"一词也能明显看出是考生后加上的，因为他感到光有"空白"不足以构成有逻辑的中文，便硬是在前面加上一个动词；如此一来，通读一遍，如果不看原文，感觉倒也通顺。这也是我们在阅读中经常会犯的自以为是的错误，要避免这种错误除了从语法的功底上加强以外，很大程度上要注重对篇章的把握。

3.1.3 词汇衔接对阅读理解的帮助

上面两部分涉及的内容基本上都是语法模式在语篇组织中的作用，那么语篇中的词汇模式又起着什么样的作用呢？在第一节已经提到，语言中的词汇不仅仅是传达某些单个的概念或意义，而是起着组织语篇的作用。这里选取一段语篇，观察其以词汇组织语篇的方式。

(7) جائزة اليونسكو - البحرين

① في خطوة تعدّ من الخطوات المهمّة على صعيد الحضور العربي في العالم، اعتمد المؤتمر العام لمنظمة الأمم المتحدة للتربية والعلوم والثقافة – اليونسكو، في دورته الثالثة والثلاثين التي عقدت في مقر المنظمة في باريس وبإجماع الدول الأعضاء والبالغ عددها 191 دولة، قرار المجلس التنفيذي المتخذ في دورته 172 والمتعلق بالبند الخاص بإنشاء «جائزة اليونسكو ـ الملك حمد بن عيسى آل خليفة لاستخدام تكنولوجيات المعلومات والاتصال في مجال التعليم».

② تخصص الجائزة لدعم أو تشجيع المشاريع والأنشطة التي يضطلع بها أفراد أو مؤسسات أو منظمات غير حكومية والمتعلقة بنماذج متميزة وأشكال للإبداع في مجال استخدام تكنولوجيا المعلومات والاتصال.

③ لاقت الجائزة تأييدًا دوليًا بصفتها جائزة علمية تسعى إلى رفع مستوى التعليم وتطويره وجعله متلائما مع

متغيرات العصر وقادراً على مواجهة التحديات المتزايدة في العالم. ④ويعكس ذلك إيلاء العلم الموقع الذي يستحق في المجتمع، واهتمام البحرين بانتهاج سياسة تعليمية متطورة تأخذ في الاعتبار مسألة ربط العلم بالمشروع التنموي للنهوض بالمجتمعات الحديثة على المستويات كافة.

⑤وكانت البحرين شرعت، ضمن هذا الإطار، في إحداث نقلة نوعية، عبر إنشاء مدارس تعتمد التعليم الحديث بحيث يصبح التعليم قادراً على الانتقال من المرحلة التقليدية إلى المرحلة الالكترونية. ⑥وبحسب خبراء منظمة اليونسكو يعد هذا النموذج من أفضل التجارب العالمية إلى جانب تجربة ايسلندا في مجال استخدام تكنولوجيا الاتصال والمعلومات وتطبيقها في التعليم، وذلك بالاستفادة من آخر التطورات الحديثة في عالم التكنولوجيا.

⑦وهذا ما سيفسح المجال أمام فرص أكبر للتواصل بين الطالب والمعلم من جهة، وبين المدرسة وأولياء الأمور والمجتمع من جهة ثانية، فتساهم الطريقة الالكترونية ونتيجة تنوع أساليب الاتصال والتواصل في تفاعل كل سيؤهل الطالب ليكون منتجا للمعرفة وعنصراً فعالاً من خلال إبداء الرأي وتبادل ⑧ن. ⑨ويمنح التعليم بهذا المعنى بعداً جديداً لا يعود معه التحدي هو النجاح في في المجتمع. ⑩إلى ذلك، يسمح المشروع الذي سيدخل مرحلته الثانية، بإصدار كتب الكترونية وإنشاء شبكة من المواقع المرجعية، وكل ذلك بقصد بناء نموذج لمدرسة حديثة، متعددة المستويات وترتكز على المهارات الأساسية المبنية على مبادئ علمية وعقلانية. ⑪ومن شأن هذه المدارس أن تؤمن نقلة حضارية ترمي إلى وضع أسس مجتمع الاقتصاد المعرفي من أجل بناء القدرات البشرية والتركيز على الكفاية للنهوض بالمجتمع وتحقيق أهداف التنمية الشاملة.

⑫وفي مداخلاته في اجتماعات منظمة اليونسكو كشف وزير التربية والتعليم الدكتور ماجد بن علي النعيمي عن التحضيرات التي تمت في مختلف المراحل من أجل اعتماد هذه الجائزة. ⑬وأشار إلى التشجيع الذي لاقته من ملك البحرين الذي أخذ على عاتقه دعم التعليم الإلكتروني على الصعيد العالمي. ⑭وهذا وأعدت منظمة اليونسكو الوثائق المتعلقة بالجائزة باللغات العالمية الست المعتمدة لديها، وهي العربية والإنكليزية والفرنسية والإسبانية والروسية والصينية.

⑮وتجدر الإشارة إلى أن البحرين قدمت مبلغ أربعمائة وخمسة وثلاثين ألف دولار أمريكي لتغطية القيمة النقدية للجائزة وتكاليف إدارتها، أما الجائزة التي تمنح سنوياً فقيمتها خمسون ألف دولار أميركي. (438 词)

这个语篇由 15 个句子组成，每个句子中都含有重复前面句子中词项或被后面句子中词项重复的词项。这些重复的词项把各信息板块联结起来。我们把共有至少 3 个重复照应联结点的两个句子看做一个信息板块，因为如果两句间的重复照应点低于 3 个而仍把这两句视为有意义联结的话，那么每个句子都可以和其他句子联结，研究就失去了意义。

现在按这个标准分析上面这个语篇中各个句子与其他句子的联结情况。

首先该语篇的标题意义很不明确，我们读完之后并不知道"教科文组织奖"与"巴林"之间是什么关系。那么我们先寻找与标题构成粘结的句子。

重复联结：标题

与句 1：جائزة和جائزة اليونسكو、اليونسكو – اليونسكو والثقافة والعلوم للتربية المتحدة الأمم منظمة

与句 2：الجائزة和جائزة

与句 3：الجائزة和جائزة

与句 4：البحرين和البحرين

与句 5：البحرين和البحرين

与句 6：منظمة اليونسكو和اليونسكو

与句 7–11：/

与句 12：منظمة اليونسكو和اليونسكو、الجائزة和جائزة

与句 13：البحرين和البحرين

与句 14：منظمة اليونسكو和اليونسكو、الجائزة和جائزة

与句 15：البحرين和البحرين、الجائزة和جائزة

列举出标题与每句的联结点之后竟然发现该语篇中没有一个句子和标题构成粘结，因为它们的联结点都在 2 个或 2 个以下。发生这一状况的原因就在于该文标题本身意义的不明确，所以它无法担当起概述语篇中心的作用。那么我们可以尝试对每个句子进行类似的分析（如下），就会看到它和其他每一句之间是否构成粘结（标上☆的句子表示存在粘结），能构成较多粘结的句子就是语篇的中心句，与语篇中其他句子构成联结最多的句子也就是语篇中最重要的句子。

重复联结：句 1

☆ 与句 2：جائزة اليونسكو 和 الجائزة、استخدام تكنولوجيات المعلومات والاتصال 和 تكنولوجيا استخدام تكنولوجيا المعلومات和المتعلقة、مجال和مجال

☆ 与句 3：جائزة اليونسكو和الجائزة、التعليم和العالم、العالم和التعليم و العالم و التعليم和العالم

与句 4：تعليمية和التعليم

与句 5：التعليم和التعليم、إنشاء和إنشاء

☆ 与句 6：منظمة الأمم المتحدة للتربية والعلوم والثقافة – اليونسكو、عالم 及 تعليمية 和 العالم 和 استخدام تكنولوجيا الاتصال والمعلومات和استخدام تكنولوجيات المعلومات والاتصال、منظمة اليونسكو、مجال和

与句 7：مجال和المجال、الاتصال和الاتصال
与句 8：المعلومات和المعلومات
与句 9：إنشاء和إنشاء
与句 10：التعليم和التعليم
与句 11：/
☆ 与句 12：اليونسكو جائزة 和الجائزة、اليونسكو - الثقافة والعلوم والتربية للأمم المتحدة منظمة 和
اعتماد和اعتماد、التعليم 和التعليم、التربية和التربية، منظمة اليونسكو
☆ 与句 13：صعيد和صعيد、العالم和العالم التعليم 和التعليم
☆ 与句 14：اليونسكو جائزة 和الجائزة、التعليم 和الجائزة、 تعليمية、اليونسكو - والثقافة
المتعلق和المتعلقة، منظمة اليونسكو和منظمة الأمم المتحدة للتربية والعلوم
与句 15：اليونسكو جائزة和الجائزة

重复联结：句2
与句 3：الجائزة和الجائزة
与句 4：المشاريع和المشروع
与句 5：/
☆ 与句 6：نماذج 和 النموذج、مجال 和 مجال، الاتصال والمعلومات تكنولوجيا استخدام 和
استخدام تكنولوجيا الاتصال والمعلومات
与句 7：مجال和المجال、الاتصال和الاتصال
与句 8：المعلومات和المعلومات
与句 9：/
与句 10：المشاريع和المشروع، نماذج和النموذج
与句 11：/
与句 12：الجائزة和الجائزة
与句 13：دعم和دعم، تشجيع和التشجيع、
与句 14：العالم和المتعلقة، الجائزة和المتعلقة、
与句 15：الجائزة和الجائزة、

重复联结：句3

 ☆与句4：المستويات和مستوى、تعليمية和التعليم、العالم和علمية

 与句5：قادراً和قادراً、التعليم和التعليم

 与句6：دعم及المتعلقة和العالم、التعليم和التعليم

 与句7：/

 与句8：/

 与句9：التحدي和التحديات、التعليم和التعليم

 与句10：المستويات和مستوى、علمية和علمية

 与句11：/

 与句12：التعليم和التعليم、الجائزة和الجائزة \ جائزة

 ☆与句13：العالمي和العالم、التعليم和التعليم、لافت和لافت

 与句14：المتعلقة和العالم、الجائزة和الجائزة \ جائزة

 与句15：الجائزة和الجائزة \ جائزة

重复联结：句4

 ☆与句5：الحديث和المتعلقة、التعليم和تعليمية、البحرين和البحرين

 与句6：المتعلقة和المتعلقة、التعليم和تعليمية

 与句7：المجتمع和المجتمع \ التحديات

 与句8：/

 与句9：التعليم和تعليمية、المجتمع和المجتمع \ التحديات

 ☆与句10：التحديات和التحديات、المتعلقة和المتعلقة、المشروع和المشروع、علمية和العالم

 ☆与句11：النهوض和النهوض、المتعلقة和التنموي、المجتمع \ مجتمع和المجتمع \ التحديات

 与句12：التعليم和تعليمية

 与句13：التعليم和المتعلقة、البحرين和البحرين

 与句14：/

 与句15：البحرين和البحرين

  我们把1—4句分析后的结果综合在一起画成网状图如下（篇章中居前的句子标号在图中居上）：

阿拉伯语篇章连贯性的实现与理解 | 257

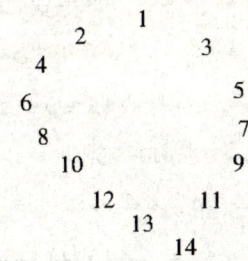

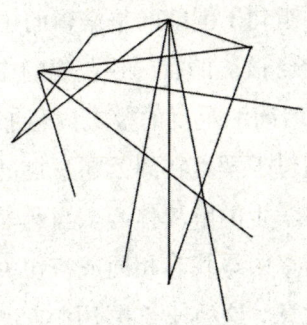

这张图体现了该语篇的部分词汇重复联结情况。可以发现句①与其他句子构成的粘结最多，它是该语篇中十分重要的句子。用这样的分析方法，可以较科学的区分出一个语篇中的重要句子和非重要的句子，可以从主篇章中产生出次篇章。我们把与句①构成粘结的句子按顺序排列在一起：

(7.2) ①في خطوة تعدّ من الخطوات المهمّة على صعيد الحضور العربي في العالم، اعتمد المؤتمر العام لمنظمة الأمم المتحدة للتربية والعلوم والثقافة – اليونسكو، في دورته الثالثة والثلاثين التي عقدت في مقر المنظمة في باريس وبإجماع الدول الأعضاء والبالغ عددها 191 دولة، قرار المجلس التنفيذي المتخذ في دورته 172 والمتعلق بالبند الخاص بإنشاء «جائزة اليونسكو الملك حمد بن عيسى آل خليفة لاستخدام تكنولوجيات المعلومات والاتصال في مجال التعليم».

②تخصص الجائزة لدعم أو تشجيع المشاريع والأنشطة التي يضطلع بها أفراد أو مؤسسات أو منظمات غير حكومية والمتعلقة بنماذج متميزة وأشكال للإبداع في مجال استخدام تكنولوجيا المعلومات والاتصال.

③لاقت الجائزة تأييداً دولياً بصفتها جائزة علمية تسعى إلى رفع مستوى التعليم وتطويره وجعله متلائماً مع متغيرات العصر وقادراً على مواجهة التحديات المتزايدة في العالم. ⑥وبحسب خبراء منظمة اليونسكو يعد هذا

النموذج من أفضل التجارب العالمية إلى جانب تجربة إيسلندا في مجال استخدام تكنولوجيا الاتصال والمعلومات وتطبيقها في التعليم، وذلك بالاستفادة من آخر التطورات الحديثة في عالم التكنولوجيا. (12)وفي مداخلاته في اجتماعات منظمة اليونسكو كشف وزير التربية والتعليم الدكتور ماجد بن علي النعيمي عن التحضيرات التي تمت في مختلف المراحل من أجل اعتماد هذه الجائزة. (13)وأشار إلى التشجيع الذي لاقته من ملك البحرين الذي أخذ على عاتقه دعم التعليم الإلكتروني على الصعيد العالمي. (14)هذا وأعدت منظمة اليونسكو الوثائق المتعلقة بالجائزة باللغات العالمية الست المعتمدة لديها، وهي العربية والإنكليزية والفرنسية والإسبانية والروسية والصينية. (216 词)

与句①构成粘结的这一组句子围绕的是全篇的中心（即设立以巴林国王命名的联合国教科文组织奖、该奖的目的、获得的支持、为此作出的多方努力等）。一个较长的篇章利用词汇重复的模式内容缩减了一半，我们可以很容易的把握其主要内容。这对于学生在阅读超过自己水平较多难度的文章时是很有帮助的，也可以增强学生的解读信心。当然学生要做的并不是这样仔细的逐句分析，而只要在篇章中寻找有相同或密切关系词项的句子，把这些句子集中在一起构成篇章大意。这项任务并不困难，成功的作出选择并解读，会激发学生进一步阅读的兴趣。对于教师而言，一般情况下也只要在快读的基础上凭印象找出可能是关键句的几个句子，分析它们与其他句子的粘结就可以了。

我们刚才用句①作为主题句，产生的是关于语篇主题的一组粘结的句子。如果我们把句④作为主题句，又会产生不同的一组粘结的句子。

(7.3) ③لاقت الجائزة تأييداً دولياً بصفتها جائزة علمية تسعى إلى رفع مستوى التعليم وتطويره وجعله متلائما مع متغيرات العصر وقادراً على مواجهة التحديات المتزايدة في العالم. ④ويعكس ذلك إيلاء العلم الموقع الذي يستحق في المجتمع، واهتمام البحرين بانتهاج سياسة تعليمية متطورة تأخذ في الاعتبار مسألة ربط العلم بالمشروع التنموي للنهوض بالمجتمعات الحديثة على المستويات كافة.⑤وكانت البحرين شرعت، ضمن هذا الإطار، في إحداث نقلة نوعية، عبر إنشاء مدارس تعتمد التعليم الحديث بحيث يصبح التعليم قادرا على الانتقال من المرحلة التقليدية إلى المرحلة الالكترونية. ⑩إلى ذلك، يسمح المشروع الذي يدخل مرحلته الثانية، بإصدار كتب الكترونية وإنشاء شبكة من المواقع المرجعية، وكل ذلك بقصد بناء نموذج لمدرسة حديثة، متعددة المستويات وترتكز على المهارات الأساسية المبنية على مبادئ علمية وعقلانية. (11)ومن شأن هذه المدارس أن تؤمن نقلة حضارية ترمي إلى وضع أسس مجتمع الاقتصاد المعرفي من اجل بناء القدرات البشرية والتركيز على الكفاية للنهوض بالمجتمع وتحقيق أهداف التنمية الشاملة.

这组句子的中心不同于（7.2），它围绕的主题是"巴林出资设立该奖项反映出巴林对教育现代化的重视"。所以抓住不同的粘结线索，就可以从不同的侧面来解读篇章，使读者较为快速、准确的理解篇章。同时我们也可以借此评价一个篇章发展的好坏，例如上面提到本文标题并不与全文任何一个句子构成联结，所以从反映主题的标准而言，本篇的标题并不合适。

3.2 从意义结构理解语篇

3.2.1 小句关系对阅读理解的帮助

要能准确地读懂语篇意义，有一条就是要能够辨认出该语篇的篇章组织模式。比如说，当我们读到一个问题的时候，我们接下去就要寻找它的答案；当我们读到一个概括的陈述时，我们就会期望下文出现对这一概括的具体支撑。一旦我们能确定一个语篇的篇章组织模式，再来推断语篇各个小成分之间的关系就较为容易了。所以，我们要教给学生一些必要的语言学知识，培养学生辨认篇章组织模式的能力和技巧，以作出对篇章发展的正确预期。

我们可以为语篇建立篇章框架来实现这一目的。建立一个篇章框架不仅可以把读者的注意力吸引到篇章的宏观结构层次，同时也可以为其他的教学方面做好铺垫。下面用一个篇章例子来详细说明。

العنق في العناية الفائقة (8)

(1) العنق، مرآة العمر الذي يترك بصماته تجاعيد وترهلا على البشرة. (2) يضفي اناقة مميزة على القوام متى كان رفيعاً وناعماً وخالياً من اي شوائب لأنه يعلو مباشرة الكتفين مظهراً استدارتهما وجمالهما... (3) او يبرز ثنيات غير مرعوب فيها، «يكللها» ذقن ثان ذقن ثان يعلوه مباشرة تحت الذقن الاساسي الذي يكون فقد مطاطيته بفعل سوء العناية.

(4) قد تنجح تقنيات الماكياج الحديث في اخفاء عيوبه الا ان الاعتناء اليومي به واجب وضرورة جمالية لا مفر منها، اذ ان العنق المهمل يظهر العمر الحقيقي حتى لو كان الوجه والبشرة في العناية الفائقة.

(5) فالعنق لا يملك اي عضل خاص به يربطه الى هيكيلية عظام محددة، لذا هو يفقد مطاطيته سريعاً خصوصاً ان جلده يتضمن نسبة قليلة جداً من الأنسجة والغدد الدهنية، ما يجعله عرضة للجفاف بنسبة سريعة.

(6) من هنا أهمية العادات الجمالية اليومية المتعلقة بالعنق، والتي تجعل جماله مكتسباً اساساً عبر عادات يحفظها الجسم في وضعيته، مثل الحفاظ على استقامة الرأس مرفوعاً وعمودياً بالنسبة الى الكتفين. (7)كما يجب النوم من دون وسادة منعاً لظهور «الذقن الثاني»، ناهيك بوجوب تدليك مساحته يومياً لدقيقتين او ثلاث قبل الاستحمام بأي كريم.

(8) وينصح اختصاصيو التجميل بمعالجة العنق كما الوجه تماماً، فيدهن الكريم المرطب عليه كما القناع الخاص بالبشرة ايضاً منعاً لاكتسابه اللون الاسمر الذي يظهر عادة فوق سن الاربعين او بسبب التعرض القوي لأشعة الشمس.

(9) ومن حسن حظ العنق انه لا يستلزم انواعاً محددة وخاصة به من مستحضرات التجميل، لا بل يكفي استعمال المستحضرات التي تعالج بشرة الوجه عادة. (10)ويمكن مزج الحليب البارد بتابل الكركم curcuma لترطيب مساحته وتغذيتها، على ان يتم اولا تنظيفها بنقعها بالمستحضر الذي ينظف به الوجه عادة، ثم يمسح العنق بنعومة بقطعة من القطن.

(11) ومن الممكن تنظيف الوجه عبر فركه بمزيج من دقيق القمح وبشر المشمش اللذين يشكلان مستحضراً ينظف من كل الخلايا الميتة العالقة على سطح بشرته. (12)كما يمكن استعمال اللبن للغاية عينها، فتدهن طبقة رفيعة منه على مجمل العنق. تترك لنحو عشرين دقيقة قبل ان تغسل بالماء الفاتر، ويدهن بعدها مستحضر مرطب يتولى تغذية خلايا جلده.

(13) وظهور مساحة داكنة عليه تتوسطها نقاط بيض من ابرز الشوائب الجمالية التي تؤذي العنق بسبب تعرضه للأكسدة مباشرة بفعل التعرض للشمس. (14)من هنا وجوب حماية مساحة العنق برمتها من الأشعة ما فوق البنفسجية عبر دهن مستحضر خاص يقيها من أذى الأشعة الشمسية.

(15) كما قد تظهر خطوط سود رفيعة على العنق بفعل احتكاكه بالمجوهرات او السلاسل المعدنية التي تستقر عليه، او بسبب استعمال نوع مؤذ من الصابون مثل الذي يتضمن في تركيبته الكبريت اوالمواد التي تجففه وتجعل جلده اكثر قساوة.

(16)ويكشف الاطباء ان افتقاد الجسم لفيتامين B المركب قد يؤدي أيضاً الى ظهور بقع بيض على العنق.

(17) أما مستحضرات التجميل التي تهتم بجمال العنق فتتضمن كل المركبات التي تحارب الترهل والتقدم بالعمر، أكان الريتينول الذي ينشط الخلايا لتتجدد بسرعة، أم فيتامينات A و E و C التي تخفف من جفاف الجلد وتحول دون تعرضه للتلوين في شكل كبير. (18) اما المستحضرات التي تتضمن عنصر «السيراميد» فتعيد الاشراق الى المساحة التي تكون افتقدت اليها في شكل كبير.

(19) ومن الممكن تحضير هذه المستحضرات منزلياً عبر تسخين زيت دقيق القمح في المايكرويف مثلاً، ومن

ثم دهنه على العنق الذي يلف بدوره بمنشفة ساخنة تترك حوله عشر دقائق. (20)أما إذا كان العنق يعاني من مشاكل في الغدة الدرقية، فيجب تفادي استعمال هذا العلاج منعا لالتهابها.

(21) ويمكن استعمال الوسيلة ذاتها مع اي كريم مرطب عادي آخر، شرط ان يتضمن في تركيبته عناصر مستخرجة من الفلفل او القمح او الاوكسيجين، وهي جميعها تقوي أنسجة الجلد وتترك بشرته ناعمة الملمس.

(22) ويكشف اختصاصيو التجميل ضرورة تعريض العنق كما الكتفين لتعاقب الدوش البارد والساخن، ما يضمن شد الجلد وعدم فقدانه مطاطيته لفترة طويلة... اضافة الى ممارسة بعض التمارين الرياضية اليومية عبر الوقوف في شكل مستقيم وجعل الرأس يستدير الى أقصى اليمين، ومن ثم بهدوء تام الى أقصى اليسار. يكرّر التمرين خمس مرات لكل جهة.

我们可以看到整个语篇大的框架是一个问题—解决模式：句1-3是问题的背景情况说明（脖子是年龄的镜子），句4提出问题（脖子会揭露真实的年龄），句5是对问题的解释（颈部皮肤失去弹性的原因），句6-22则是解决问题（如何保养颈部皮肤）；其中句6-22中又包含着两个问题-解决模式。据此可以画出该文的篇章框架图。（见下页）

在讨论语篇的时候，可以要求学生像这样勾勒出全文或部分段落的篇章框架，引导他们发现语篇中各个成分之间的逻辑-语义关系。同时这一框架图也为教师有针对性的设计阅读理解题目提供了帮助，通过它可以抓住语篇的主干发展，而不是随意地根据语篇中的某些信息来设计问题。

除此以外，语篇框架也可以使我们注意到语篇的行文特点。在上例中的问题-解决模式的发展顺序是按照我们通常习惯的"背景情况说明-提出问题-解释问题原因-解决问题的方法"这一线索，但是很可能在另一个语篇中"背景情况说明"跟在"提出问题"之后出现，这时我们就要考虑作者为什么要那样安排。或者与作者的个人风格有关，有的作者偏向于使用某种语篇模式等，这些都是我们可以考虑的问题。

3.2.2 篇章主位结构对阅读理解的启示

篇章的主位结构安排并非随意的，而是为一定的目的服务，为一定的体裁服务。所以我们在阅读的过程中要注意主位结构，这可以使读者对于要解读的篇章有一个整体的把握和认识，从而更快更准确地进行解读。

本人在论文《阿语报纸硬新闻语篇的主位推进模式》中对北外阿语系三年级学生期末"时事选读"课考试时所写的短新闻作品进行了详细分析，发

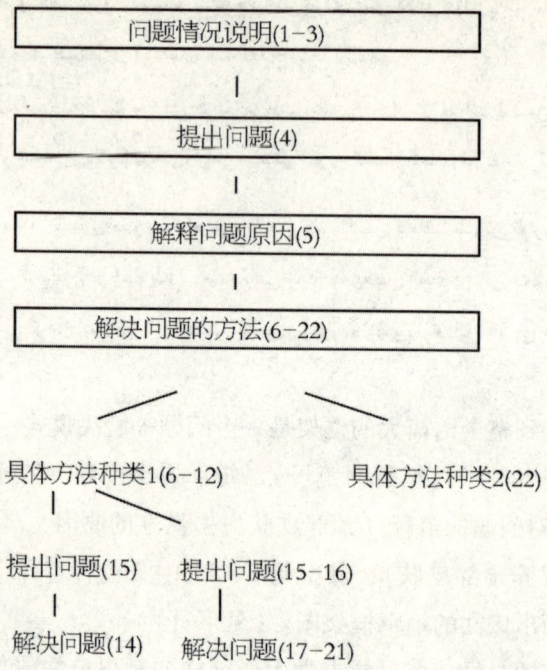

现选取主位推进模式比较恰当的习作,连贯性也相应较强;而得分较低的文章中有一部分都是结构较为混乱,语篇中出现断裂,主/述位间出现跳跃,不能形成明确的架构。

学生在写作中使用主位推进模式不妥当的现象,说明学生在平时阅读新闻时并未曾关注新闻的篇章发展结构,很多学生只是单纯的从头到尾过一遍,查一下不懂的单词,即使是上课的时候也只是最多弄明白个别单词、句子的含义,但对整个新闻篇章的构造却浑然不知。但是正如本章开头指出的那样,学习语言要学习人们如何实际使用语言,所以我们应该引导学生把注意力转移到篇章的层次上来。

学生通常习惯的阅读方法是自下而上的策略,即从最小的篇章成分,如词和短语入手一步一步对篇章进行解读。这里我们要提倡的阅读方法是采取自上而下的策略,即运用宏观层次线索对篇章进行解读。

对于主题的认知性理解,即阅读者对文本的全局性理解和把握,并不是在他理解了整个文本的所有词语和句子的同时就完成了的,而是当读者在作者的主题性暗示下开始猜测文本中最可能的话题时开始的。篇章标题、开头概述、文中主题的明确表达都是作者的暗示。除此以外，阅读者还可采用有效的理解策略推导出文本的主题，看到第一个句子就开始猜测整个文本的最初或总体的主题内容。这十分重要，因为主题对其余文本的进一步理解起着总体控制作用，把握住文本的主题后理解其他句子关系就会更容易。阅读时要试图去抓住作者的主位结构安排，以此把握作者的目的和思路发展，从而快速准确地认识篇章的信息结构，以最贴近作者思路的方式进行解读。由于主位结构实际上就是一种信息的分布，掌握主位结构可以有效弥补阅读时需要反复回读才能完整把握篇章信息的缺点。

当然这并不意味着放弃局部的解读，最好的方式是在认识篇章结构的同时又不忽视词、句、语法手段在篇章中的作用。而且如果能抓住文章的总体一致性，它就会在微观层次上起自上而下控制局部语义理解的作用。

在对某一语篇类型进行研究以后，可以发现它经常使用的主位推进模式。如果我们在写作过程中有意识地运用这些模式，就会增加作品的连贯性，并符合特定的语体风格。

3.2.3 积极创造语境、注意语义石化的问题

语言的使用离不开语境，任何篇章都是一定语境的产物。阅读是对篇章的解读过程，没有对作者创作篇章的语境的正确理解，就不可能作出符合作者意图的解读。作者通过书面篇章和读者进行交流，所以在阅读的过程中情景、双方共有的知识和读者的主观因素都是解读准确的必要条件。

我们比较一下两篇标题同为 "السينما تعود الى السعودية بعد انقطاع" 的语篇。

تعود السينما الى المملكة العربية السعودية هذا الأسبوع بعد 30 عاما من اختفائها، ولكن ظهورها سيكون تجريبيا في البداية.

وتخطط السلطات لاعداد شاشات عامة تعرض أفلام رسوم متحركة للاطفال هذا الاسبوع كجزء من الاحتفالات في عطلة عيد الفطر. وستكون هذه أول مرة تعرض فيها أفلام في أماكن عامة منذ السبعينات عندما اوقفها النفوذ المتصاعد للسلطات الدينية.

وسارع الليبراليون السعوديون الى الترحيب بهذه الخطوة فيما يشعر رجال الدين المحافظون بالغضب، الا أن حاكم الرياض الأمير عبد العزيز بن محمد يرى أنه لا يوجد أي تجاوز في عرض هذه المسرحيات لأن الممثلات من النساء والجمهور سيكون من النساء أيضا.

ويعتقد بعض العلماء السعوديين ان الاسلام يحرم اي تصوير لاشكال بشرية وينظرون الى صناعة السينما التي تهيمن عليها الولايات المتحدة على انها قوة غير اخلاقية يهيمن عليها الجنس والعنف.

والى جانب الافلام ستشمل احتفالات العيد التي تقام بالرياض عرض مسرحيات تؤديها نساء وهي خطوة حاولت السلطات الدينية منعها اذ تعتقد انه ينبغي الا تظهر النساء في اماكن عامة من دون محارم رغم ان جمهورهن سيكون من النساء حصريا.

ويعتقد كثير من السعوديين ان المملكة حققت نقلة منذ بدء اول بث تلفزيوني قبل نحو 40 عاما عندما هاجم معارضو الابتكارات الاجنبية محطة التلفزيون.

ويؤكد الاستاذ الجامعي حمزة المزيني انه كانت هناك اماكن كثيرة تعرض الافلام وان ذلك لم يكن في قاعات سينما وانما اعتاد الناس مشاهدتها في الجامعة او الاندية الرياضية.

واضاف ان هذه خطوة صغيرة وان الخطوات الصغيرة تؤدي في بعض الاوقات الى خطوات كبيرة، ولكنه اعرب عن عدم تفاؤله بسبب رد الفعل السلبي الذي كان قويا وقال انه لذلك ربما كانت تلك الخطوة الاولى والاخيرة.

(B) السينما تعود الى السعودية بعد انقطاع

الرياض (رويترز) - بعد ثلاثين عاما من اختفاء الشاشة الكبيرة من المملكة العربية السعودية تعود السينما بشكل تجريبي في المملكة المحافظة.

وتخطط السلطات لاعداد شاشات عامة تعرض افلام رسوم متحركة للاطفال هذا الاسبوع كجزء من الاحتفالات في عطلة عيد الفطر.

وستكون هذه اول مرة تعرض فيها افلام في اماكن عامة منذ السبعينات عندما اوقفها النفوذ المتصاعد للسلطات الدينية. ورحب الليبراليون السعوديون بهذه الخطوة ولكن رجال الدين المحافظين يشعرون بالغضب.

وقالت رسالة على الانترنت تحمل اسم الشيخ خالد الراشد ان ذلك غير مباح واعتبر انه اولى خطوات الشيطان.

ويعتقد رجال الدين المتشددون ان الاسلام يحرم اي تصوير لاشكال بشرية وينظرون الى صناعة السينما التي تهيمن عليها الولايات المتحدة على انها قوة غير اخلاقية يهيمن عليها الجنس والعنف.

والى جانب الافلام ستشمل احتفالات الرياض ايضا عرض مسرحيات تؤديها نساء وهي خطوة حاولت السلطات الدينية منعها. وتعتقد السلطات الدينية انه ينبغي الا تظهر النساء في اماكن عامة من دون محارم. ورغم ان جمهورهن سيكون من النساء حصريا الا انهن تعرضن للادانة من جانب المحافظين.

وكتب الشيخ وليد المضيفر ان من غير المباح حضور او دعم هذه الاحداث وان منظميها ينبغي ان يلاموا على ذلك.

ويقول مسؤولون في العاصمة التي تعد من اشد المناطق المحافظة في المملكة ان افلام الرسوم المتحركة ستكون

تعليمية ويصرون على ان مسرح النساء لا يتعارض مع الاسلام لانه لن يكون هناك اي اختلاط بين الجنسين.

وقال الامير عبد العزيز بن محمد حاكم الرياض في مقابلة نشرت هذا الاسبوع انه لا يوجد اي تجاوز في عرض هذه المسرحيات لان الممثلات من النساء والجمهور سيكون من النساء ايضا.

ويعتقد كثير من السعوديين ان المملكة حققت نقلة منذ بدء اول بث تلفزيوني قبل نحو 40 عاما عندما هاجم معارضو الابتكارات الاجنبية محطة التلفزيون.

وتوجد بالمقاهي حاليا تلفزيونات ذات شاشات كبيرة تذيع الاحداث الرياضية والمسلسلات لزبائنها من الشبان المتشوقين للتسلية.

ويتذكر الكبار من السعوديين عهدا اكثر تسامحا عندما كانت الافلام تعرض في المملكة.

وقال الاستاذ الجامعي حمزة المزيني انه كانت هناك اماكن كثيرة تعرض الافلام وان ذلك لم يكن في قاعات سينما وانما اعتاد الناس مشاهدتها في الجامعة او الاندية الرياضية.

واضاف لرويترز ان هذه خطوة صغيرة وان الخطوات الصغيرة تؤدي في بعض الاوقات الى خطوات كبيرة. ولكنه اعرب عن عدم تفاؤله بسبب رد الفعل السلبي الذي كان قويا وقال انه لذلك ربما كانت تلك الخطوة الاولى والاخيرة.

这两篇均是全文引用，但很明显地可以看出（A）篇是由（B）篇改写而来的。阅读的时候也能很明显的感觉到（B）篇要相对易懂，因为它提供了较多的事件参与者的口头反应（如网上评论、الشيخ وليد المضيفر的评论、利雅得政府官员的态度等）和事件的背景（以前更为开放的做法、目前咖啡馆的做法等）；而且（A）篇为了强调利雅得行政长官关于戏剧演出的评论（因为其代表了沙特政府的态度），而把它提前到第三段，而此前文章谈论的都是电影，突然出现"عرض هذه المسرحيات"让读者摸不着头脑。

所以对于阅读（A）篇的读者而言，他们从上下文中得到的背景知识就比较少，这就要求他们对该文的经验语境具备更多的了解。（A）篇的作者假设的阅读对象是对沙特的情况比较了解或是对这一事件有所知的读者。当我们读到"عرض هذه المسرحيات"时，必须积极地创造出有利于我们理解的语境，我们当然可以怀疑这可能是作者的错误，但同时也得把自己的思路打开，联想到这个语篇可能不只要谈电影；抱着这样一种推测往下阅读，可能会在下文中得到解释，但千万不能把自己圈定在从文章开头得来的印象中。正如我们在讨论认知心理时所指出的那样，在阅读的同时要不断地比较、修改自己头脑里的知识构架，加入阅读过程中随时出现的信息，重新构造一个场景。

此外，在阅读的过程中我们还要注意一个很重要的问题——语义石化。在课本中学习词汇、特别是解释词义的时候，通常都参照课后的词汇表，每个单词都配上一个或几个汉语意义。学生在背记单词的时候常常认为一个阿语单词和它的中文释义完全对等，或者常常只知道一个单词的一种含义而不知道它的其他外延。这种把单词的意义固定化——即语义石化的毛病，是在阅读中的一大障碍。以（A）中的一句话为例：

(10) والى جانب الافلام ستشمل احتفالات العيد التي تقام بالرياض عرض مسرحيات تؤديها نساء وهي خطوة حاولت السلطات الدينية منعها اذ تعتقد انه ينبغي الا تظهر النساء في اماكن عامة من دون <u>محارم</u> رغم ان جمهورهن سيكون من النساء حصريا.

这句话的 محارم 这个词，《阿拉伯语汉语词典》上只有"手帕、手绢"的意思，但在这个句子中显然不能这么解释。如果知道沙特妇女外出均穿着裹得十分严实、只露出眼睛的黑袍，那么就容易猜出 محارم 指的是"黑袍"。محارم 实际上还有一个意思是 "لباس الاحرام"。

这个例子只是说明我们并不完全掌握一个词语的含义。但除此以外，我们头脑中词义的石化还包括对词语意义的错误理解、对词语感情色彩和文化内涵的不明确、单词与其指称物的脱节等。通过语境，我们可以猜测、消除歧义；我们也要在阅读的过程中努力纠正头脑中已经石化的词义，恢复词语的本来面目，掌握其真正的意义。

四、结 语

本文从探讨篇章如何组织、建构，如何实现其连贯性入手，转到讨论读者如何去体会篇章的连贯性、如何借助于语篇的连贯性去理解语篇的意义为止。全文的写作目的就在于，从语篇的角度和层次上描述语言的特征，并在此基础上提出一种理解语言的方式，使教学的注意力从单一的句子转移到篇章层次，试图开启一条基于语篇的语言教学途径。

我们应当注意发展语篇能力，它不仅是简单的语法知识和词汇知识，也不仅是社会语言能力和交际能力，我们要培养的是并不彼此割裂、完全融为一体的语言使用能力。从语篇的角度来理解语言、学习语言和使用语言，而不是孤立地以词汇或句子为单位来学习语言，要注意学习语篇的功能和语篇的结构模式。

我们在阅读时能学到什么？这是语言学习者必须向自己提出的问题。如何在语言教学中有效地使用语言材料、使之成为语言课程的一部分，是语言教授者应该思考的问题。从语篇的角度来分析出于真实交际目的的真实语言材料，从中学到的不仅是词汇、语法，还能看到语言在语境中的得体性、准确性，以及语言背后反映出来的文化价值观等多个方面。从这个意义上而言，语言学习就不仅是一种技能的训练，它同时也促进了学习者的智力和思考问题的能力。

从阿拉伯语对外来词的借入看阿拉伯伊斯兰文化的特点

张睿亮

季羡林先生曾指出："在世界上延续时间长，没有中断过，真正形成独立体系的文化体系只有四个——中国文化体系，印度文化体系，阿拉伯伊斯兰文化体系和从希腊、罗马起始的西欧文化体系"，季先生所提到的这四种文化体系最大的共同点就是有着深远的历史和悠久的传统。但世界毕竟是联系在一起的，整个人类文明的进程也正是各民族间不断联系不断融合的过程。所以，任何民族的任何文化都不可能是孤立存在的，它必然要与其他文化相互影响相互融合，这些影响与融合会在它的语言中有清晰的体现，那就是语言中的外来词——即与其他文化交流过程中所吸收的外来语言中的词汇。这个词汇在现代汉语中有着丰富的内涵，在英文中对应的词语是"culture"，在阿拉伯语中对应的词汇是"الثقافة"。在英语中"文化"的意思包括 education "教育"和 literacy "读写能力"。文化是一种积淀，是知识、经验、信仰、价值观，处世态度、社会阶层的结构、时间观念、空间关系概念、宇宙以及物质财富的积淀，是一个大的群体通过若干代人和群体的努力获取的，文化是持续的、恒久的、无处不在的。两者的关系是相辅相成，并且是错综复杂的。语言是文化的载体，它忠实地反映着一定时期内一个群体的文化内涵，一个社会的语言是该社会文化的重要表现形式。语言是文化发展过程中必不可少的一部分，可以说没有语言就不会有文化的表现。无论是人类创造的物质文明还是精神文明，无论是历史长河中开天辟地的大场面，还是日常生活中风土人情的小情景，我们都可以通过语言的描述对他们有清晰地了解。语言是人类独有的一种能力,由于人类有语言符号,才能运用语言符号进行思维,并把思维活动的过程和积累的知识经验通过语言传授下去,使人类从蒙昧原始状态进入文明开放状态。同时,文化是语言的基础,没有文化的语言是空洞的,或者根本就不存在。文化是人类独创的,是和人同生同长的,语言不能脱离文化而存在,它是一个民族的文化结晶,有记录和传承文化的作用。

一、外来词的发展

外来词是指从其他语言中吸收过来的词语,也称外来语。吸收方法主要有音译法和意译法。严格意义上的外来词只包括借音成分的音译词,广义上则认为词语的音、形、义中,只要有一个借用了其他民族的语言,就属于外来词的范畴。这样,利用本民族语言本身的构词方式把别的语言中的词所代表的概念介绍过来的意译词也就包含在外来词的范围之内了。可见,由外来词来看民族交往和文化交融是再好不过了。

外来词的借入是一种语言的包容性、适应性、再生性的最好体现。在世界上各种文明冲突和融合的过程中,必然伴随着语言的接触,而语言的接触往往导致不同种类语言的流动。在现存的具有强大生命力的语言中,没有一种是原始的、纯粹的、最初形式的语言。因为没有交往、不吸收比自身更优秀的文化的族群,必然无法适应社会的发展,从而造成族群的灭亡和语言的消失。所以,我们研究外来词,可以把它看成是文化发展长河中融入的具有新鲜活力的激流,是历史上民族交往的印证。我们可以通过它探究各民族语言、文化、性格等方面的特征,从而可了解和分析当今世界各文明的相互整合情况。

二、阿拉伯语外来词发展的历史阶段及特点

阿拉伯语属于闪米特语族中的西南语支,是一种由拼音字母和语音符号组合而成的字母文字。在其发展过程中,吸收了许多方言和外族语言。丰富的词汇量、规范的构词方式不是一蹴而就的,而是几度锤炼的结果。外来词

就是阿拉伯民族和其他民族相互影响的结果。

(一) 蒙昧时代和伊斯兰教产生初期

历史上最早产生的阿拉伯语分为南阿拉伯语和北阿拉伯语，南阿拉伯语又称为古也门语，北阿拉伯语中的一部分后来在伊斯兰教产生之前就已经消失了。现今，多数语言学家都认为现代阿拉伯语是由半岛北方的古莱氏方言发展而来的。当时古莱氏部落所在地——麦加，拥有克尔白天房和欧卡兹集市。这时伊斯兰教还没有产生，历史上称作蒙昧时代，从这一时期的诗歌作品中我们已经隐约可见最初的外来词，如伊姆鲁·盖斯在诗中所用 قرنفل（丁香）一词就是借自波斯语。

《古兰经》的降世使标准的阿拉伯语得以确立，它统一和维系着阿拉伯民族的语言，使其成为大众化语言的同时又保持了纯洁性。由于《古兰经》是真主降示的经典，所以关于其中是否有非阿拉伯语词汇的问题引起了伊斯兰学者的争论。抛开宗教的关系，我们认为《古兰经》中是存在借词的，最明显的就是众先知、使者的名字，如 ابراهيم——易卜拉欣、يعقوب——雅各布等。

此外，埃塞俄比亚人和波斯人对也门的入侵也使得这一时期外来词的种类很多，包括波斯语、埃塞俄比亚语、阿拉米语、梵语、希伯来语、希腊语、科普特语。吸收的词汇可以分为：

(1) 以游牧为生的阿拉伯人陌生的行业，如农业、手工业、航海用语：

بط	——	鸭子	اسكاف	——	鞋匠
بيدر	——	打谷场	ملاحة	——	航海
ناعورة	——	水车	جدف	——	划船
منارة	——	灯塔	قمح	——	小麦

(2) 当地没有的、不常见的动物、植物、物产、自然景观名称：

بهار	——	香料	دب	——	熊
صفصاف	——	柳树	غدير	——	小河
ويل	——	暴雨	رمان	——	石榴
سوسن	——	百合	ياقوت	——	宝石

(3) 宗教用语：

الله	——	真主	فردوس	——	天堂
الصوم	——	把斋	الحج	——	朝拜
دير	——	修道院	التوراة	——	《旧约》

(4) 日常生活的词汇：

مائدة	——	餐桌	قلم	——	笔
دينار	——	第纳尔	شهر	——	月份
ترجم	——	翻译	جورب	——	袜子

(二) 伍麦叶王朝和阿拔斯王朝时期

把伍麦叶王朝和阿拔斯王朝划归为吸收外来词的同一时期，是因为璀璨的阿拉伯伊斯兰文明是在这一时期形成的。阿拉伯人在宗教和"宝剑"的指引下，骑着战马征服了西亚北非的广大地区，并把他们的语言、宗教、文化带到了那里。伍麦叶时期是阿拉伯伊斯兰文明的孕育阶段，阿拉伯人从游牧生活转向定居，他们虽然是征服者，但是被征服地区如波斯、两河流域、叙利亚等地却是当时先进文化的代表。人类的文明总是从发达地区传到不发达地区，阿拉伯人在与被征服民族的交往中学到了先进的文化知识，补充了政治、社会、经济方面的大量词汇。公元 8 世纪，阿拉伯帝国迎来了历史上最辉煌的时期——阿拔斯王朝。"兼容并包、相互学习、共同进步"是这一时期最突出的特点，也是帝国经济、军事实力盛极一时的坚实基础。阿拔斯王朝的建立和巩固政权的初期都依靠了波斯人的帮助，所以其政治制度、典章礼仪方面多效仿波斯，一些波斯贵族世袭担任政府要职，首都也从大马士革迁到了原波斯语为官方语的伊拉克。所以大量波斯语词汇涌入了阿拉伯语，例如：

مسك	——	麝香	ديوان	——	行政机关
السنديان	——	冬青栎	خديوي	——	总督
طرز	——	方法	الراتنج	——	松香
زمرد	——	祖母绿	كعك	——	糕点
ياسمين	——	茉莉	وزير	——	大臣

随着征服运动的完成和政局的稳定,阿拔斯王朝的统治者们更加重视科学文化事业,奖掖制度的建立吸收了各类人才。第七任哈里发麦蒙建立了著名的学术机构"智慧宫",组织一批语言学家进行大规模的翻译工作,这项工作在他的王朝及其后一百多年里将希腊文、波斯文、梵文、希伯来文、奈伯特文的大量哲学、医学、数学的经典著作翻译成阿拉伯文,史称"百年翻译运动"。其中一些著作的原文版本早已丢失,阿文的译本就成为珍贵的研究文献。

希腊文是这一时期外来词的主要来源,原因有二:其一,叙利亚等中东地区的基督徒长期以来以操持希腊语为荣,阿拉伯人占领这些地区后,居民纷纷改说阿拉伯语,但夹杂希腊语词汇。其二,哈里发麦蒙曾亲笔致信给拜占廷皇帝,派人去东罗马帝国搜集各类著作,翻译过来的著作有柏拉图的《理想国》、欧几里得的《几何原理》、希波克拉底的医学专著等。

如:

希腊语(国际音标)	阿拉伯语	汉语意思
filosofia	فلسفة	哲学
pyrgos	برج	塔
genos	جنس	性别
chronos	قرن	世纪
stoicheion	طقس	天气

(三)蒙古人,土耳其人统治时期

公元1258年,旭烈兀攻入巴格达,阿拔斯王朝灭亡。蒙古人的入侵致使阿拉伯文明一度衰弱,宝贵的阿文典籍被毁,阿拉伯语也遭废止。但所幸的是,这种狂暴的、无根基的侵略并没有留下什么巨大影响,随手翻看阿拉伯语词典就可以发现,其中几乎没有什么蒙古语外来词。

奥斯曼土耳其帝国的统治是阿拉伯近代历史上最黑暗的时期。土耳其的苏丹不仅在政治上实行专制、经济上大肆掠夺,还强迫阿拉伯人说土耳其语,不准发行阿拉伯语的书籍和刊物。所以阿拉伯语中的土耳其语大都是这一时期强加进来的,这其中包括有军事的、行政的名称和土耳其人的一些生活用语，如：

باشبزق	—— 非正规军	باشا	—— 帕夏
جمرك	—— 海关	فرمان	—— 圣旨
شويك	—— 烤饼	كفتة	—— 油炸丸子
فستان	—— 连衣裙	قلبق	—— 皮帽

此外，在当时的阿拉伯语中留下了一些土耳其语的构词方式。
如在表示职业的名词后面加جي：

مكتوبجي	——	检察官
إجزاجي	——	药材商
إلجي	——	大使

在名词后加خانة或خان表示地点：

ضريبخانة	——	税务局
كتبخانة	——	图书馆
عربخانة	——	车行

（四）近代阿拉伯复兴运动后

在奥斯曼土耳其帝国衰落的同时，刚刚经过工业革命的西方列强迫不及待地将双手伸向了阿拉伯地区，异族的统治和殖民主义的入侵使阿拉伯人越来越清醒地认识到不学习西方先进的科学技术根本无法改变被奴役的局面。从19世纪上半叶开始，大批的西方自然科学和社会科学书籍被翻译成阿拉伯语，随之而来的就是物理、化学、数学、工程、医学、历史、地理、社会学等相关知识的大量外来词。其实，逐渐独立起来的阿拉伯人，在自身科技落后的情况下，也只能大量借用西方的新事物、新名词，使大量词汇来不及消化吸收，都采取直接音译的形式。这样，外来词的吸收就成为一个主、被动相结合的过程，如：

来自英语的词汇：

英语	阿拉伯语	汉语意思
bus	باص	巴士
camera	كاميرا	照相机

| archaeology | أركيولوجيا | 考古学 |
| oxygen | أكسجين | 氧 |

来自法语的词汇：

法语	阿拉伯语	汉语意思
bllet	باليه	芭蕾
buffet	بوفيه	小餐馆
salon	صالون	沙龙
champagne	شمبانيا	香槟

来自意大利语的词汇：

意大利语	阿拉伯语	汉语意思
gasosa	قازوزة	汽水
politica	بوليتيكه	政治
vulcano	بركان	火山
piaro	بيانو	钢琴

三、阿拉伯语吸收外来词的方法

（一）音译法

将外来词的音和义同时借用过来，用阿拉伯语字母译外来词的发音称之为音译法。阿拉伯语的 28 个字母均为辅音，而它的元音是由音符来表示的，共有 8 个，分为短元音、长元音、软音三类，阿拉伯语的元音和辅音需要组合在一起才能表达意思，单独的字母和音符是没有意义的。阿拉伯语音译外来词有以下特点：

1. 音译词以两大类词汇为主。一类是外国所特有的人名、地名、风俗习惯、国家特性：

阿拉伯语	语种来源	汉语意思	英文
شاي	汉语	茶	Cha

النازي	德语	纳粹	Nazi
كيمونو	日语	和服	kimono
مونتاج	法语	蒙太奇	montage
بلشفيك	俄语	布尔什维克	bolshevik

另一类是现代科技词汇，涉及微电子、医学、信息工程、航空航天技术、生物化学、遗传等尖端领域。这类词汇是音译外来词的主体部分，数量多，更新快，具体到每个领域都有不同的、专业性极强的词汇。

2. 音译词顾名思义是以语音为翻译的标准，而不是以外文字母为准。这也就是说一些不发音的字母是不翻出来的。如英文 psychology，阿拉伯语为 سيكولوجي，其中 p、h 不发音，译词中也不反映。

3. 在译元音时，由于阿拉伯语中只有三个基本元音位：[a]、[i]、[u]，所以一个阿语元音往往可以音译其他语种的几个元音音位，如阿语的元音 [i]，既可以表示英语的元音 [i]，如 فلم [film] ——film [film]；又可以表示 [e]，如 دلتا [dilta] ——delta [delt]。

4. 在译短元音时，阿拉伯语有时使用短元音，有时用长元音，不固定，但长元音居多，如：

英语	国际音标	阿拉伯语	汉语意思
golf	[glf]	جولف	高尔夫球
bus	[bs]	باص	公共汽车
Federal	[fedrl]	فيدرالي	联邦的
clinic	[klinik]	اكلينيك	外科

5. 阿拉伯语辅音字母中没有与外来词发音相对的，如字母 v 和 p 的发音，用字母 ف 和 ب 表示。如英语 virus——فيروس——病毒，意大利语 avvocato——أفوكاتو——律师。

6. 静音为首字母的新译法。以前处理词首是两个辅音的外来词时，要在词首加断读的海姆宰，或在第一个辅音后增加一个短元音，如意大利语 spirito——إسبرتو——酒精、spallina——إسبليطة——肩章。而在《المورد》字典中，出现了首字母就是静符的新译法，如 Protestant——بروتستانت——新教徒。

（二）意译法

意译又可分为增义、派生、组合三种。

增义：

英文	阿拉伯语	原义	补充义
cell	خليّة	蜂巢	细胞
advertisement	إعلان	宣布	广告
lawyer	محام	保护者	律师
stewardess	مضيفة	女主人	空姐

派生：

قذف 一词本义是扔、投的意思，通过阿拉伯语构词法，变成被动名词 قذيفة（被投射的），翻译成"子弹"，对应英文 bullet；若变为主动名词 قذيفة（投射东西的），则为"轰炸机"，对应英文 bomber。

再如 نشط 阿拉伯语意思为"使人兴奋"，变为主动名词 قذيفة，正好意译英文的"兴奋剂"——excitant。

组合：

英文	阿拉伯语	汉语意思
anaemia	فقر الدم	贫血
football	كرة القدم	足球
constant	كميّة ثابتة	恒量
chatroom	غرفة الدردشة	聊天室

（三）音意结合法

（1）阿拉伯语词和音译的词缀相结合，如：

ذهب 在阿拉伯语中的意思是"金子"

Aurous —— ذهبوز —— 亚金的

ثانية 在阿拉伯语中的意思是"秒"

microsecond —— ميكروثانية —— 微妙

（2）音译词和阿拉伯语词缀相结合，如：

رجل 在阿拉伯语中的意思是"人"

policeman —— رجل البوليس —— 警察

نفس 在阿拉伯语中的意思是"心"

psychodynamic—— دينامينفسيٌّ —— 心理动力的

أشعة 在阿拉伯语中的意思是"光"

X – ray —— أشعّة أكس —— X 光

(3) 音译的外来词和同义的阿拉伯语词一同使用，如：

metro —— مترو الأنفاق —— 地铁

coding —— الشفرات المكوّدة —— 编码

（四）字母外来词

阿拉伯语中也有字母外来词。阿拉伯语作为一种字母文字，比汉语更容易接受字母外来词，而且通常按照外文缩写形式的读音进行音译，如联合国教科文组织 UNESCO（The United Nations Educational Scientific and Cultural Organization）——يونسكو，AIDS（Acquired Immure Deficiency Syndrome）——ايدز。

值得一提的是，阿拉伯语中还有一种"本土"字母词，它由阿语词的首字母组成，合成后的词还有其本身的含义，可谓一语双关。如巴勒斯坦解放运动，又名法塔赫，阿语全称为 حركة التحرير الفلسطنى，简称 فتح，该词又具有"征服"的意思。再如伊斯兰抵抗运动，又名哈马斯，全称为 فتح حركة التحرير الفلسطنى，简称 حماس，原词义为"热情"。

四、阿拉伯语与阿拉伯伊斯兰文化

基于阿拉伯语与阿拉伯伊斯兰文化有如此密切的关系，我们可以更深入的理解伊斯兰文化的特点：

包容性——它对各种文化兼收并蓄，经过加工改造赋予其伊斯兰特色。伊斯兰教不同程度地渗透在各个学科领域，宗教文化和世俗文化中，既互相吸收、互相影响，又各自独立发展。继承性——它吸收和继承了古代东、西方宝贵的科学文化遗产，把东方科学注重经验描述和古希腊文化注重逻辑推理的不同传统有机结合，成为中世纪古典科学的集大成者。开创性——它将继承和创新相结合，在继承的基础上，根据生产发展所提供的新事实，观察实验所取得的新资料，经过创造性的理论综合，确立了新的学科概念、定理、理论，完善和创立了新的学科。实践性——它注重实地考察和观察，搜集掌握第一手资料，经反复试验和综合研究，得出假说和结论，并将各门自然学科的研究成果广泛运用于社会实践，促进了生产发展。这些伊斯兰文化特质都是阿拉伯语衍生和发展需要依靠的土壤和给养。

曲艺"包袱儿"中的哲学意蕴

桂 靖

曲艺是中国民间的传统艺术形式之一,它是"中国各种说唱艺术形式的总称"。自古以来,曲艺在老百姓的文化生活中扮演着相当重要的角色,散发着独特的艺术魅力。隋代的笑话大王侯白,宋代的"瓦舍勾栏",近代的"什样杂耍"、"撂地作艺",无不体现着曲艺在民间的繁荣。相声、大鼓、评书、快板儿……各曲种无不反映出中国老百姓的审美情趣,展示着老百姓的智慧,体现着老百姓的喜怒哀乐。曲艺作品之所以深受老百姓的欢迎,原因是多方面的。其中,曲艺的幽默性是我们不能忽视的一个因素。

有的曲种以幽默为生命力,譬如相声;而有的曲种,幽默虽不是主旋律,但是作为其特点之一,在其中时隐时现,活跃着气氛,增添了艺术魅力,例如评书、鼓曲、快板、快书等。在曲艺表演中,幽默性的实现离不开"抖包袱儿"。所谓"包袱儿",就是在一些说和唱的曲种中,利用艺术手法把可笑的东西掩盖起来,等时机成熟,突然抖落,呈现在观众面前,引发笑声。相声、鼓曲中的幽默性,多来自于"抖包袱儿"。

侯宝林在《侯宝林谈相声》一书中将"包袱儿"构成的艺术手段归纳成两大类:一类是用直接的方法构成"包袱儿",或直接将内容加以强调(重复,机辩);或将内容加以夸大(夸张);或以揭露的方式将内容予以否定(否定,矛盾)。另一类是用间接的方法构成"包袱儿",或有意先将内容加以歪曲(曲解,双关,错觉,误会);或借媒介将内容加以陪衬(映衬,对照,假托,道反,譬喻,假借)。已故相声名家马季先生在其《相声艺术漫谈》中将组织"包袱儿"的手法分为二十二类:三翻四抖,先褒后贬,性格语言，违反常规，阴错阳差，故弄玄虚，词意错觉，荒诞夸张，自相矛盾，机智巧辩，逻辑混乱，颠倒岔说，运用谐音，吹捧奉承，误会曲解，乱用词语，引申发挥，强词夺理，歪讲歪唱，用俏皮话，借助形声，有意自嘲。马先生还指出，这些手法一般是交错、混合使用的。乍一看，"包袱儿"的构成方式零散而复杂，变幻莫测，但是实际上，如果分析起来，其中很多构成方式都是有规律可循的，因为"包袱儿"当中充满了哲学的意蕴。本文将结合作品进行分析。

一、利用偶然与必然制造"包袱儿"

有些曲艺作品中的"包袱儿"，在抖响的那一刻，追求的是"出乎意料之外，又在乎情理之中"的效果。这样的"包袱儿"，乍一听觉得可笑；细细品味，便越琢磨越可笑。

这类出乎意料又合乎情理的"包袱儿"，利用的就是哲学上"偶然与必然"的规律。提到"包袱儿"，人们常常会想到"三翻四抖"。"三翻"就是反复三次，以此做好铺垫，"四抖"就是第四次抖响"包袱儿"。说法如此，并不是所有的相声都需要"三翻"，也可以"二翻三抖"，甚至"一翻二抖"，关键不在于具体次数，而在于这种"铺平垫稳"的结构。这种结构实际上是借助于"翻"制造一种必然性，在此基础上出现的"抖"，它的"偶然"性就显得合情合理了。

传统相声《画扇面》就是其中一个典型的例子。"我二大爷"能画，旁人向他求一幅"美人图"，他答应给画一幅"贵妃醉酒"。几天以后，二大爷说"贵妃"画坏了，改画"张飞"吧；又过几天，张飞也不行了，改画"判官"吧；又过几天一问，连判官也画不成了，画坏了，干脆画个黑扇面儿吧！试想，如果直接说无能的二大爷难以满足他人之需，给人家画了一幅黑扇面，观众听了该觉得多奇怪多唐突！这样的事在生活中也太稀奇了吧？而经过作品的层层铺垫，这样的设计就禁得起推敲了：墨落纸上，难以涂改，只能越画越黑——当脸画不好时，精致的贵妃变黑面张飞是必然的；当身子画不好时，黑面张飞变通身黑的判官也是必然的；当一切都画不好时，交付一席黑扇面也就成了必然结果了。这种建立在必然基础上，以偶然的面貌呈现出来的"包袱儿"，显得合情合理。

不仅仅相声中的"三翻四抖"是以"偶然和必然"为哲学基础制造"包袱儿"的，其他曲种中的"包袱儿"，也是借着"偶然与必然"的规律，使幽默感显得真实可信。西河大鼓《偷年糕》讲的是一个小笑话：寒冬腊月，公公、婆婆和儿媳一起蒸年糕，年糕蒸好以后，婆婆去邻家串门儿；公公去挑水。此时，儿媳犯了馋，想偷吃一块刚蒸好的热年糕，于是，她用筷子插了一块热腾腾的年糕。刚咬了一口，听见婆婆串门儿回来了，年糕在手上，吃也吃不完，放回去也不能了；慌乱之下，她撩起棉袄大襟就把年糕往里藏，这一下可把肚皮烫了个大泡，一气之下，她将年糕隔着院墙扔了出去，正好糊在挑水回来的老公公的脸颊上……试想，如果前边不交代"老公公拿起扁担出门去把水挑"，观众就会想：哪里有那么凑巧的事，飞出来的年糕打中的偏偏就是自家公公？作品前边铺下的这个"伏笔"，实际上就是设定了这样一种"偶然"中的"必然"。

京东大鼓《让座》也是一例。在火车上，蛮横不讲理的小伙子斜着身子一人占两个人的座位而不让老大爷坐。这时，又过来一位年轻漂亮的姑娘，小伙子热情相让。老人一见，质问他为什么让姑娘坐而不让自己坐。小伙子谎称那姑娘是自己的妹妹。老人一听，骂道"我可没有你这样的儿！"此话怎讲？那姑娘正是老人的女儿！结尾的"包袱儿"令人瞠目，怎么会这么巧呢？可是，细想想：一方面，老人和姑娘同时出现，当然有可能是一家人；另一方面，也是更重要的一点：年轻人这一次的说谎被揭穿看似偶然；实际上他的无礼和缺少公德在社会上碰壁是必然的，只不过是早晚的问题而已。这种偶然与必然的结合，使得"包袱儿"入情入理，令人回味无穷。

二、违背事物的规律性制造包袱儿

"天地之变，寒暑风雨，水旱螟蝗，率皆有法"。万物的发展变化皆有规律。庖丁因为了解牛骨的结构而游刃有余，受世人仰慕，是尊重客观规律的典范；拔苗助长者欲速则不达，不仅损失了禾苗还遭后世嘲笑，是违背客观规律的反例。

现实生活中也如是，违背了事物的规律性，往往就会闹笑话。于是，"违反常规"，即与事物的规律性不一致，与人们的常规思维模式相背，便成为曲艺中的构成"包袱儿"的又一手段。

马三立老先生的单口相声《找糖块儿》和《打赌》就是两部用这种手法制造"包袱儿"的典型作品。《找糖块》讲的是一位老人，在电影院里看电影，看到一半的时候，就开始顺着椅子往下滑，手还不停地寻摸。这一异常举动引起了旁边一位小伙子的注意。小伙子问老人在找什么，老人回答说："我糖……糖掉了。"小伙子有些不屑："散场再找不就完了嘛！"老人还在坚持："散场就该踩坏了！"在小伙子的一再追问下，老人回答"我的假牙在上边粘着呢！"炸响了结尾的"包袱儿"！其实，这个"包袱儿"就是通过与常见思维模式背道而驰的手段来制造的。通常来讲，糖果只是小孩子的最爱，如果一位老人对掉在地上的糖块儿"坚持不懈"地找，那就有点滑稽可笑了。这种违背常理本身已经构成了一个小"包袱儿"；随着老人对糖块儿的寻找越来越执着，这种"背道而驰"也就愈发加重了：这老人是神经有问题呢？还是太过贪嘴了？正在人们疑问的时候，又一个与常规思维的"背道而驰"产生了：原来，是老人的假牙粘在糖块儿上了。通常来讲，人们的说法是："糖块儿粘牙了"，而老人的说法"牙粘糖块儿上了"就让人们觉得有些奇怪了。然而再细想想，人家粘的是"假牙"，假牙比糖块儿小啊！这就没什么不合情理的了。因此，这看似违背人们日常思维模式的"包袱儿"，却早已在前面铺垫得滴水不漏，使得这种出乎意料显得合情合理。

类似的作品还有《打赌》。甲乙二人打赌，甲说："你信吗？我的牙能咬到我的眼睛。"乙不信。于是，甲将一只"眼珠"抠了出来放到嘴里——原来他的眼睛是假眼！甲又说："你信吗？我的牙能咬到我的耳朵。"乙认真地看了看甲的耳朵，不像是假的呀！再说了，哪儿能那么凑巧，眼睛是假的，耳朵也是假的呢？于是乙又不信。最后的包袱儿就是：甲不动声色地将一口假牙抠在了耳朵上！人们的常规思维是类推式的，往往通过"举一反三"的方法去思考问题，这个相声就是通过打破这种习惯性的举一反三来制造"包袱儿"。然而细想，生活中"假牙"的几率还是远远高于"假眼"和"假耳朵"的吧？观众会在笑声中大呼"上当"："我怎么就没想到呢！"这就是相声的智慧所在!

《扔靴子》是又一部利用违背事物规律性来构造"包袱儿"的作品。一位年轻的小伙子租住在房东老人的楼上。老人心脏不太好,别无他求,只要求房客晚间安静;而小伙子呢?别的不良习惯都没有,就是晚上回来得晚一些,这倒也无妨。可是这几天,晚归之后,小伙子常常将脱下来的皮靴随意丢在地板上,"咚咚"两声经常将老人从梦中惊醒,这引起了老人的不满。老人向小伙子提出了意见,小伙子倒也虚心接受。第二天晚上,小伙子刚刚丢下一只皮靴,忽然想起了老人的话,于是,轻手轻脚地将另一只皮靴放在了地上。第二天一早,老人就来敲门,催着小伙子搬家,为什么呢?老人回答:"你要是连着扔两只,扔完了我倒是还能睡,可是你扔一只就没了声音,我等另一只等了一宿我都没睡着!"鞋穿一双,这是常理,因此落地响声照理也就应该是两下。老人就是按照这个常理来推断小伙子会连续扔下两只靴子,然而,小伙子半途突发的"小心"恰恰使事情的发展违背了这个规律,与老人顺着常理做出的"预计"形成了一对矛盾,也正由此而构成了整部作品的"包袱儿"。

三、利用事物的矛盾性制造包袱儿

还有两种制造"包袱儿"的具体手法是"先褒后贬"和"故弄玄虚",细分析,是利用事物的矛盾性来构思的。当矛盾性出现在同一事物上,也就是出现"自相矛盾"的时候,笑料也就此产生了。侯宝林大师的传统相声《买佛龛》,就是"先褒后贬",造成事物前后矛盾的代表作品。迷信的老太太对于佛像向来是毕恭毕敬,她买回一尊佛龛,邻居小伙子遇见了,便打招呼:"哟,大妈,买了一尊佛龛啊?"老太太一听不乐意了:"年轻人没规矩,这佛龛能说'买'吗?!得说'请'!"小伙子马上改口:"哦,大妈,那您请这么一尊佛龛得花多少钱啊?"老太太的回答令人啼笑皆非:"咳!就这么一个玩意儿,二十!"老太太后来的回答与先前毕恭毕敬的态度,可谓是自相矛盾。那么老太太的"敬佛"是真是假呢?在金钱面前,老太太的真实心理可谓原形必露了,"包袱儿"也就在此刻抖响了。

"故弄玄虚"是先通过大吹大擂把人们的胃口掉得"忽悠忽悠"的,再在顷刻间将期待摔得"叭叽叭叽"的,以博一笑。马三立老先生的相声小段《偏方》就是一例。深受皮炎之苦的买主,在街边偶遇卖"祖传秘方"专治皮肤搔痒的小贩,可谓是"久旱逢甘雨"了。他迫不及待地买回家,怀着揭密的心态将药盒打开,药盒包得严严实实的,一层布一层纸,一层纸一层布的,当他打开最后一层的时候,看到的是一张小纸条,上书二字:"挠挠"。"包袱儿"抖响,节目嘎然而止,全场哗然而笑。实际上,那一层又一层的包装,带给买主越来越强烈的神秘感和崇敬感的同时,也把观众的期待越调越高,也许观众猜测这可能是个骗局,但是我们仍旧好奇和期待,里边究竟是什么东西呢?最后的答案是极富智慧性的幽默:远在天边近在眼前,谁都会做的动作"挠挠"。卖东西的商家不实在,在日常生活中是常见的,卖主通常把商品夸得天花乱坠,买回家一看,完全不是那么回事,期待值与实际结果之间的这种矛盾性,我们在生活中似乎已经司空见惯了。但是马先生的高明之处就在于他把这种矛盾性进行了极度的夸张,达到了一个我们常人想不到的地步:"好商品"被"神秘的独家秘方"所替代,"坏结果"远比我们能够想得到的"无效"、"假药"等等还要省钱,还要省事——自己挠挠。这出乎人们意料之外的矛盾性正是艺术之所以高于生活的绝妙之处!

四、不同主体对同一客体的认知不同制造包袱儿

曲艺中的"包袱儿"还有一些是利用"误会曲解"、"词意错觉"的手段来构造的。相同的客体,相同的事物,在不同的主体即不同的人身上产生的反映应该是不尽相同的,正所谓"仁者见仁,智者见智"。如果不是故意而为之,则只是生活中的正常反应,常见的现象;倘若在创造中故意而为之,则成为了智慧的艺术手法。

郭德纲的相声里就有这样的"包袱儿"设置:顾客在饭店里要了一盘"鱼翅炒饭",端上来,扒来扒去,不见半根鱼翅,顾客便将厨师唤来追究理论:"你们的'鱼翅炒饭',这里哪儿有鱼翅啊?!"厨师理直气壮地回答:"是啊,我炒的,我就叫'鱼翅',怎么着?!"顾客哑然。顾客对菜名的认知

是菜肴里的内容，而商家对菜名的认知则是厨师的名字。这当然是商家坑人的诡计之一，但你不得不承认这诡计的智慧性，让您吃亏吃得说不出来道不出来的，笑料也就在这故意制造的"词意错觉"中形成了。类似的作品还有马三立老先生的《逗你玩儿》，小偷儿自称名叫"逗你玩儿"，在看衣服的孩子眼皮子底下把衣服、裤子、床单一样一样地都偷走了，孩子焦急地叫妈妈："妈！有人偷咱家衣服！"妈妈问："谁呀？"孩子回答："逗你玩儿！"孩子说的是小偷儿的名字，而妈妈则以为是孩子在跟自己开玩笑，没有理会。曲解之下，小偷儿一次次达到了目的，"包袱儿"也就此一次次抖响。

北京琴书泰斗关学曾老先生的琴书小段非常有特色，他的琴书表演亲切含蓄，娓娓道来，而其中却饱含着丰富的幽默与智慧。他的琴书小段《找原因》和《礼尚往来》就是利用汉语的"谐音"来制造小"包袱儿"的，丝毫不逊色于相声的幽默风趣。

《找原因》讲的是一个人想托关系在机关里谋个一官半职的，可是等来等去没有音信，于是便去找他托的那个人去问问情况。那个人给他讲了一个寓言，说听完了寓言自然就会明白事情为什么至今还没有消息。寓言讲的是：一只猴子在山中冻饿而死，到了阎王那里，它说自己下辈子再也不想投胎当猴了，它想托生个人。因为当人的话，风吹不着，雨淋不到的，活得不会像猴子那么辛苦。阎王答应了，叫牛头马面先将它的毛儿拔光。猴子一听不干了，说："拔毛儿多疼啊，还得流血！"阎王说："难道你一毛不拔，还想托人?!"寓言到此为止，观众在笑声中恍然大悟。"托人"既可以理解为"托生为人"，也可以理解为："托人办事"，而"一毛不拔"更是"抠门儿"、"小气"的同义词。因此，受托者的不满也就昭然若示了：他是嫌对方不肯花钱。

《礼尚往来》也是一部利用谐音来制造"包袱儿"的北京琴书作品。一位公子骑着驴，在进京赶考的路上迷了路，恰好遇到一位拾粪的老者，见老人身份不高，公子便显得傲慢与无礼，他连驴都没有下，开口便道："嘿！老头儿，去京城应该走哪条路啊？是奔东还是奔西？"老人心想，这小子，蛮横无理，野调无腔，于是打算教训教训他。老人回答公子说，他要是能解答出一条谜，就告诉他方向。公子答应之后，老人便说出了他的谜："我家养了一头母驴，前两天下了一条狗，你说这是怎么回事？"公子也纳闷儿，说:"驴就该下驴,它怎么可能下狗呢?"老人说:"我也奇怪,这畜生又不会说话,我就想知道它什么时候才能'下驴'!"公子恍然大悟,羞红了脸,连忙道歉:"老人家,您告诉我吧,我这就给您'下驴'!"汉语中的"下"字,既有动物生幼崽的含义,又有由高处到低处的意思。智慧的老者正是巧妙地利用了其中的谐音,不含一个脏字,不带一句骂语,幽默地教训了青年。

关老的这两个"包袱儿"设计得都不得不叫人佩服,不能不说聪明极致,它们都是利用谐音,通过人们对同一个词的认知由"不同"到"相同"的"恍然大悟",来组织构思的。

结 论

艺术作品之所以合情合理,是因为它来源于生活,艺术之所以成为艺术,是因为它高于生活。艺术之树无论多么伟岸高耸,生活是它永远的土壤。

作为一种民间大众文艺形式,曲艺作品的创作当然应该以百姓的日常生活为基础。看似平淡的生活中,实际上充满了哲理,如果将这些哲理巧妙地夸张、适度改造变形,便实现了戏剧化效果,从而成为曲艺创作的有利武器。

来源于生活哲学,这带给了曲艺"包袱儿""在乎情理之中"的可信性;而将生活哲学适当夸张和戏剧化,又带给了曲艺"包袱儿"一种"出乎意料之外"的诧异感和幽默感。二者的完美结合,便成为曲艺"包袱儿"永恒追求的境界。

洪堡特语言理论的文化哲学解读

高 莉

语言既是人类活动的基本内容之一，又是人类活动赖以进行的最重要的工具。对语言问题的研究一直是西方哲学研究的一个重要方面。二十世纪以来，随着哲学的发展由从本体论阶段和认识论阶段转向语言哲学阶段，对语言的研究更是成为了哲学研究的中心问题。许多哲学家认为语言哲学并不以形而上学或认识论为基础，相反，形而上学、认识论以及其他任何哲学学科都必须以语言哲学为基础。只有通过语言分析，才能澄清或解决哲学问题。西方哲学家通常把这种从认识论研究到语言哲学研究的转变，称为"语言的转向"，并把这种转向看做是哲学中的一场伟大革命。与英美分析哲学强调语言的分析、逻辑功能不同，文化哲学主要研究语言的文化特征，并进而从语言的文化特性来说明人的本性问题。洪堡特在他的语言哲学中最早的设想和从事了这一研究。威廉·冯·洪堡特（Wilhelm von Humboldt, 1767 – 1835）是德国杰出的政治家和语言学家。他一生兴趣爱好广泛，视野极其开阔，与同时代的许多伟大的思想家，哲学家保持着密切的联系。他的语言研究不局限于一种或一类语言，而是整个人类的语言，认为人类语言既具有普遍共性又有特殊性。另外，洪堡特始终从哲学思辨的高度出发来研究语言，将语言看做是一个充满种种矛盾对立，但又不失其统一性、整体性的研究对象。从更高的层次来看，洪堡特的语言研究其实是他的关于人的研究的一部分，他把对语言的研究看做是一条对人的研究的有效途径，试图找到一条能够更好地把握人类差异的捷径。因此，与一般的语言学家相比，洪堡特的语言研究具有更为广阔的人文科学背景。本文试图从洪堡特的几个语言观为例，分析语言、人与文化之间的相互依存、互为条件的关系，揭示其理论的文化哲学含义。

一、语言的创造性

语言创造性的观点是洪堡特在对语言和言语进行区分的基础上提出的，他认为，语言绝不是静态的产品，而是一种创造活动，代表了一种创造的力量。创造行为本身是言语。只能把这种创造活动的整体看做是语言。语言是无数言语活动的综合投影。他说："语言就他真正的实质而言，即经久不断，又瞬间即逝。甚至通过文字保留下来的语言也总只是一种不完整的、木乃伊式的保存，在生气勃勃的朗读时又需要重新赋予意义。它本身不是一个作品（*Ergon*），而是一种活动（*Ernergeia*），它的真正定义因此只能是一个生物起源学的定义。它也是使发出的语音具有表达思想能力的、永远重复的精神活动。直接和严格地说，这就是每番说话的定义；但在真正和根本的意义上，似乎只能把这种说话的整体看做是语言。"①这是洪堡特对语言与言语所作的区分。但是他同时认为二者是密不可分的。真正的语言存在于它真正的创造的行为之中，要想把握语言的存在，就应在人们讲话的过程中去把握。"因为在我们通常称作语言的那些零乱的词和规则中只存在着由那种说话而产生出来的具体东西，而这些东西从来都不是完整状态，为了要从中识别生气勃勃的说话方式和展示一个生气勃勃的语言的真实面貌，首先还需要做一番新的工作，恰恰是那最高级和最精细的部分无法从那些分散的成分中辨认出来，而只能在连贯的言语中被感知或者体会到，这种情况更加证明，真正的语言存在于它真正创造的行为之中。在所有应该深入到语言有活力的本质中去进行的考察中，只有这样的言语才完全应该始终被看做是真实和首要的对象。"②语言与言语的辩证关系就体现在：一方面语言不等同于每次的言语作品，而是不断地连续进行的言语活动。另一方面语言又存在于言语活动当中，人们如果想要认识语言，就应当对言语活动进行考察。不仅如此，洪堡特进一步指出，语言还存在于人的思维活动中，在本质上是一种精神产品，语言的创造性首先就意味着精神力量的创造性。

语言虽然是一种创造活动，在语言的现实里没有静止的东西，一切都在运动之中。然而语言作为文化的载体亦是历史性的，具有历史传承性。洪堡特指出，语言虽然应该被看做是一种创造活动，但并不是纯粹的创造，而是改造。他说："在我们已了解的民族和语言之中，没有一个民族和语言能被称为原本的民族和语言。因为每个民族和语言都已经从我们不了解的远古时代的先世那里接受了一种材料。这样，按照以上的解释，表达思想的精神活动总是同时针对已经存在的东西，并不是纯粹的创造，而是改造。这项工作此时以一种固定的和同形的方式产生作用。因为它的执行者是相同的只在一定的和不宽泛的界限内有差异的精神力量。它的目的在于理解。这样，任何人都不允许对别人以在相同情景下与别人对他说话不同的方式说话。那种流传下来的材料最终不仅仅是一样的，而且还与精神方向的关系十分密切，因为此类材料本身的来源也相同。"③语言的历史传承性决定了个人在一定的社会历史环境中并不能够随心所欲，毫无边际的"创造"语言，而更多地是在既定的语言规则和材料的基础上进行符合个人欲望的语言运用，只有这样才能够进行群体性的信息传递。因为个人使用语言的一个重要前提条件是别人能够理解自己。这样个人的语言创造就不是不加限制的，而是受制于群体的。

二、语言的主观性与客观性

洪堡特认为，语言一方面作为个人的语言创造活动而带有明显的个人印记，即受制于个人的思维活动，而另一方面语言的整体性与传承性又使其变为一种客观实在，个人只能被动的接受它。语言这两方面的特点体现为语言的主观性与客观性。洪堡特是通过探讨语言与思维的双向关系来谈语言的主观性与客观性。他指出，语言是思想的塑造器官。语言和思想是一体的。洪堡特将思维这种精神活动比作不留痕迹的瞬息即逝的心智活动，它通过言语中的语音转向外部被各种感官接受。这种心智活动在内部必须与语音相结合，否则思维就不能清晰。人的主观活动和思维中的客观对象通过语言而交织在一起。语言作为个人思维的产物而具有主观性。个人作为思维的主体在产生言语的同时已将主观意识强加于语言。同时，语言作为把一个主体与其他主体维系起来的渠道而成为一种客观存在。个人言语活动的主观性是比较容易理解的。因此，洪堡特更多地论述了语言客观性的一面。他提出了经常被后人引用的"语言世界观"的思想。即语言不仅仅是表达手段，而且更主要的是认知手段。人通过语言认识世界，语言是人与世界的根本纽带。他指出："……在每种语言中都存在着一个独特的世界观。就像一个语音存在于对象事物和人之间一样，整个语言也处于人和对他从内部和外部起作用的大自然之间。为了在内心中接受事物的世界并对它进行加工处理，人将自己包围在语音的世界里。这些表达绝对超不出简单真理的范围。人主要与事物共同生活在一起，这是因为他内心的感觉和行为取决于他的种种表象，甚至纯粹就像语言把事物引向他一样。人通过用来从自身中编织出语言的同一种行为，又把他自己编织进语言，而且每种语言都围绕着他所属的民族形成一个圈子。要跨出这个圈子只有在同时跨进另一个语言圈子才有可能。因而，学会一种外语理应是在迄今未止的世界观中获得一个新立场，并实际上只在一定程度上是这样，因为每种语言都拥有全套概念和一部分人类的表象方式。只因为人们总是或多或少地将他自己的世界观，甚至他自己的语言观带到一种外语中去，所以这个成果就没有单纯和完整的被体会到。"①洪堡特从认识论的角度对语言世界观做了阐述，他认为，语言是处在人与自然之间的一个独特的世界，人在很大程度上必须通过语言的世界才能认识自然的世界，人主要是按照语言传递事物的方式生活。

洪堡特的语言世界观强调的是语言对思维的影响，即作为外在于人的客体语言可以被视为一种独立自主的力量，它制约、引导着人的感知和认识，强调语言有异于、独立于心灵的一面，同时他也强调语言本性的另一面，即语言隶属于、依赖于心灵。二者紧密结合，互相依附。对此洪堡特说道："…吸收进语言的思想会成为心灵的客观对象，并以此对心灵起到一种它所陌生的作用。但我们首先把客体看做是从主体中产生出来的，把效果看做是源出于它对之产生反作用的东西。现在出现了一种相反的看法，语言真的是一个外来的客体，其效果事实上来自于它对之产生作用的对象以外的东西。因为语言有必要属于双方，并且真正是整个人类的财产。因为它还在文字中保存着可被精神唤醒的沉睡着的思想，这样，它便形成了一种独特的此在，虽然这种此在总是只在每一次进行的思维中才有效，但在整体上独立于思维。"⑤通过这些的论述,洪堡特认为语言的实质特点是语言即依赖于自我,又独立于自我。语言产生于心灵之外和从属于心灵,独立于心灵之外和依附于心灵。"语言在客观上起作用而且独立,恰恰是因为它产生于主观和依附于主观。因为它无处有久留之地,即使在文字中也没有,它似乎死去的部分总是必须在思维中被重新创造,有生气地进入话语和理解,接着必须完全进入主体。恰恰以同样的方式把它变成客体的正是这个创造行为,即语言每次都通过这个途径经历了个人施加的全部影响,但这种影响已在内部通过由语言正在产生的和已经产生的东西联结为一体。对以上的对立观点的真正解决办法在于人统一的本质之中。在从我内部真正存在的统一性中产生的东西里,主体和客体的概念,独立和依附的概念相互穿插。语言属于我,因为我可用我现在这样的方式说出它;并因为与此有关的根据同时也存于所有人类世世代代的说话和说过的话中,只要语言传递在他们之中没有间断过,所以使我受到制约的即是语言本身。但把握限制和确定在语言里的东西是从与我有内在联系的人类自然本质进入语言的,语言中陌生的东西因此只是对于我目前个人的自然本质而言,并非不符合我原本真正的自然本质"⑥这说明了主体与客体,依赖性与独立性的概念,在与自我原本一致的人类本性中相互转化。语言对人有着限制和确定的作用,同时人的精神活动也无时无刻不在影响着语言。

三、人类语言的普遍性与特殊性

洪堡特的语言理论学说与他本人的世界观信仰密不可分。他认为,语言活动属于纯精神的活动。人类在朝着不断的精神完善的方向发展着,正是这种从人类自身不可知的深处发展出来的精神力量在不断的推动着人们前进。而在语言的创造活动中可以体察到人类朝着完善方向发展的各种途径。因为,洪堡特坚信,一个民族的精神既是他们的语言,他们的语言也是他们的精神。"一个民族的精神特性和语言形态处于一种十分密切的交融状态,以至于如果一方已产生,就肯定能完全派生出另一方。"⑦这种精神的力量在每一种语言中都呈现出自己的形态,并按照自己的独特规律在发展着。洪堡特主张必须把民族的精神力量看做是对语言差异的现实的解释原则和真正的确凿的证据。

为此，洪堡特提出了语言形式的概念。洪堡特认为语言研究经过几十年的努力已能够使我们了解语言研究的整体范围。但这个整体的范围向我们展示的是语言无限的具体细节，看不出他们与人类精神力量一致性之间的直接关系。因此，洪堡特认为："这就还要求独立的找出各具体特点的共同来源，把分散的线条聚集到一个有机整体的画面中来。只有这样才能够获得一个能掌握那些细节的依据。"⑧因此，形式的概念在洪堡特看来并不是语言的具体细节，而是一个有机整体。但是这个有机整体并不是一种通过科学而形成的抽象事物，而是一种纯粹的个人欲望。这里不难理解，洪堡特所说的纯粹的个人欲望就是指的个人的言语活动。但是他同时指出："不允许把任何细节当作孤立的事实纳入语言形式这个概念，而是应该在语言形式这里发现一种语言形成的方法。人们必须通过对形式的阐述去认识语言和此种语言所属于的民族开辟的通往思想表达的特殊途径。人们必须能够即从某些给它预先规定好的目标方面，也在对民族精神活动的反作用方面，综观这种形式与其他语言的关系。形式就其自然本质而言是在精神的统一性上理解具体的、相对于形式被看做材料的语言成分。因为在每种语言中都存在着一个这样的形式，通过这种总括的同一性，一个民族把他们祖先遗传下来的语言变成他们自己的。这种同一性必须在描写中重新体现；只有当人们从那些分散的成分上升到这种统一性时，才真正得到语言本身的概念。"⑨我们可以这样总结洪堡特的语言形式的概念：每种语言中都存在着一个总括的统一的语言形式，它体现为具体的语言成分，代表了一个民族开辟的通往思想表达的特殊途径。人们在描写各种具体的分散的言语材料时，可以凝炼出统一的语言形式，而一旦上升到这种统一性时，人们就能够得到语言本身的概念。这样，语言形式是位于二者之中的一个概念，它是人们通过言语来理解语言的一个桥梁。

洪堡特指出，语言之间的一致性和亲缘关系和它们形式的一致性和亲缘关系具有紧密的联系，即前者是建立在后者的基础之上的。人类语言形式的普遍性与特殊性奠定了人类语言普遍性与特殊性的基础。"若干语言的形式能同时归入一个更普遍的形式，而实际上所有语言的形式都做得到，只要人们处处只从最普遍的情况出发：从为了表示概念和词语搭配所必需的各种表象之间的状况和关系，从其范围和本质之允许发出一定数量的语音的发音器官的相同性，最终从各个辅音、元音之间和不分语系亲缘关系而产生出相同表示方式的某些感性印象之间的关系出发。"⑪这里讲的种种最普遍的形式正是各种语言所共有的，他们奠定了语言普遍性的基础。在普遍的共性范围内，各种语言呈现出千姿百态的个性。据此，洪堡特得出结论：全人类只拥有一种语言，而每个人又都拥有一种特殊的语言。

对于人类语言普遍性的探讨，洪堡特还提出语言能力的概念。完整的言语活动应该包括两个方面，即说话和理解。洪堡特认为群体性信息传递活动之所以成为可能，是因为每个人都具有相同的语言能力。在交际活动中，言者发出语音，表达思想，这一语音唤起了听者那里相同的但未发出的语音印象，并进而转化为听者的思维，这样，理解的过程也就完成。而这一过程正是基于言者和听者的相同的语言能力。如果不是这样，那么人们理解语音就像"瞎子理解颜色"一样。洪堡特认为，语言只能是社会性的发展着，人只有尝试检验过他的话在别人那里的可理解程度，才能理解自己。因为当自己创造的词从别人的嘴里重新说出时，客观性就被提高了。但主观性并未受到丝毫削弱，因为人和人总是相互感觉到是一致的；主观性甚至还被加强了，因为那转变成语言的表象不再仅仅属于一个主体。在它转移到其他主体那里的同时，它已与整个人类的共性部分衔接起来，每个个人都具有一个这种共性的变体。语言能力的基础就是语言创造活动的规则性。洪堡特称，创造的规则在此是确定的，但产物的范围，甚至某些程度上还有产物的种类却总是完全不确定的。洪堡特指出，儿童的语言学习不是得到一份词汇，并把它们存入记忆，然后再用嘴呀呀学说，而是一种语言能力通过年龄的增长和练习在增强。在儿童身上发生的并不是语言的一种机械学习，而是语言能力的一种发展。因此，洪堡特认为人和人到处都一样，语言能力因此而能通过每个存在着的个人得到发展。这种相同的语言能力表明了所有人类语言的一致性。这是洪堡特对语言的本质进行反思后得出的结论。

四、结　语

综上所述，洪堡特在哲学思辨的基础上，提出了语言创造性的观点，强调语言是一种个人的创造活动,说明了他是将人的创造性当作人的本质。人类在创造语言的活动中同时也在创造、发展和完善着自身。语言的传承性、社会性及语言形式的统一性揭示了人自身的历史性和整体性。而语言世界观的观点则表明了每种语言都反映了它所特有的世界,这个世界归这个语言群体所有。语言在某种程度上是独立于人与世界之外的一个独特的世界,它联结着人与世界,人是透过语言的意义结构而感知、体认和理解世界。语言不仅描写客观世界,而且也为人类创造了他自己的世界。语言带给人一种对于世界的特定的态度和关系,构成人最重要的文化环境。洪堡特一直强调语言是一种精神性的创造活动,带有各个民族精神力量的烙印,二者的同一程度超过人们的任何想象。他一方面肯定人类各种语言有着统一的内在形式,另一方面,这种内在形式的统一性并不妨碍各民族的语言形式有个性化的创造体现。各民族精神力量的差异反映出语言的差异并最终揭示了各民族文化的差异。

总之,洪堡特通过他的语言理论深入探究了人类语言和人类精神发展的奥秘,具有强烈的人文主义色彩,他本人也被后人誉为人文主义语言思想家。他以辩证、复杂的思维方法对待语言现象,目的是通过研究语言来说明以语言为媒介的一切人类活动。正是在这个意义上,洪堡特更多的是从文化哲学的态度探讨语言,他对语言的基本问题的论述及研究具有文化哲学的意义。洪堡特的语言哲学思想对后世产生了深远的影响,如二十世纪二三十年代以魏斯格贝尔为代表的"新洪堡特主义派"、乔姆斯基、萨丕尔和沃尔夫等。乔姆斯基的转换生成语法,萨丕尔、沃尔夫提出的"语言相对论"直接吸收了洪堡特语言能力说和语言世界观的思想。

文化是存在者的创造

——读洪堡特《论古典文化》(1793)

姚小平

过去二十年里，每读每译洪堡特（Wilhelm von Humboldt, 1767—1835），我都不由地为他那宏富的哲思、奥博的知识、深邃的眼力所折倒。我们知道，洪堡特是一位思想开明、理念超前的政治家、教育家，有功于西方第一所现代高等学府柏林大学的创建。我们也知道，他又是一个伟大的语言学家，他对当时世界上许多语言的了解，对各种类型语言结构的把握，甚至对汉语语法特性的悟识，都远在同时代人之上。但我们对他在人类学、历史学、美学等领域中的贡献所知还不多，他在这些方面的大量著述还有待解读，写成于1793年的《论古典文化》就是其中的一篇。此文我早已译得，只因是一个短篇，无处发表，便扔进抽屉，一搁就是七、八年。日前应邀赴某校讲洪堡特，想发掘一点新鲜内容，于是取出译稿重读，重新咀嚼文意，并联系到海德格尔、维特根斯坦等现代哲学家的有关思考，颇有一些新的感想。洪堡特就文化之本质所作的思辨，大概可以叫文化哲学，涉及的是任何门类的人文研究者都应该关心的问题。

一

古典文化，尤其希腊文化，是欧洲文明的发源、人文主义的摇篮，也是西方全部人文研究的根柢。两千年来，古典文化不仅是西方学人从未间断的研究对象,更是他们永远眷恋的精神家园。洪堡特在文章中所表露的便是这样一种双重的情结:科学与理想的融混。古典文化在他既是一个理想化的境界,也是一个科学考察的目标。他试图以一种客观的眼光来看待古典文化,但他常常又不能自主,把自己的情感融入了考察对象。其实他可能也清楚,古典文化和古典时期的人们未必真的就那样出色,可是,一旦把古典文化当成一种理想物,一个梦幻中的情人,看到的就只会是她的绝妙之处。如维特根斯坦所云:"理想物在我们的设想中是不可动摇的。你永远不可能超出它之外;你总是必须转回来。根本没有外部,在外部你就无法呼吸。"① 无论我们是否有所意识或者是否愿意,我们都无法躲开古典文化持续不断的影响。事实上,文艺复兴以来、现代以前的人文研究者很少不怀揣理想。假如不把一个真实的历史时期奉为理想的境界,就会像莫尔(Thomas More, 1478—1535)、康帕内拉(Tommaso Campanella, 1568—1639)等人那样去憧憬某种虚幻的乌托邦。② 但即使是这类空想国度,也往往是按照古典时代的样式构想的。

　　拥有古典文化的民族,是何等幸运的民族!我们也有自己的古典文化,她甚至比古希腊还要久长;说起中国古代文化,我们也不乏崇尚的思绪。我们体认古典文化,是通过典籍经史、皇陵古墓、泥俑玉衣等等,但古典文化岂止是这些呢?古典文化是一段悠远朦胧的过去,我们能隐约感觉到自己是从那里走来,却说不清自身与先民究竟还有多少关联;我们为现今的物质条件远较那时富足而感到幸福,却不免慨叹我们的精神生活比那时匮乏了许多。我们处处为功利目的而复制古典文化,利用面目早已失真的她来做装潢、搞旅游、促生意,却很少问:我们对她究竟了解多少?我们能否因其自身的品格和美丽而尊崇她、欣赏她,而不是只想着让她为我们提供这样那样的服务?我们对人性的关怀,对个性的爱重,比起古典时期是更多了,抑或更少了?洪堡特不无遗憾地说:

---

　　① 维特根斯坦《哲学研究》,李步楼译,商务印书馆,1996,第69页。
　　② 康帕内拉《太阳城》,陈大雄等译,商务印书馆,1995。莫尔《乌托邦》,戴镏龄译,商务印书馆,1996。

"在我们的时代,由于种种条件的作用,我们更关注的是事物而不是人;就人而言,我们更关心的是群体的人而不是个人;我们强调的是外在的价值和用途,而不是内在的美和享受。我们高度发达和丰富多样的文化,已经大大偏离了早期的纯朴状态。"(第33节)

读过洪堡特彼时的所思所悟,我们该作何想?如果说,人性和个性在洪堡特生活的年代已经遭到鄙薄,那么到了文化愈加发达的今天,也许就更其如此了。步入电子时代,自然科学快速推进,我们已愈发沦为机器——如今是微机——的奴隶。洪堡特见证了生物、生理、解剖、地质、地理诸学科的勃兴,而自然科学的进步势必以研究对象的客观化为前提,或多或少会损及人类本身个性化的存在。假如他晚生一个世纪,他想必也会像海德格尔(Martin Heidegger,1889—1976)一样不满意于大机器时代。在《现象学与神学》一文中,海德格尔批评道:当代社会有一种危险的倾向,企图使一切对象物化、客观化,将科技思维方式扩展到所有的生活领域。[1] 我们的思维不免受到机器左右,处处追求精确的数字、严密的公式,以为非此不能呈现科学精神。当我们所面临的一切对象,包括我们自己,都可以用数字、公式来统计分析的时候,个性和特质自然就退居次位,以至可有可无了。

二

哲学、历史、语文学、古典文化研究,这些都不是自然科学。文化语言学、人类语言学应该也不属于自然科学,尽管有时可以借用自然科学的方法。不是自然科学,是否就意味着不能精确严密,因此也就欠缺科学性呢?没有公式和数字,就难以客观地观察、描述、证明、立论么?怎样看待和研究文化,才算是客观的态度、科学的方法?

在《形而上学是什么》一作中,海德格尔提出:所谓客观性、精确性、科学性等等,都应该从各学科自身的对象、原则、方法出发,因为,"没有

---

[1] 见海德格尔《路标》,孙周兴译,商务印书馆,2001,第84—85页。

一个领域对另一个领域具有优先地位,自然并不比历史优先,反过来,历史也不比自然优先。没有一种对对象的处理方式高于另一种方式。数学认识并不比语文学、历史学的认识更为严格。数学认识只具有'精确性'的特征,而这种'精确性'并不就是严格性。"他认为,历史学有自己特殊的严格性,跟数学的严格性是两回事,如果对历史学提出数学式的精确性要求,就有悖于精神科学的主旨。对于历史学的严密性,我想或许可以这样来理解:历史学一类人文研究的严密性或科学性,首先就在于材料真确可靠,推断合乎逻辑。然后海德格尔继续说,无论从事哪个领域的研究,都应该认识到:"有一种与世界的关联(Bezug zur Welt 或 Weltbezug)贯穿并且支配着一切科学本身",各门科学应当通过这种关联去探发"存在者"。对于各门科学来说,存在者的内容和存在方式是不一样的。"从事科学研究",就是自由地选择以何种态度和方式,根据一定的世界关联去认识存在者。①

在洪堡特的《论古典文化》中,我们读到了类似的思想。古典文化研究应该是一门自在自立的学科,而不只是充当其他学科的助手,向它们提供可资利用的材料而已。一门学科的独立性更多地取决于它的"形式",而非依赖于"物质",如同一幅画,所用的颜料画布等物质材料与其他绘画并无区别,是完全不同的"形式",如布局和构思,决定着它能够成为一幅独特的画。然而,一门学科只具独特的形式还不够,还需要认识到其对象的二重性:我们认识古典文化,固然要经由古代的遗物,但这样的遗物并非我们唯一的研究对象。遗物只是一些作品或产品,对于古典文化研究,同样重要、甚至更为重要的对象是这些作品的创造者:

> "可以把古典文化的遗存物看做一定时期的产品,从而把注意力集中在它们的创作者身上";"在考察古典文化的遗存物时,倘若着眼于创作者,就形成了有关古人本身的知识,或可以说是关于古典文化中的人性(die Menschheit im Alterthum)的知识。本文以下将完全由此出发进行探讨,这一方面是因为这种视角所具的内在的重要性,另一方面也是因为人们很少注意到这种视角。"(第2—3节)

---

① 见海德格尔《路标》孙周兴译,商务印书馆,2001,第120—121页。

关心文化的产品是必要的，但研究者至少需要把部分视线从产品上面移开，转而关注它们的创作者，否则，古典文化研究就会局囿于狭窄的美学层面，难以上达"人的研究"（das Studium des Menschen）这一高远宏大的终极目标。而"人的研究"，也即对文化之创造者、历史上之存在者的研究。

三

什么是文化？——文化就是存在者的创造。存在者，包括曾经的存在者和当前的存在者。远古曾经的存在者造就了古典文化，中古和近古的存在者承续、发展、改造着这种文化。现在轮到了我们——当前的存在者。我们也在造就某种形态的文化，问题是：它与古典文化是怎样的一种关系？它还保有多少古典成分？作为文化的研究者，我们与存在者的关联何在？

什么是文化研究？——文化研究，就是把文化的创造者即存在者确立为研究的对象，分析他们的活动和作品，考察他们与后继时代以及当今世界的关联。原始文化、古典文化、现代文化，本族文化、异族文化、综合文化，任何形式的文化都是存在者创为的结果。有存在者，有存在者的活动，始有各式各样的作品。我们看到的、欣赏的、分析的是各类作品，然而它们的创作者，它们生动活泼的主人，那些赋予它们以生命、意义、价值的存在者，却往往脱出我们考察的视野。洪堡特说，存在者是一种"能"（Energie），产品是由之发生的"功"（Ergon），相较之下，前者当然是本原性的，理当优先考虑。这一对概念出自希腊语（energeia/ergon），日后洪堡特在语言学的著述中也经常用到它们，称语言是一种"能"，说出的话或言语则是"功"（或译"能力"、"产品"，意思无大出入）。类似的说法是，语言"并不是一种结果（Wirkung），而是一种积极作用的力量（die wirkende Kraft）"。[①]

我们探讨古典文化，会注意到："功"或作品是相对容易认识的对象，

---

① 洪堡特《论人类语言结构的差异及其对人类精神发展的影响》，姚小平译，商务印书馆，1997，第207页。

因为它们——著作、雕塑、绘画、建筑等等——实实在在地摆在那里，而"能"则经常很难把握，许多情况下只不过是一些影子，甚至连影像也已消散殆尽。"能"与"功"的生成关系远非总是清晰可察的。譬如《尔雅》，它是中国最早的一部百科辞书，据信由秦末与西汉之交的一批学者缀辑而成。那么，他们究竟是些什么样的人？经过了怎样的草拟、修订、传承，才成就了这部作品？古典文化产品因代代相传而得以延续久存，其作用和影响惠及当代，"这些产品播种着生命，因为它们本身即生成自完备的生命。"① 可是，一种文化产品的生命之源经常会因时间的磨蚀而变得模糊不清，令后世很难追寻。一般说来，一项专业的研究，譬如语言学的研究，完全可以不问创作者是谁，只须把目光放在作品上面。以《尔雅》来说，何必管它著者是谁，编撰过程如何呢？千百年来，语言文字学家们不就是把它当作无名氏的作品、无出处的文本，研究得有滋有味，从而形成了一门"雅学"吗？也许有人会说，去考索这类无头作品的来源是没有意义的。真的没有意义么？要看对谁而言。对于专注于字词本身的语言学家，意义也许不大，但是对于文化史家、文化学家，如能弄清作品的产生背景、创作者的真实面貌，意义就非同寻常。越往远古寻溯，文化产品与存在者的联系就越难断定，在许多情况下，推考这种联系并不是没有意义，而是由于线索尽失，让今天的研究者无从下手，以至于不得不放弃寻源溯流的努力罢了。假如有一天，在某地出土一段文字，能够透露一些信息，揭示某部上古无头作品的来历，那么学界一定会热闹起来。

在有些文化领域，例如书法绘画，如果存在者不明了，一件产品的价值就会打折扣。博物馆里陈列的出土文物，有些是可以最好每一件都提供就地保护起来，并且在陈展时说明曾经的拥有者、发掘的年代和时间，等等。

不过，我们最好避免使用"价值"这个字眼。当我们谈论古典文化，或者任何一种文化的时候，我们会说：它们具有自身的价值，值得我们尊重。这样的说法听起来不错，显得宽容而公允。可是，每当我们称一样东西有"价值"，即使我们强调这"价值"是它的内在特质，似乎也隐含着一层意

---

① 洪堡特《论人类语言结构的差异及其对人类精神发展的影响》，姚小平译，商务印书馆，1997，第207页。

思,那就是:这东西对于我们有什么用?以现时的眼光估测,它能"值"多少?

　　我们又喜欢说"古为今用""洋为中用""西学为用"等等,——只这一个"用"字,就显露出一种对于文化的功利态度:我们一再提倡弘扬中华文化、吸收世界文化,但我们是否真正关心过曾经的、其他的存在者?我们所关心的恐怕只是自身吧?一样东西,无论物质的或精神的,除非能够"为我所用",否则就没有价值,更无研究的必要。我们中文的"用"这个字,原本是"桶"的意思("用"是象形字,甲骨文为桶状),是用来盛物的容器。再深再大的桶,容量也是有限的,只盛得下于己有用的东西,岂能装下整个世界。

公孙龙认知语言学思想的理性主义倾向

刘利民

这个题目本身即可引起争议。认知语言学分明是二十世纪后半叶才兴起的现代科学，而理性主义作为以逻辑分析来追求真知的思维方式又是西方哲学所特有而中国传统哲学所缺乏的，那么说两千多年前先秦时代的哲学家公孙龙就具有了这两个东西，这合适吗？也正是考虑到这一点，本文在标题中加入了"思想"和"倾向"两个词。

当代认知语言学的哲学基础是体验论（embodiment philosophy），其代表人物 G. Lakoff 和 M. Johnson 在合著的《Philosophy in the Flesh》(1999) 一书开篇头三句话就是："思维是内在于人体中的。思想大多是无意识的。抽象概念大都是隐喻性的"。这就是认知语言学的哲学立场：人类的理性根本上说是一种生物性的理性，是与人体和人脑的特性密切关联的；人体、人脑与环境交互作用是人类形而上学概念的根基；认识产生的认知机制则是范畴化（同上：17）。

这的确是对传统西方思想的一个挑战，但同时也是西方哲学思想的传承与创新。西方哲学的根本精神在于追求知识之为真。从古希腊的本体论到 17 世纪的认识论转向，再到 20 世纪的语言分析转向，西方哲学的问题发生了变化，但是追求真理性的方向并没有变。有意思的是，从语言分析中盘旋出来的西方哲学，终于在 20 世纪来到了对语言的自觉的反思。这是很自然的，因为从根本上说，人是在用语言思考问题、认识世界，因而透过语言的分析，我们或许能够窥见人的思想。

本文不可能也不打算回顾整个西方哲学和语言学的发展。这里多说这段话，主要是想表明，现代认知语言学的登场是有其思想发展背景的。作为对语言研究的纯形式化（人工语言学派）倾向的反叛，同时受到了以人为核心的语言研究思想（自然语言学派）的影响，认知语言学提出体验论，把语言研究放在人的认知这个大框架下来进行，这是很自然的发展。根本原因在于：认识世界的主体是人，认识世界的方式是语言；是人在用语言对世界进行范畴化把握。而认知语言学想要回答的问题就是：语言性认知机制到底是什么样的，即人是如何使用语言来把握世界的。关于体验哲学及其西方思想根源，详见王寅（2007）的讨论和概括。

中国哲学和语言的研究虽然没有这些历史和思想背景，但是公孙龙却直接经由对语言意义的反思而对人用语言把握世界这个核心问题进行了理性思辨性探索。

一、"名实之辩"中产生的纯语言反思

正如当代心理学有一个悠久的过去，却只有短暂的历史[①]一样，语言学作为系统科学在中国的历史也很短，但是中国思想家关于语言的思考却肯定可以追溯至古代。中国古代不可能有认知语言学，甚至语言学作为一门科学也是舶来品，但是这并不等于说当时的思想家们没有对认知语言学的问题进行思考，也不能证明他们不能经由别的道路获得与当代语言学家相同或相近的关于语言与认知的观点。只要人们着手对语言、思想、世界进行反思，他们就能取得了不起的语言学思想成果，并且在不断的争议、辩论中把思想推向深入。

事实上，中国古代哲学与古希腊哲学一样，从一开始就高度重视语言，并且在语言中盘旋着思想。中国哲学史上的第一场大规模辩论就是围绕语言问题进行的，这就是先秦哲学那著名的"名实之辩"。在这场持续百年之久的大辩论中，各家各派都提出了自己的关于"名"与"实"问题的观点，相互争论，从中产生出了非常丰富的语言哲学、语言学思想成果。孔子"正

---

① 参见高觉敷为《心理学史》序，中国大百科全书出版社，1985。

名"思想中先名后实的先验论、荀子的"约定俗成"和"心征"所体现的辩证体验论、老子的"无名"形而上思辨、庄子的"言不尽意"论、墨家先实后名的经验主义观、名家"专决于名"的理性主义立场等等，构成了中国语言哲学与语言学思想的宝库。这些思想至今还值得我们去认识、理解，并从中获得启迪。

对于本文而言，这场争论值得重视的就是公孙龙等名家思想家的语言思辨进路。这可以从两个方面来观察。

一是"名实之辩"必然导致关于"名"本身的反思。"名实之辩"既然是关于名与实的关系的辩论，那么辩论参与者的立场可能包括：名先实后、或者实先名后。但是在名与实的关系之外，还应当有名与名、实与实的关系。但是名与名的问题可以提出来，而实与实的问题没有语言却提不出来。荀子曾经在他的《正名》篇中抨击墨家和名家，说他们或者"用名以乱名"、或者"用实以乱名"、或者"用名以乱实"。但是荀子没有说"用实以乱实"。他也不可能说，因为实与实的关系是客观实在的，是根本就无法"乱"的。即便是想"乱"，也必须以"名"的方式才可能进行。

这样一来，名与实、实与名、名与名、实与实，所有关于这些关系的思想见解之中唯一必须在场的，就是"名"。那么，在"名实之辩"各种思想的争论中，理当有人注意到"名"本身的问题，因为名与实之间各种关系要梳理清楚，必须首先以弄清楚什么是"名"、如何才能正确地使用"名"这个问题。

因此，关于"名"本身的问题的提出，应当是"名实之辩"的必然发展。的确也有人注意到"名"，并且就"名"而论"名"，即所谓"专决于名"。这些人就是先秦名家，其著名代表就是公孙龙。所谓"专决于名"就是用语言在语言中提出问题，对语言意义的本质进行追问。这是与现实实在没有直接关涉的纯语言反思。

二是古汉语的特征所导致关于"名"的反思的特点。古汉语（其实包括现代汉语）是与西方语言完全不同的语言，前者无任何语形变化，也不重句法结构，而后者却十分重视形式与结构。如王力（2000：373）所说："西文的组织偏重于法的方面，中文的组织偏重于理的方面。"

从对哲学思想的意义而言，古汉语完全缺乏西方形而上学思辨产生的语言条件。具体地说，古汉语缺乏系词"to be①"，因而不可能提出西方形而上学那个关于"being（存在）"的问题；主谓语并不严格分明，不利于由对主体的反思而提出本体（ontology）问题（详见张东荪的精辟论述：张东荪1995：338-339）；古汉语没有任何词素形变，不存在名词的单复数、抽象名词与具体名词的形式区别（例如英语中的"one、ones、One、oneness"等等），因而不利于中国哲学家从语形本身进入"一"与"多"的形而上学思辨。

然而，这并不等于说中国哲学家无法经由纯语言反思而进入形而上学的理性思辨。古汉语没有语形变化的特征恰恰可以推动中国古代哲学家由语言意义反思直接走上形而上学的理性主义道路。其根本原因就在于：无论任何词性的词汇，在古汉语里都以同样的"名"的面目出现，且没有任何形态变化。

这一点非常重要。这是因为：就算我们认为"名"的意义就是它所指称的实在，且实在就是存在的本体，这也只能运用于名词之"名"，而古汉语中的动词、形容词之"名"不可能有实在的存在作为指称。那么同样是"名"，同样是无变化的语言形式，这些"名"的所指具有什么样的本体论地位？由此，中国哲学家完全可以直接经由"名"的意义进入关于本体的形而上学思考。

事实上，先秦名家确实进入了这样的思考。惠施"历物十事"（《庄子·天下》）中的"天与地卑，山与泽平"就是一个典型代表。它之所以被认为是诡辩，因为其字面意义就是："天与地一样的平，山与湖一样的高"。很多人都认为这是相对主义的诡辩。如果我们认为惠施是在讨论语言与现实，那么这无疑是诡辩，但是如果我们把这个命题放到纯语言反思的层面上，这就完全不是诡辩，而是一个非常重要的话题。我们使用"天、地、山、湖"等"名"的时候，是在用它们来指称现实中存在着的事物，这些名词的所指可以有非常确定的本体地位。但是，我们使用"卑、平"之"名"的时候，它

---

① 王力（2000：378，401）指出："在先秦的史料中，肯定的句子，主格与表明语之间没有系词"，"'是'字最初被用为系词，该是在六朝时代"。不仅如此，即使是在现代汉语中，系词"是"也仅仅是联结主、谓的系词，而没有西方语言系词"to be"那样的表示联结、存在、断真等丰富语义。

们的所指具有同样的本体地位吗？通俗地说，名词之名指实，形容词之名指的什么？若说它们也指某种"实"，那么这种"实"是客观存在的吗？若是，它又存在于何处？若不是，那么形容词之"名"的意义如何能够确定？我们说"天与地卑，山与泽平"的时候，问题到底出在哪儿呢？这是真正的理性主义者才会提出的问题。

作为先秦名家思想的集大成者，公孙龙也对这些问题进行了深入的思考。他的著名"诡辩"命题，"白马非马"，事实上也是这样的思辨："白"作为"名"的所指是否具有与"马"的所指一样的本体地位？"白马"作为复名，其意义是"白"与"马"的意义的简单叠加呢，还是"白马"本身具有独一无二的本质特性？这些问题肯定地说，涉及到了本体论，而且的确实在与现实无关的纯语言意义上做的形而上学反思。限于篇幅，本文不能举出更多例子，详细讨论可参见本人新近的专著①。

中国哲学一开始就对"名"的问题高度关注，这不是偶然的，因为这实实在在就是古汉语通向形而上学理性思辨的语言途径。

二、公孙龙的认知语言学思想

2.1 语言哲学的认知论取向

语言并不一定指实，意义也不是客观存在之物。否则语言不可能出现矛盾和漏洞。然而，人们说话确实可能出现矛盾和漏洞，语言与实在的关系又引起了人们如此大的争议，那么显然，语言的意义问题需要反思。语言意义的本质到底是什么？这是公孙龙关注的主要问题之一。他力图从纯语言意义的反思来考查人用语言所把握的知识是什么。

说公孙龙是纯语言性层面上反思语言哲学的问题，这从他的《指物论》开篇第一句话就可以看得出来。公孙龙说："物莫非指，而指非指。"这句话

---

① 参见本人专著：《在语言中盘旋——先秦名家"诡辩"命题的纯语言思辨理性研究》，四川大学出版社，2007。

历来被认为非常难解。事实上，整个《指物论》都被认为是"一根难啃的骨头"，"自古以来，真能读懂的人并不多"（周山 1997：234）。

但是，如果我们把这篇文章作为纯语言性思辨的语言哲学论文，则公孙龙的意思就昭然若揭了。这样说的一个证据就是：文章全文总共只有 268 字，而"指"字就有 48 个，占全文总字数的 14.14%。学术界对"指"的含义的解释历来就是五花八门，但是，各种解释虽然纷繁复杂，却始终离开不了"语词"、"指云"这个大方向。其中一些论述值得我们重视。

例如：伍非百（1983：521，524）指出，公孙龙的这句话"意指谓天下之所谓物者，其本体不可径而知也。可得而知者，皆'指'而已。故曰'物莫非指'。然指非物也。指为'能指'、物为'所指'。所指虽籍能指而显，然能指究竟不是所指。故曰'而指非指'"。这分明是说，公孙龙是在认知语言维度上思考这语言意义的问题：人之所以能够对万事万物进行认知，凭借的就是语词；语词的所指，即事物本身，并不等于语词的能指，即语词本身。公孙龙已经认识到，语词意义是人范畴化事物而形成的思想概念。把概念与语言词汇的意义相联系，而不是与客观存在的具体事物相联系，这一点上，公孙龙领先了索绪尔两千多年。

林铭均和曾祥云（2000：180-181）更进一步提出，"指"在《指物论》全文中有三种不同含义：一、"指认"，即以手指指物；二、"指称"，即以名指物意义上的指；三、"指"的名称本身，用现代符号学的话来说，就是使用"指"这个符号去提及"指"这个名称。我非常赞同，公孙龙使用的"指"字确实具有他们所提出的这三种用法。但他们（同上：182）把这句话解释为："事物都是可指称的，但对事物的指认不是对事物的指称"。对于此点，我却认为还没有到位。

我认为，"'物'莫非指，而'指'非指"一句中，三个"指"全是名词；其中，"物"是"物"之名，而第一个"指"的意思是"指称"。这句话说明《指物论》一文是关于"指称"问题的讨论。而关于指称，公孙龙的基本观点是：客观万物本身并不天然具有名称，名称是人使用语词对客观存在进行范畴化，并由此认识客观事物的本质意义而创造的。

我在其中的"物"和"指"两字上加上引号，因为它们不涉及具体事物，而是纯粹语言的名称，公孙龙打算对它们作为语言符号来进行反思。加了引号之后，这句话的意思应当是：客观事物原本无名，"物"由"说"而成为"物"，是人用来范畴化事物，形成对事物本质的认识的方式；语词指称的是概念性意义，而不是实在之物本身，因而"指称"并非等于把具体的物"指认"出来。

他的这个思想与其他先秦名家思想家的立场是一致的。在"辩者二十一事"（庄子·天下）中，名家辩者已经明确提出了"指不至，至不绝"的命题。关于这个命题，牟宗三（1979：48）曾说，若参照公孙龙的《指物论》中"指"的意义观之，则可以说这个"指"即意旨之指，指代表"意义"或"概念"；即使是作动词用，亦是"指谓"之指，即指而谓之，此即着重"谓"，即叙述词之意，而叙述之词皆是一概念、一意义。牟宗三的这一说法值得重视。这里的"指"说的是用"名"来把握关于事物的概念化意义。"指不至，至不绝"的意思是：语词的指称是思想概念，它并不关涉客观的实在之物，因为客观的实在之物是无法逐一枚举尽的、也是千变万化的。面对变化的世界上的万事万物，人只能用语言去切分、刻画，以求范畴化地把握住事物的不变的本质，获得真正的知识。

鉴于两千多年前的历史局限，这不啻为一个非常重要的认知语言学和语言哲学理论。公孙龙等名家人士把对"名"、"实"关系的思考，从语言与实在转向了语言与认知、语言与思想。超前性地提出了人用语言范畴化地认知世界，创造了世界的意义，使之出场于人的思想之中，这样一个了不起的语言哲学思想。

2.2 唯物论的基本哲学立场

那么，公孙龙把世界的意义归因于语言，没有语言，"物"便不成其为"物"，这是不是有唯心主义之嫌呢？公孙龙是否因此而否定客观世界的存在呢？我认为，答案是否定的。如果公孙龙真是唯心论者，他的认知语言学思想是不成立的，因为现代认知语言学的基础之一便是承认世界的客观存在，否则人的体验无从谈起。

事实也是这样。公孙龙的《名实论》开篇第一段话就是："天地与其所产焉，物也。物以物其所物而不过焉，实也。实以实其所实，不旷焉，位也。

出其所位，非位；位其所位焉，正也"。《名实论》讨论的就是名与实，但这个"实"不是关于实在之物，而是关于物之为"物"的语言意义。

"天地与其所产焉，物也"一句，明确无误地宣示了公孙龙的唯物论立场：世界的存在物性的存在。这是公孙龙所说的"再'唯物'不过的话"（曾祥云 2004）。公孙龙也只有持唯物论的立场，即把世界的客观存在视为物性的存在，才能够解决人的知识的来源问题。但是，公孙龙的这篇文章不是在论证世界事物的客观存在，而是在进行语言哲学的思考。他在文中明确提出："夫名实，谓也"。这就是说，所谓"名"与"实"的问题，是一个说话的问题，即准确地用语言表达思想认识的问题。这个问题对公孙龙之所以重要，因为事物的存在是一回事，但事物的存在并不等于人用语言来对事物进行的认识和言说。客观存在与人的知识并不是一回事，这个现代认知科学的基本看法，公孙龙早在两千多年前就提了出来。

在公孙龙看来，语言的意义就是关于"物之为物"的抽象概念性意义的思想把握。这就是语言意义之"实"。所以，我认为，上述引文应当加上引号，写为："'物'以物其所物而不过焉，实也。'实'以实其所实，不旷焉，位也。出其所位，非位；位其所位焉，正也。"加上引号的"物"，指的不是具体的实在之物，而是人对于实在之物的语言范畴化形成的概念。公孙龙指出：只有当关于物的语词意义确实把握住了它应该所指称的那个物的本质，且这个本质在所有语言交流中都不会改变、也没有任何缺失，语言意义这才具有了恰当性，即"位"。只有确定了语词的意义的恰当性，才算是真正地"正名"。

这里，重要的是，公孙龙并不是向墨家那样，以客观实践作为检验语言意义的判定标准，即墨家所谓的"中效"（《墨经·小取》），而是在人的认知范畴化层面上探索语言意义的认知把握。当公孙龙说："其正者，正其所实也；正其所实者，正其名也"，即讨论他的"正名"观的时候，他所说的"实"不是客观实在，而是语言概念意义之"实"。他的讨论不是关于语言与现实，而是语言与概念。意义是思维的结果，是语言性的存在。既如此，语言表征的意义是否正确，如何才能保证语义的正确性，就需要通过哲学思辨来解决的重要问题。

2.3 语义确定性反思的理性主义原则

公孙龙所提出的确定语义正确性的原则就是:"唯乎其彼此。"什么是"唯乎其彼此"呢?公孙龙说:"故'彼','彼'当乎彼,则唯乎彼,其谓行彼。'此','此'当乎此,则唯乎此,其谓行此。其以当而当也,以当而当,正也。"这句话中有几个"彼"和"此"本文加上了引号,以标明它们是语言词汇,而未加引号的彼、此则是指语言词汇所指称的概念性意义本质。这样一来,这句话就应理解为:"言说'彼'时,'彼'必须具有一切彼必然具有、并且只有彼才具有的'彼性';言说'此'时,'此'必须具有一切此必然具有、并且只有此才具有的'此性';只有这样,人们的思想认识和语言使用才是正确的。"

这是一个重要的原则,因为意义不是事物本身,而是存在于语言之中的,正确的意义就是对于事物本质的准确范畴化把握。在任何条件下,意义都只能是如此这般范畴化的结果,而不能有所缺失,也不能有所变化。只有这样的意义,才可用语言去正确地言说。否则,语言交流便不可能。

由此可见,在语言意义的确定性问题上,公孙龙表现出了强烈的、以分析为取向的理性主义思想倾向。古汉语的抽象名词与具体名词没有形式的区分,不能像西方语言(如英语)那样,由"this"、"that"衍生出"this-ness"、"thatness",让人一眼就看出其具体与抽象语义的不同。但是这并不妨碍公孙龙在"彼"、"此"中盘旋,在古汉语条件下对"彼"、"此"的语言意义本质进行语言哲学的反思。

三、公孙龙的语言哲学方法:"离"

既然人用语言来范畴化地把握世界,那么具体而言,人是如何把握的呢?人的语言认知机制是什么呢?公孙龙回答说:"离,"他提出:"离也者天下,故独而正。"即是说,世界上的一切概念、知识,都是以"离"的方式产生的,只有"离"出来的概念、知识,才是唯一正确的概念和知识。

由于没有能够准确把握住"离"的含义,加上公孙龙使用的例子就是"离坚白",即把事物的硬度和颜色单独"离"出来,似乎与"石"等具体事物并列,人们一般都把"离"作为了公孙龙的"唯心主义"思想的罪证(例如冯友兰1963)。这其实是错误的。我们理解这个"离"字,始终应当记住,公孙龙是在承认客观世界物性存在的前提下,着重从语言意义分析的角度,探讨人用语言范畴化地把握住了什么知识。

关于事物(石头)及其属性(硬度与颜色),公孙龙明确指出:"于石一也,坚白二也,而在于石,故有知焉,有不知焉;有见焉,有不见焉。故知与不知相与离,见与不见相与藏。"可见,在公孙龙看来,"坚"、"白"等特性的"藏"是"自藏";属性"自藏"于客观事物,它们可以为人所感受到,但不受人的主观制约。公孙龙完全没有否定坚与白作为属性的客观性,也没有否定这些属性存在于事物(例如:石头)之中。所谓"藏",说的是事物的属性客观地存在于事物之中,但是如果没有知觉,人不可能体验到这些属性,并且一种知觉(视觉或者触觉)只能够让人体验到一种属性。例如,用手摸,可以体验到坚硬度,用眼看,可以体验到颜色;眼睛可以看到火,却不能让人体验到火的热度;眼睛看到的火和身体体验获得的热度感受,由"神",即人的思维加工,进行综合,使人获得"火是热的"的认识等等。

这哪里有什么唯心主义的影子呢?如果公孙龙真的是唯心论者,那么他为什么只承认"坚白石二",而不承认"坚白石三"呢?他分明没有把事物的属性与事物本身并列!

因此,本文认为,公孙龙的"离坚白"应当是关于语言认知操作的哲学思考。"离"就是分析的方法。公孙龙试图说明,人的概念性知识就是用语言来把事物及其属性范畴化,抽象出其本质特征,然后加以把握。他试图说明,石头是客观存在,而石头之为石头,必然具有如此这般的属性。人以不同的感官获得了关于石头的属性的体验,于是用语言词汇("坚"、"白"等等)对自己的体验进行范畴化把握,并进一步抽象、概括,形成了这些语词的概念性意义。公孙龙真正在乎的,是"坚"、"白"等语词的意义到底是什么,怎么来的。他所关注的是语言词汇意义的认知形成原理。对于客观事物的体验,在所有的人都是相同的,那么基于这些体验的认知结果,即语言性意义也是具有共性的,因为它们都是人们将自己的体验范畴化,"分而析之"

所产生的。不难想象，如果公孙龙生活在当代，他将一定是非常卓越的认知语言学家，一个以理性分析性为思想特征的认知语言学家。

依据这样的认识，我们就能够很好地理解公孙龙著名的"诡辩"命题："白马非马"、"二无一"。这并不是什么"诡辩"，而是公孙龙基于自己的认知语言学思想所做的具体阐述。为了维护其正名原则，即"唯乎其彼此"，公孙龙必须要对概念之为概念，作为纯真的"一"，进行辩护。我认为，这两个命题都应当加上引号，写成："'白马'非'马'"、"'二'无'一'"，以便突出标明公孙龙的讨论不是涉及具体事物的讨论，而是就语言概念作为独立的、具有普遍性的意义到底应当如何把握而进行的理性主义思辨。

从公孙龙的文中看，他并不否认现实中的白马是马，也不否认一加一等于二。但是，"白"是命色的"名"，而"马"是命形的"名"；形与色各自具有自己的本质意义，那么作为复名的"白马"到底命名什么本质？一个物怎么能具有两个本质？这里，公孙龙从语言哲学的层面上，巧妙地提出了"白马"作为一个纯真概念，应当具有"白马"的整合性意义，而不是"白"与"马"的意义的简单叠加，这样一个思想，维护了他的正名原则。"'二'无'一'"命题也应作如是观。限于篇幅，本文不能再展开来谈。重要的是，我们应当理解，公孙龙力图以"离"，即分析的思想方法来反思语言意义的本质，探索人用语言把握世界的方式，这种理性主义的思想方式，在先秦时代，乃至于在后来的中国哲学思想中，都是独一无二的。

因此，公孙龙的思想倾向应当是：理性主义的认知语言学哲学思想。

须注意的是，本文并不认为公孙龙的思想没有问题和漏洞，这样的讨论并不是为了证明公孙龙的思想是正确的。公孙龙虽然不是认知语言学家，当时的历史条件下也不可能产生认知语言学，但是公孙龙由语言意义分析入手，探索语言认知机制，从而超前地提出对与现代认知语言学十分有价值的思想认识。这种透过语言分析来反思人的思想的语言哲学智慧确实值得我们研究、学习的。

浅析先秦正名学说中的符号学思想

杨 文

人们使用的最重要的符号就是自然语言,而名称是自然语言中最主要的符号。充当名称的不仅是名词,也包括对名词起限定或修辞作用的其他词类。弥尔等逻辑学家把"词项"看做"名称"的等价物。西方语义学很注重对名词的研究。在中国符号学历史上,"名"也同样是一个极为重要的范畴,先秦诸子对其作了或多或少的论述。正如西晋鲁胜在《墨辩注序》中所说:"名者所以别同异,明是非,道义之门,政化之准绳也。孔子曰:'必也正名乎,名不正则事不成。'墨子著书,作辩经以立名本。惠施、公孙龙祖述其学,以正形名显于世。孟子非墨子,其辩言正辞则与墨同。荀卿、庄周等皆非毁名家而不能易其论也。"从符号学角度看,先秦正名理论中的符号学思想,无论在思考范围还是在思维深度方面,都曾达到较高的理论水平。要完整准确地把握先秦名学理论,其中的符号学思想不能不加以研究。

一、名家正名学说中的符号学思想

先秦名学始终与社会实际政治斗争紧紧相联。恰如汪奠基先生所言:"春秋的正名,邓析的辩讼,惠施的历物,老庄的无名无为,墨辩的逻辑科学,荀卿的正名论,以及战国纵横辩察的名实理论,决不是历史偶然性的反映，而是社会实践的，历史现实的认识。"① 正是出于明是非，审治乱，别同异，正名实，处利害，决嫌疑的政治需要，先秦诸子对名的功能及其社会作用作详细研究，形成先秦独特的符号学思想，颇有建树者当推名家代表尹文子和公孙龙。

尹文子为先秦名家代表之一，曾在稷下学宫讲学。他通过讨论符号对象的关系来说明符号的功能。尹文子认为："有形者必有名，有名者未必有形。形而不名，未失其方圆白黑之实。名而无形，不可不寻名以检其差。"这是一种较为典型的符号决定论思想。在符号与对象的关系上，过分强调符号的决定作用，由此出发，尹文子具体阐述了符号的功能。

首先，尹文子强调了作为符号的标记功能。指出名作为一种符号是用来记录人们的认识和生活经验的。有了名，内在的思想便可以外化为可感的符号，"无名，故大道不称。"名不仅用来标志事物，而且用来正形，"今万物俱在，不以名正则乱。""名也者，正形者也……故亦有名以检形，形以定名，名以定事，事以检名，察其所以然，则形名之与事物，无所隐其理矣。"② 其次，尹文子用实例说明忽视名分符号而产生的谬误。如齐宣王好射一例：齐宣王喜射箭，他使用的弓实际上只要三石力便能拉开，而周围的人为了讨好他，众口一词说那个弓需要九石力才能拉动，齐宣王便也以为他的弓是九石之弓了。此外还有一种违名而得实的情况。如黄公之女一例：齐黄公的女儿，都为天姿国色，美艳绝伦之人，但黄公常谦虚地说她们很丑，致使其女丑名远扬，年龄很大了还未嫁出去。通过实例分析，尹文子得出结论："名称者，别彼此而检虚实也。自古及今，莫不用此而得，用彼而失。失者由名分混，得者由名分察。"③

公孙龙对符号功能亦颇有研究。他在《名实论》中提出"因实正名"思想。公孙龙说："夫名，实谓也。知此之不在此也，则不谓也。知彼之非彼也，知彼之不在彼也，则不谓也。"④ 就是说，名（符号）是称呼实际对象的，对象变化了，符号也相应地随之改变。不是这个对象而用这个符号或没

---

① 《中国逻辑思想论文选》，三联书店，1981，第24页。
② 《尹文子》。
③ 同上。
④ 《名实论》。

有原来的对象仍沿用原来的符号都不可以。符号与实际不符合的情况有二：一是张冠李戴，一是符号的改变落后于对象自身的变化。这两种情形从反面证明符号有辩物达用的功能。符号辩物达用的前提是符号与实际相符。公孙龙认为，物、实是名（符号）的基础和根源，欲求名实一致，必先正物与实。物与实各安其分，各守其位，则名必称实。即"天地与其所产者，物也。物以物其所物而不过焉，实也。实以实其所实而不旷焉，位也；出其所位，非位。位其所位焉，正也。"①

公孙龙提出了名实一致的"唯谓"原则。唯即应，谓即称呼、符号。所谓"正名"，就是区分彼此，并用适当的符号系统予以表达，彼当谓彼，此当谓此，如此则名实必定一致。公孙龙指出："彼彼止于彼，此此止于此，可。彼此而彼且此，此彼而此且彼，不可。"② 说明正名就是因正实而正名，因正名而唯谓。公孙龙已经看到了名与实，即符号与对象的差异，符号不是实际对象自身，然而离开了符号，实际对象又无法把握和表达。因此，探求符号与对象的真实关系，力求用符号准确地表达事物便成了公孙龙的目标。在公孙龙看来，外物作为符号对象，其本身是无法直接进入我们的感觉器官的，然而，人们却能以自选的符号工具来把握外物。符号所记录的并不是外物自身，而是人们对外物的理解，即意义。人们在自己的意义世界里可以任意组合外部世界，但外部世界并不会因为意义组合而发生变化。

二、儒家正名学说中的符号学思想

先秦儒家针对"名实相怨"的现实，提出了一套正名学说，其中以孔、荀为代表。

孔子从政治伦理角度提出"正名"理论，他说："名不正则言不顺，言不顺则事不成，事不成则礼乐不兴，礼乐不兴则刑罚不中，刑罚不中则民无

---

① 《名实论》。
② 同上。

所措手足。故君子名之必可言，言之必可行也。君子于其言，无所苟而已矣。"① 孔子用反证法来证明正名的必要性与重要性。所谓"正名"就是符号（名）能恰当地指称它所应予指称的事物，否则为"名不正"。孔子强调名（符号）要与它所表达的实严格对应，不允许用旧名指称变化了的实。他曾慨叹说："觚不觚，觚哉，觚哉！"这个被称为"觚"（盛酒的杯子，上圆下方）的东西，已经不是过去觚的样子，怎么能叫做觚呢？在孔子看来，每一个名都有一个确定的规范，这个规范是一个概念性的东西，但不是纯理念的，而是来自现实。孔子的规范都是周礼规定好了的，即使"觚"也不例外，必须符合周礼规定的形状（上圆下方）才可以用"觚"名去称呼它，如果不符合这个概念（规范）就不能用"觚"这个名（符号）去称呼它。在这里，第一个"觚"是指眼前这个被称之为"觚"的实体，第二个"觚"是指孔子心中那个上圆下方的盛酒器的"觚"的概念（规范），第三个"觚"指"觚"那个名（符号）。"正名"就是指实要符合名的规范。孔子提出的"君君、臣臣、父父、子子"也是这个意思。第一个"君"字指现在被称之为"君"的实体，第二个"君"字指孔子心目中的"君"的概念，只有当"君"这个实体符合"君"这个概念的涵义时，才能用"君"之名（符号）去称呼。否则就为"名不正"。"臣"、"父"、"子"亦然。

后期儒家学派对正名学说有所继承和发展的学者当推荀子。荀子著作中有一百多处提到名的作用，他还写了一篇《正名》对名作了较为详细的阐述。

荀子认为，事物的普通名称（散名）是按人们的习俗约定而成的。他说："名无固宜，约之以命，约定俗成谓之宜，异于约则谓之不宜。名无固实，约之以命实，约定俗成谓之实名。名无固善，径易而不拂，谓之善名。"②

柏拉图曾在其对话录《克拉底鲁》中写道："除了习惯和约定之外，你无法使我相信名称还有什么正确性。因为在我看来，似乎给一个事物无论以什么名称都是正确的，如果有人将此名称换成彼名称，后者并不比前者

---

① 《论语·子路》。
② 《荀子·正名》。

差——正如我们给奴隶换名称一样,因为没有任何名称天生就是对应于一个特定对象的,而是由使用该名称并用它来称呼事物的那些人的习惯用法决定的。"

威廉·P. 阿尔斯顿在《语言哲学》的 convention 约定的概念一节中讲道:"语言本身不可能发源于通过'公共的约定'而采取的决定……有一些明确提出语词新涵义的情形,正如皮尔士提出用'图像'来意谓仅仅依据其自身的特性指称对象的符号时一样,并且,还有一些根据约定而采用的一个词或词的一种意义的情形。正如已通过科学会议而把科学术语固定下来时一样。可是,这些情形是一些例外,它们在很大程度上仅限于专门术语。"语言的形成是一个约定俗成的过程。"约定"是人们顺其自然地对语言进行整理和规范化,同时语言的形成还有一个"俗成"的过程。在"俗成"过程中,民众对"约定"的范围有某些遗弃、突破和改变。到一定程度对语言再一次明确、整理和"约定"。语言正是在这种周而复始的漫长循环中不断发展和变迁。苏珊·朗格在《艺术问题》一书中提出:一个符号,可以是任意一种偶然生成的事物(一般都以语言形态出现的事物),即一种可以通过某种不言而喻的或约定俗成的传统,或通过某种语言的法则去代表某种与它不同的另外的事物。

可以看出,这与荀子的观点十分相似。荀子可算是中国语言符号约定论的创始人。约定论认为:能指和所指之间,在任何情况下都是约定的;这种关系取决于使用者之间的一种协议。荀子明确指出了名(能指)和实(所指)之间是约定俗成的关系。

《荀子·正名》对名的作用作了具体说明。"异形离心交喻,异物名实玄钮,贵贱不明,同异不别。如是,则志有不喻之患,而事必有困废之祸。故智者为之分别制名以指实,上以明贵贱,下以辨同异。贵贱明,同异别,如是,则志无不喻之患,事无困废之祸。"[①] 这就是说"名"有两方面的作用:一是"别同异",二是"明贵贱"。前者是"名"的自然价值,后者是"名"的社会价值。这一思想相似于符号学上的价值论。价值论认为:确定符号所指物为何的每种企图都迫使我们去根据抽象实体界定所指物,而这种抽象实

---

① 《荀子·正名》。

体充其量仅仅是一种文化规范,即语言符号作为文化象征的价值。不同的语言符号是不同国家、民族或一个民族不同历史时期的文化象征,中国封建社会贵贱尊卑,等级分明,古代的"名"就体现了这种文化传统。正是从这个意义上说荀子的这一思想是符号学上的价值论。

荀子认为名、实之间具有指称关系。他说:"制名以指实,"这是符号学上的指称论。"指",从手,声旨,本义是用手指出,即指示,引申为"指谓、指称"。荀子在其著作中没有对"指"进行界说,但可以从其文推出荀子的"指"为"指称、指谓",而非"指示"。因为名实之间是一种非直接的关系,无法用手指示。荀子认为,名实之间的关系不是固有的、必然的,而是约定俗成的。"名无固宜,约定俗成谓之宜。"名是对一类事物共同性质的反映,"名也者,所以期累实也。"名具有概念和符号的涵义,作为符号的名通过作为概念的名去"累实"。名实之间不再是直接的指示与被指示关系了。其次,名实之间可以是一多或多一的关系。这可以荀子破"三惑"思想中得到证明。荀子指出以名乱名,以实乱名,以名乱实的"三惑"现象及其破除方法。"三惑"都是利用名实有异(即非一一对应关系)来乱名实。若荀子的"指"是指示,则名实之间应是一一对应关系,如此则无法解决一个所指多个能指和一个能指多个所指的问题,也无法有效驳斥名实相乱的诸多命题。而荀子看到名实之间指谓关系的一多性和多一性,在承认"三惑"命题合理部分的前提下有效地驳斥了名实相乱的命题。以名乱名的合理性在于"侮辱"等名涵义确有不同,但在一般情况下指称是相同的。以实乱名的命题合理性在于"山"、"渊"等名的指称在特殊情形下相同而在一般意义上涵义不同。以名乱实的命题合理性在于"牛马"、"马"等名涵义不同,但在一般情况下指称可以相同。

因此,荀子的名实之间是一种指谓关系,这是一种较为精致的指称论,即名指谓实,表达式的意义是它与指称物的指谓关系。荀子指出名实之间是一种指谓关系,制名以指实,名指称实,这是符号学上的指称论。精致指称论认为名指谓实,表达式的意义是它与指称物的关系。朴素指称论认为名指示实,表达式的意义就是它所指示的东西。

荀子正名与孔子正名理论有相同之处。他们都是根据社会上"名不正"的现象而试图用正名的方法加以改变。孔子、荀子都提倡"正名以正政"。

孔子认为为政必先正名，把正名提到治国的首位。荀子认为正名的目的在于"正道而辨奸，使邪说不能乱，百家无所窜。"① 但二者的正名方法有些不同。孔子主张"以名正实"，依据过去的礼制正名，"非礼勿视，非礼勿听，非礼勿言，非礼勿动。"② 这个礼是周朝早已规定好的。荀子继承并发展了孔子的正名理论，他认为正名不仅具有"明贵贱"的政治伦理意义，而且还具有"别同异"的逻辑意义。荀子不自觉地把正名理论向逻辑方向发展了。正名的标准不再是"合周礼"，而是"名"以"指实"。他一方面承认先王已创造的名称（刑名、爵名、文名）有一定的继承性，但他更强调后王创制新名。他说："是散名之在人者也，是后王之成名也。"（《荀子·正名》）他认识到名随着社会的发展也会不断发生变化，因此不能完全拘于旧名，不但"有循于旧名"，而且要"有作于新名。"而根本原则是"制名以指实"。"名足以指实"则为"正名"，不能指实就是"乱名"。可见，孔子的正名理论具有保守倾向，而荀子则具有发展的眼光。荀子放弃孔子的"正名—正实——正政"的正名路线，提出"正实—正名—正政"的唯物论路线，这是一种进步。

三、《墨辩》中的符号学思想

《墨辩》内容涉及逻辑学、语言哲学、自然科学等方面的知识，其中包含了丰富的符号学思想。我们仅从正名角度进行阐述。

《经说上》云："所以谓，名也。所谓，实也。名实耦，合也。""实"是"所谓"，"名"是"所以谓"。"所以谓"之"名"，必须符合"所谓"之"实"。"所谓"之"实"，必须能够与"所以谓"之"名"相对应。在《墨经》看来，正确的名实关系，必须保持名实一致。名就是对事物的称谓，实就是被称谓的事物。名是用来称谓实的，但名也不能随心所欲，必须做到"名实耦"，即名实相符。"名实耦"是墨家表达"名实关系"的一个重要思想，可以看出墨家名学中包含指称论思想。

---

① 《荀子·正名》。
② 《论语·颜渊》。

指称论认为，名称是通过指示或指称外部世界中的事物或事实而具有意义，一个名称的意义，就是它所指示或指称的对象，或者是表达式与它所指称的对象之间的关系。主要代表人物是罗素和前期维特根斯坦。罗素在《数学原则》（1903）中指出，语言在实在中有它的非语言的对应物，一个名称的意义与这个名称所指的对象是同一的。罗素认为，名称不仅可以指称任何存在于一定时间地点之中的个别事物，而且可以指称形形色色的抽象事物，还可以指称那些并不存在的事物。前期维特根斯坦认为，语言符号描绘世界上的事态就像画家用线条、色彩、图案描绘世界上的事物一样，名称对应于现实中的对象或指称，名称的组合对应于现实对象的组合。

《小取》篇中提出了"以名举实"的思想，即一定的"名"要与一定的"实"相对应。"举，拟实也。告以文名，举彼实故也。"（《经上》）《墨辩》的"举"略似于公孙龙的"指"，但"举"比"指"更具有行为性，它表示"名"对"实"不仅要有指谓性，而且要能"拟实"。"拟"即"模拟"，具有"描述、反映"之意，也就是"名"要能举出实的某些性质。这里"名"是指称"实"的一个符号。与"举"相对的是"取"。《经下》："知其所以不知，说在以名取。"《经说下》："知，杂所知与所不知而问之，则必曰：是所知也，是所不知也。取去俱能之，是两知也。"墨子用具体事例朴素地表达了一个重要思想，即名应当受实践的检验，肯定实为第一性，名为第二性。墨子认为盲人虽然会说："皑者白也，黔者黑也。"但当你把黑白两种东西，混在一起，让他选择其一时，他就不知道何者为白，何者为黑。因此，说盲人不知黑白，"非以其名，以其取也"。

同理，今天下之君子名仁也，虽禹汤无以易之，兼仁与不仁，而使天下君子取焉，不能知也。所以墨子说："天下之君子不知仁者，非以其名，亦以其取也。"（《贵义》）"举"与"取"都属于语用范畴。墨家的语义理论强调，掌握语义仅仅进行静态描述是不够的，还要进行动态选择，能在行为上将所说的事物从许多其他事物中区别、挑选出来。

《墨经》还从交流思想的方式，来谈论名实关系，说："或以名示人，或以实示人。举友富商也，是以名示人也。指是霍也，是以实示人也。"（《经说下》）交流思想都是"以名举实"，但侧重点不同。告诉别人"友人某某为富商"侧重于"以名示人"，是借事物的名称来表达思想；而用手指着眼前的人说"这是霍",侧重于"以实示人",也就是用手指称事物来表达思想。《墨经》已涉及到两种指称形式。

《墨经》认为"名"来自"实",有实然后有名,无实也就无名。"有之实也,而后谓之。无之实也,则无谓也。"(《经说上》)又说:"名,实名,实不必名。"(《大取》)这些思想实际上肯定了实先名后,反对名在实先,名要服从实,而不是实服从名。这里贯穿了朴素唯物论的本体论思想。

《墨辩》对公孙龙的"唯乎其彼此"的正名理论作进一步补充说明。《名实论》说:"谓彼而彼不唯乎彼,则彼谓不行;谓此而此不唯乎此,则此谓不行……故彼彼止于彼,此此止于此,可。彼此而彼且此,此彼而此且彼,不可。"公孙龙的理论是一种理想语言的要求,即一个符号只有唯一的一个指称,一种涵义。《经下》说:"彼彼此此与彼此同,说在异。"《经说下》:"(彼)正名者:彼此彼此,可。彼彼止于彼,此此止于此,彼此不可。彼且此也,彼此亦可。若是而彼此也,则彼亦且此也。"《墨辩》认为,当严格地"彼彼止于彼,此此止于此"的时候,不允许混淆彼此,但当"彼且此"即彼此不异的时候,则将彼称为此,将此称为彼是可以的,也就是正名要分清彼此,从而明确事物的界限。墨家的正名学说,包含着语义学成分。

此外,《墨辩》中提出了名具有约定性的思想。"君、臣、萌(民),通约也。"这就是说,何人称君,何人称臣,何人称民,这是社会共同约定的。但《墨辩》只提出"君、臣、民"这些名是约定的,并没有概括出作为符号的名都是约定俗成的。

从总体上看,先秦的符号学思想还缺乏现代意义上的理论叙述,也没有归纳出自己独立的理论系统。但并不能否定先秦符号学思想有自己的潜在体系。先秦学者往往将自己对符号问题的理解融汇在一些为解决具体问题而发的议论中。这些议论体现和反映了他们在符号问题上的见解。由上述分析可以看出,中国是一个具有丰富的符号学传统的国家,而正名论是对符号学的集中论述。但由于正名论的主要目的是"明贵贱",通过正名为统治阶级服务,使其长于思辨而忽视形式化,而且与当时的科学技术发展联系不紧密。而符号学属于跨学科的横断科学,其发展要依赖于其他具体科学的发展。先秦已萌芽的天文、历法、数学、医学等学科中富含符号学的营养,但却未能引起辩者的注意。因而,先秦名辩中的符号思考有时虽然很深刻,但总体上却无法走向成熟。另外,先秦的符号学研究范围较窄,注意力多集中于名实问题上,缺乏语言学兴趣,使其始终未能走出哲学的影子而发展成为一门独立的学科。也正是由于没有注重语言学背景,导致了先秦的符号学思考带有浓厚的政治伦理色彩,语义分析精神始终处于强调类同思维和直觉体悟阶段。但先秦符号学看中符号的应用价值,实际上构建了一些最早的应用符号学;它长于思辨,又从元理论的角度,解决一些符号学理论中带有根本性质的问题。先秦名学中的符号学思想是我们民族思想文化宝库中闪光的明珠,其优缺点对于今天的新文化建设仍具有借鉴意义。因此,用现代符号学的眼光重新审视这些思想,是必要而迫切的。

道·言·人——老庄"道言"问题的一种阐释

李 勇

哲学思维与对语言问题的思考密切不可分,此间问题更由于二十世纪初西方哲学中发生的"语言的转向"(linguistic turn)而日益凸显。其实,一切思想与艺术的问题,归根揭底皆与语言问题有密切的关系。我们或许可以从罗素(B. Russell)在《人类的知识》中说的一句话中,管窥人类对语言的与生俱来的敬畏之情,"语言也像呼吸、血液、性别和闪电等其他带有神秘的事物一样,从人类能够记录思想开始,人们就一直用迷信的眼光来看待它。"① 但是哲学与语言的不解之缘似有更深的原因:和其他人类活动相比,哲学思维须臾不能离开语言文字。语言文字与终极境域、终极存在,与人的生存境况之间剪不断、理还乱的关系;以及无名无言与有名有言之间——依存与对抗,转化与隔碍——存在的异乎寻常的关系等等都曾让无数哲人魂牵梦绕。②

本文所阐释的老庄"道言"问题,主要围绕老庄对语言文字的态度,以

---

① 罗素:《人类的知识》,张金言译,商务印书馆,1983,第68页。
② 近年上海博物馆收购的一批属于战国中期的楚简中,有一部分被整理者题为《物先》或《天道》,据说,其中曾经讨论了现象世界与语言世界的关系,特别讨论了"或(不确定性的存在)"、"又(有,确定性的存在)"、"生(生命的存在)"以及"音(语音)"、"言(语句)、"名"(语词)、"事"(事物)之间的关系,还提出了"音非音,无胃(谓)音;言非言,无胃(谓)言;名非名,无胃(谓)名"的名辩思路。这些竹简的出土,证明当时的思想世界中,"语言"与"世界"之间的问题已经是一个很热的论题。葛兆光:《中国思想史》(第一卷),复旦大学出版社,2001,第192页。

及"道"(大道、常道)与"言"(语言文字)之间的依存、转化等"吊诡"关系问题的思考而展开。老庄关于"言"的论述,最要紧的是从"道"与"言"的关系去理解,探究"道"与"言"于存有论层面本有的关联。而且,"道言"问题在老庄那里,其"思"之根源处,是出于对生命、生存的意义与价值的沉思。这一点也正是中国形上学的精魂。

在老庄那里,自老子始,"道"就在与"名"、"言"的相互批判规定中被揭示其内涵。帛书《老子》(甲本)《道篇》(首章)与通行本《老子》(首章)开篇揭示的:"道可道,非恒(常)道",即为"道言"问题。庄子继承了老子的思想并深化之。《庄子》一书更是以深弘而肆,恢诡谲奇,文约义丰的言说来显现形而上的意涵,对"道言"问题有着哲理宏博,机趣盎然的思考。

论及老庄对语言的看法,自王弼以来,有这么一种阐释指向。人们多会论及老庄对语言文字的尖锐否定,普遍视"言"对于彰显"道",只是如"筌"如"蹄"的工具,认为"道不可道"、"道不可名",任何意义上的"言"是达不到"道"本身的。表面上看来,《老子》、《庄子》对"道言"问题的论述,也确如人们疑惑的那样:简约如诗的《老子》五千言和《庄子》中从《齐物论》到《知北游》,从《秋水》到《天下》,老庄确实对语言作了诸多质疑和责难。二位哲人的书读起来也许已经令人费解,更费解的是他们的话往往说的扑朔迷离,往往自我否定,或许正如此,方有白居易在《谈〈老子〉》诗中困惑的那样:"言者不知智者默,此语吾闻于老君。若道老君是智者,缘何自著五千文。"用后现代的话语来说,老庄的思路颇有些边"建构",边"解构"的味道。

由"道不可言"到"不离文字"的"言说",一直给了语言文字以生存的地位。如何阐释这种判断与事实之间悖论的存在呢?① 本文拟就这一问题提供这样一种阐释:老庄对于"道"(老庄对绝对存在之命名)的彰显,以及无名无言与有名有言之间奥妙关系的思想探索,已经觉察到"言"对

---

① 对于语言的"意义"基础的理解,我们是"语言"优先,还是"言说"优先,其间涉及到"思"的取向。我个人认为,语言的"意义"不仅是由"逻辑"来保证的,更是由"活动"产生的。基于此,老庄说"不可说"的悖论,并非仅仅是在"逻辑"层面展开的违反同一律的"矛盾",恰是哲思的冒险之处,是意义的"源头"。

"道"的遮拨的"吊诡"关系——语言对于"道"的既澄明又遮蔽的悖论关系。实际上,老庄虽然对日常视界中,执于"能-所"关系的"常言"、"小言"等一般语言问题充满批判和质疑,但也不是绝对地割断"言"与"道"在存在论层面的根本关联。只是在"消解"日常一般语言的执著性与确定性后,强调"言"达"道"的特殊路径(此点《庄子》较《老子》有更为超绝自觉的"思")——直接将这种似乎"谬悠"、"荒唐"、"无端崖"的"道言"——"卮言"——视为生命存在"独于天地精神往来而不敖倪于万物"的必由之"道"。老庄对"道"的言说,与其说是对"道"的"陈述"、"表达"、"描绘",更不如说是一种"显现"、"呼唤"和"端呈"。正是由此"无执"的"卮言"的端呈之际,我们倾听着道之言说,通向道之途。

本文的写作方法及视角契入,试图基于文本,致力于问题意义的阐释,无意于远古文献的历史还原,更无意于获取"施诸四海而皆准"的所谓"客观公允"的阐释。哲学研究,尤其对老庄的研究,只有从哲学的理论内涵(其中具有原创意义的思想资源),才能体会老庄之道旨,显大道之幽玄,更好地发明老庄哲学的现代价值和意义。当然,此种阐释指向同时注重关注学术史的研究成果,从根本上说,学术史问题与哲学的阐释是相得益彰的。此种阐释不是"执"于原有思想家的语言表现所产生的表面矛盾与不一致性,而是设法生发出原有思想所暗蕴的种种丰富蕴涵;不是致力于体系的"重建",而是积极寻求一种"调解"。当然"调解"不是一味的"调和"。阐释致力于恢复和探寻的,不是文本作者的个性和世界观,或者如时常听到的"原原本本"地去了解原来思想家"原原本本"的思想(恰如上文所谓的"纯粹客观公允"的阐释),而是文本的基本关注点——原来思想家的思维路数重新随后思维一次,紧紧追溯他的哲学思想探问重新随后探问一次。因为一个独特超绝的思想家有时候并不是(真正)了解他自己(的思想)。①

---

① 参见[德]海德格尔(Martinheidegger)的《什么叫思维》;以及傅伟勋先生对"创造的诠释学"的相关论述。傅伟勋:"老庄郭象与禅宗——禅道哲理联贯性的诠释学试探",《从西方哲学到禅佛教》,三联书店,1989,第389—390页。

一、道 论

（一）道涵有无

"道"、"道德"等词其实是先秦时期儒、墨、道诸子百家的共同名辞。韩愈在其《原道》一文中曾说："仁义为定名，道德为虚位。""道"、"德"等词在此前（春秋战国以前）以及在此时期确是诸子百家共同使用的一个形式上的"共名"（故称"虚位"）。所以金岳霖先生说"中国思想中最崇高的概念似乎是道。所谓修道、行道、得道，都是以道为最终目标。""不道之道，各家所欲言而不能尽的道，国人对之油然而生景仰之心的道，才是中国思想中最崇高的概念，最基本的原动力。"① 使老庄为首的先秦道家哲学与其他诸家鲜明地区别开的到不是这个"共名"，而是这个"虚位"的"共名"之内的"有无之论"。张岱年先生曾指出，先秦时期的"有无论"始自老子。② 所谓老庄"道论"，关键的也就是道、有、无三者的形上关系问题。

"道言"问题于存有论层面上正基建于"道论"——"有""无"关系问题③。持"言筌"论或语言工具论的人往往正是以老庄"道论"思想是"以无为本"为依据，将此"无"此"本"予以僵硬的实体化的诠释，忽视"有""无"相生的相互引发的妙义，所以才在得以领会"道"的最微妙处，持"言筌路断"、跃入玄冥之中的论点。所以，有无关系对于真正领会老庄"道言"问题是十分吃紧的。对于老庄"道论"涉及的"道"与"有"、"无"的形上关系问题，历来注家、学者多有不同的注释与理解，概括来说，不外有以下三种看法：道无论、道有论和道统有无论。④

---

① 金岳霖：《论道·绪论》，商务印书馆，1987。
② 张岱年：《中国哲学大纲》，中国社会科学出版社，1982，第142页。
③ 本文侧重于体察道、有及无的形上关系，而不纠缠于"道"、"有"和"无"语言符号的演变及其意旨的梳理。
④ 已有学者对此做了详细的梳理，参见朱哲：《先秦道家哲学研究》，人民出版社，2000，第69页。

其实，有无固然是统一用来"指称"道的，但是何尝不可以说正是"恒道"的这样两个统一的层面①在老庄"道论"中的反映呢？或者说正是恒常之"道"有着这样两个统一于道的层面才决定了其"有无"问题。我们也可以从长沙马王堆汉墓出土的帛书《老子》中得到这样一种视角阐释的文本依据。帛书《老子》上有这样两段文字：

道，可道也，非恒道也；名，可名也，非恒名也。

有无之相生也，难易之相成也，长短之相形也，高下之相盈也，音声之相和也，先后之相随也，恒也。

此处老子明确声称"道"是可以言说的，不过倘若是仅仅停留于此，则就不再为恒常之道。那么，如何常是"恒常"之道呢？老子此处对道的言说，似乎箭在弦上。此处关键是对"恒"的理解。据屠友祥先生对此挖掘可见②，"恒"具有自"进"而至"竟"（"盈"，"彼岸：＝表示此岸与彼岸"），以成周"遍"的蓄满强劲之力的涵义。从其意义上看，"恒"主要还是意指其达臻周遍（普遍）的过程、其生成运作之势，而不是意指其结果。因为那结果在其运行过程之中，在其意向上完全是可以预期到的，好比月上弦而就盈，舟横施而向岸，盈满之月与向岸之舟已经在坚满俱进之势中涵蕴着了。就恒道而言，道在万物而不是万物，即道不是"什么"；就"有"、"无"而言，唯有在"有""无"相生相济之间，方达此"恒"之境界，而非强执硬分定于一方。由此可见"有无相生"方为"恒"，光是"有"，自然不是"恒"，但是把"有"从"恒"中排除出去，也不成其"恒"。就体道之"言"来说，依此义理，"可道"、"不可道"，同样不能概念性的把"可道"与"不可道"相互析离，一分两撅。

那么，"有""无"统一于道，"有""无"两者是不是有分别呢？如果有分别，又在是什么层面展开而言的呢？

（二）无为道境

老庄"道论"尽管蕴涵"有""无"两个方面，但他们似乎更重视

---

① 此处"层面"异于西方传统哲学（尤其亚里士多德与康德）所谓"概念范畴"，或可领会为"思"的高低远近的多层透视角度。

② 屠友祥：《言境释四章》，人民出版社，1998，第6页。

"无",或者说"无"在"道"中是居于源出的境地。

> 无,名天地始;有,名万物母。常无,欲观其妙;常有,欲观其徼。此两者,同出而异名,同谓之玄。玄之又玄,众妙之门。(一章)

朱谦之《老子校释》引,《说文》云:"始,女之初也。"无疑母是由少女而来,故始先于母,无中生有;从"徼"与"妙"看,荀悦《申鉴》云:"理微谓之妙也"。朱谦之谓"理显谓之徼也"。由此可知"无"微"有"显,"无"妙"有"徼。"有"("常有")的根本含义在于显示一切"物"的界限("徼");而这种界限的充分暴露也就是"无"的显现。这个与"有""无"牵涉的"无"就是那种缘"有"而又成就"有"之为"有"的"道"之境域,所以是"妙"的,不拘于现成物者的有无之分。"同出异名"之"同"并非"同一",而是意味着"有""无"同出于"道"这个终极境域,共同构成此终极境域。

《老子》在十一章中说:

> 三十辐共一毂,当其无有,车之用。埏埴以为器,当其无,有器之用。凿户牖以为室,当其无,有室之用。故有之以为利,无之以为用。

这里,老子以"器"为象,展现了"道"之"有无相生",显示了这个在"有"的终结处的存在的终极道域("无")。联系上文中对"恒道"的分析,更印证此"无"的彰显,在于其生成运作之势、达臻之过程,而不是概念性的结果或现成化的"在者"(海德格尔语)。

从《庄子》来看,"道无终始"(《秋水》),道,无也。"道不私故无名"(《则阳》),"无名无实",由于道本无,故必须以"无"的方式去体道、安道、知道,"无思无虑始知道,无处无服始安道,无从无道始得道"(《知北游》)。"道无问,道无应"(同上),"以道观之,物无贵贱。"(《秋水》)"夫道未始有封,言未始有常"、"道昭而不道"、"大道不称"(《齐物论》)等等,这些都是视"道"为"无"而言的。"道"与"无"同,看来具有执"无"的意向,故庄子时以"它名"("无有","无无")(《知北游》)称道之,以此来消解名言的固著性。

"道之为名,所假而行"(《则阳》),而世人往往固执于"道"的文字相，以及固执于有无，是非，虚实，体相等人为二元对待的思辨。庄子或许感于此，由"无有"超越至"无无"，进一步彰显"道"之"无执"的品性。"无有"是对"有"的否定，但"无有"从某种意义上讲仍是一"有"，须得连这个"无"也无了，才是真正得"无"，也就是"无无"——"泰初有无无，有无名"（《天地》）。

此"无有"、"无无"之"无"（道），不是空无所有，不是干瘪的虚无，是生命的冥合未张之源出境域、生命的动力。正是这样，庄子把老子之"无"中本有而又未明言的恒常之道的内核揭示出来。老子生有、生万物的"无"不过是"未形"、没有展开的"道"的初始时的"窅然空然"势态，是"似无实有"之"无"。

（三）有无相生

那么，"无"为道之源境是否仅仅视"无"为道，而在某种程度上将"有"视为现成的存在者；或者说"无"作为一个独立的终极本体生出了"有"，而这个"有"又接着"生"出了天下万物？

早在魏晋时期的王弼对这些问题就提出并持肯定回答的。王弼根据"有生于无"的命题，提出超越有和有名而执于无或无名的"本无论"，把"道"与万物的关系视为一种母子、本末、体用的关系，遂凸显了道体之"无"，而略去了道体之"有"，甚至将"有"降至万物的层面。不可的否认的是，在《老子》中确有"有无相生"与"有生于无"矛盾冲突的文句。

无，名天地始；有，名万物母。常无，欲观其妙；常有，欲观其徼。此两者，同出而异名，同谓之玄。玄之又玄，众妙之门。（一章）

故有之以为利，无之以为用。（十一章）

天下万物生于有，有生于无。（四十章）

道生一，一生二，二生三，三生万物。（四十章）

问题是在：老子"生"字究竟如何理解？是指宇宙论意义的始源或造物者吗？此"无"真的是一个可以独立于一切"有"的宇宙论本源吗？似乎并非如此，因为老子又说"道法自然"（二十五章）及"道常无为（而无不为）"（三十七章）等。从"此二者"（有或有名与无或无名）"同出而异名"

(一章），我们也可以看出"有（有名）""无（无名）"从"意义逻辑"上就分不开。通观老子行文，其对道之要妙的言说，多为支离恍惚之辞，曰或，曰若，曰似，曰将，曰欲，多是同谓而异名的不定言语。正是基于此移易不定之语传达出"道"之边限、通道、门径（妙、徼），乃至"道"的幽暗、邈远、浑昧（玄）。道体虽冲虚澄寂，却是用之又复不盈，不盈则不尽，无限，渊深，故为万物之宗主。但是此万物之宗却不是可以强执硬守的，而是"挫其锐，解其纷，和其光，同其尘"，如此之"道"虽呈现混沌未分，若亡若存之貌，却是"湛兮似或存"，隐没不见但又实存（四章）。① 老子则往往将其表示为"惚恍窈冥"（二十一章）、"专气致柔"（十章）、"虚而不屈，动而愈出"（五章）、"虚极而作"（十六章），"周行不殆"（二十五章）的"玄牝之门"（六章）。此混成"道境"中"有象"、"有精"、"有物"、"有信"（二十一章）②，是先于任何概念名相的，而不是一个实体的"无"。

我们理解"有生于无"必须联系其上下文看，方可知其微言大义。比如，这句话所在的四十章的全文是：

> 反者，道之动；弱者，道之用。天下万物生于有，有生于无。

讲"有生于无"同样不应关涉道之宇宙论的始源与否，乃是"道"之反动的一种方式，其目的在于消解去那些偏"有"执"无"的思辨。此句或可这样理解：对于"有"的透彻领会生自对于它的终极生成境域（"无"、"道"）的领会。

"有无相生"，"无"缘于"有"而成就"有"之为"有"，离开了"有"之终极也就没有"无"这个"玄之又玄"的境域。可见这个"众妙之门"的"道境"是更本源的和有蕴育生成发生能力的，一切"有"之为"有"都因它而成，但是这"生"并不意味着一个还有独立的现成存在性的东西生出另一个现成东西；它只能意味着一切"有"只是在"无"之源出境

---

① 道冲而用之而弗盈，渊兮似万物之宗，挫其锐，解其纷，和其光，同其尘，湛兮似或存，吾不知谁之子，象帝之先。（四章）
② "孔得之容，唯道是从。道之为物，唯恍唯惚。惚兮中有象，恍兮中有物。窈兮冥兮，其中有精，其精甚真，其中有信。自古及今，其名不去，以阅众甫。吾何以知众甫之然？以此。"（二十一章）

域中才成其所是。决没有一个在一切"有"之外的"无"的境域。真正的"无境"或者"道境"就是我们对于"有"的生成式的领会,得道体"无"就意味着进入这样的领会境域。

(四)无之无化

由此,老庄对如何达到"道"(无)的存在领域,或可称为是一个通过"无"以及"无之无化"①而达到"大有"或"存在本身"的过程,而不是通过"空无"和"实有"。只不过老子将之称为"损",老子说:"为学日益,为道日损"(四十八章);"物或损之而益,或益之而损"(四十二章)。庄子的论述远比老子详尽,他说:"是不是,然不然。是若果是也,则是之异乎不是也无辩。然若果然也,则然之异乎不然也无辩。……忘年忘义,振于无竟,故寓诸无竟。"存在者重要的是它如何通过"损"、"无为"、"忘"而得到"道",进入"无"的领域体悟存在的意义。(《齐物论》)

对于一个穷根究底的思想家来说,讲"无"不碍真"有",讲"有"也不碍真"无"。王安石在注解老子《一章》中的"两者同出而异名"时,就指出:"'两者',有无之道,而同出于道也。世之学者,常以无为精,以有为粗,不知二者皆出于道。"老庄中存有用大量的混沌未分的譬喻之词("象言"或"构境之词")来引发、显示"大道"的现象,比如"水"、"谷"、"门"、"赤子"、"愚人"、"张弓"、"朴"、"婴孩"、"风"、"山木"、"解牛之刃"等等;说明在他们的心目中,道不避形,亦不避名,而只是不滞于定形与定名。正是感于世人多偏执于表层文字,庄子于"道"之言说往往是是非两行的分合"吊诡"之言,从而彰显有无相生、彼此互构、是非相缘的"道境"。其良苦用心是帮助人们从关涉语言、思想于实在的人为固执中解放出来,使人达到"因是"之自"明"("齐物"),也就是"达到事情本身"或"道本身",让"道"自道而不被割裂和概念表象(小名小言)化。

综述这些意思,老庄对待语言文字的"道言"思想就是,通过"无"或"无用"来"损"(四十八章)去概念表象的小名小言,从而彰显这个原本

---

① 关于"无之无化"观念,参见彭富春:《无之无化——论海德格尔思想道路的核心问题》,上海三联书店,2000,第3页。

的、纯粹的语言或道言之域，使人化入其中而得真道之大用。

三、言　论

言说的基础就是命名。世间万事万物千差万别，人们要"别同异"（《荀子·正名》），就要将"物的世界"予以"命名"，从而为人所"称道"。而未经命名之物则处在不确定的潜在状态，仿佛隐匿于黑夜中的风景，其存在的可能性与呈现的可能性就是无穷多样的。而一经命名，它就从潜在的阴影中凸现出来，成为特定的"某物"，正如《齐物论》篇云："物谓之而然。"也正因为"命名"，"物"方分门别类，对人方具有意义。而一切言说也均在揭示被说者的意义，庄子谓"言者所以在意"。（《外物》）

"言者有言"，"言者"要赋予"所言者"以确定的意义，"定"了"所言者"才算是成立，"言者"才算是在"言"（《齐物论》）。① 当代语言学认为，被诠者意义的绽开实际上是言说中的"能指－所指"关系的建构。一方面，被诠者必有"所指"或"所在"，而不管其"所指"是实指的（如科学），还是喻指的（如文学），抑或是幻指的（如神话）。"所指"，它作为言说中的"在"，显然是为我们的心智作了知性处理化后的"意向性实体"。另一方面，作为意向性实体的"所指"之所以能够被建构，就是因为被诠者必须是"能指"或"能在"的。问题更深的一方面还在于，意义得以"唯一性"地被确定的"语境"。"能－所"关系不过仅仅使言说中的意义得以显现成为可能，但是"确定性"却难以贞定。"语境"才是言说中的意义得以意向性建构的整体因素，而"能－所"关系所贞立的意义的有效性则由语境来决定。换句话说，缺少语境，"能－所"关系是支离破碎的；改变语境，也就改变了意向性实体建构本身即所指；游离了一定的语境，常常是言辩者陷入深度的难堪。那么"道"是否能居于此"能－所"结构所指向的语境之中呢？② 还是让我们先来看一下老庄对语言文字的怀疑与责难。

---

① "夫言非吹也，言者有言。其所言者特未定也。"（《齐物论》）
② 参见李孺义：论"卮言"——道体论形而上学的语言观，载于《哲学研究》1997年第4期。

（一）怀疑与责难

1. 道常无名

帛书《老子》甲本《道篇》首章和通行本《老子》首章就是："道可道，非恒（常）道；名可名，非（恒）常名。无，名万物（天地）始；有，名万物（天地）之母也。"在这里，"可道"、"可名"均指可以称说、可以称道的意思，也就是说老子首先就提出了"道"与"言"的问题，而且其中"道"不可言说的意旨为历代注家所共认。老子的关注处在于超越经验与语言的"道"，而不在于描叙具体事物与现象的"名"。虽然语言在万物起源时就已经产生，"始制有名，名亦既有"（三十二章），但是老子告诫，语言不是永恒的，是有限度，一方面因为"物"是流动变迁的，另一方面是由于"道常无名"（同上），"道"是语言不可说明与表达的。于是，"知者不言，言者不知"（五十六章），"信言不美，美言不信"（八十一章），语言妨碍体验超越性的终极"天道"。所以《老子》中对"道"也多为"惚恍"之言，如"有物"（二十五章），"强为之名曰大"（二十五章），"可名于小、可名为大"（三十四章），"无名之朴"（三十七章），"一"（第三十九章），"天下母"（五十二章），"常"（十六章），"惚恍"、"恍惚"（二十一章），"无"（四十章），等等。

在这里道不可道、道不可名的思想，彰显了语言的界限、"言"有它所不能言的"域"。这也即老子《三十二章》所云："始制有名，名亦既有，夫亦将知止知，知止所以不殆。"关于"止"，《说文》：止，下基也，像草木出有趾。如此看来，"止"并不是"寂止"。知"止"，并非仅仅执于道之不可道一面，而恰恰是言说对道之"可道"一面的尺度要有恰当的把握。①"万物之母"的"道"非"物"，因为"物"之成"物"，在于命名，而一旦纳入语言之命名过程，则无穷无尽。"道"是既有限而又超越有限的"无限"，"道"是"大全"，是"万有"，是寻常日用须臾不可离而又亘古如斯的"逝"、"远"、"反"。

---

① 屠友祥：《言境释四章》，上海人民出版社，1998，第9页。

偏而不全、限于一有的、有而不变的"言"如何才能够真切、完整、动态地反映出"常（恒）道"呢？因此要把捉这不可道、不可名的"常道"，就必须让"言"向"道"开放。即以"无名"名与以"不言"（行不言之教）言。闻道者所以"日损"（四十八章），知"道"者所以"弗言"，就是让"言"向"道"敞开，"言"者所以不知，恰是因为一落言诠，"道"路断绝。

2. 道不可言

在《庄子》看来，知为心主（《德充符》："以其知得其心。"），言为心声，谓之而然的"言"由知而生。"知者，接也"（《庚桑楚》）。"接"指触受。面对至大之"道"的庄子深知语言的能力或局限。"言休乎知之所不知，至矣"（《徐无鬼》），《天道》论及这样的观点：

> 世之所贵道者，书也。书不过语，语有贵也。语之所贵者，意也，意有所随。意之所随者，不可以言传也，而世因贵言传书。世虽贵之，我犹不足贵也，为其贵非其贵也。故视而可见者，形与色也；听而可闻者，名与声也。悲夫！世人以形色名声为足以得彼之情。夫形色名声，果不足以得彼之情，则知者不言，言者不知，而世岂识之哉！

世人滞留在"书"与"语"的文字相，以之为"贵"。殊不知，这样不仅不是得道，反而是背"道"相驰。这里揭示的问题实质："书"、"语"与"视"、"听"统属于知，而知只能知"物"。"意"依附于言而指向"道"，而尽"物"的文字言语不足以传达意之所随之"道"。因为言说者作为个我的存在，虽拥有不可替代的主体性，但也造成其认识与理解的视角偏碍，其言说的本己语境亦是如此。我们无以体认至大至全之"道"，恰因立足点与视角往往是偏于一隅，故有不尽不明。也即庄子《秋水》篇论说的依凭析分、辨物之言、意是无法体认"不期精粗"之道的：

> 河伯曰："世之议者皆曰：'至精无形，至大不可围。'是信情乎？"
> 北海若曰："夫自细视大者不尽，自大视细者不明。夫精，小之微也；郭，大之殷也：故异便。此势之有也。夫精粗者，期于有形者也；无形者，数之所不能分也；不可围者，数之所不能穷也。可以言论者，物之粗也；可以意致者，物之精也；言之所不能论，意之所不能察致者，

不期精粗焉。"（《秋水》）

从语言所可讨论的对象来看，只是对象世界中具有可"揲"之"形"，可"谟"之"数"的粗显表面的"物"；而对于对象世界精微深层的"无形"、"不可围"的，"言"、"意"则不可企及。此处彰显"小大精粗"的物者仍局限于形名之域。因此，面对"不期精粗"、无形、不可围、浑全而不尽的"道体"，出于不可思议之境，则非言意所能述说。

此处"道不可言"是指"道"不适合言，不宜于言，不允许言也。"可"应释为"适合"、"适宜"、"允许"。"人法地，地法天，天法道。道法自然。"（二十五章）天地不言，天地有大美；四时不言，四时有明法；万物不言，万物有成理。在这里，天地，万物，四时都体现了大道行之而成，不言不说的特点。人既法道，大道不言，则人不适合言，不宜于言，不可以言也。"大道不称，大辩不言"（《齐物论》），道本自然，大道不待辞费，行之而成。"天地有大美而不言，四时有明法而不议，万物有成理而不说。"（《知北游》）古之得道、体道、法道的圣人、真人；王天下者，皆"知虽落天地，不自虑也；辩虽雕万物，不自说也；能虽穷海内，不自为也"。（《天道》）其因循物化，与天为徒，天与人不相胜，无为而不为，"悗乎忘其言也"（《大宗师》），也正是体现了道成而不称，为而不言的特点。故庄子在《徐无鬼》中明确倡导"狗以不善吠为良，人以不善言为贤"，人应当像至人一样，"原天地之美，而达万物之理"，"无为"、"不作"、"观于天地之谓也"。（《知北游》）

3. 道不当名

但是，道不可言仅仅关涉的是语言的能力够不够的问题吗？还是有另外的问题？道不可言，道不当名，在于"知""言"本身的态度就与"道"相去甚远，其中深层缘由并非仅仅是由于言的能力的问题。庄子对此有真切的论述。

《知北游》篇中泰清问"无穷"和"无为"两个人知不知"道"，无穷回答不知，无为回答知，并对道的规则有一番的描述，泰清又问无始，这两个人谁正确，无始答曰：

不知深矣，知之浅矣；弗知内矣，知之外矣……道不可闻，闻而非也，道不可见，见而非也，道不可言，言而非也，知形形之不形，道不当名。

这里的问题是，相信用语言可以说出"道"这个态度本身是独断的，是背离道的。即使对道进行了相当准确的描述，道在本质上仍是不可言的。

《知北游》另有一章与此意相同。此章写一个叫"知"的人北游于玄水，向无为谓、狂屈和黄帝三人问道。无为谓没有回答，并且不是不回答，而是"不知答"。狂屈想回答，结果是"中欲言而忘其所欲言"，想不起来应该怎么样说。只有黄帝回到的最明确，他说："无思无虑始知道，无处无服始安道，无从无道始得道。"但是"知"并不是到此就罢休，而是继续对黄帝发问：现在我和你知道什么是道，无为谓和狂屈不知道，那么谁是正确的呢？黄帝的回答可谓其意深远：

> 彼无为谓真是也，狂屈似之，我与汝终不近也。夫知者不言，言者不知，故圣人行不言之教。……（《知北游》）

可以说，黄帝用六个"无"对道之述说是正确的解释，可是为什么他还算是不知"道"呢？对此黄帝解说为：

> 彼其真是也，以其不知也；此其似之也，以其忘之也；予与若终不近也，以其知之也。（《知北游》）

成玄英释："彼无为谓妙体无知，故真是道也。此狂屈反照遗言，中忘其告，似道非真也。知与黄帝二人，运智以诠理，故不近真也。"看来"无为谓"就是"道"，"道"就是"无为谓"。狂屈虽"忘"，到底还是有个"知"的意识，所以也只是"似之"；"似之"、"忘之"的态度，对体道之人而言，道毕竟还是己身外的一个"之一"。

以上虽然都是从知说起，实际上"言"与"道"的关系也在其中：知言，黄帝以言破言，狂屈欲言而忘言，无为谓不言。三者之于"道"也分别是"终不近"、"似之"、"真是"。看来，道不可言，道不当名，在于"知""言"本身的态度就与道相去甚远。那么"言说"本身是因为具有什么根本缺陷而遮蔽了"道"呢？

4. 言者有言

对于"言说"与"道"之间的"吊诡"关系，《庄子·内篇》中的《齐物论》有一篇尤为精妙的言说。

《齐物论》篇揭示出现实世界之语言的典型特征就是"确定性"的态度。庄子对语言的怀疑与责难也往往根于对其确定性的警惕与畏惧。日常世界的名言基于"能－所"关系，从而使它所指称的"物"具有确定性，但是，历史变动不居，宇宙运转无方，社会动荡不宁，这使得一切都没有永恒的确定性。逝者如斯，今日之我非昨日之我，昔日之河非今日之河，南辕北辙，燕赵吴越，今是昨非，彼我真伪，《寓言》所谓"万物皆种也，以不同形相禅，始卒若环，莫得其伦"，以此警醒世人对名言确定性和普遍性得怀疑。"朝三暮四"和"朝四暮三"得故事是一例，毛嫱丽姬对人之为美对鱼鸟麋鹿之为恶是一例。"言"与"所言者"的确定与确认，常常使得这种确定性成了强迫的普遍性，仿佛盖棺论顶，不容置疑，甚至越俎代庖地在人们心中取代事物和现象本身，以至于落入"郑人卖履"或"刻舟求剑"的可笑境地。而且这种确定性往往从自己的特定立场出发，以己为是，以他者为非。更有甚者，人们对语言加上文饰的花样，花言巧语，争辩不休，纷纷嚷嚷：

> 大知闲闲，小知间间。大言炎炎，小言詹詹。其寐也魂交，其觉也形开。与接为构，日以心斗。缦者、窖者、密者。小恐惴惴，大恐缦缦。其发若机栝，其司是非之谓也；其留如诅盟，其守胜之谓也。（《齐物论》）

师其"成心"的偏私之言，使得人人都是把一种偶见夸张为确定不疑之言。从而，在芸芸众生的现实世界的语言，犹如潘多拉盒子中跑出来的怪物一样，四处为恶：说服、诱使、谄谀、狡辩、煽动、吹嘘、诽谤、谄佞、溢美、讹诈、诓骗、喋喋不休、等等。这样的人言，只会使得人生状态陷入分裂。这样无谓的人言和鸟音又有什么样的区别？如此之人言看来实无异于大千世界中甚为微不足道的幼鸟之鸣：

> 夫言非吹也，言者有言。其所言者特未定也。果有言邪？其未尝有言邪？其以为异于鷇音，亦有辩乎？其无辩乎？（《齐物论》）

"吹"是"天籁",是自然状态,"言者有言"要有意义,因此而不自然。对于"言非吹也",我以为不仅仅是强调"人籁"和"天籁"的区别,更重要的是凸显"人籁"之中与"天籁"相背离者的否定。正是在此背离中"道"隐去了:

> 道隐于小成,言隐于荣华。《齐物论》

这个有可能隐去的"言"不同于"言非吹也"的泛泛之"言",也不同于"言者有言"的要有确切意义的"言",而是真正达"道"之"至言"。(《天下》)

5. 道不可有,有不可无

那么达"道"之"言"是否唯有沉默呢?《则阳》篇中有一段对话进一步讨论知、言与至大至精之道的问题,其思想的深度不逊于内篇中任何一则:

> 少知曰:季真之莫为,接子之或使。二家之议,孰正于其情,孰偏于其理?

> 大公调曰:鸡鸣狗吠,是人之所知。虽有大知,不能以言读其所自化,又不能以意其所将为。斯而析之,精至于无伦,大至于不可围。或之使,莫之为,未免于物而终以为过。或使则实,莫为则虚。有名有实,是物之居;无名无实,在物之虚。可言可意,言而愈疏。未生不可忌,已死不可阻。死生非远也,理不可睹。或之使,莫之为,疑之所假。吾观之本,其往无穷;吾求之末,其来无止。无穷无止,言之无也,与物同理。或使莫为,言之本也。与物终始。道不可有,有不可无。道之为名,所假而行。或使莫为,在物一曲,夫胡为于大方!(《则阳》)

这里且不论季真与接子为何人,对话所谈论的是"莫为"、"或使"两家理论。"莫为"与"或使"所论,争执的焦点是万物的变化是否有个主宰者。大公调认为季真之莫为,接子之或使,一落于实,一落于虚,各有各的道理,但都偏于一曲。因为二者各自虽都有分别,但是"或使"执著于"实有","莫为"固滞于"虚无",都处在物之一曲。"或使"落于实处,偏于一曲好理解,因为万物的根由不能由现象规则来解释;①"莫为"落在虚处,为什么

---

① 文中插入"死生非远也,理不可睹"就是要说明这个道理。

也偏于一曲呢？其实联系到我们上文"道论"中论及的"有无关系"就可揭明此中原因（详见第一章第四节）。达此"道"境，不能通过"空无"和"实有"，唯有通过"无之无化"，在"有""无"相生相激相荡中应势而就。庄子与此文中也揭明："道不可有，有不可无"。即道不能全由有形之物理解，有形之物是实存的，但也不能无视它的存在而直接面对虚无。

"道不当名"，"道不可言"是因为名言不仅不能尽道，反而有遮蔽大道的危险。本来"道恶乎往而不存，言恶乎而不可"（《齐物论》）。常道至道，非真非伪；玄言至言，非非非是。大道周行，遍在万物；真言随物，何往不可。然而"道隐于荣华"，人们的成见、偏滞之言常使人自隐于道。滞于名言者，常因华词浮辩，难达深理。历代好老庄者，常滞留于其言辞而不及其冲旨、不味其幽玄者，所在多有。这就足证言遮蔽道的一面。言使人止于言，更甚者将人引向歧途，使人背"道"而弛，与"道"失之交臂。更有甚者，如上所谈，工具表象之言堕化为"成心"之言，"风波之言"、"闲言"（海德格尔语）：

> 丘请复以所闻：凡交近则必相靡以信，远则必忠之以言。言必或传之。夫传两喜两怒之言，天下之难者也。夫两喜必多溢美之言，两怒必多溢恶之言。凡溢之类妄，妄则其信之也莫，莫则传言者殃。故法言曰：'传其常情，无传其溢言，则几乎全。'言者，风波也；行者，实丧也。夫风波易以动，实丧易以危。故忿设无由，巧言偏辞。（《人间世》）

（二）即言即道

在老庄有关"言道"的思想中，几乎都意识到"言"在达"道"方面的局限性，然而又都无一例外地使用了"言"以传达他们所体认的"大道"、"常道"。难道创立了如此深邃"道论"的老、庄，就没有意识到自身的矛盾：一方面坚持"道不可言"，一方面又不断地以"言"言"道"。实际上，老庄所提出的"道不当名"、"道不可言"是在对语言的局限性有清醒认识的前提下，反对人们执著于或止步于荣华的言辞而不及"道"。他们并非一般笼统的反对言，弃绝"言"与"道"之间本有的密切关系。换言之，他们是在体认到"道不可言"、言难尽意的情况下，以及语言本身具有的遮蔽性的前提下，更注意如何"言"（以及用什么样的态度），来通达"道"。

1. 不言之教

在《老子》书中，老子虽然首先就提出"常道"难言的问题："道，可道，非常道；名，可名，非常名。"并且老子还明确的提出"处无为之事，行不言之教"（二章），"不言之教，无为之益"（四十三章）。老子这一思想非但不是否定"言"而是在体认到"言"在传达"道"时存在着难以尽"道"的局限而非常重视"言"。简单说来，老子主张"贵言"（十七章）和"善言"（二十七章）。"贵言"是就对待"言"的态度而言的；"善言"则是就"言"的方法、方式来说的。

所谓"贵言"就是要"希言自然"（二十三章），使"言"合于自然，而不能"多言"，"多言数穷，不如守中"（五章），与其"信不足，有不信焉！"，不如"悠兮，其贵言"（十七章）。要"言善信"（八章），而不要"虚言"。如果能做到使"言"在言"道"时而"信"不"虚"，"希"而不"多"，合于自然"道"，则是真"贵言"也。

所谓"善言"既要"言有宗"（七十章），使"言"以"道"为宗本，又要注意独特的"言道"方式和使用（或创造），如"明道若昧"，"大音希声""大象无形"、"进道若退"、"不无为"、"事无事"、"曲则全"等就是《老子》书中特色鲜明的"若反"的"正言"（七十八章）。这种"若反"的"正言"正是蕴含了"道"理的"道言"，而非虚言也，"古之所谓'曲则全'者，岂非虚言哉？诚全而归之"（二十二章）。故"道"显示为语言时，往往是"淡乎其无味，视之不足见，听之不足闻，用之不可也"（三十五章）。

五千精妙之言的《老子》足以证明老子多么"贵言"又是多么地"善言"。"贵言"实"贵道"、"善道"实"善道"也。不过只是往往"天下莫能知也，莫能行也"（七十章）。

2. 非言非默

庄子可谓是承继老子的以上思想，尤其是在"善言"方面做出了超越于老子的独特贡献。

庄子明确地意识到"道不可言，言而非也"（《知北游》），"可以言论者，物之粗也；可以意致者，物之精也；言之所不能论，意之所不能致者，不期精粗焉。"(《秋水》)"道"是不期精粗者也"言"在达"道"时确实存在着极大的困难。虽然"夫道，窅然难言哉！"然而"将为汝言其崖略"(《知北游》)。难言，并不是就此止步，放弃言和否定言，不仅应当言，而且必须言也。"夫至理虽复无言，而非言无以诠理"(成疏)。况且"至言不出，俗言胜也"(《天地》)。只是在"言道"时应当谨言，慎言。所谓"请尝言之"(《齐物论》)，"予尝为汝妄言之，女以妄听之矣"(《齐物论》)等言词，正反映了庄子谨言、慎言的态度。

所以"言"能不能及"道"，最根本的恐怕是"善言"的问题，即如何言说的问题。《则阳》篇谓：

> 言而足，则终日言而尽道；言而不足，则终日言而尽物。道，物之极，言默不足以载。非言非默，议有所极。

成疏云："足，圆偏也，不足，偏滞也。苟能忘言会理，故曰言未尝言，尽合玄道也，如其执言，不能契理，既乖虚通之道，故尽是滞碍之物也。"言而周遍，且能忘言会理，言是可以尽"道"的，这就是善言尽道；相反，言而不足则是只能言而尽物也。《庄子》全书"寓言十九，重言十七，卮言日出"(《寓言》)，可谓言而足也！其与道也，"连犿无伤"、"諔诡可观"，可谓尽"道"矣。由此，《庄子》书中提出"善言"的极致，是"非言非默"。

何谓"非言非默"？对于上面的引文王夫之对此有深刻的解释：

> 夫道不可有，有不可无。有者物也。极物则无道，恶有无哉？至此而言穷矣。言穷而默，默又不得当焉。道不可尽，尽之于物。故于道则默，于物则言。故邱里之言，圣人之所师，皆圣人之传也。随其言而成，乃谓之随成。随成而无不吻合。此庄子之宗旨，异于老氏'三十幅'章，及'道生一一生二'之说；终日言而未尝言，曼衍穷年，寓于无境。①

"道""物"在此相并而论，因为"道不可有，有不可无"，道不离物。但是一般语言"能－所"关系所能纳入其中的，也即言之所尽，极"物"而

---

① 王夫之：《庄子解》，中华书局，1964，第237页。

已。"道"无始无终,恰如物之极处。此时,极物之言欲说无言。西方哲人维特根斯坦也提出哲学就是要区分"可说的"和"不可说的",并认为凡是"可说的"都可以说清楚,对于"不可说的"就应当保持沉默。但是"沉默"并非"黯哑","真正的沉默往往存在于本真的言语中。"① 真正的沉默通过把可说的东西说清楚的途径把不可说的东西"显现"出来。

庄子"非言非默"的另一表述,在《奇物论》便是"无谓有谓,有谓无谓",于《在宥》为"渊默而雷声",《天运》为"雷声而渊默"。此"非言非默"之言也正是"类与不类"、"和以天倪"、"休乎天钧"、"是非两行"、"日出"无执的"卮言"。(详见后)

3. 即言即道

由此反观《天道》篇所载"轮扁斫轮"的寓言,视古圣人之言为古人糟粕,并不是说庄子否定"言",而是针对着"世之所贵者,书也"这一倾向而发的。如果求道者视书如道,被圣贤经典困住,被语言文字套牢,圣贤经曲、语言文字反成牵累。"书"毕竟还不是"道"本身,贵"书"而遗忽了"道"本身,这对于求道者来说,"书诚为糟粕"。可见,所谓糟粕之论,实是"为执文字者下针砭"也。老、庄"贵言"、"谨言"、"善言"正反映了他们即言即道的一面。在"即言即道"的家园这种意义上,可以说"言"即是"道"。试想,如果没有《老子》、《庄子》,我们又从何处体会老庄之"道"呢? 正如清末居士,佛学家杨文会,在解析《天道》篇:"世之所贵道者,书也"时说得好:

> 古圣遗言,如标月指,执指固不能见月,去指又何能见月。庄子恐人认指为月,不求见月,故作此论。全书文字,如神龙变化,若有若无。犹释典之中有《金刚经》,能令一代时教飞空绝迹也。达摩西来,不立文字,直指人心,见性成佛。当时利根上上智,得其旨趣者,固不乏人,而数百年以后,依草附木之流,正眼未开,辄以宗师自命,邪正不公,浅深莫辨。反不若研求教典之为得也。盖书之可贵者,能传先圣之道。至于千百世令后人一展卷间,如见明师,如得益友。若废弃书籍,师心

---

① [德]海德格尔:《存在与时间》修订译本,陈嘉映译,三联书店,1987,第192页。

自用，不至挑坑落堑不止也。①

关于语言文字与闻道，《大宗师》篇中还有一则经典的寓言，即南伯子葵问于女偊如何闻道，女偊回答：

> 闻诸副墨之子，副墨之子闻诸洛诵之孙，洛诵之孙闻之瞻明，瞻明闻之聂许，聂许闻之需役，需役闻之於讴，於讴闻之玄冥，玄冥闻之参寥，参寥闻之疑始。

从"副墨"到"疑始"，其涵义历代注庄者歧解颇多，一般按照成玄英的解释："副，副贰也。墨，翰墨也；翰墨，文字也。理能生教，故谓文字为副贰也。……始，本也，道以不本为本，本无所本，疑名为本，亦无的可本，故谓之疑始也。"（《庄子注疏》）对于庄子关于闻道的九个拟人化的环节，台湾学者庄万寿先生把"副墨之子"与"洛诵之孙"排在最低下的层次。② 对于具体的"闻道"过程来说，《大宗师》篇把"副墨之子"，"洛诵之孙"排在第一，二位是非常确当的。其实"副墨之子"、"洛诵之孙"即语言文字，正是"闻道"的起始阶段，基础阶段，没有"副墨之子"、"洛诵之孙"的导引，我们又如何能够达到致"疑始"呢？从这个意义上实可以说"副墨之子"、"洛诵之孙"正是"疑始"，也就是说"语言文字"即是"道"也。

（三）、寓言、重言和卮言

老庄之中，《庄子》一书可谓是对如何以"非常道"、"非常言"言"道"最具自觉意识的著作。司马迁曾称庄子"善属书离辞，指事类情"（《史记·老子传》）。

1.《天下》、《寓言》之辨

《庄子》的《天下》、《寓言》向来被学者、注家视为序例之作（如王夫之）。在《寓言》与《天下》篇中，庄子更用"寓言"、"重言"和"卮言"

---

① 杨文会：《南华经发隐》。
② 庄万寿：庄子语言符号与"副墨之子"章之解析，陈鼓应主编《道家文化研究》（第五辑），1995，第101页

来表达他那"言无言"、"非言非默"的言说方式:

> 庄周闻其风而悦之,以谬悠之说,荒唐之言,无端崖之辞,时恣纵而不傥,不以觭见之也。以天下为沈浊,不可与庄语。以卮言为曼衍,以重言为真,以寓言为广。(《天下》)

> 寓言十九,重言十七,卮言日出,和以天倪。(《寓言》)

《天下》与《寓言》虽然都将庄子言说表达为"寓言"、"重言"和"卮言",但从解释的篇幅、层次以及义理上,却有着颇大的差异。

《天下》对三言阐释的十分精炼犀利,但其因果性的解释,及以"曼衍、真、广"来分别定义"寓言、重言、卮言",却有南辕北辙,买椟还珠之憾。"以天下为沈浊,不可与庄语"一句,陈鼓应先生译为"认为天下沉浊,不能讲严正的话"。① 这种解释可以说代表大多数的意见,但是仔细的推敲一下,却是有多处疑点。从庄子的人格境界来说,若果真如《天下》所云,"独与天地精神往来而不敖倪于万物,不谴是非以与世俗处",其人即已臻万物齐一,又何来天下沉浊与清明之分,又何至于有"庄语"与"三言"之分别?何况,"以重言为真",真假对待而言,而庄子恰恰是要求齐是非,破对待的。《天下》称"以谬悠之说,荒唐之言,无端崖之辞,时恣纵而不傥,不以觭见之也",仿佛庄子与其他先秦诸子不同之处仅仅在于其语言表达技巧上。这就把庄子的言说仅仅视为某种独特的个人风格和一种富于美学价值的文体样式,忽视了庄子言说方式与其哲学思想的内在联系。最关键的是,庄子在《齐物论》是明确指出言说的存在悖论的,如:"既已为一矣,且得有言乎?既已谓之一矣,且得无言乎?一与言为二,二与一为三。自此以往,巧历不能得,而况其凡乎!故自无适有,以至于三,而况自有适有乎!无适焉,因是已!"。而"庄语"与"三言"的区分,看似提供了一条读庄的门径,实际上却是取消庄子中这个值得的关注的"问题"。

与《天下》将"三言"并列看待不同的是,《寓言》将"三言"分为两个层次,曰"寓言十九,重言十七,卮言日出,和以天倪"。《寓言》把"卮言"当作庄子言说的显示方式的总结,重申之为"卮言日出,和以天倪,因

---

① 陈鼓应:《庄子今注今译》,中华书局,1983,第887页。

以曼衍，所以穷年"。此句的后三句直接引自《齐物论》，意思是："卮言"层出不穷，合于自然之边际，合于生命之本真，散漫流衍，可以以之为充实生命的意义。《寓言》进而对"卮言"的言说，更是明确了庄子的言说方式与其哲理内涵的一致性："非卮言日出，和以天倪，孰得其久！万物皆种也，以不同形相禅，始卒若环，莫得其伦，是谓天均。天均者，天倪也。"它强调的是，生命的本真意义即在于与自然的本性相契合，而此契合也唯有依凭"卮言"这种独特的言说。而且对庄子关于语言文字的怀疑与责难以及"说不可说"也正面提出了解释："不言则齐，齐与言不齐，言与齐不齐也。故曰：言无言。言无言：终身言，未尝言；终身不言，未尝不言。"这里，第一句是接着上引《齐物论》的"一与言为二，二与一为三"而来，阐述"不可说"的道理。但是，第二句所说的"言无言"的"卮言"却不在此列。一味的缄口，未必做到了"无言"。此处以"无言"为非，反而以"言无言"方为得"无言"之真髓。此处正和上文论及的"有无相生"之"道"相呼应，真正的"无境"或者"道境"来自我们对于"有"的生成式的领会，而不是绝对的空无和实有。下面让我们详细看一下庄子的"寓言"、"重言"和"卮言"。

2. 寓言

就寓言看，《寓言》谓：寓言十九，藉外论之，亲父不为其子媒，亲父誉之，不若非其父也。郭象注云："言出于已，俗多不受，故借外耳。"成疏谓："寓，寄也。世人愚迷，妄为猜忌，闻道已说，则起嫌疑。寄之他人，则十言而信九矣。"陆西星《读南华经杂说》谓："意在于此，寄言于彼也。"寓言，寄寓之言，但是究竟寄寓什么，却没有明说，我们还是来看《寓言》的论述：

> 寓言十九，籍外论之。亲父不为其子媒。亲父誉之，不若非其父者也。非吾罪也，人之罪也。与己同则应，不与己同则反。同于己为是之，异于己为非之。

从字面上看，立场的不同，会因"同异"而产生"是非"，自己夸耀自己的儿子不如让别人夸耀，所以"籍外论之"而成寓言。郭注成疏把"论之"阐释为讲明某个道理，殊不知庄子之"论"不是"庄语"式的"立论"。庄子的言说往往是以破对待、不立是非为前提的"言无言",是在展示语言欠缺和局限前提下的"卮言"。所以,"籍外论之",仅仅寄寓言说者对"道"的意向性而已,而不是什么为了使人信服而托大自重的伎俩。

通常的寓言有两种。一种是一个个独立的寓言故事,如古希腊的《伊索寓言》。另一种是镶嵌在一定语境之中的寓言故事,这在先秦诸子著作中常见,如《韩非子》中的"守株待兔"与"自相矛盾"的故事。那么庄子的寓言是不是通常意义上的寓言式的言说呢?寓言总是在讲故事,但是问题不在于讲什么故事,而在于故事是怎么讲的。庄子寓言虽然也是由一个个故事组成,但是"寓言十九",它们共同却构成一个语境整体。单个寓言故事的理解往往需要置于某种大于单个故事的整体语境之中,也即"这个"或"那个"寓言故事所言说的对象性内容是"虚化"("无化")的。但是,特定的语境往往在构成寓言的特定理解背景,赋予其确定语义的同时,有被实在化的趋势。故庄子在其寓言中,语境也是被彻底地虚化的。庄子之中的寓言所呈现的是,寓言套着寓言,具体的语境通过排列、重合、叠加,造成数不清的矛盾和歧义,从而使得整体语境的虚化,造就了一个语境的迷宫,一个真假难辨的太虚幻境。这样的阅读效应,迫使读者的阅读视角从庄子表面的说了些"什么",转移到"怎样说"上,从而领悟现实的言说过程中展示的言说的意向性,即"道"的生存意向。

3. 重言

就重言看,《寓言》谓:"重言十七,所以已言也。是为耆艾,年先矣,而无经纬本末以期年耆者,是非先也。"《天下》谓:"以重言为真。"关于重言,郭象未注《天下》句,注《寓言》句为"世之所重,则十言而七见信"。成玄英谓:"重言,长老乡闾尊重者,老人之言"。林希逸谓:"重言者,借古人之名以自重,如黄帝、神农、孔子是也";曹础基谓重言庄重之言也。总而言之,"重言"之所以为"真",就在于是托名于世之所重者之言。此说颇符合中国人几千年来信而好古、引经据典以托大自重的世情,但是又怎能是"上与造物者游,而下于外死生无终始者为友"的庄子之所为。

其实,《寓言》自有对"重言"的断辞:"所以已言也",用来消解纷争的言论。那么,怎么用"重言"来消解纷争的言论呢?《寓言》在"是为耆艾"之后有明确的阐释:

（重言十七，所以已言也。）是为耆艾，年先矣，而无经纬本末以期年耆者，是非先也。人而无以先人，无人道也。人而无人道，是之谓陈人。

这段话被译为白话文是："年龄虽长，而没有见解只是徒称年长的，那就不能算是先于人。做人如果没有才德学识，就没有做人之道，做人没有做人之道，就称为陈腐之人。"[①] 从这里我们是读不出"为人所重"的意思来，反而是说"耆艾"若无真知就不配称为"耆艾"，应是"陈人"。有些学者经常以黑格尔所谓同样的道理在年轻人的嘴中说出远不如在老年人的口中说出那么有分量的话语，来印证此处，颇不贴切。

其实，这里庄子是以"耆艾"这一概念为例，来破世人的偏执。本来，"耆艾"有着两层语义，表层语义指齿高之长者，深层语义指有"经纬本末"、有"以先人"、有"人道"等等。这两层语义是重叠在一起的，但是通常的使用者不会自觉意识其中的差异。《寓言》通过"耆艾"一语，来揭示其中的差别，并将此差别尖锐的对立起来，从而展示了执于同异是非言说之不可能，从而"所以已言也"。因此"重言"就是"重复"地说。郭嵩焘："重，当为直容切，广韵，重复也。庄生之文注焉而不穷，引焉而不竭者是也。郭云世之所重，作拄用切者，误。"（《庄子集释·寓言》）这种注解从一音之差看到了问题，但是对如何重复地说，并未细说。其实，重言，重复地说，就是"是非两行"，肯定与否定同时并举的言说方式，来破除对待，从而超越对待达臻至"道境"。比如，先肯定年先即为"耆艾"，然后再否定；如若年先而无以先人则谓之"陈人"，这即有了"耆艾"即"陈人"的可能性。这里，庄子洞视到语言自身具有的无可避免的悖反性，从反面消解语言的确定性与可执性。这种言说方式在老子那里，集中体现在"道"与"有""无"的言说上。如，一方面说"道"为"有物"，"道之为物，惟恍惟惚。惚兮恍兮，其中有象。恍兮惚兮，其中有物"。（二十一章）另一方面又说"道"为"无物"，"其上不皦，其下不昧，绳绳兮不可名，复归于无物"。（十四章）

[①] 陈鼓应：《庄子今注今译》，中华书局，1983，第731页。

4. 无执卮言

就卮言看,《寓言》谓:"卮言日出,和以天倪,因以曼衍,所以穷年。"王穆夜云:"夫卮器满则倾,空则仰,随物而变,非执一首故者也。施之于言故随人从变,己无常主也。"郭象谓:"日出谓日新也,日新则尽其自然之分,自然之分尽则和。"卮言,日出日新之言也;陈景元说:"卮器满即倾,空则仰,中则正,以喻中正之言也。日出未中则斜,过中则昃,及中则明,故言日出者,取其中正而明也。"卮言乃中正之明言;章太炎云:"此以圆酒器状所言,是取圆义,犹云圆言耳。"卮言,圆言;司马彪谓支离无首尾之言即卮言;罗勉道谓:卮言,如卮酒相欢之言;陆方壶释"卮言"为有味之言也。真可谓家异其说,言人人殊。以上各种代表性观点都有一定的道理,但又是各得一偏。

我以为,卮器,即"道象",象"道"之器,拟"道"之器也。① 卮言,道言也。卮器,"圜器",乃是一种"漏斗式"的容器,圆中而空,满则倾,空则仰,永不滞留于对"有"的执取上,也永不停顿在对"无"的固执上。不执有,这使其合于"道"之"纯"、"朴"、"素"、无形无象的"妙"义;不执无,又使其合于"道"之"无所不在"、"在蝼蚁"、"在稊稗"、"在瓦甓"、"在屎溺"(《知北游》)之"皦"向。"卮言"是进乎无待、无执之境的言说,它"不可以有崖,而不可以无崖"(《徐无鬼》),执而不执,不执而执。"卮言","圜言",孟浪之言,无心之言,自然流吐之言,中正之言,日新之言,无可无不可,言而无所言的圆言也,曼衍无终始、支离无首尾之言也,耐人体味之言也。

其实,廖悠之说,荒唐之言,无端崖之辞,均为"卮言"的曼衍所呈现出的广大无边际的样貌。天下的本貌为"沈浊"——混沌(沈浊非为贬词,意同混沌。前人解此多有误。),混沌无有面目,无法与固著于确定性、明晰

---

① 卮为圜器,为道象,乃"立象以尽意"(语出《易传·系辞》)的传统思维方式的崭露。此种取象手法,在《老子》书中也屡有所见,如章五"天地之间,其犹橐籥与。虚而不屈动而愈出"。另王树人,喻柏林认为"中国传统思维方式的其他特性[比如'富于艺术性'、'天人合一的整体观'、'动态的平衡观'——引者]都是由这个'象'的性质决定的"。可参见二人著:《传统智慧再发现——常青的智慧与艺魄》(下卷),作家出版社,1996,第189页。及王树人、喻柏林:论"象"与"象思维",《中国社会科学》1998年第4期。

化的一般日常语言（"庄语"）相契合，唯与圜转不定的"卮言"相亲。从这个意义上看，具有隐喻性的"寓言"与"重言"可谓"卮言"的文体。

（四）卮言日出

《寓言》曰"寓言十九，重言十七，卮言日出，和以天倪"，把"卮言"当作庄子言说的显示方式的总结，重申之为"卮言日出，和以天倪，因以曼衍，所以穷年"。正如王夫之所言："寓言重言与非寓非重者，一也，皆卮言也，皆天倪也，故日出而不死人之心，则人道存焉。"① 卮言，象"道"之言，无执无待之言，正和应于自然之本性，也就是生命之自然，因而也是充实本真生命之言。还是让我们看看这是如何的言说。

1. 和以天倪

"卮言"是与自然本性相应和之言，即"和之以天倪"。《寓言》这样说：

> 有自也而可，有自也而不可；有自也而然，有自也而不然。恶乎然？然于然；恶乎不然？不然于不然。恶乎可？可于可；恶乎不可？不可于不可。物固有所然，物固有所可。无物不然，无物不可。

这段看似"玄妙"的话指出，如果站在"物"的视角，任何物都有其各自的原因，因此也都是"对待"而成，也就有了是非然否的区别。但是，"道"本身却是没有原因、无对待、无是非然否。如果站在"道"的视角，则万物皆自然、均衡平齐，即"万物皆种也，以不同形相禅，始卒若环，莫得其伦，是谓天均"。其实这也正是"寓言"的言说方式。任何一个孤立的寓言故事都有自身的某种语义，而在庄子那里，却被融入一个整体。对此整体的切入，可以从任何单一的寓言入，也可从任何单一的寓言出，如闭合的圆环，却无从确定一可理解的语义。它破对待、无是非，正如自然本身的均齐，正是在此意义上，卮言之言说是与自然的分际（天倪）相和应。

2. 是非两行

"卮言"是"无辩"的"是非两行"之言。上文所引《寓言》"然可是非"之论脱胎于《齐物论》，其原文如下：

---

① 王夫之：《庄子解》，中华书局，1964，第248页。

何谓和之以天倪？曰：是不是，然不然。是若果是也，则是之异乎不是也，亦无辩；然若果然也，则然之异乎不然也，亦无辩。化声之相待，若其不相待。和之以天倪，因之以曼衍，所以穷年也。忘年忘义，振于无竟，故寓诸无竟。

几千年来，许多人将此话理解为庄子的滑头，认为他以"不是"为"是"，以"不然"为"然"。其实，以"不是"为"是"，以"不然"为"然"，其前提也已有了是非然否的区分，已落入了对待的窠臼，这正是庄子所反对的。这句话或可这样来理解，庄子也承认坚持是非的言论从其"物"的立场出发也自有合理性。但是对这种言论不能与其争辩，不能指出其立足的立场先已为非，因为"类与不类，相与为类"。这样已经有了是非之别，陷入对待之中的言论，"是亦一无穷，非亦一无穷，故曰莫若以明。"（《齐物论》）破除的方法只能是"是非两行"，同时说出"是"与"不是"两端（也就是"重言"），在矛盾的凸显中消解其偏执，"是以圣人和之以是非而休乎天均，是之谓两行"（同上）。"两行"也就是端呈两端而不加分辩，让其各自片面的合理性尖锐地对立起来，从而意向那无待、无执的"道境"。由此可见，将那种唯唯诺诺、无识无见、逸上媚俗的人生态度归结于庄子哲学精神的沉沦。其实，这或许已经为先哲所洞悉。老子不是说过："吾言甚易知、甚易行，天下莫能知、莫能行。……夫唯无知，是以不我知。"（七十章）庄子更是借长梧子之口悲吟："是其言也，其名为吊诡，万世之后而一遇大圣，知其解者，是旦暮遇之也。"（《齐物论》）

3. 生命本真之言

"卮言"也是合于生命本真之言，即"继之以曼衍"。曼衍者，散漫流衍，不拘常规也。其实这也是《齐物论》中的"以明"，庄子所倡言的理想人生样貌。从消极的意义上说，"是亦一无穷，非亦一无穷，故曰莫若以明"。偏执的是非言语拘于世俗之表达常规，以致遮蔽人心，逐于名辩，背道而驰。破除这种对待之言论，就要"是不是，然不然"，以是明是，以非明非，即上述"是非两行"。① 从积极的意义上来看，"为是不用而寓诸庸，

---

① 关于"以明"观念，屠友祥先生对此有详细可靠的考察。参见屠友祥：《言境释四章》，上海人民出版社，1998，第163—168页。

此之谓以明"（同上）。庸，用也，不用之用。《则阳》中少知问"万物知所生恶起"，大公调谈到阴阳和"雌雄片合，于是庸有"，雌雄和合，是各自器官自然功用，此用为自然之用。此用是天造地设，用而不知其所以然，这也就是"庸"，也就是"道"。一任生命本真之所在，以无所为而为，无所用而用之，散漫流衍而得其所哉。

这也就是庄子在《逍遥游》中，与惠施辩"魏王贻我大瓠之种"时说及的"不用之用"的意蕴。惠子以不用为无用，曰："非不呺然大也，吾为其无用而掊之。"庄子对曰："夫子固拙于用大矣。……今子有五石之瓠，何不虑以为大樽而浮乎江湖，而忧其瓠落无所容？则夫子犹有蓬之心也夫！"庄子强调的是，以其不用方能寓诸庸，使得生命之本真得以不丧失，"故知止其所不知，至矣。孰知不言之辩，不道之道？若有能知，此之谓天府。注焉而不满，酌焉而不竭，而不知其所由来，此之谓葆光。"（《齐物论》）这也就是生命意义的充实了。

可以说"卮言"是庄子对"非常言"的"道言"的独特创造，是《庄子》"言道"艺术的理论总结。正因为"卮言"即"道言"，《庄子》之书正是传"道"之书，因而道的广大而精微，幽渺难测，有情有及，无亲无仁，有穷与无限等特点在《庄子》中得到了极好的展现。"卮言"是即情即哲理、即情感即理智、即形象即抽象、即超越、即道即言的。庄子以其独特的"道言"——"卮言"，使"言"向无封畛的"道"敞开，或者说正是这种独特的"道言"，使"道言"、"传道"、"体道"才成为可能、才有依凭。

四、结　语

老庄哲学作为源起于"轴心时代"（雅斯贝尔斯语）的中国先秦时期的形上之思，是追问人的生命意义以及世界存在意义的形上哲学的典型形态之一。在他们那样一个"天崩地坼"的大变革时代，整个世界似乎已经不存在任何确定的东西，生活也没有什么可靠而牢固的支撑点。人的生存向何处去，对老庄而言，存在于对"道"的考问中，对"生"的困惑中。当《老子》中开门见山地提出"道可道，非常道"的"悖论"时，当庄子在《齐物论》

中提出"人之生也,固若是芒乎,其我独芒,而人亦有不芒者乎"的困惑时,他们已经栖身于切中"问题"的生命体验之中。本文以"道言"为契机引发开去,对老庄哲学的义理旨趣作了一孔之见的阐释,故此阐释并没有面面俱到,而多是"撮其要点"的评价。以下,将本文的主要思想综述如下:

(一)破除"道"的有无偏执

"道"非脱离人和万物而独立存在的"别有一物",非外在的、彼岸的、作为实体的"存在"。道的世界并非任何漂浮在沉沦着的日常生活上空的世界,而是在"有无相生"地激荡之际呈示、显现。"道"显现为"纯"、"朴"、"素"、无形无象;但是"道"又是"无所不在":"在蝼蚁"、"在稊稗"、"在瓦甓"、"在屎溺"(《知北游》)。"道"永不滞留于对"有"的执取上,也永不停顿在对"无"的固执上。达此"道"境,不能通过"空无"和"实有",唯有通过"无之无化",在"有""无"相生相激相荡中应势而就。道心无执,道行无为,道言无言;无执无不识,无为无不为,无言无不言。道不避形,亦不避名,而只是不滞于定形与定名,破除语言的固执性和语言的迷信与独断。感于世人多偏执于表层文字,老庄于"道"之言说往往是"正言若反"、是非两行的"吊诡"言说,从而彰显有无相生、是非相缘的"道境"。

(二)彰显"言"的家园意义

诚然"言"对于不可言说的"道"存在着某种程度的局限性,有着遮蔽"道"的一面,甚至有时"言"还成为"道"的笼牢,但从究极的意义上来说,"言"关乎人的生存,是"道"的家园。"言"不仅仅只是工具论意义上的,也是存有论意义上的,"言"带来了对境况、对文本、对"道"的显现。"言"也有自己的世界,自己的结构,不纯全(也不否定含有)是技术性手段。"言"也是"道"的血肉,"言"破碎的地方,"道"将不复存在。语言文字本身并不仅仅是一种空洞的交流手段,而是在其舒卷开合,汪洋恣肆,云谲波诡中承载着"道"的原初"消息"和"含义"的"存在论域"。"言"是"道"既遮蔽又澄明着的到来,语言文字的揭示能力超出了我们对它的认识,"道"在"言"中展现着自身,甚至可以说,"言"包括了能够扩展和提高我们洞见"道"的一切东西。我们只能向"言"开放,既不执滞于言,又不轻视言,才能够最终向"道"开放。"道"就是栖居在"言"这个家之中,只有《老子》、《庄子》之文之言,我们才能够与老、庄之"道"照面,只有在你我与文本的"视界融合"(伽达默尔语)中,才能遥契那玄远幽深的"妙道"。

不可否认,老庄的"言"之思与现代西方语言哲学对语言的探讨上,在方法上是殊异的。老庄往往缺乏对语言的基本结构作逻辑上缜密的分析,但是他们的思的关切点与根本旨趣与维特根斯坦、海德格尔等人有着殊途同归、异曲同工之妙。那就是体认到言语与人的存在的血肉联系,语言非仅仅是现代西方哲学视野中认识论层面所描述的主体与客体之间表象工具,而是人栖息的家园。换句话说就是,言不仅是描述,表达外在世界的工具,更是"回应"、"相应"于自然的、顺其自然的生命本真的家园。

(三)朗明生命的自然境界

老庄对"言"之"思",并非仅仅体现在对语言的怀疑与责难上,其"思"之根源处,是对生命意义的沉思和生存世界的关怀。"和之以天倪"的"卮言"与老庄对生命意义的把握和自由人格的塑造的"道",是相为表里、且一以贯之的。"卮言"是在"道"中的言说,在"一"中的言说,在语言之中的言说,在《庄子》书中聚显为"忘言"之言。"忘言",并非视言如筌蹄的工具之物,用过就可以弃绝,而是"无心"于语言,不以"对待"之心执取于言。"忘"字在《庄子》书中八十一处,其中意思大体一致,或忽略,或无睹,或遗忘,皆源于"无心"。人欲达于"道"境,与道相适相就,自然需要相忘于言,一如鱼相忘于江湖,因为言本不在我之外,言本与人之日常生活世界水乳交融。牵强的说,"忘言"的义理旨趣与海德格尔的"语言就是语言"相通:突显语言的日常性与自然性。

忘言而安言,不言而言,不用而寓诸庸,其中关注点皆落实于生命,皆为人的生存境况,又怎能弃绝了事。此种人生境界在于契合于"自然"本性,而这种契合又唯有"卮言"方能达到,正所谓"所以穷年也"。"有无相生"的"道境","和以天倪"的"卮言",欲臻至的此中境界由《庄子》而豁显。庄子往往名之为"游"境——任运自然的生命的逍遥境界:敞开的"道境"、无执的"卮言"豁显的是言而无所言,与自然的分际相契合,一任生命的天机而无所滞碍的"无待"之境:世界或者自然本无根据或理由,自然"自然而然",人应该顺其自然,让世界以其本来面目存在,是其所是,然其所然,与物宛转无伤,与大化同流,与生活大道同行,本真的生命得以端呈、充实和实现。老庄之言正是依照道之所是(是其所是的本原的自然方式)的方式言,因老庄之言非老庄之所言,是道之自言,是道言,于此意义上来看,也就是"言"即"道"、"道"即"言"的境界。

行文至此,顿觉道与言既可说,又不可说,我之所言未必尽意,到此为止的阐释只能看做是对此问题的一种准备性分析,前头的路依然漫漫。

  思亘古如斯又倏忽闪现,
  谁的惊愕能深究它?
      ——海德格尔:《来自思的体验》

后 记

　　语言研究是我们当今世界学术界的热门话题。语言研究之所以成为学术界的热门话题，是我们时代的特征所决定的。随着经济全球化的发展，我们一方面进入信息的时代，同时也进入了各民族文明的文化交流、冲突和融合的时代，而语言是文化的凝聚体，是文化交流、对话和达到理解的媒介，因此，语言问题的研究必定被推到学术研究的前台，占有显著的地位。

　　第一是语言教学的发展。当今的语言教学有两种发展趋势，一种趋势是在经济全球化潮流中，普遍存在一种语言向统一方向发展的趋势，不同民族、不同地位的人们共同使用一种信息量大、使用面广的语言，有利于本民族、本地区经济和文化的发展，年轻人掌握这样的共同语也有利于升学、就业和人际交往，因此，外语教学得到了全面的普及和发展；另一种趋势是由于这种语言统一化的趋向，引起了母语危机，随着各民族国家的崛起和发展，他们的民族文化的自觉意识开始觉醒，对自己民族文化的保护和发扬，使母语的研究和教学也得到了发展。因此，双语教学就成为当代世界教育领域的普遍现象，这样，对本民族语言的教学研究和对外国语言教学的研究，以及母语教学和外语教学两者关系的研究也得到了发展。

　　第二领域是语言学研究的领域。这个领域的发展有两个特点，一是新的语言学科像雨后春笋般遍地突起。古代对语言的研究已经建立了语言学、语法学、词汇学、文字学、修辞学、方言学等学科，但这些研究主要与哲学、逻辑学、历史学、文学方面的研究结合在一起，语言研究处于从属的地位。19世纪初，由于历史比较语言学的诞生，语言学成为一门独立的科学，经洪堡、索绪尔的努力，20世纪初建立了普遍语言学，近半个世纪以来，结构语言学、描写语言学、功能语言学，转换生成语法、格语法、生成语义学等理论体系涌现。实验语言学、人类语言学、心理语言学、地理语言学、社会语言学、数理语言学、统计语言学、计算语言学、神经语言学、文化语言学等边缘科学层出不穷，整个语言研究领域出现了空前繁荣的局面。第二个特点是，语言学科已经成为人文社会科学的领头学科。历史比较语言学产生之后，立即被应用于神话学、宗教学，产生了比较神话学、比较宗教学，后来又被应用于文学、哲学，于是又有了比较文学、比较哲学等等。结构主义语言学产生后，被列维－斯特劳斯引用到人类学分析中，后来又被引用到文学甚至社会学、文化学中。有人统计，索绪尔书中所用的35个词语沿用至今，特别是共时、历时、能指、所指这些关键词，已普遍使用于其他许多学科。语言学之所以成为人文科学的领头学科，一是因为语言具有物理、生理、心理和社会四个方面的特征。物理、生理是物质性的，便于做定量分析；心理和社会因素是通过语音物质表现的，于是就架起了自然到人文的桥梁。二是因为语言学研究对象的规律性和系统性有着高度的严密性，使它在人文科学中成为精密分析的典范。

  第三个领域是语言哲学的研究领域。众所周知，西方哲学的发展经历了两次转向，西方古代哲学研究的是本体论，到了近代，从笛卡尔开始，哲学研究的中心从本体论转向了认识论，这种转变是与近代自然科学的兴起和发展紧密相连的。到19世纪末20世纪初，哲学的发展又从认识论阶段转向了语言哲学阶段，这种转变被称为"语言的转向"，西方哲学家把这种转向看做是哲学中的一场伟大的革命。当代西方哲学对语言哲学的研究有两个特点。第一个特点是，当代西方哲学各个哲学流派都普遍重视语言哲学的研究，他们从不同的出发点，不同的侧重点和不同的方法着手，来进行语言研究，从而产生了丰富多彩的、形形色色的语言哲学理论和流派，有分析哲学的语言哲学、新康德主义者卡西勒的语言理论、现象学的语言论、存在主义的语言论、结构主义的语言论、伽达默尔的哲学诠释学、皮尔斯的实用主义语言论等等。第二个特点是，当代西方哲学对语言的研究有三大传统，一是科学主义传统，也就是英美分析哲学传统，他们以实证的标准拒斥形而上学，追求逻辑的严密性和精确性。二是人本主义传统，也就是现象学的解释学传统，这种思潮反对实证主义和逻辑主义作为人文科学的方法，提出要以语言学研究作为人文科学和整个文化研究的范型。三是传统科学主义与人本主义的合流的传统，这就是结构主义的语言学传统，结构主义的语言学可以说是语言学的结构转向，结构主义把结构语言学的许多观点广泛应用于人文社会科学的各个领域。

  语言研究的三大领域，即语言教学研究、语言学研究、语言哲学研究这三者是有紧密联系的。首先，语言教学研究与语言学研究是不可分的，前者为后者提供素材和提出问题，后者提供理论原则和理论指导，这一点是不言而喻的。其次，语言学研究与语言哲学的研究也是密切不可分的，它们的关系可以说是具体科学和哲学的关系。爱因斯坦说过一句名言，大概意思是，认识论如果没有具体科学作为基础，就是空洞的，具体科学如果没有认识论的指导，就是盲目的。语言学和语言哲学的关系同样也可以说，语言哲学如果没有语言学作为基础，就是空洞的，语言学如果没有语言哲学作为指导就是盲目的，语言学与语言哲学的关系甚至到你中有我，我中有你的地步。索绪尔的结构语言学，就有很多哲学思想，洪堡的语言论，乔姆斯基的转换生成理论都是融哲学与语言学为一体的。另外，语言哲学和语言学研究的内容，很多是重合的，分析哲学对日常语言的研究，哲学诠释学对解释、理解、翻译的研究都涉及语言学问题。正是这种密切的联系，把我们语言研究的三个领域联系在一起。

  中国的语言研究的发展要求把我们集合在一起，中国的语言研究长期以来有重实际轻理论的传统，一个世纪以来，我们主要是翻译和介绍西方的语言理论，做的主要是"我注六经"的工作。我们要实现建立有中国风格、中国特色、中国气派的理论和学派这个目标还有很长一段路要走，这需要全体语言研究学者的努力，也需要三大领域的语言研究学者的合作。

编　者

于北京外国语大学

2010 年 2 月